U0477824

中国共产党在福建

——福建省馆藏革命文物图集

福 建 省 文 物 局
福建省文物鉴定中心
编

海峡出版发行集团
THE STRAITS PUBLISHING & DISTRIBUTING GROUP
福建教育出版社

《中国共产党在福建——福建省馆藏革命文物图集》编纂委员会

前 言

1919年，“五四”运动开启了中国新民主主义革命的历史航程。1921年中国共产党的成立，把这场革命引入了正确航道。地处东南沿海的福建从此开始了马克思主义的传播，1926年中共福建组织开始建立，领导人民展开伟大的革命运动，历经大革命、土地革命战争、抗日战争、解放战争的峥嵘岁月，谱写了一幕幕可歌可泣的革命篇章。特别是在大革命失败以后的土地革命战争时期，福建人民在以毛泽东同志为代表的中国共产党领导下，参与创建了以闽西为核心区域之一的中央革命根据地，以及闽北、闽东等许多红色区域和游击区。福建中央苏区范围涵及37个县（市、区），福州、厦门、泉州、漳州等城市及周边地区的革命斗争也从未停息，顽强坚持到中国革命的胜利，创造了辉煌的业绩。

现在，战火硝烟已成历史，千千万万的亲历者或是已经牺牲，幸存者绝大部分也已故去。但是，留存于全省各地博物馆、纪念馆的十几万件布告、传单、报纸、票据、教材、医疗用品、债券、账册、旗帜、印戳、武器、证件、袖章等红色文物，是中国共产党领导福建人民进行新民主主义革命的最直接、最真实的历史记忆，是革命亲历者无声的诉说；是铭记革命历史，传承革命文化，弘扬革命精神的珍贵实物资料。

在福建省文物局的组织下，我们决定以新民主主义革命时期中国共产党在福建的成立及其发展壮大为线索，从党的组织建设、地方建设和军事建设三个方面精选全省博物馆、纪念馆收藏的部分馆藏革命文物编辑成册，让这些类型多样、数量众多、内涵丰富的珍贵革命文物，以其独有的文物语言，讲述中国共产党在福建的光辉革命历史，延续和张扬革命文物的生命力。

本书选编的馆藏革命文物，如南昌起义部队在长汀留下的革命标语、毛泽东同志主持召开的《古田会议决议》、朱德同志赠送郭景云的铅笔、中国工农红军福建省军区卫戍司令部红旗等，展示了战争年代中国共产党领导的人民军队在福建成长与铸魂留下的永恒印记和与人民群众血肉相连的情谊；上杭岭背乡入党宣誓训词条幅、长汀羊古乡兰玉光同志的中国共产党党证、各级党组织印发的布告等，反映了中共福建地方组织各个历史阶段的建设情况；武装暴动的刀枪、红军第九军的袖章、陆军新编第四军龙岩办事处关防印章等，见证了中国共产党领导福建人民进行革命武装暴动和军事斗争、建立人民武装以及创建革命根据地、保卫红色政权的伟大历程；苏维埃政府分田的账册、发行的股票和债券、各种教材读本和革命刊物、红军医院的医疗器械等，体现了中共福建地方组织进行土地革命、开展经济建设等方面取得的历史成就。

值此古田会议召开 90 周年，中华人民共和国成立 70 周年之际，我们精心编撰了《中国共产党在福建——福建省馆藏革命文物图集》，以为纪念和献礼！

编　者

2019 年 1 月

中国共产党在福建
——福建省馆藏革命文物图集

Contents
目录

一、党的组织在福建的建设和发展

大革命时期，在中共中央和广东区委的领导下，中共厦门大学支部、中共福州地委和中共莆田支部、中共闽南部（特）委相继成立，并发展到闽南、闽西、闽北等广大城乡。

土地革命战争时期，福建党组织得到发展，既有以城市为中心，进行秘密活动，领导学生、工人开展革命斗争的白区党组织，又有以苏区为中心，建立苏维埃政权，实行工农武装割据的苏区党组织，还有三年游击战争中党政军一体的军政委员会。

抗日战争全面爆发后，福建党组织根据中共中央的指示，在闽粤、闽浙赣边区重建了中共闽西南潮梅特委和中共福建省委，分别领导闽西、闽南、粤东潮梅地区和闽北、闽东、闽中地区的党组织。1942 年成立闽粤边委，领导闽西、闽南两个特委及其所属的党组织。从此，福建的党组织保持了福建省委和闽粤边委两个省一级组织的局面，一直到抗战胜利。

解放战争时期，福建党组织基本沿袭抗日战争全面爆发后的组织系统，分别为闽浙赣和闽粤赣两个辖区系统，各保持一个省级领导机构，分别领导闽北、建松政、闽中、闽西北、闽东、赣东、浙西南等地和闽西、闽南、闽西南边和梅埔地区党组织。1949 年 6 月，中共福建省委在苏州成立，8 月至 9 月，中共闽浙赣省委和闽粤赣边区党委相继撤销，其所属党组织移交中共福建省委领导。

1923年开始，福建一批进步知识青年在福州、厦门、龙岩等地组织进步社团，创办刊物，传播马列主义。1925年，党、团中央和广东区委先后派人并组织福建籍在外求学且参加了党、团组织的学生，回福建帮助筹建党、团组织。1926年，中共厦门大学支部、中共福州地委和莆田支部相继成立，并发展到闽南、闽西、闽北等广大城乡。到1927年4月，中共福州地委和闽南部（特）委下属组织有莆田特区委、厦门市委和65个支部。

闽北地区党组织使用的党旗
1926—1927年初　纵70厘米　横75厘米
闽北革命历史纪念馆　藏

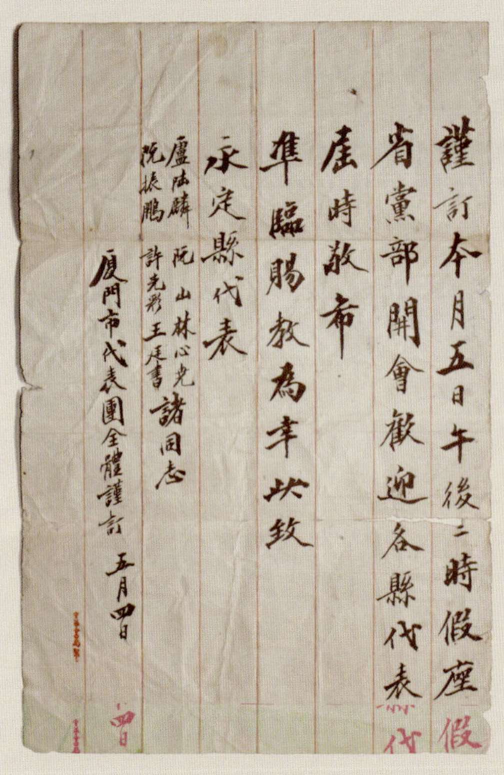

謹訂本月五日午後二時假座
省黨部開會歡迎各縣代表
屆時敬希
準臨賜教為幸此致
永定縣代表
盧陆麟 阮山 林心尧
阮振鵬 許先彬 王雁書 諸同志
廈門市代表團全體謹訂 五月四日

厦门市代表团致永定县代表卢陆麟、阮山、林心尧等参加国民党省党部会议的通知

1926 年 5 月 4 日　纵 24.5 厘米　横 16.5 厘米

龙岩市永定区博物馆　藏

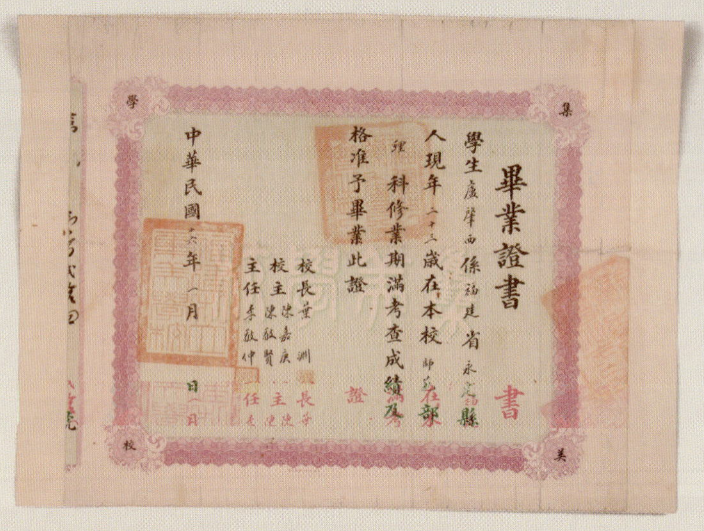

畢業證書

學生盧肇西係福建省永定縣人現年二十三歲在本校師範部理科修業期滿考查成績及格准予畢業此證

校長 葉淵

校主 陳嘉庚

中華民國十六年一月 日

卢肇西的福建私立集美学校师范部理科毕业证书

1927 年 1 月　纵 30.8 厘米　横 36.2 厘米

古田会议纪念馆　藏

1926 年 11 月，受广东汕头地委派遣，从广州六届农讲所毕业的胡永东和厦门集美学校回乡的陈正、曾牧村、卢肇西在永定金丰成立中共金丰支部，胡永东任书记。

1926 年 7 月，阮山、林心尧受中共厦门特支干事会委派，与从第五届广州农讲所入党回乡的赖玉珊、赖秋实在永定上湖雷建立中共永定支部，后称上湖党支部，阮山任书记。

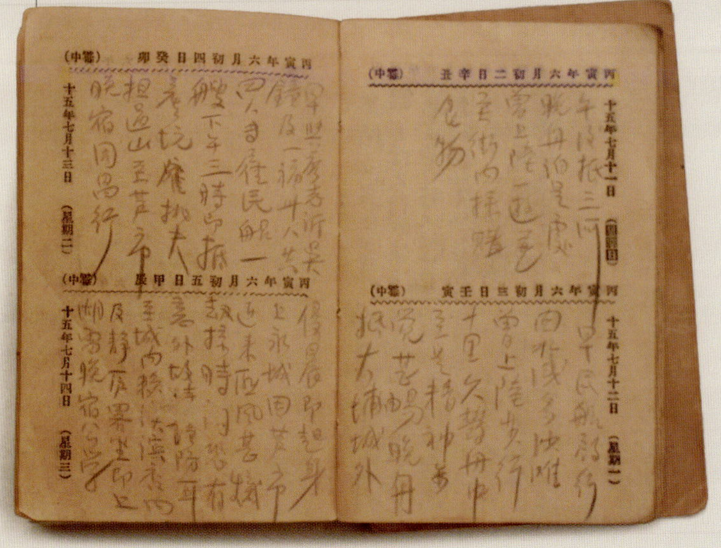

林心尧烈士的日记本

1926 年　纵 11.4 厘米　横 7.4 厘米

龙岩市永定区博物馆　藏

1927 年 7 月，中共中央派陈明、陈昭礼等人帮助整顿、恢复和重建中共闽南、闽北临委及福州、闽北、厦门、莆田、闽西遭到破坏的基层党组织。12 月 2 日至 5 日，根据中央指示，中共闽南临委与闽北临委在漳州召开福建各县负责同志联席会议，选举成立中共福建临时省委。

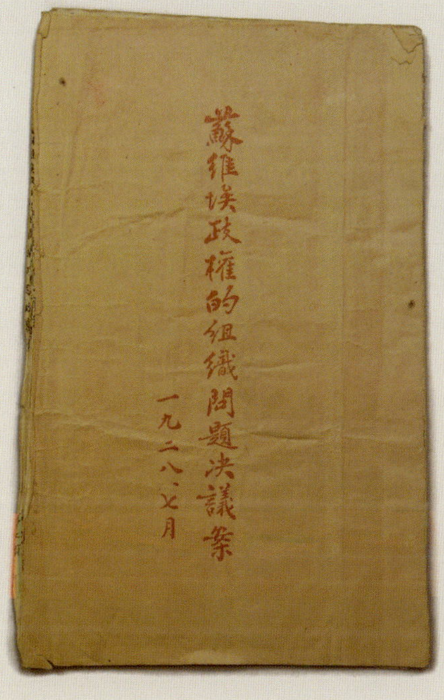
蘇維埃政權的組織問題決議案
一九二八、七月

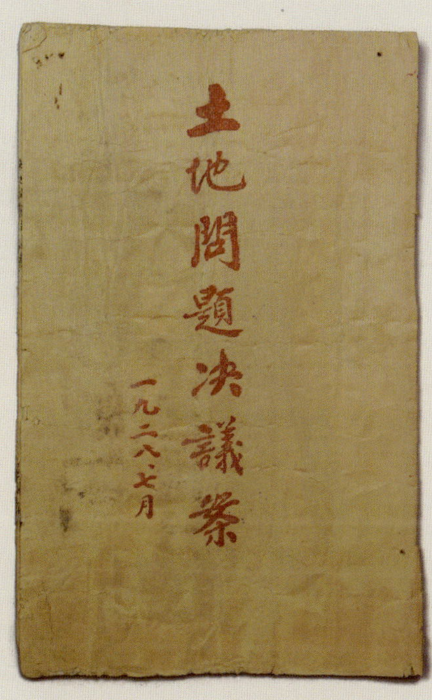
土地問題決議案
一九二八、七月

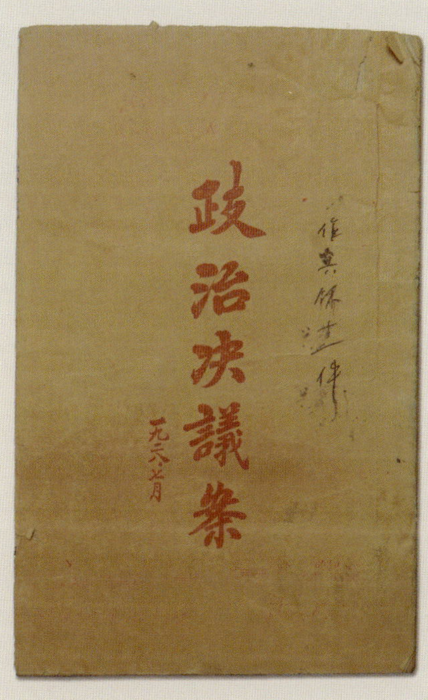
政治決議案
一九二八、七月

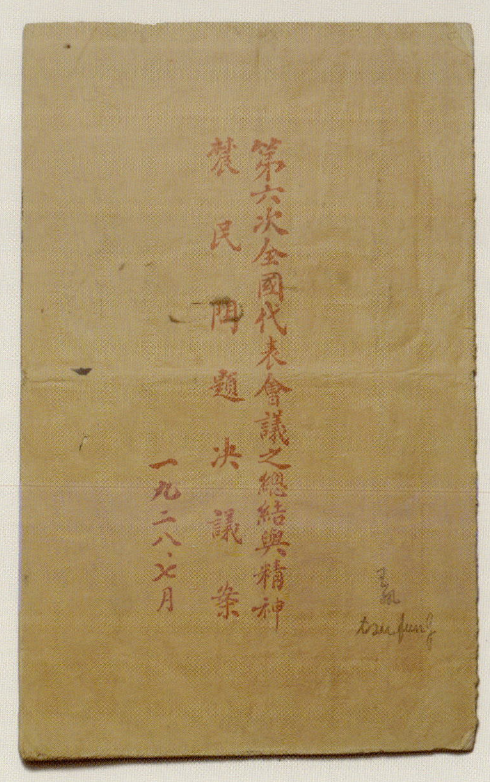
第六次全國代表會議之總結與精神
農民問題決議案
一九二八、七月

印发中共全国第六次代表大会之《苏维埃政权的组织问题决议案》《土地问题决议案》《政治决议案》《第六次全国代表会议之总结与精神——农民问题决议案》
1928 年 7 月　纵 27 厘米　横 17 厘米
上杭县博物馆　藏

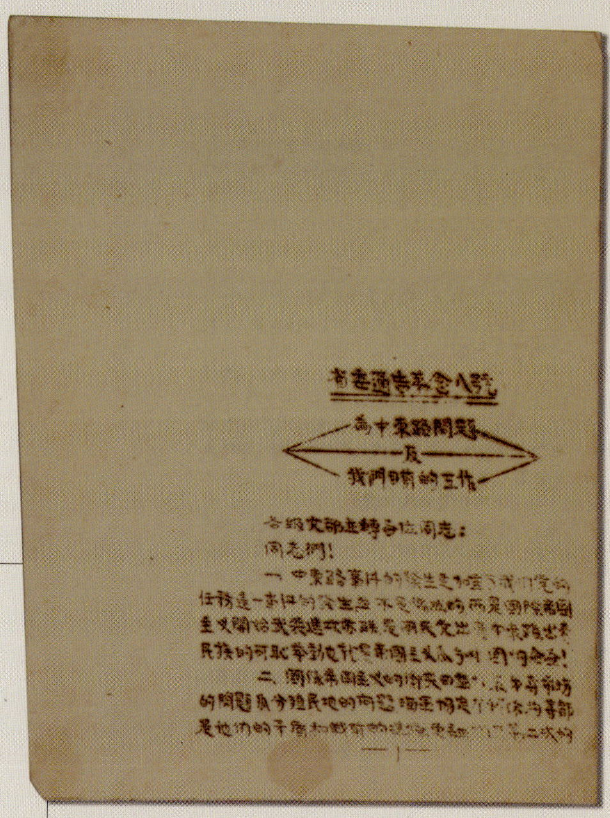

省委通告第念八號

為中東路問題
及
我們目前的工作

各級支部並轉各位同志：
同志們！

—1—

中共福建省委印发《为中东路问题及我们目前的工作》通告（第廿八号）
1929年8月9日　纵18.6厘米　横14.7厘米
上杭县博物馆　藏

中共福建省委印发《转录CP省委通告第三十号——执行中央关于学生群众工作的指示》通告（第九号）
1929年8月15日
纵12.5厘米　横14.6厘米
上杭县博物馆　藏

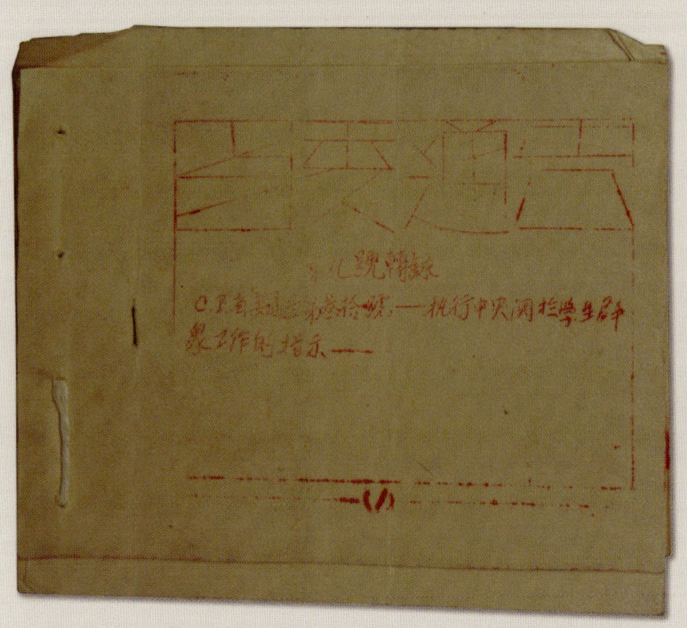

省委通告

執行中央關於學生群眾工作的指示——

1928年8月，中共福建临时省委根据形势发展，召开紧急代表会议，正式选举成立中共福建省委。1930年7月，中共中央将福建省委领导的以崇安为中心的闽北苏区划归赣东北特委领导，成立赣东北特区。9月，又将闽西苏区划归闽粤赣特区委领导。1931年3月，统一领导福建白区党组织开展革命活动的福建省委领导机关遭到严重破坏。5月，中共中央决定不再恢复福建省委，另行成立中共厦门和福州中心市委，分别领导闽南、闽中和闽北、闽东的白区党组织和革命运动。

省委来信
——西字第壹号——
闽西特委并全体同志：
（一）大会的精神 目前党的任务：

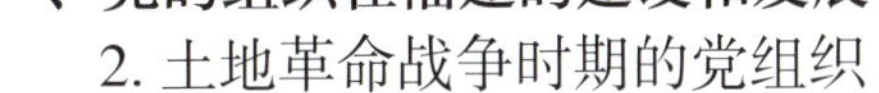

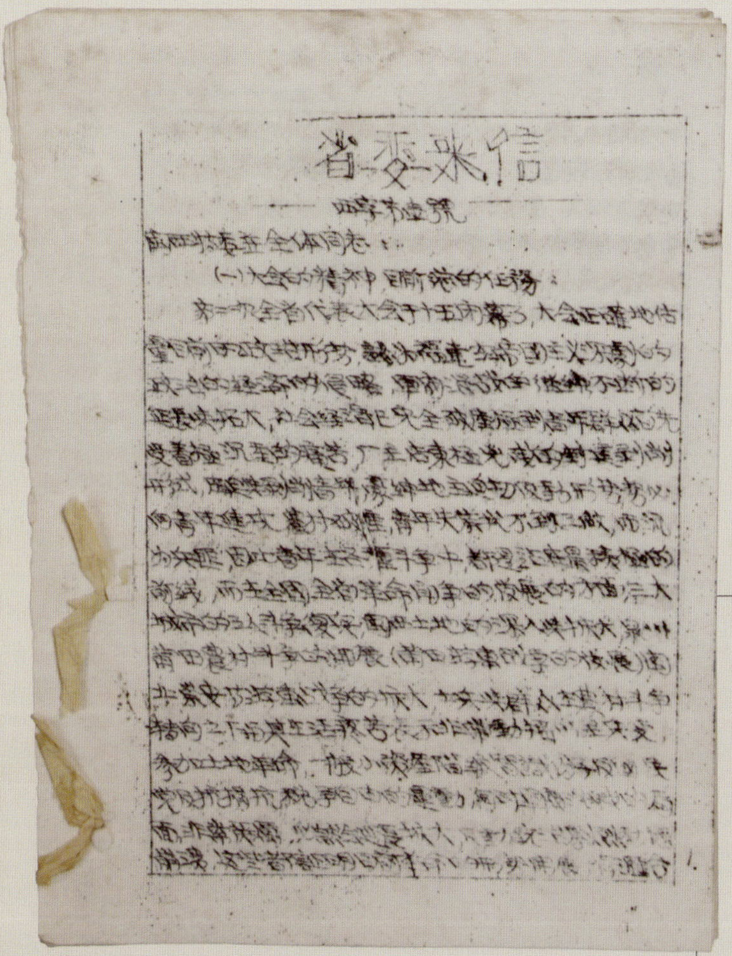

中共福建省委给闽西特委的信（西字第壹号）
1930 年 3 月 31 日　纵 16.5 厘米　横 12.3 厘米
上杭县博物馆　藏

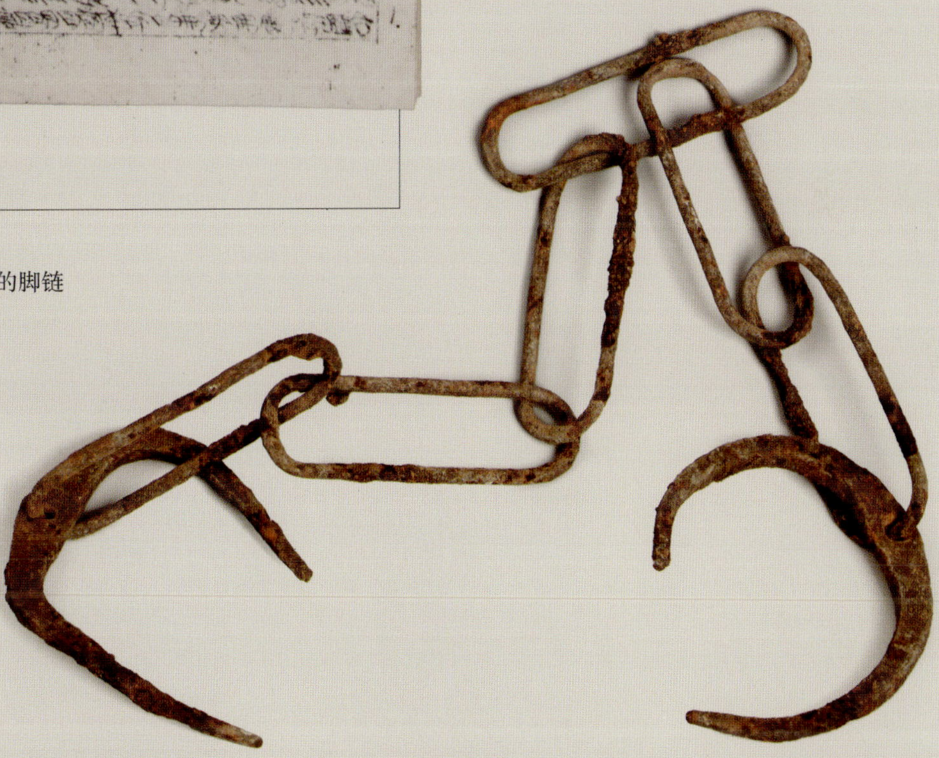

厦门破狱斗争旧址出土的脚链
1930 年　通长 84 厘米
厦门市博物馆　藏

1930 年 5 月 25 日，在中共福建省委领导下，由陶铸带领 11 名同志，武装攻破思明监狱，成功救出关押的 40 多名革命同志。

1930 年 9 月，中共中央苏维埃代表大会准备委员会决定将闽西、广东东江和赣南的部分区域合并成立闽粤赣苏维埃特区。1930 年 10 月、12 月，根据中央决定，在东江大南山和闽西召开闽粤赣特区党代表大会，正式成立闽粤赣特区委。

1931 年 5 月，闽粤赣特区党委根据中共中央的指示改名为中共闽粤赣省委。

中共闽粤赣特委翻印《联邦共产党第十六次代表大会中央委员会政治报告》

1931 年　纵 19 厘米　横 13.8 厘米

长汀县博物馆　藏

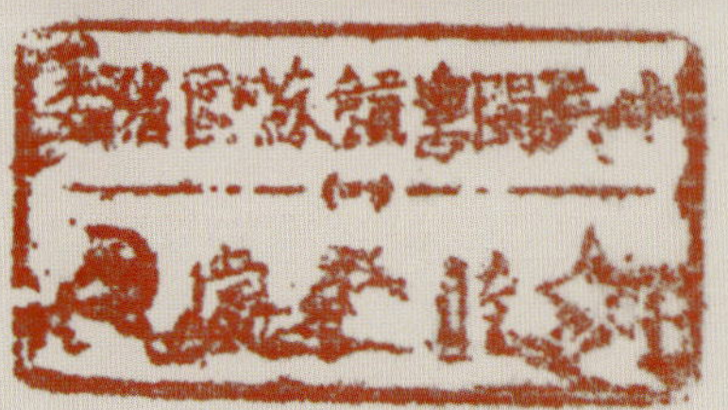

“中共闽粤赣苏区省委收发处”长方印

土地革命战争时期　印面长 3.2 厘米　宽 1.7 厘米

古田会议纪念馆　藏

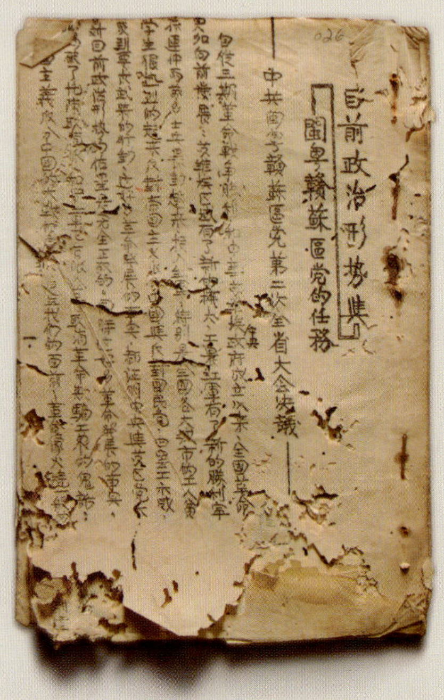

中共闽粤赣苏区党第二次全省大会决议《目前政治形势与闽粤赣苏区党的任务》

1932 年　纵 17.5 厘米　横 12 厘米

连城县新泉整训纪念馆　藏

1932 年 3 月 5 日，中共闽粤赣省委根据苏区中央局的指示精神，在汀州召开闽粤赣省第二次党代表大会（即原拟定召开的福建省第一次党代表大会），会议总结了闽西一年来的工作，研究了政治形势和党的任务，正式选举产生了中共福建省委（苏区）（有相当长的时间，行文仍沿用闽粤赣省委）。

1934 年，中央主力红军长征后，中共福建省委（苏区）领导机关仍在长汀四都山区坚持斗争。1935 年 4 月，福建省委（苏区）、省军区机关和剩余部队被迫突围，遭国民党重兵围攻，省委书记万永诚、省军区负责人龙腾云在突围时牺牲，中共福建省委（苏区）终止。

中国共产党、中国共产青年团闽粤赣苏区省委印发《告十九路军士兵书》布告
1932 年 12 月　纵 27.8 厘米　横 37.7 厘米
古田会议纪念馆　藏

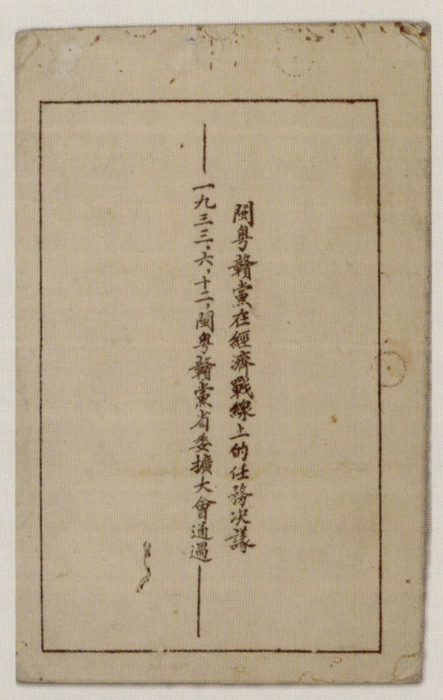

闽粤赣党在經濟戰線上的任務決議

一九三三、六、十二，闽粤赣党省委扩大會通過

闽粤赣党省委扩大会通过的《闽粤赣党在经济战线上的任务决议》
1933 年 6 月 12 日　纵 17.5 厘米　横 11.2 厘米
福建博物院　藏

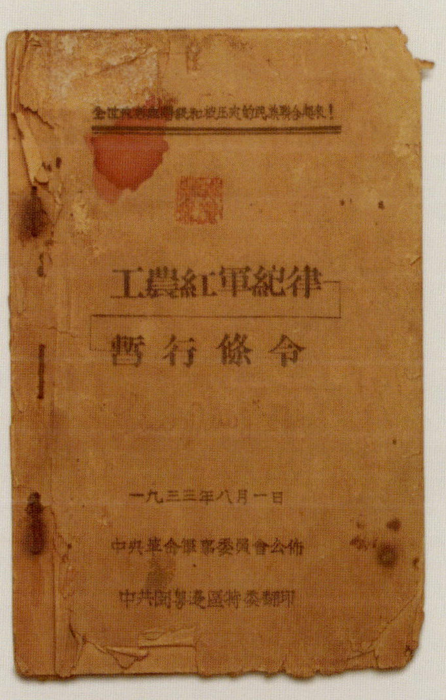

工農紅軍紀律

暫行條令

一九三三年八月一日

中共革命軍事委員會公佈

中共閩粵邊區特委翻印

中共闽粤边区特委翻印 1933 年 8 月 1 日中央革命军事委员会公布的《工农红军纪律暂行条令》
1934 年　纵 15.5 厘米　横 10.5 厘米
毛主席率领红军攻克漳州纪念馆　藏

1934 年 1 月，为了粉碎国民党军对中央苏区东方战线的进攻，开展敌后游击战争，中共中央决定将中共厦门市委领导的漳州中心县委、福建省委（苏区）领导的饶和埔县委和广东东江特委领导的潮澄饶县委合并组成中共闽粤边特委。8 月，闽粤边区第一次党代表大会在平和县召开，正式选举产生边区特委领导机构。1937 年 7 月 16 日的“月港事件”，使边区特委遭受极其严重的损失。同年 8 月，中共闽粤边区特委重建。10 月，根据中共中央南方工委指示，边区特委划归中共闽粤赣边省委领导。

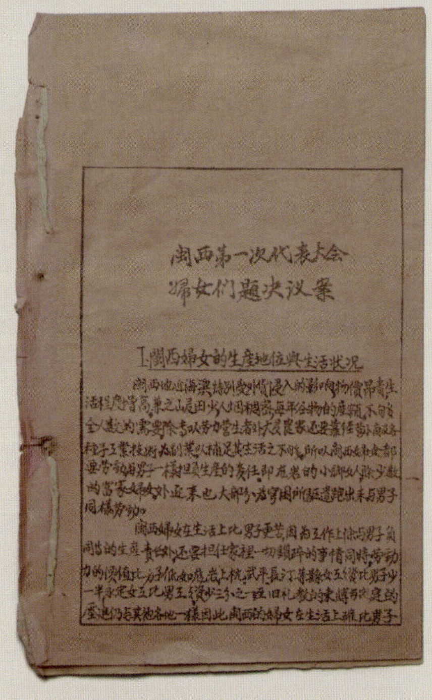
闽西第一次代表大会
妇女问题决议案

1.闽西妇女的生产地位与生活状况

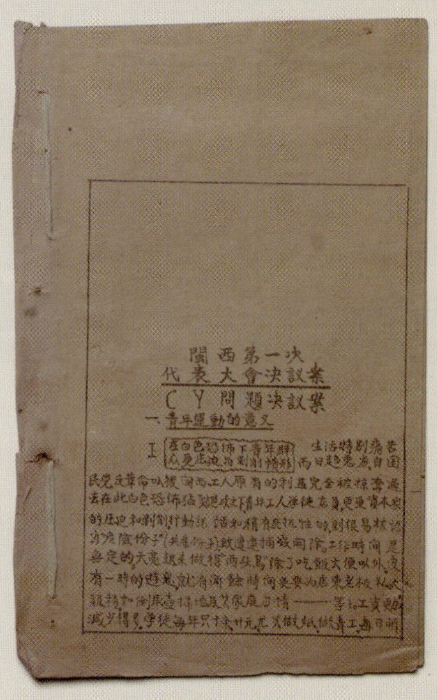
闽西第一次
代表大会决议案
CY问题决议案

一、青年运动的意义

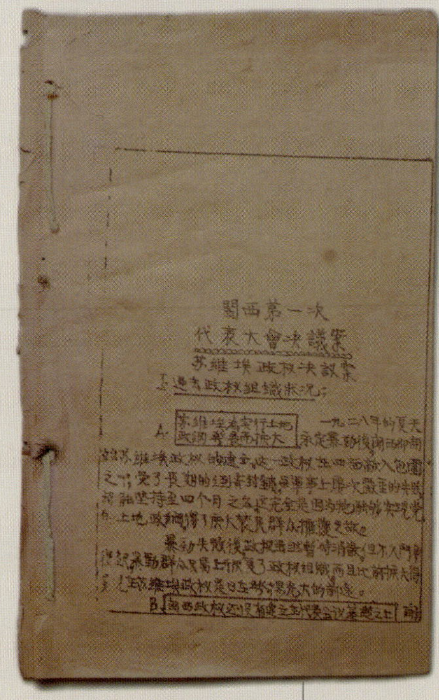
闽西第一次
代表大会决议案
苏维埃政权决议案

印发闽西第一次代表大会决议案之《妇女问题决议案》《CY 问题决议案》《苏维埃政权决议案》

1929 年 8 月　纵 12.5 厘米　横 6.9 厘米

上杭县博物馆　藏

1928 年 7 月 9 日，中共福建临时省委第十一次常委会决定建立闽西特别委员会，以领导龙岩、平和、上杭、永定的工作。7 月 15 日，四县的负责同志和中共福建临时省委、团福建临委特派员在永定开会，正式成立闽西临时特委。12 月，临时机关遭到袭击后停止活动。

1929 年 3 月，红四军入闽，中共福建省委根据闽西形势发展和斗争需要，于 4 月中旬重新组建中共闽西临时特委。

1929 年 7 月 20—29 日，中共闽西第一次党代表大会在上杭蛟洋文昌阁召开，在红四军前委和毛泽东同志的指导下，大会通过政治、组织、政权、宣传、工运、军运和经济等问题决议案。会议选出了新的中共闽西特委领导机构，邓子恢为特委书记，张鼎丞为军委书记。

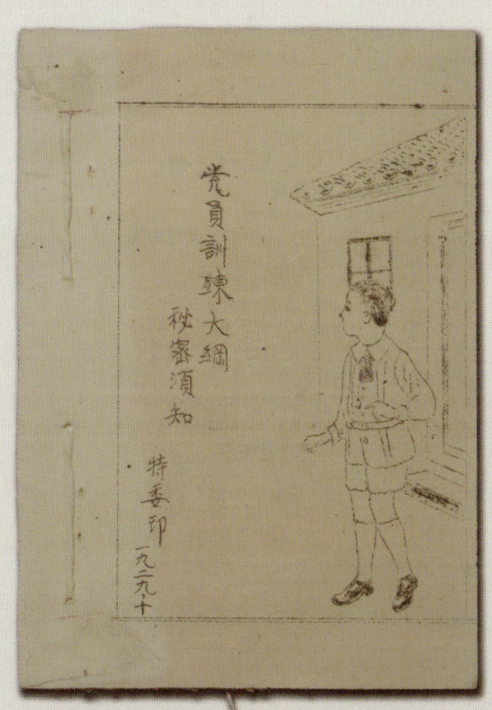

中共闽西特委翻印《党员训练大纲秘密须知》
1929 年 10 月　纵 17.6 厘米　横 12.5 厘米
上杭县博物馆　藏

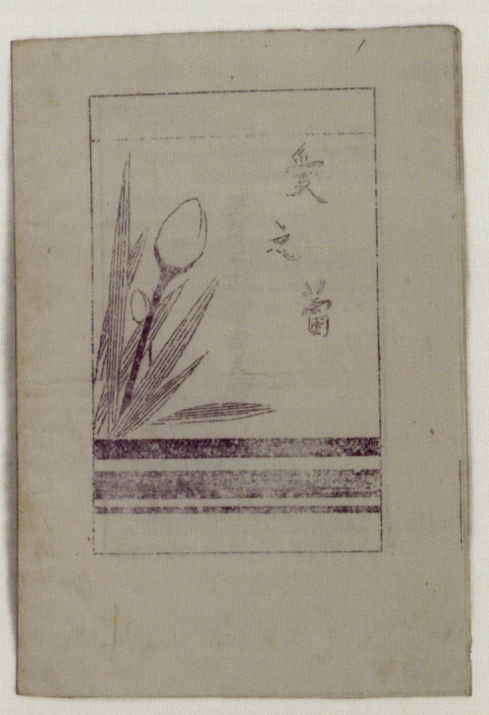

中共闽西特委组织部印《每月工作报告大纲》（封面《爱之蕾》）
1929 年 11 月 30 日　纵 17.9 厘米　横 12.5 厘米
上杭县博物馆　藏

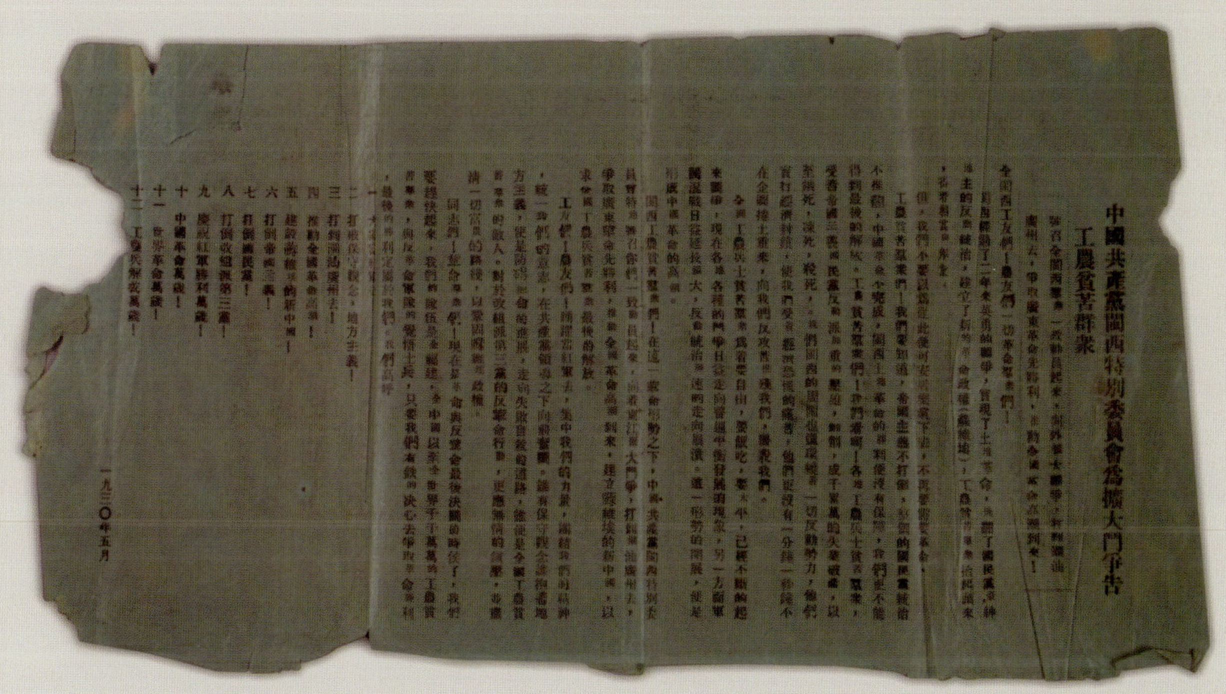
中國共產黨閩西特別委員會為擴大鬥爭告
工農貧苦群衆

一九三〇年五月

中共闽西特委印发的《中国共产党闽西特别委员会为扩大斗争告工农贫苦群众》布告
1930 年 5 月　纵 22 厘米　横 43.25 厘米
上杭县博物馆　藏

1930 年 7 月，中共闽西第二次党代表大会召开，选举产生新的闽西特委及其执委组成人员，郭滴人为书记。

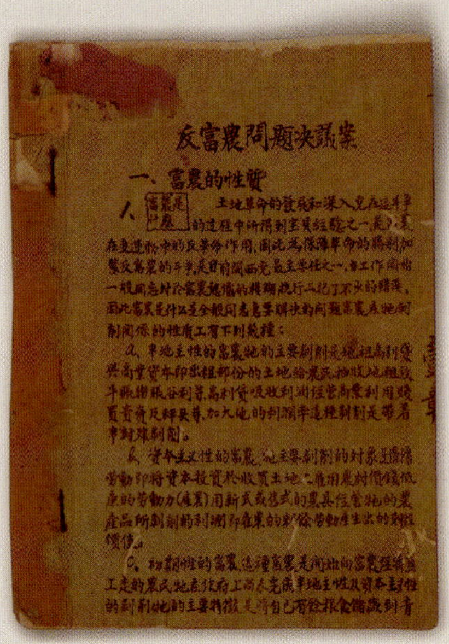
反富農問題決議案

一、富農的性質

中共闽西特委第二次代表大会通过的《反富农问题决议案》
1930 年 7 月　纵 17.5 厘米　横 13 厘米
福建博物院　藏

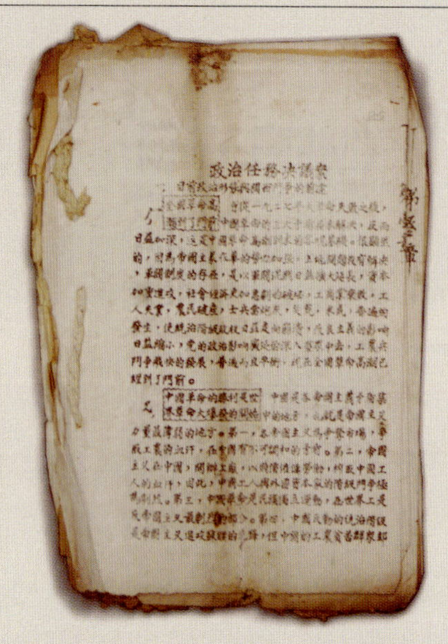
政治任務決議案

中共闽西特委第二次代表大会通过的《政治任务决议案》
1930 年 7 月　纵 21 厘米　横 15 厘米
龙岩博物馆　藏

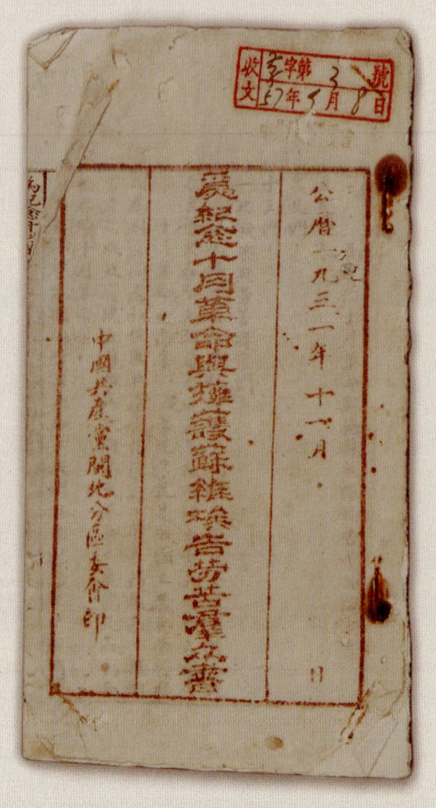
為紀念十月革命與擁護蘇維埃告勞苦群衆書

公曆一九三一年十一月　日

中國共產黨閩北分區委會印

中共闽北分区委会印《为纪念十月革命与拥护苏维埃告劳苦群众书》
1931 年 11 月　纵 18 厘米　横 9.6 厘米
福建博物院　藏

1930 年 7 月，中共中央决定将闽北崇安、建阳、浦城和邵武党组织由福建省委属下划归赣东北特委领导。1931 年 1 月，赣东北特委派肖韶到闽北，正式成立中共闽北分区委。同年 9 月，赣东北特委改为赣东北省委；1932 年 11 月，又改名为闽浙赣省委。闽北分区委也随之先后归赣东北和闽浙赣省委领导。1933 年 5 月，中共闽赣省委成立，闽北分区委划归闽赣省委领导。

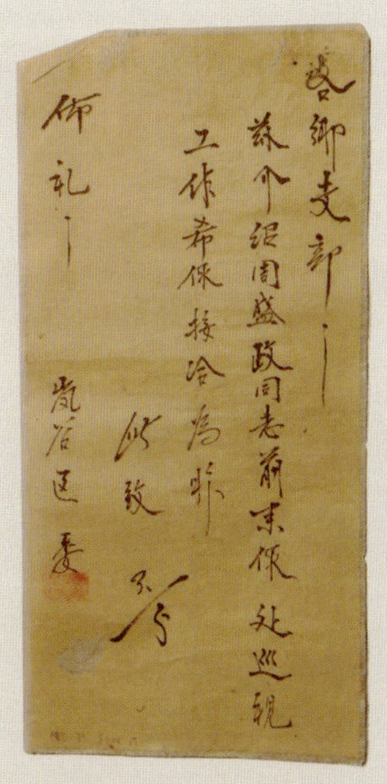

各乡支部：

兹介绍周盛政同志前来你处巡视工作希你接洽为盼

此致

敬礼

岚谷区委

中共崇安县岚谷区委为周盛政同志巡视工作出具给各乡支部的介绍信

1933 年　纵 25.6 厘米　横 12.2 厘米

福建博物院　藏

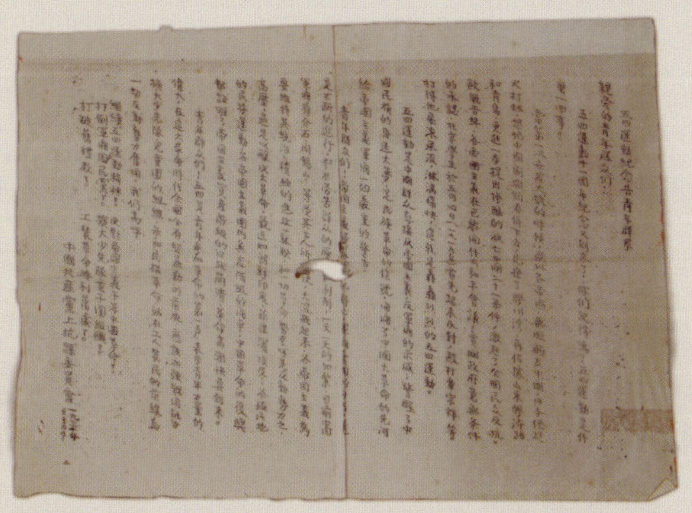

中国共产党上杭县委员会印发的《五四运动纪念告青年群众》布告

1930 年 5 月 4 日　纵 25.2 厘米　横 36.6 厘米

上杭县博物馆　藏

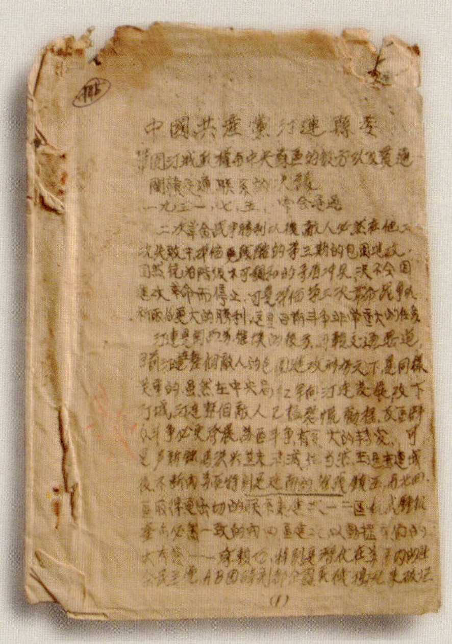

中共汀连县委印发的《中国共产党汀连县委巩固汀连政权与中央苏区的后方以及贯通闽赣交通联系的决议》

1930 年 7 月 6 日　纵 18.5 厘米　横 14 厘米

连城县新泉整训纪念馆　藏

1930 年 10 月，经闽西特委决定，连城新泉地区和长汀东部地区合并建立汀连县，并成立县委，隶属于闽西特委。1930 年 12 月，中共汀连县委归闽粤赣特区委领导，县委机关驻地长汀涂坊。1931 年 12 月中共汀连县委撤销。

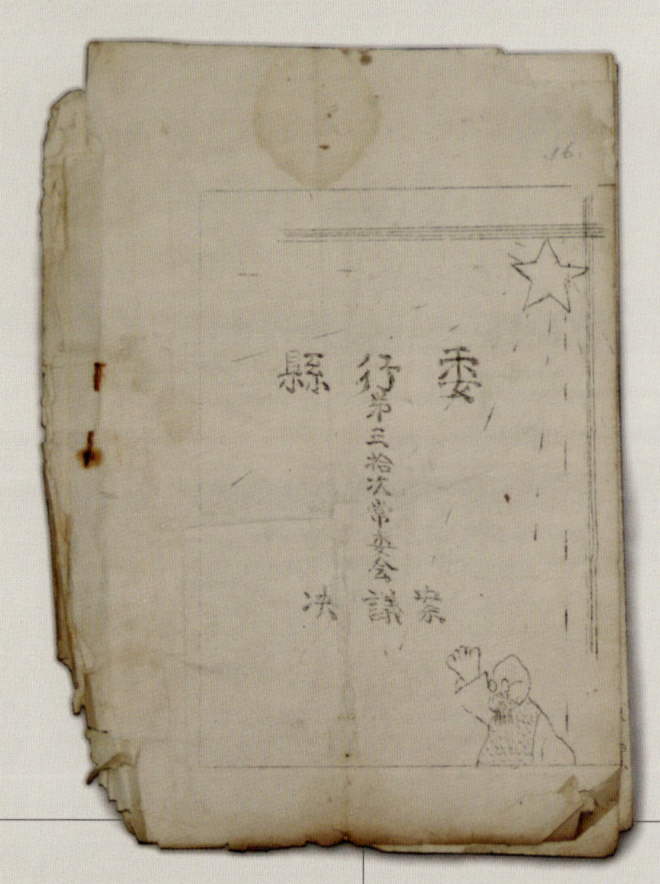

中共龙岩县行委印发的《县行委第三十次常委会决议案》
1930 年 11 月 纵 19 厘米 横 13 厘米
龙岩博物馆 藏

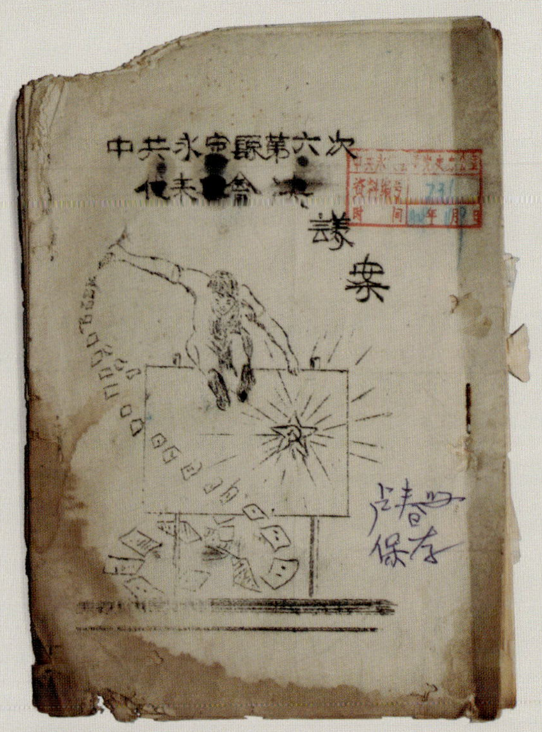

中共永定县委印发的《中共永定县第六次代表大会决议案》
1932 年 3 月 18 日 纵 18 厘米 横 13 厘米
龙岩市永定区博物馆 藏

“中国共产党上杭县旧县区扁山乡支部”长戳
土地革命战争时期　印面长 8.8 厘米　宽 1.2 厘米
上杭县博物馆　藏

“中华苏维埃共和国福建省龙岩县岩前区第一乡委员会”圆印
土地革命战争时期　印面直径 6.3 厘米
古田会议纪念馆　藏

“中国共产党平和县委员会”圆印
土地革命战争时期　印面直径 3.5 厘米
古田会议纪念馆　藏

1935 年 4 月，根据苏区中央分局陈谭秋传达的遵义会议后党中央的指示精神，闽西地区第一次党政军代表会议决定将闽西军政委员会改组为中华苏维埃共和国闽西南军政委员会，简称闽西南军政委员会，主席张鼎丞。

1937 年 10 月，根据党中央、毛主席对闽粤赣边区党委组织工作的指示，闽粤赣边第一次临时党代表大会决定取消闽西南军政委员会，建立闽粤赣边省委，继续领导闽西的革命斗争。

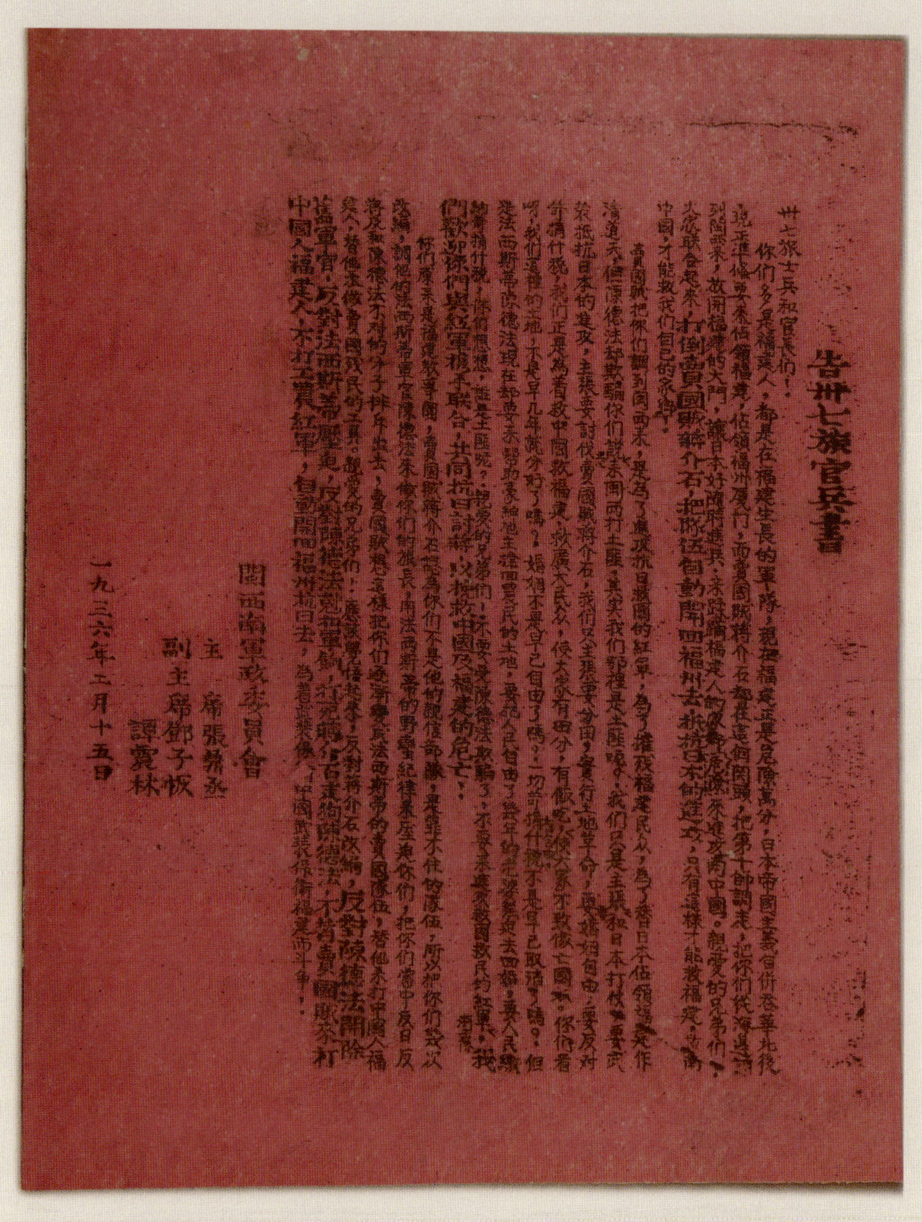
告卅七旅官兵書

卅七旅士兵和官長們！

你們多是福建人，都是在福建生長的軍隊，現在福建正是危險萬分，日本帝國主義者併吞華北後，現在準備要來佔領福建，佔領福州厦門，而賣國賊蔣介石却在這個關頭，把第十師調走，把你們從海邊調到閩西來，放開福建的大門，讓日本好順利進兵，來蹂躪福建人的家鄉，來進攻南中國。親愛的兄弟們！大家聯合起來，打倒賣國賊蔣介石，把你們這個部隊開回福州去抵抗日本的進攻，只有這樣才能救福建，救南中國，才能救我們自己的家鄉。

賣國賊把你們調到閩西來，是為了進攻抗日救國的紅軍，為了維[illegible]福建民衆，為了替日本佔領福建先作清道夫，借陳德法[illegible]欺騙你們說來閩西打土匪，其實我們都是大土匪嗎？我們只是主張和日本打仗，主張武裝抵抗日本的進攻，主張要討伐賣國賊蔣介石，我們又主張實行分田，實行土地革命，主張婚姻自由，要反對苛捐什税，我們正是為着救中國救福建，救廣大民衆，使大家有田分，有飯吃，使大家不致做亡國奴。你們看吧，我們這樣的主張，[illegible]不是早几年就分好了嗎？婚姻不是早已自由了嗎？一切苛捐什税不是早已取消了嗎？但是法西斯蒂陳德法現在却要來奪取農民的土地，要把人民自由了的[illegible]，要人民繳納苛捐什税，你們想想，誰是土匪呢？親愛的兄弟們！你不要受陳德法欺騙了，不要來進攻救國救民的紅軍，我們歡迎你們與紅軍携手聯合，共同抗日討蔣，以挽救中國及福建的危亡！

你們原來是福建的軍隊，賣國賊蔣介石認為你們不是他的親信部隊，是靠不住的隊伍，所以把你們改編，調他的法西斯蒂軍官陳德法來做你們的旅長，用法西斯蒂的野蠻紀律來壓迫你們，把你們當中反日反蔣反[illegible]的分子排斥出去，賣國賊想這樣把你們變成法西斯蒂的賣國隊伍，替他來打中國人、福建人，替他來做賣國殘民的工具。親愛的兄弟們！應該覺悟起來，反對蔣介石改編，反對陳德法開除舊軍官，反對法西斯蒂壓迫，反對[illegible]，不替賣國賊來打中國人福建人，不打工農紅軍，自動開回福州抗日去，為着武裝保衛中國武裝保衛福建而斗爭！

閩西南軍政委員會

主　席　張鼎丞

副主席　鄧子恢

譚震林

一九三六年二月十五日

中华苏维埃共和国闽西南军政委员会印发的《告卅七旅官兵书》布告

1936 年 2 月 15 日　纵 26.3 厘米　横 20.5 厘米

福建博物院　藏

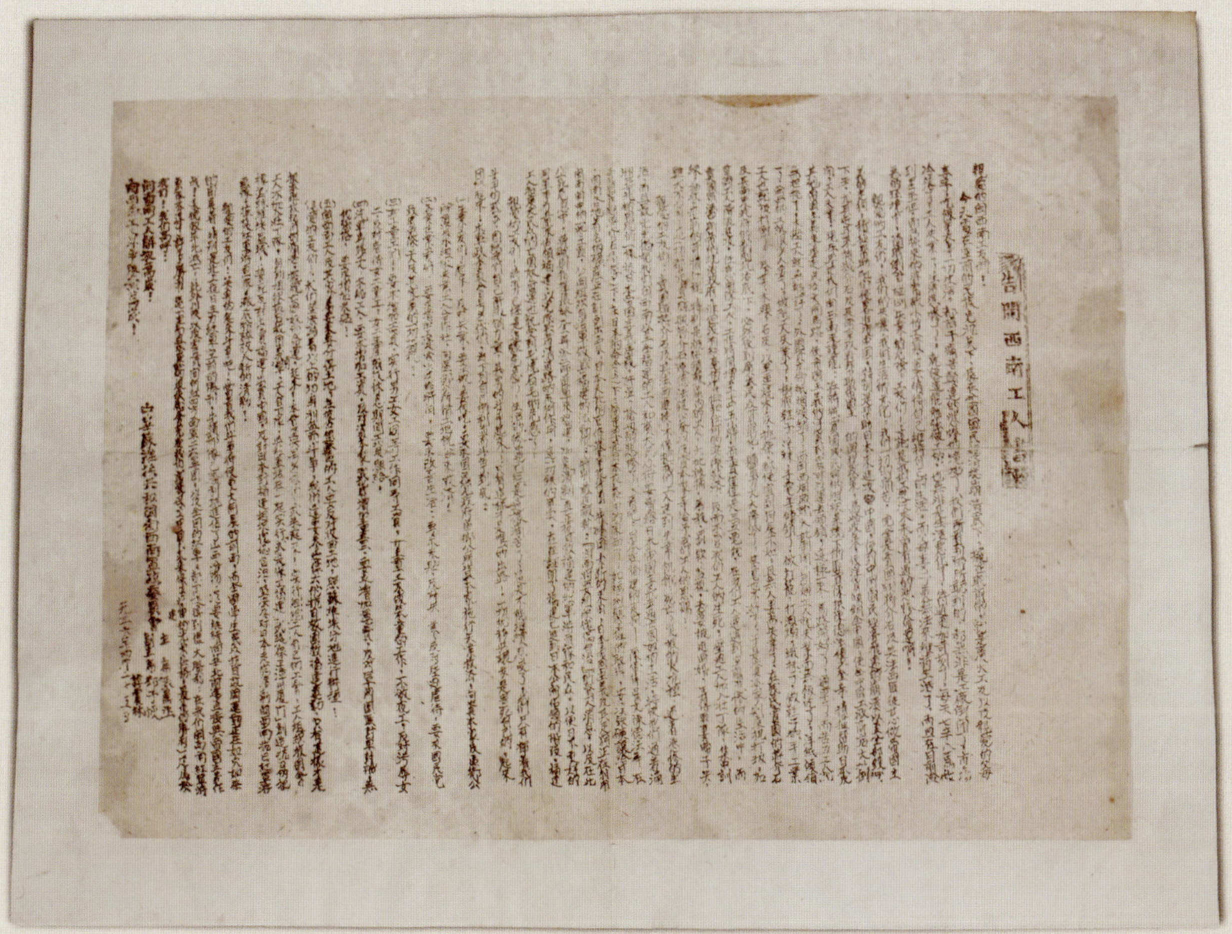

中华苏维埃共和国闽西南军政委员会印发的《告闽西南工人书》布告

1936 年 4 月 25 日　纵 26.5 厘米　横 40 厘米

龙岩市永定区博物馆　藏

中华苏维埃共和国闽西南军政委员会印发的《告闽西南武装部队及各界民众们共同行动的纲领》布告

1936 年 6 月 22 日　纵 26.5 厘米　横 37.5 厘米

福建博物院　藏

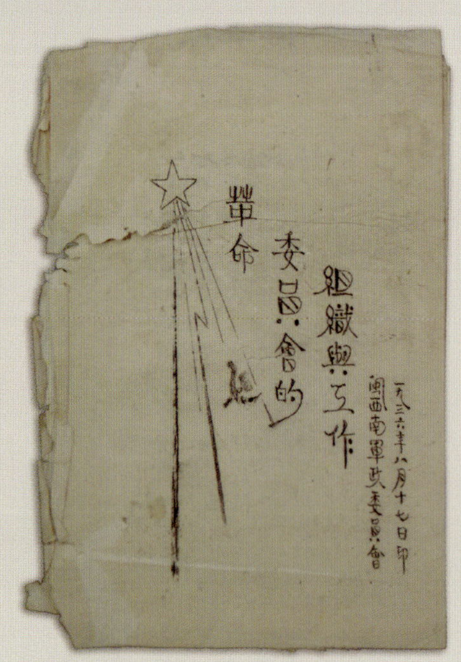
革命委员会的组织与工作

一九三六年八月十七日印 闽西南军政委员会

闽西南军政委员会印《革命委员会的组织与工作》
1936 年 8 月 17 日　纵 20 厘米　横 13 厘米
龙岩博物馆　藏

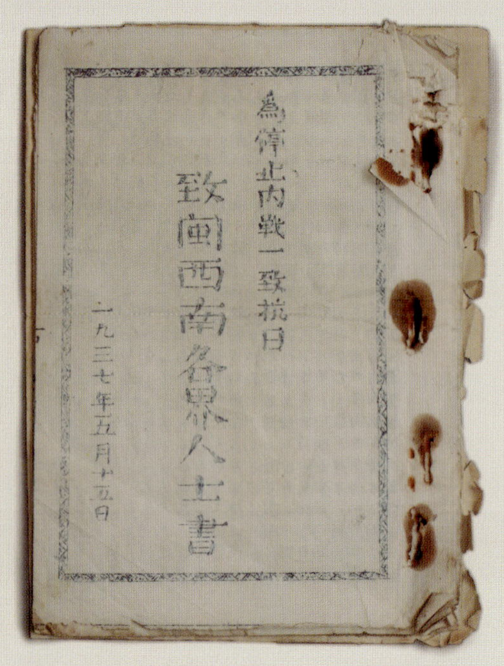
為停止內戰一致抗日
致閩西南各界人士書
一九三七年五月十五日

闽西南军政委员会印《为停止内战一致抗日致闽西南各界人士书》
1937 年 5 月 15 日　纵 17 厘米　横 12 厘米
龙岩市永定区博物馆　藏

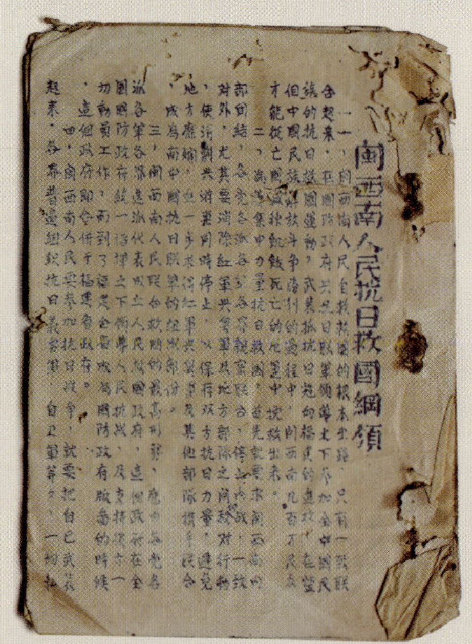
閩西南人民抗日救國綱領

中华人民苏维埃共和国闽西南军政委员会印《闽西南人民抗日救国纲领》
1937 年 5 月 15 日　纵 17 厘米　横 12 厘米
龙岩市永定区博物馆　藏

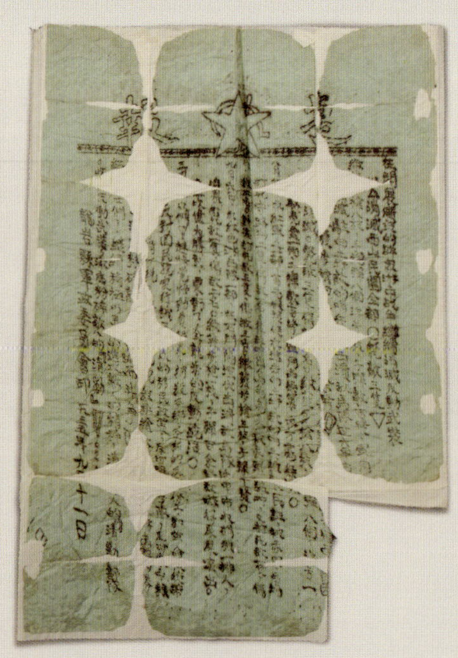

龙岩县军政委员会印发的《捷报》
1935 年 9 月 11 日　纵 34 厘米　横 26.5 厘米
龙岩博物馆　藏

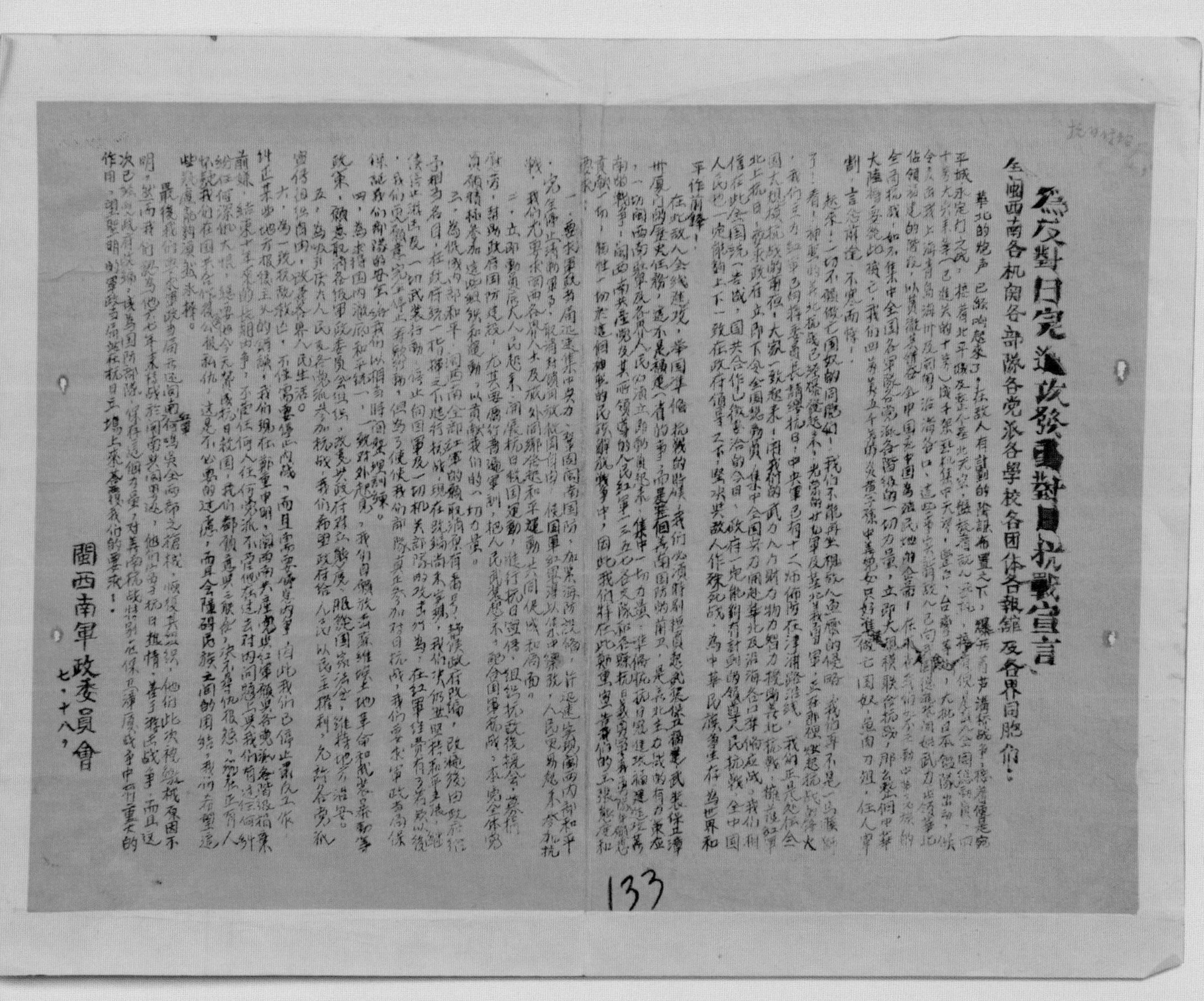

為反對日寇進攻發動對日抗戰宣言

全閩西南各机関各部隊各党派各學校各团体各報館及各界同胞們：

閩西南軍政委員會
七・十八

闽西南军政委员会印发的《为反对日寇进攻发动对日抗战宣言》布告

1937 年 7 月 18 日　纵 29 厘米　横 38 厘米

古田会议纪念馆　藏

1936年2月，为加强对（龙）岩南（靖）漳（平）边区的领导，从龙岩县划出的铁山、岩前等5个区和漳平永福等4个区及南靖和溪区合并组成岩南漳军政委员会。机关驻地在漳平永福小村。1937年2月，岩南漳军政委员会并入龙岩县军政委员会。

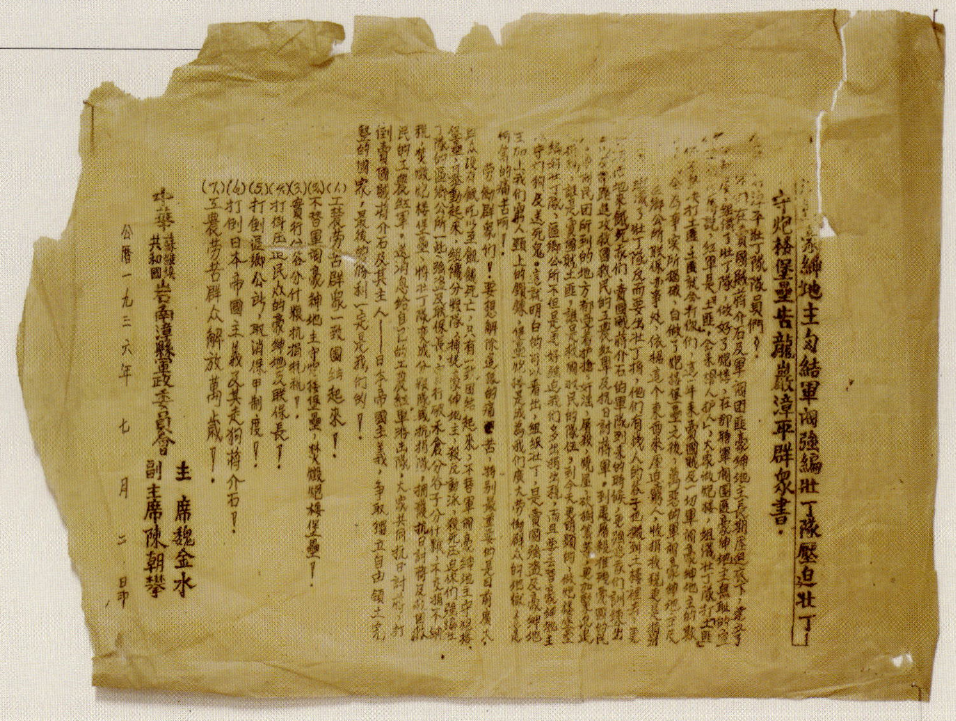

豪紳地主勾結軍閥強編壯丁隊壓迫壯丁守炮樓堡壘告龍岩漳平群衆書

(1)工農勞苦群衆一致團結起來！
(2)不替軍閥豪紳地主守炮樓堡壘，要燒燬炮樓堡壘！
(3)實行分谷分什粮抗捐抗税！
(4)打倒壓迫民众的豪紳地主聯保長！
(5)打倒區鄉公所，取消保甲制度！
(6)打倒日本帝國主義及其走狗蔣介石！
(7)工農勞苦群众解放萬歲！

中華蘇維埃共和國岩南漳縣軍政委員會
主席 魏金水
副主席 陳朝攀
公曆一九三六年七月二日印

中华苏维埃共和国岩南漳县军政委员会印发的《告龙岩漳平群众书》布告

1936年7月2日　纵25.7厘米　横47.3厘米

漳平市博物馆　藏

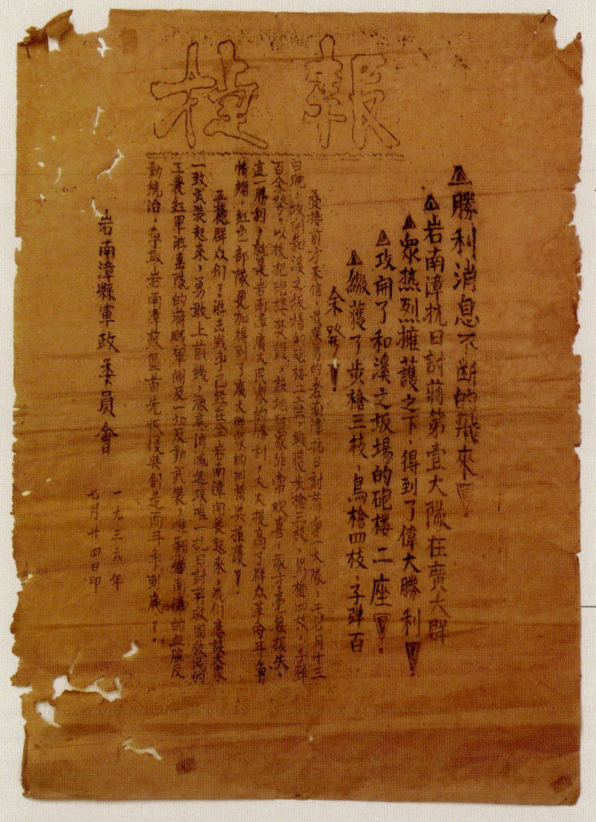

捷報

▲勝利消息不斷的飛來！
▲岩南漳抗日討蔣第壹大隊在廣大群
▲衆熱烈擁護之下，得到了偉大勝利！
▲攻開了和溪之坂場的砲樓二座！
▲繳獲了步槍三枝，鳥槍四枝，子彈百余發！

岩南漳縣軍政委員會
一九三六年七月廿四日印

岩南漳县军政委员会印发的《胜利消息不断的飞来》捷报

1936年7月24日　纵38厘米　横27.5厘米

漳平市博物馆　藏

1935 年 1 月，由新泉、上杭县和长汀部分地区党组织合并成立新（泉）（长）汀（上）杭县委。同年 6 月，改设新汀杭军政委员会。

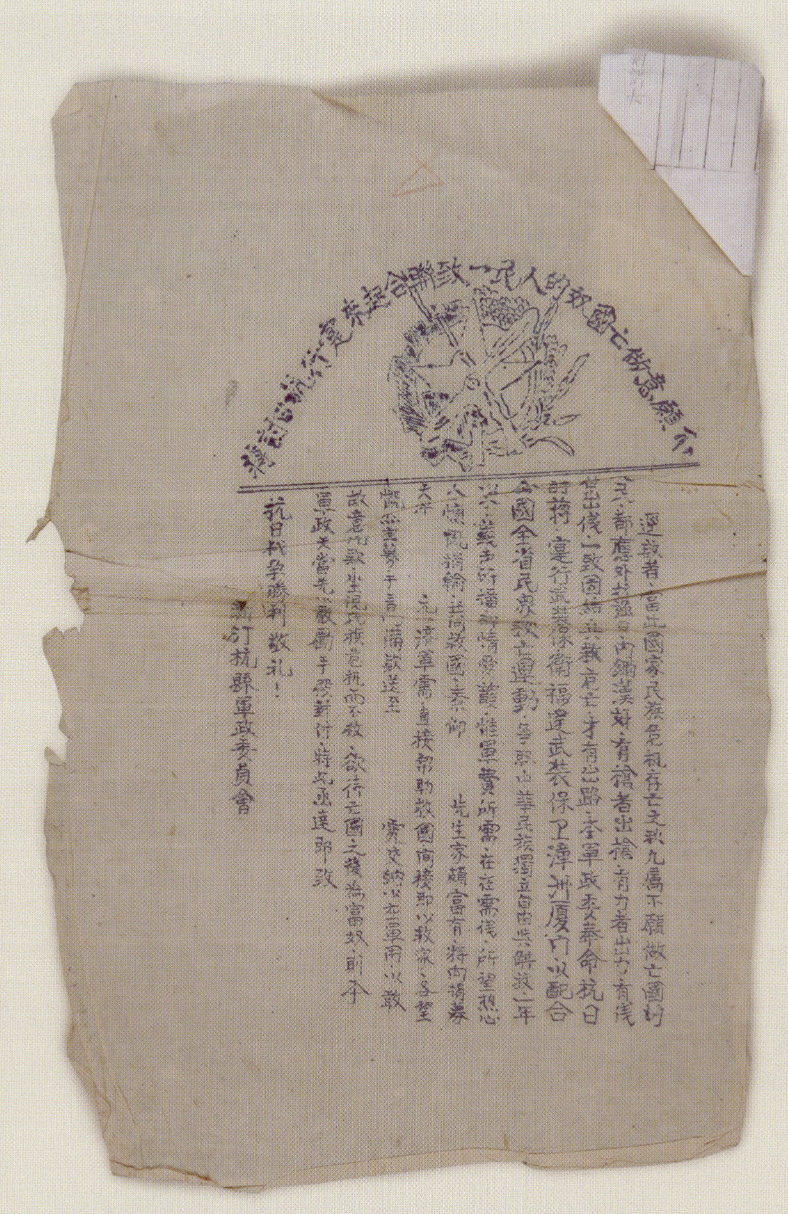

不願意做亡國奴的人民一致聯合起來實行抗日討蔣

逕啟者：當此國家民族危亡存亡之秋，凡屬不願做亡國奴之人，都應對外抗强日，内鋤漢奸，有槍者出槍，有力者出力，有錢者出錢，一致團結共救危亡，才有出路。本軍政委奉命抗日討蔣，實行武装保衛福建，武装保卫漳州厦门，以配合全國全省民眾救亡運動，争取中華民族獨立自由與解放。一年以來，義声所播，群情愛護，惟軍費所需，在在需錢，所望想必人慷慨捐輸，共同救國。素仰　先生家頗富有，特向捐募大洋　元，除軍需直接帮助救國外，即以救家，務望慨然允募，千言萬語，備款送至　處交納，以充軍用，以救故意不救，坐視民族危亡而不救，欲待亡國之後為富奴，則本軍政委當先嚴厲手段對付，特此函達，即致

抗日戰爭勝利敬礼！

新汀杭縣軍政委員會

新汀杭县军政委员会印发的《不愿意做亡国奴的人民一致联合起来实行抗日讨蒋》传单

1935 年—1937 年　纵 28 厘米　横 19 厘米

古田会议纪念馆　藏

1934 年 6 月，中共福州中心市委被破坏后，为加强对闽东苏区的领导，中共福安中心县委和连江中心县委在柏柱洋召开联席会议，成立中共闽东临时特委。

1935 年 5 月，临时特委幸存委员、闽东红军独立师领导人与在福安、寿宁、霞浦等县边区坚持斗争的党组织的领导人会合，重建了闽东党组织的领导机构，并改称中共闽东特委。

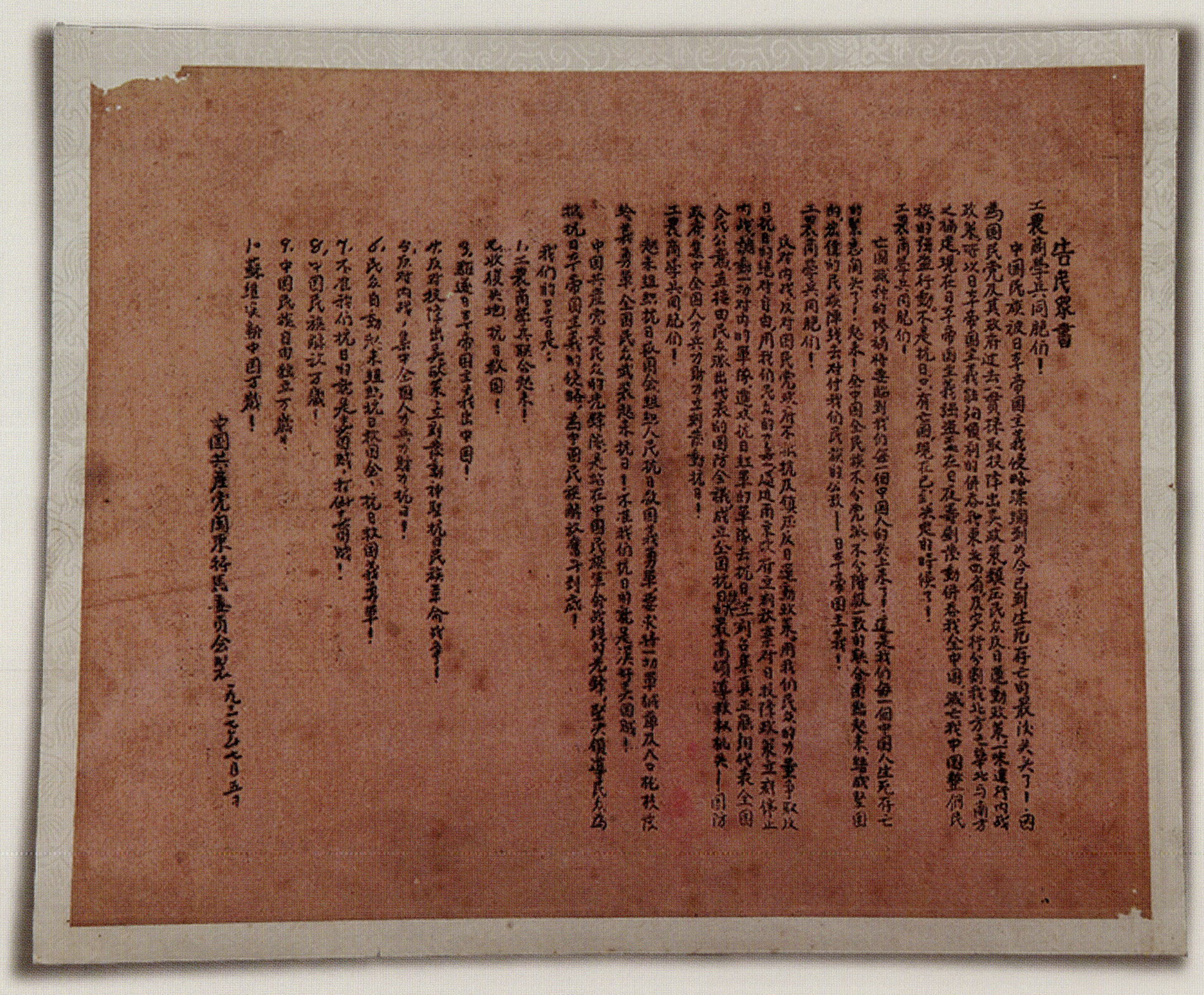
告民衆書

工農商學兵同胞們！

中國民族被日本帝國主義侵略蹂躪到如今已到生死存亡的最後關頭了！因為國民黨及其政府過去一貫採取投降出賣政策，鎮壓民眾反日運動政策，一味進行內戰政策，所以日本帝國主義强佔得利的併吞我東北四省及實行分割我北方之華北與南方之福建，現在日本帝國主義强盜又在日夜毒劇積極行動併吞我全中國，滅亡我中國整個民族的强盜行動，不是抗日，只有亡國，現在已到決定的時候了！

工農商學兵同胞們！

亡國滅種的慘禍特要臨到我們每一個中國人的頭上來了！這是我們每一個中國人生死存亡的緊急關頭了！起來！全中國全民族不分黨派、不分階級一致的聯合團結起來，結成堅固的，最徹底的民族陣線去對付我們民族的公敵——日本帝國主義！

工農商學兵同胞們！

反對內戰，反對國民黨政府不抵抗及鎮壓反日運動政策，用我們民眾的力量爭取反日抗日的絕對自由，用我們民眾的力量逼迫南京政府立刻放棄對日投降政策立刻停止內戰，調動一切對內的軍隊，連同抗日紅軍的軍隊去抗日，立刻召集真正民意機關代表全國人民公意，立即由民眾派出代表的國防會議，成立全國抗日聯合最高領導組織機关——國防政府，集中全國人力、財力、物力，立刻發動抗日！

工農商學兵同胞們！

起來組織抗日救國會，組織人民抗日救國義勇軍，要求將一切軍械彈藥及人口稅收給義勇軍，全國民眾武裝起來抗日！不准我們抗日的就是漢奸賣國賊！

中國共產黨是民眾的先鋒隊，是站在中國民族革命戰線的先鋒，堅決領導民眾為抵抗日本帝國主義的侵略，為中國民族解放奮鬥到底！

我們的口號是：

1.工農商學兵聯合起來！
2.收復失地，抗日救國！
3.驅逐日本帝國主義出中國！
4.反對投降出賣政策，立刻發動神聖抗日民族革命戰爭！
5.反對內戰，集中全國人力、財力抗日！
6.民眾自動起來組織抗日救國會、抗日救國義勇軍！
7.不准我們抗日的就是漢奸賣國賊，打倒漢奸賣國賊！
8.中國民族解放萬歲！
9.中國民族自由獨立萬歲！
10.蘇維埃新中國萬歲！

中國共產黨閩東特區委員會製 一九三七年七月五日

中共闽东特区委员会印发的《告民众书》布告
1937 年 7 月 5 日　纵 28.8 厘米　横 37 厘米
福建博物院　藏

上杭县岭背乡中国共产党、共青团支部入党入团宣誓“训词”条幅

1929 年　纵 34.5 厘米　横 68 厘米

福建博物院　藏

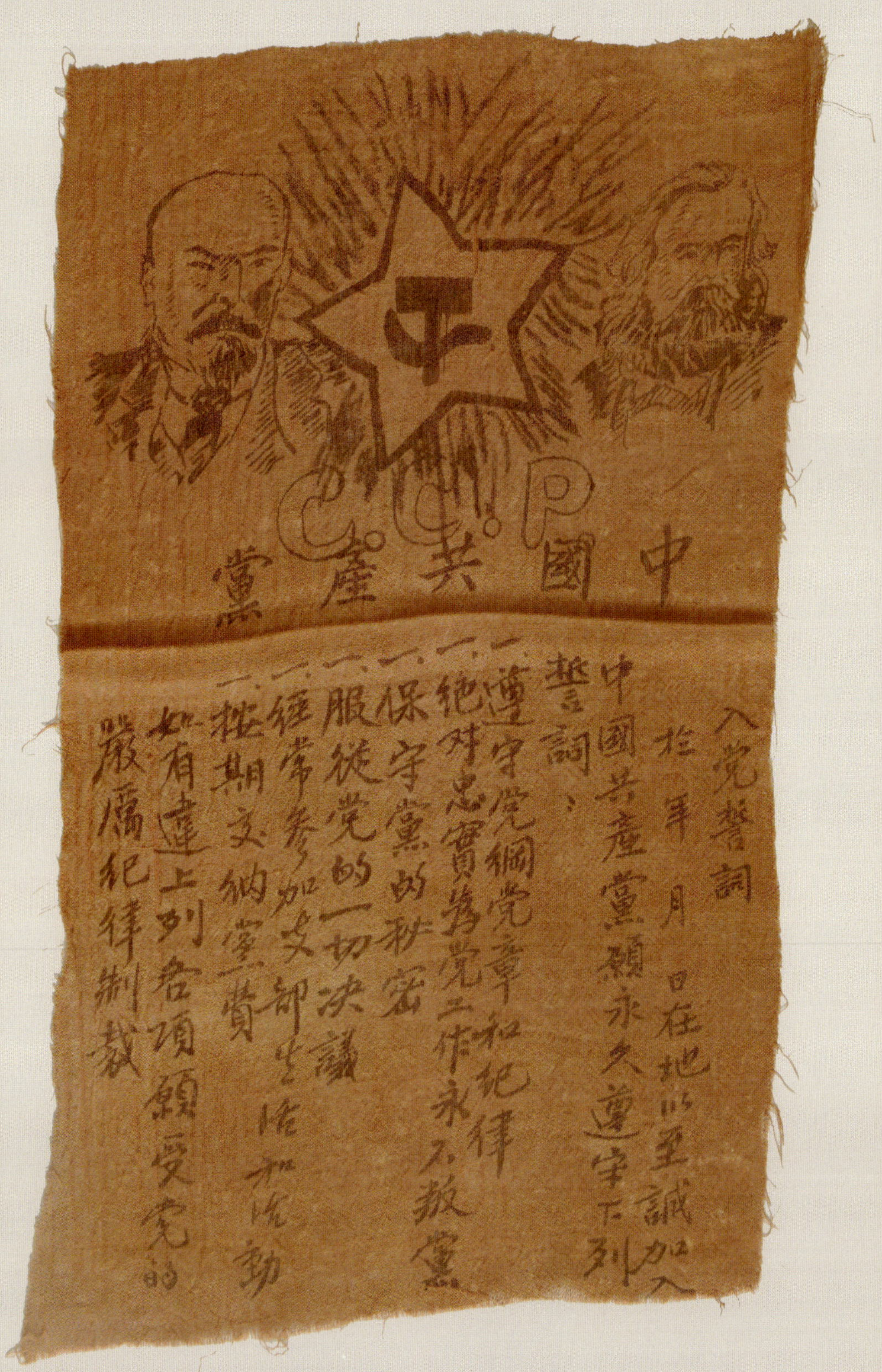

中国共产党入党誓词条幅

土地革命战争时期　纵 37.5 厘米　横 22 厘米

长汀县博物馆　藏

全世界無產階級聯合起來

中國共產黨黨證

第 8217 號

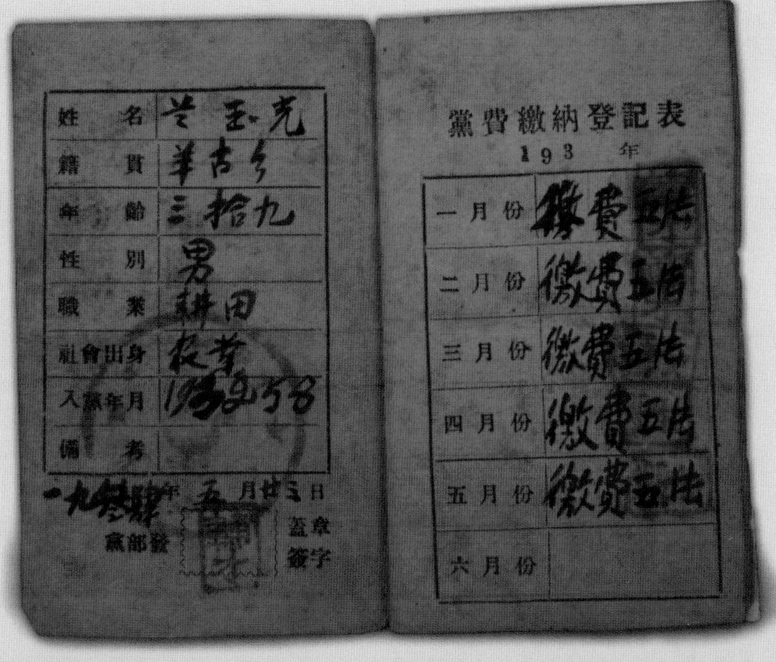

姓名	兰玉光
籍貫	羊古乡
年齡	三拾九
性別	男
職業	耕田
社會出身	[illegible]
入黨年月	[illegible]
備考	

一九三四年五月廿三日 黨部發 蓋章簽字

黨費繳納登記表

193 年

一月份	繳費五仙
二月份	繳費五仙
三月份	繳費五仙
四月份	繳費五仙
五月份	繳費五仙
六月份	

长汀羊古乡兰玉光的中国共产党党证

1934 年 5 月 23 日　纵 10.2 厘米　横 6 厘米

长汀县博物馆　藏

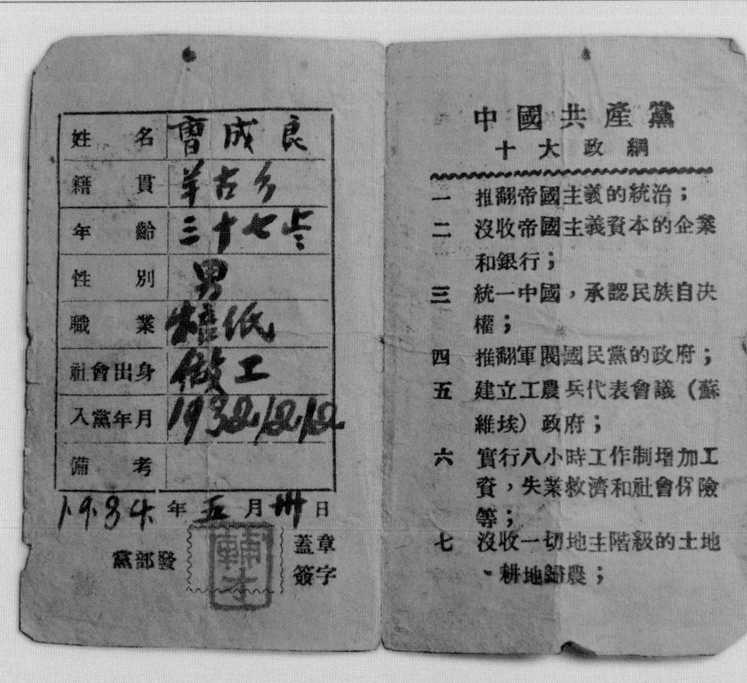

姓名	曾成良
籍貫	羊古乡
年齡	三十七岁
性別	男
職業	[illegible]
社會出身	做工
入黨年月	[illegible]
備考	

1934 年五月卅日 黨部發 蓋章簽字

中國共產黨
十大政綱

一 推翻帝國主義的統治；
二 沒收帝國主義資本的企業和銀行；
三 統一中國，承認民族自決權；
四 推翻軍閥國民黨的政府；
五 建立工農兵代表會議（蘇維埃）政府；
六 實行八小時工作制增加工資，失業救濟和社會保險等；
七 沒收一切地主階級的土地，耕地歸農；

全世界無產階級聯合起來

中國共產黨黨證

第 號

长汀羊古乡曾成良的中国共产党党证

1934 年 5 月 30 日　纵 12.7 厘米　横 6 厘米

福建博物院　藏

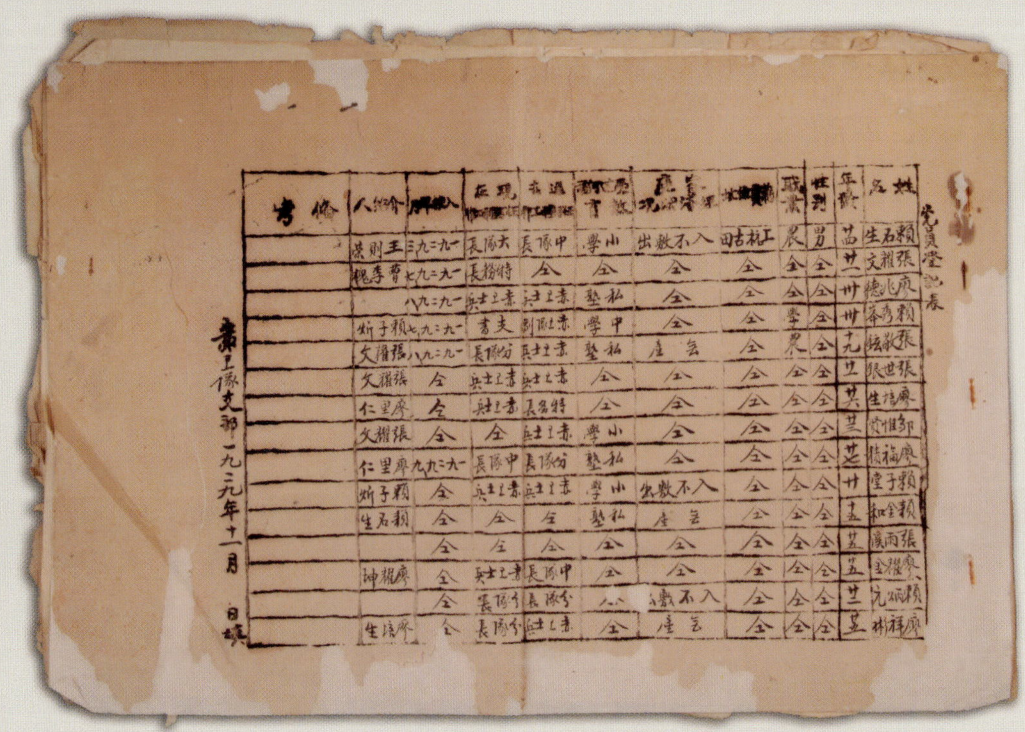

中共古田第五、第六、第七支部及赤卫队支部的党员登记表合订本
1929 年 11 月　纵 27.5 厘米　横 41.5 厘米
古田会议纪念馆　藏

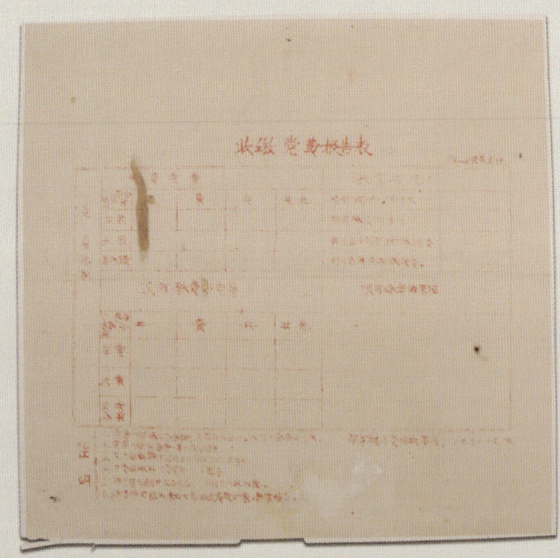

中共闽粤赣省委组织部印制的收缴党费报告表
1931 年 12 月　纵 27 厘米　横 25 厘米
福建博物院　藏

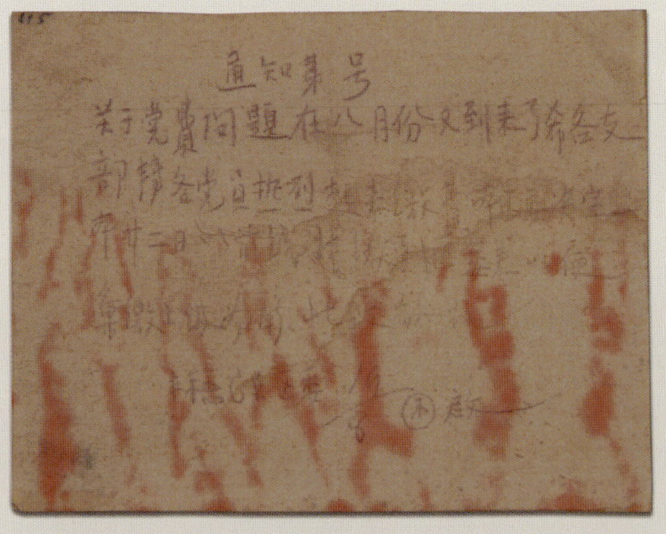

丰稔 CP 区委缴纳党费的通知
土地革命战争时期　纵 12.2 厘米　横 15.9 厘米
上杭县博物馆　藏

1936年6月，黄道在崇安岚谷宣布成立中共闽赣省委，将闽北分区委原所辖地区重新划分为闽北、闽中、抚东和闽东北4个分区，分别成立4个特委。1938年1月，中共中央长江局决定撤销闽赣省委，改设闽浙赣特委。1938年6月，根据中共中央长江局东南分局决定，闽浙赣特委和闽东特委合并成立中共福建省委。1939年7月22日，省委在崇安坑口乡村头村召开党员代表大会，选举产生新的福建省委。

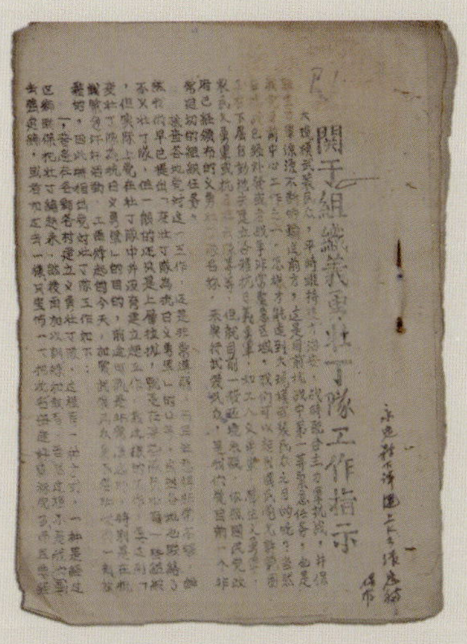
關于組織義勇壯丁隊工作指示

中共福建省委印发的《关于组织义勇壮丁队工作指示》
抗日战争全面爆发时期　纵18厘米　横13厘米
古田会议纪念馆　藏

中共福建省委机关在太阳山办公用油墨
1942年—1943年
闽北革命历史纪念馆　藏

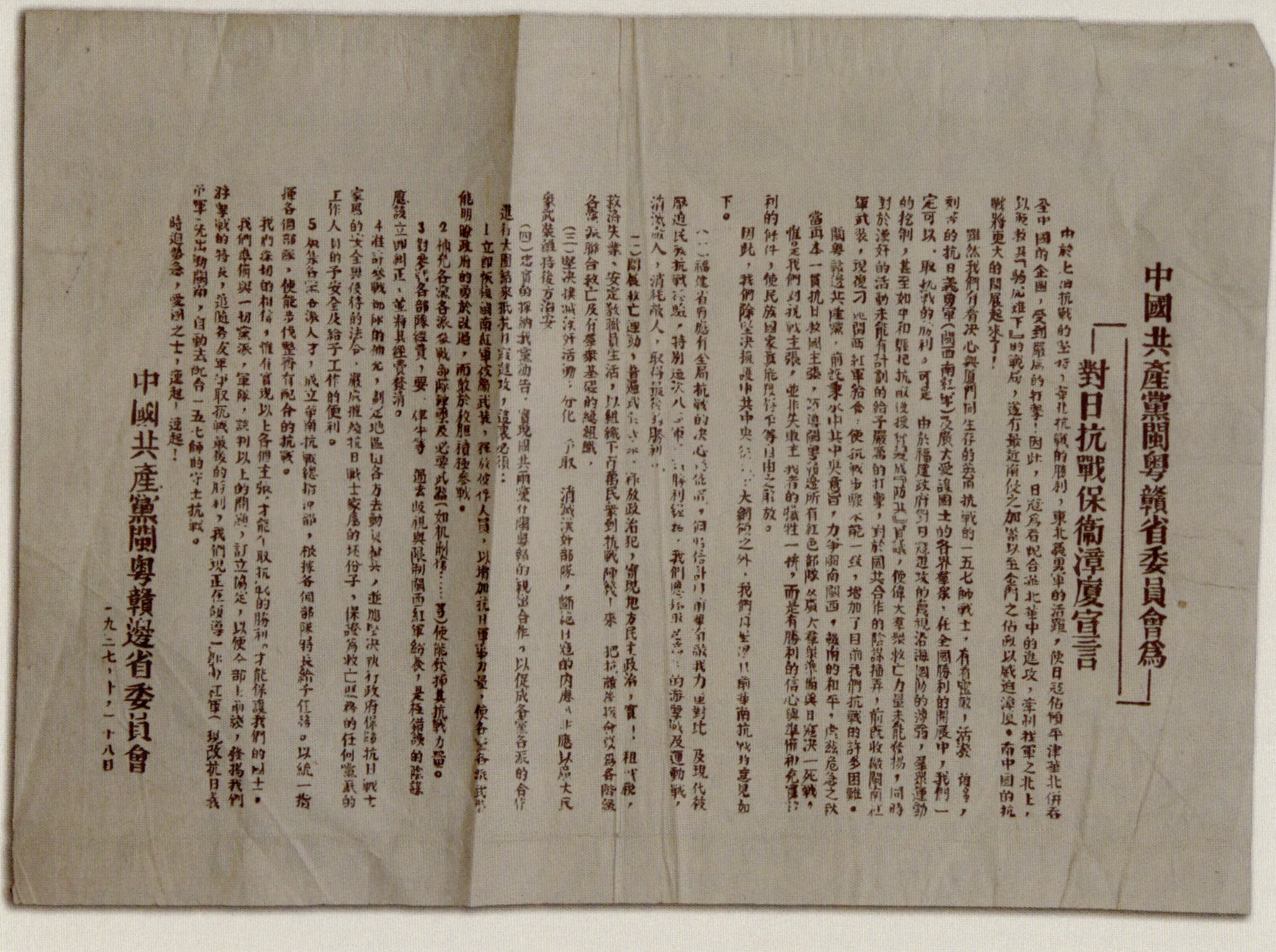

中國共產黨閩粵贛省委員會爲「對日抗戰保衛漳厦宣言」

由於上海抗戰的堅持，華北抗戰的勝利，東北義勇軍的活躍，使日寇佔領平津華北併吞全中國的企圖，受到嚴厲的打擊！因此，日寇爲着配合華北華中的進攻，牽制我軍之北上，以便救其「騎虎難下」的戰局，遂有最近南侵之加緊以至金門之佔領以威迫漳厦。而中國的抗戰將更大的開展起來了！

雖然我們有着決心與厦門同生存的英勇抗戰的一五七師戰士，有着覺悟，活潑，勇敢的抗日義勇軍（閩西南紅軍）及廣大愛護國土的各界群眾，在全國勝利的開展中，我們一定可以，取抗戰的勝利。可是由於福建政府對日寇進攻的忽視沿海國防的薄弱，群眾運動的控制，甚至如中和雅把抗敵後援會改成「防共」會議，使偉大群眾救亡力量未能發揚，同時對於漢奸的活動未能有計劃的給予嚴厲的打擊，對於國共合作的陰謀播弄，前此收繳閩南紅軍武裝，現復刁難閩西紅軍給養，使抗戰步驟不能一致，增加了目前我們抗戰的許多困難。

閩粵贛邊共產黨，前此秉承中共中央意旨，力爭閩南閩西的和平，當此危急之秋，當再本一貫抗日救國主張，所領導閩粵贛邊所有紅色部隊久願大舉準備與日寇決一死戰，惟是我們對抗戰主張，並非失敗主義者的犧牲一拼，而是有勝利的信心與準備和充實[illegible]利的條件，使民族國家真能獲得平等自由之解放。

因此，我們除堅決擁護中共中央[illegible]大綱領之外，我們[illegible]對閩粵南抗戰的意見如下。

（一）福建省當局應有全局抗戰的決心與信念，同時信任[illegible]前革命群眾力量對比及現代技術與民眾抗戰經驗，特別是這次八一三[illegible]勝利經驗。我們應採取[illegible]的游擊戰及運動戰，消滅敵人，消耗敵人，取得最後的勝利。

（二）開展救亡運動，普遍成立[illegible]，釋放政治犯，實現地方民主政治，實[illegible]租[illegible]，救濟失業，安定教職員生活，以組織下層民眾到抗戰陣線上來 把抗敵後援會改爲各階級各黨派聯合救亡及有群眾基礎的總組織，

（三）堅決撲滅漢奸活動，分化[illegible]敵 消滅漢奸部隊，斷絕日寇的內應，[illegible]應以廣大民眾武裝維持後方治安

（四）忠實的採納我黨勸告，實現國共兩黨在閩粵贛的親密合作，以促成各黨各派的合作進行大團結來抵抗日寇進攻，這裏必須：

1 立即恢復閩南紅軍被繳武裝，釋放被俘人員，以增加抗日軍事力量，使各黨各派武裝能明瞭政府的勇於改過，而敢於放膽積極參戰。

2 補充各黨各派參戰部隊彈藥及必要武器（如机關槍……等）使能發揮其抗戰力量。

3 對參戰各部隊經費，要一律平等 過去歧視與限制閩西紅軍給養，是種錯誤的應該立即糾正，並補其經費發清。

4 准許參戰部隊的補充，劃定地區由各方去動員新兵，並加堅決執行政府保障抗日戰士家屬的安全與優待的法令，嚴厲懲辦抗日戰士家屬的壞份子，保護爲救亡服務的任何黨派的工作人員的予安全及給予工作的便利。

5 收集各黨各派人才，成立華南抗戰總指揮部，根據各個部隊特長給予任務，以統一指揮各個部隊，使能步伐整齊有配合的抗敵。

我們深切的相信，惟有實現以上各個主張，才能爭取抗戰的勝利，才能保護我們的烈士。我們準備與一切黨派，軍隊，談判以上的問題，訂立協定，以便各部上前線，發揚我們游擊戰的特長，追隨各友軍爭取抗戰最後的勝利，我們現正在領導一部紅軍（現改抗日義軍）先出動閩南，自動去配合一五七師的守土抗戰。

時迫勢急，愛國之士，速起，速起！

中國共產黨閩粵贛邊省委員會

一九三七、十、一十八日

中国共产党闽粤赣边省委员会印发的《对日抗战保卫漳厦宣言》布告

1937 年 10 月 18 日　纵 20.7 厘米　横 29.8 厘米

古田会议纪念馆　藏

1937 年 10 月，根据中央对闽粤赣边区党组织工作的指示，中共闽粤赣边区临时党代表会议决定撤销闽西南军政委员会，成立中共闽粤赣边省委，作为边区最高领导机构，以统一领导边区的党、政、军工作。

1938 年 2 月 22 日，中共闽粤赣边省委在龙岩白土召开执委扩大会，对领导成员进行调整并将省委改称为闽西南特委。同年 6 月，按长江局的指示，闽西南特委改称为中共闽西南潮梅特委。

1940 年 11 月，根据中央指示，中共南方工作委员会撤销闽西南潮梅特委，将特委所属的党组织分设为闽西、闽南、潮梅 3 个特委，直属南方工委领导。1941 年 1 月，中共闽西特委成立，书记王涛。同年 9 月，王涛牺牲，由魏金水代理特委书记。1942 年 2 月，闽西特委划归闽粤边委领导。

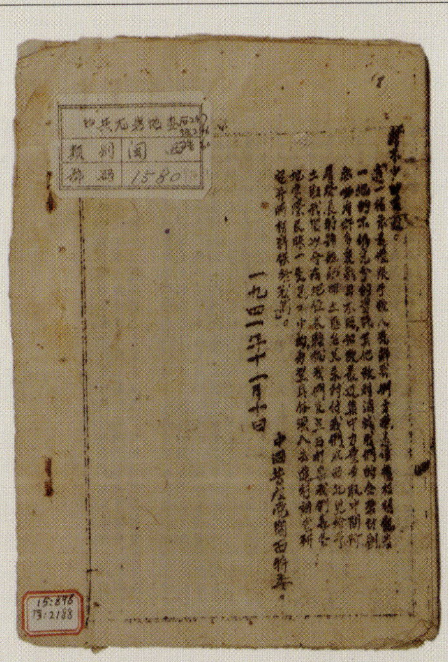

一九四一年十一月十日

中國共產黨閩西特委

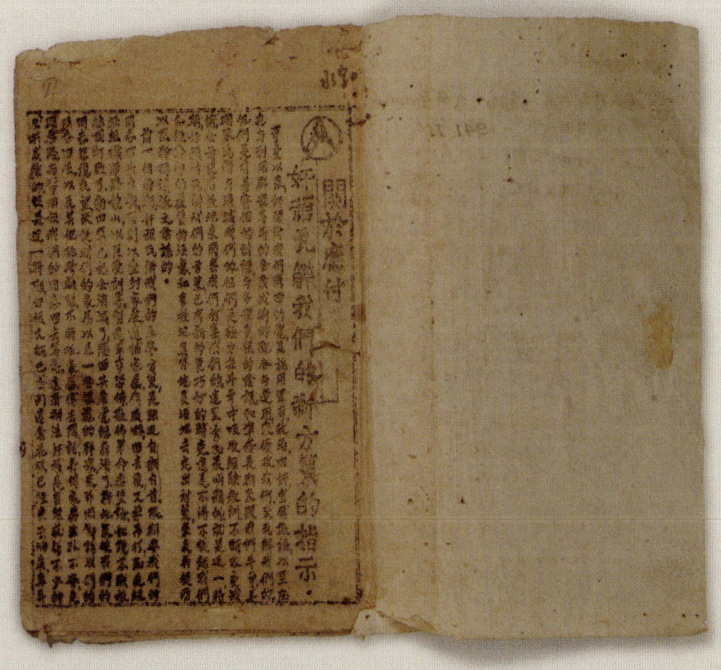

關於應付奸頑瓦解我們的新方策的指示

中共闽西特委印发《关于应付奸顽瓦解我们的新方策的指示》
1941 年 11 月 10 日　纵 18.5 厘米　横 13 厘米
福建博物院　藏

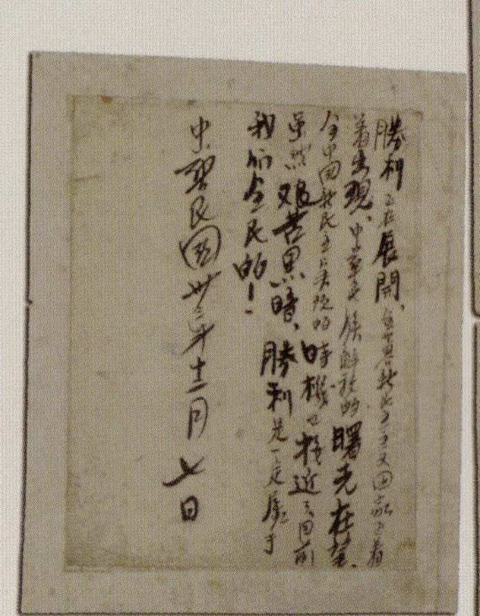

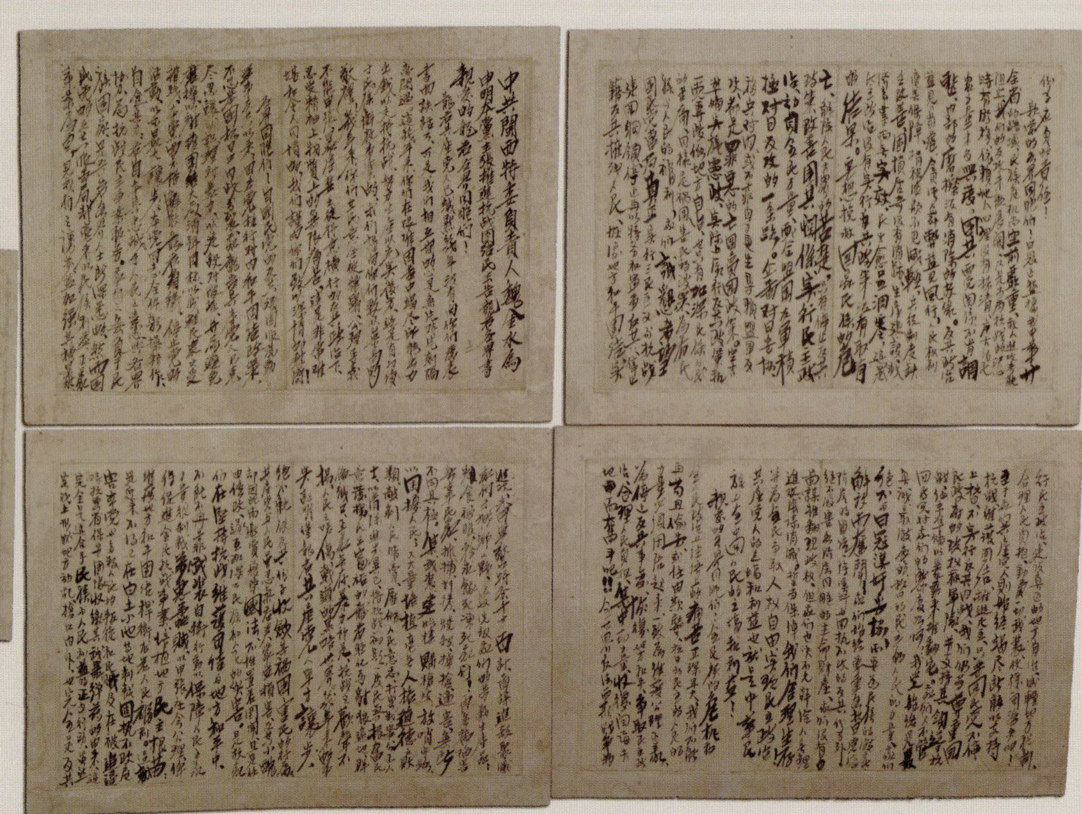

中共閩西特委負責人魏金水為……

……中華民國卅三年十二月七日

《中共闽西特委特派员魏金水为申明本党主张、推进抗战、团结民主告龙岩各界书》的手稿

1944 年 12 月 7 日　纵 16.8 厘米　横 25 厘米

福建博物院　藏

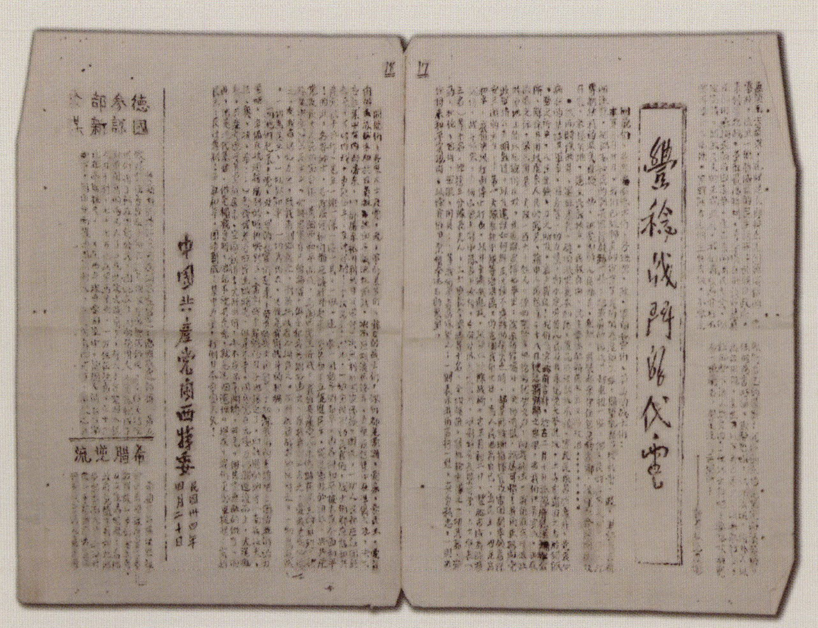

中國共產黨閩西特委

豐稔戰鬥的代電

中国共产党闽西特委的《丰稔战斗的代电》报道

1945 年 4 月 20 日　纵 17.8 厘米　横 25.6 厘米

古田会议纪念馆　藏

中共闽南特委机关用的电台零件
1942 年—1944 年
福建博物院　藏

1938 年 2 月，中共闽粤边特委撤销，改为漳州中心县委，隶属于闽西南潮梅特委。1941 年 1 月，根据中共南委指示，撤销漳州中心县委，成立中共闽南特委，由南委直接领导。1942 年 2 月，中共闽粤边委成立后，闽南特委划归闽粤边委领导。

中共闽南特委机关用的马达
1942 年—1944 年　长 40 厘米　直径 21.7 厘米
福建博物院　藏

1945年11月，根据党中央指示，为了统一闽粤边区党的领导，加强对敌军事、政治斗争，成立中共闽粤边临时委员会，隶属南方局。1946年11月，为适应斗争形势的需要，中共中央南方局决定，撤销闽粤边临委，成立中共闽粤边工作委员会。1947年，根据中央指示，闽粤边工委改称闽粤赣边工作委员会，下辖闽西、闽南、梅埔、闽西南边地委，归中共中央香港分局领导。

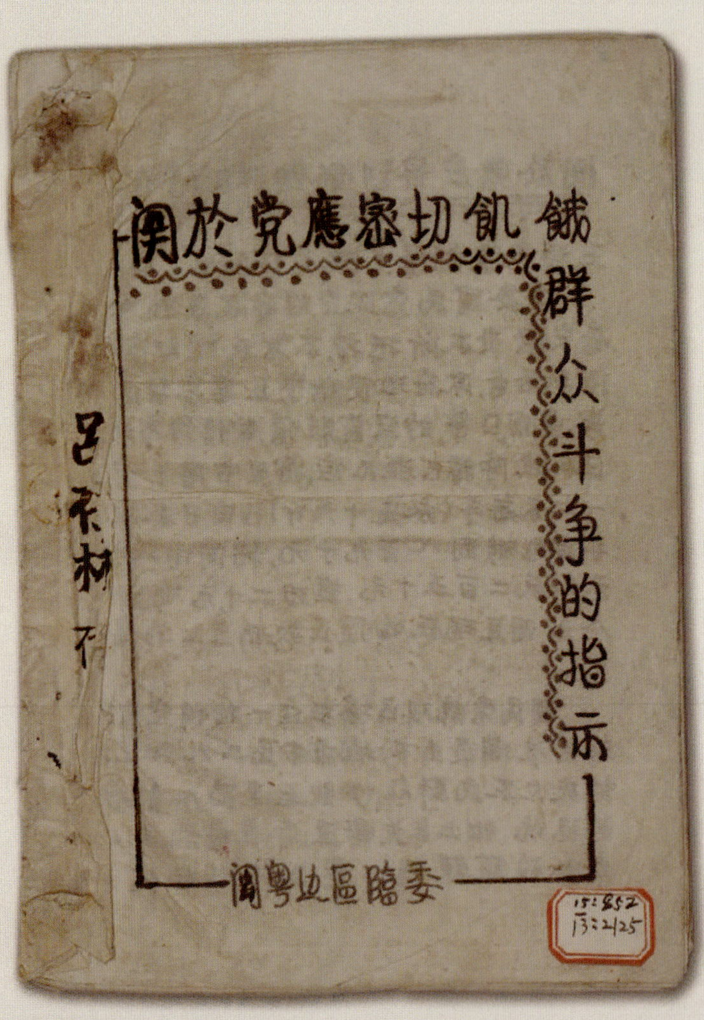

闽粤边区临委印发的《关于党应密切饥饿群众斗争的指示》
1945年　纵16.5厘米　横11.8厘米
福建博物院　藏

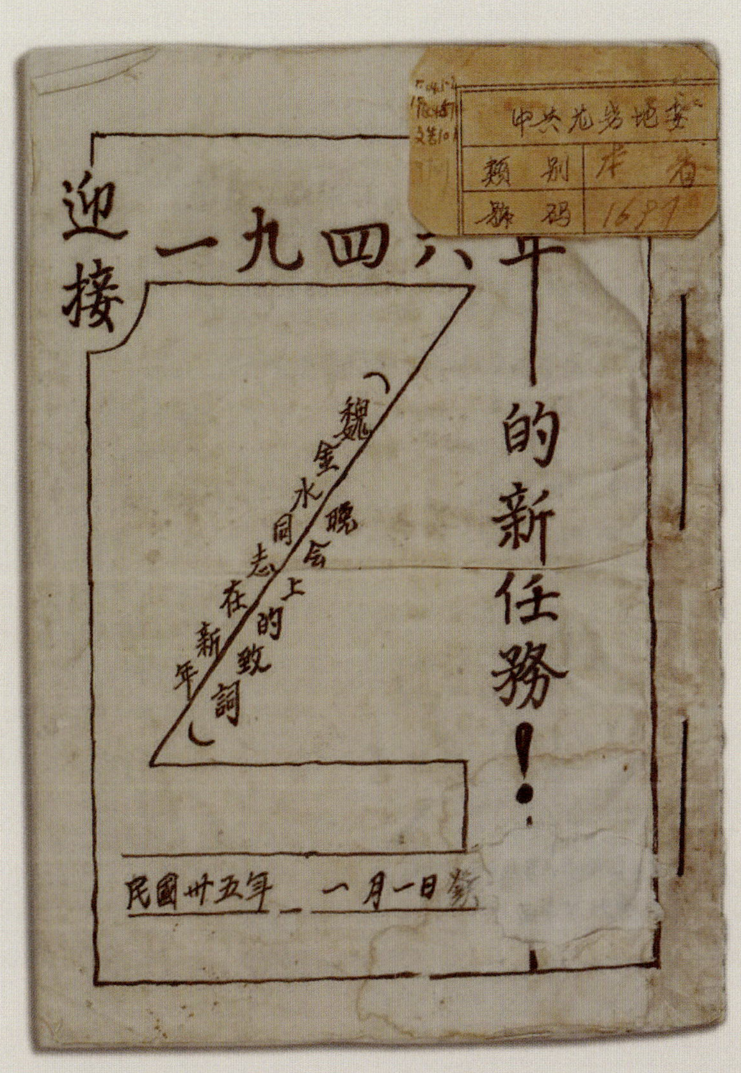

魏金水同志在一九四六年新年晚会上的致词
《迎接一九四六年的新任务》
1946年1月1日　纵16.5厘米　横11.8厘米
福建博物院　藏

1948年8月，中共闽粤赣边区第一次党代会在广东省大埔县樟树乡召开，根据中共中央香港分局指示，撤销闽粤赣边区工委，正式成立中共闽粤赣边区党委员会。1949年9月14日，经中共中央华南分局批准，闽粤赣边区党委宣告撤销，原所辖的闽西、闽南地委归福建省委领导，并改称第八和第六地委。

同志係人民報社新聞記者
今出發前來採訪望予膳食住宿
和工作上之方便與照顧。此致
各地党政軍机関
四九年五月卅日

闽粤赣边区党委印制的介绍信

1949年5月30日　纵13.7厘米　横21.4厘米

中央苏区（闽西）历史博物馆　藏

中共闽南地委机关在乌山石洞内建立电台使用的钳子
解放战争时期　长 15.2 厘米　宽 4.7 厘米
福建博物院　藏

“中共云和诏边区工委员会印”长方印
1947 年　印面长 7.2 厘米　宽 3.8 厘米
福建博物院　藏

进入全国解放战争时期，抗日战争全面爆发后建立的中共福建省委继续领导闽北、建松政、闽西北、闽东和赣东等地区的党组织。1947 年 1 月，中共福建代表会议根据中共中央和华中分局指示，选举产生中共闽浙赣区委员会。会议决定在原有党组织的基础上，建立闽北、闽浙边、闽赣边、闽东北和闽中 5 个地委，将闽江工委改建为区党委城市工作部。1947 年 9 月，闽浙赣区党委改称为中共闽浙赣省委。1949 年 7 月下旬，经中共中央批准成立的中共福建省委在建瓯和闽浙赣省委会师。8 月，闽浙赣省委停止工作。

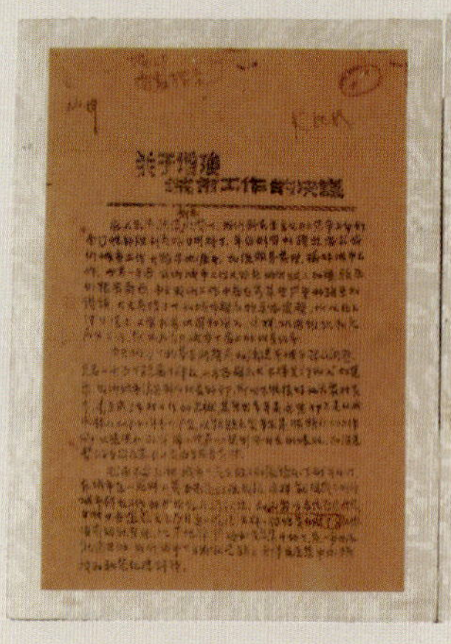

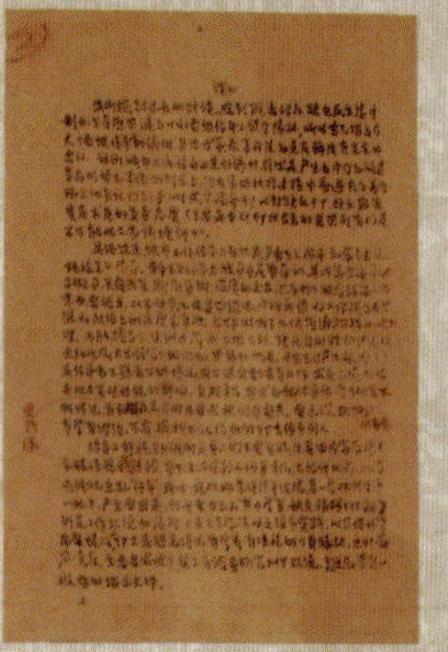

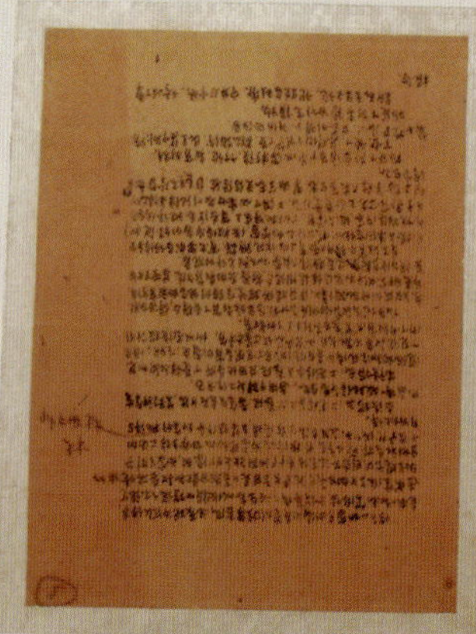

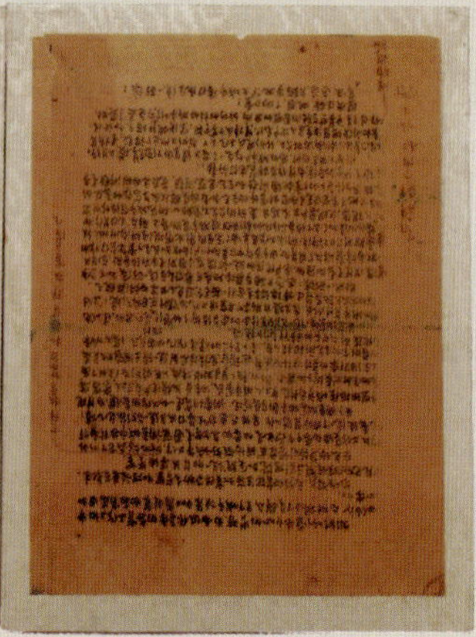

《关于增强城市工作的决议》
1947 年　纵 18 厘米　横 12 厘米
福建博物院　藏

闽浙赣区党委使用的电台（残）
1947 年　残长 25.5 厘米　残宽 11 厘米
闽东革命纪念馆　藏

中共闽浙赣省委使用的电台零件
解放战争时期　高 6.1 厘米　长 15.5 厘米　宽 9 厘米
福建博物院　藏

中国共产主义青年团“CCY”红旗
土地革命战争时期　纵 44.5 厘米　横 55 厘米
古田会议纪念馆　藏

闽西 CY 特委印发《特委第一次执行委员会决议案》
1929 年 12 月 13 日　纵 17.6 厘米　横 13 厘米
上杭县博物馆　藏

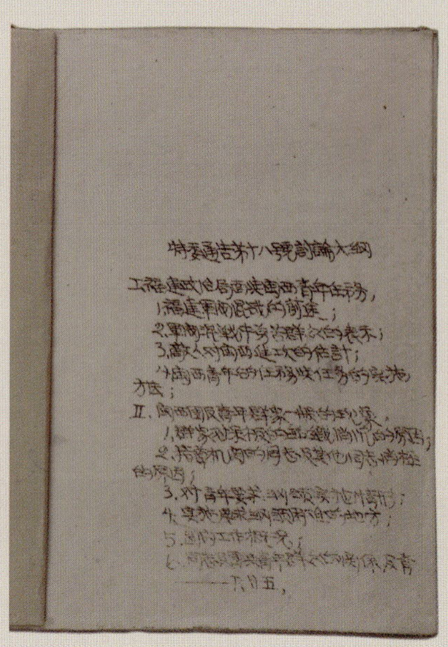

CY 特委印发的《特委通告第十八号讨论大纲》
1930 年 2 月 25 日　纵 17.8 厘米　横 13.2 厘米
上杭县博物馆　藏

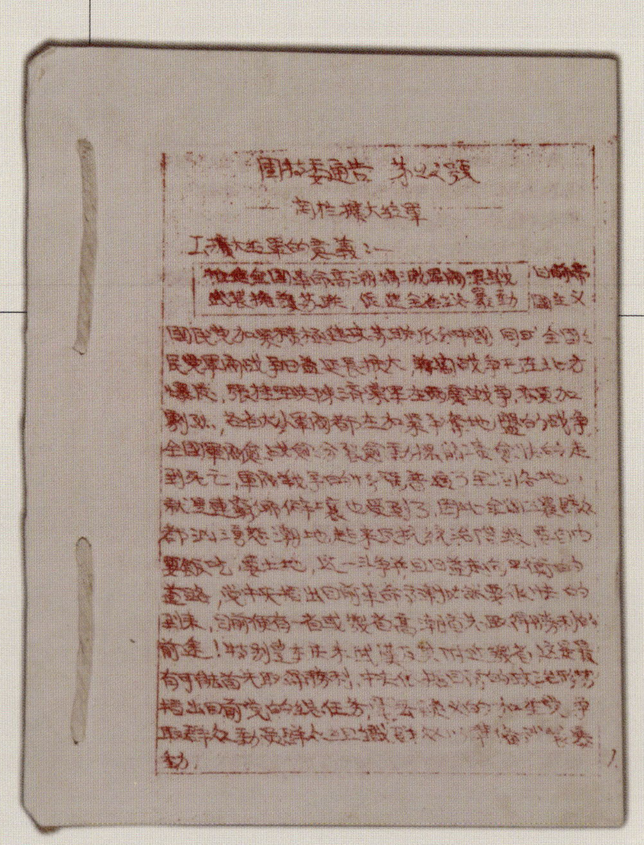

CY 特委印发《关于扩大红军》通告（第 22 号）
1930 年 4 月 16 日　纵 16.5 厘米　横 13 厘米
上杭县博物馆　藏

1929 年 9 月，闽西党、团组织正式分开设立，成立团闽西特委，书记曾志。1930 年 8 月，召开团闽西第一次代表大会，正式选举产生团闽西特委领导机构，书记张载荣。1931 年 5 月，根据少共中央局的决议精神，共青团闽西第二次代表大会选出新的团闽西特委，书记陈荣。1931 年 7 月，并入少共闽粤赣苏区省委。

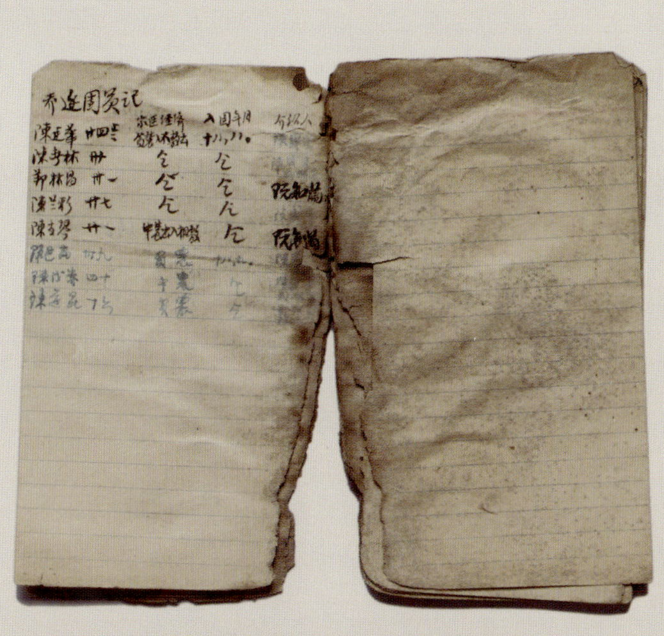

永定县湖雷乡上南村《团员登记簿》
1929 年　纵 17 厘米　横 10 厘米
龙岩市永定区博物馆　藏

1931 年 7 月，少共闽粤赣苏区省委成立，书记陈荣。1932 年 6 月，共青团福建省第一次代表大会在长汀召开，选举产生少共福建苏区省委，隶属于苏区中央局，书记陈荣。1935 年 4 月，少共福建苏区省委停止活动。

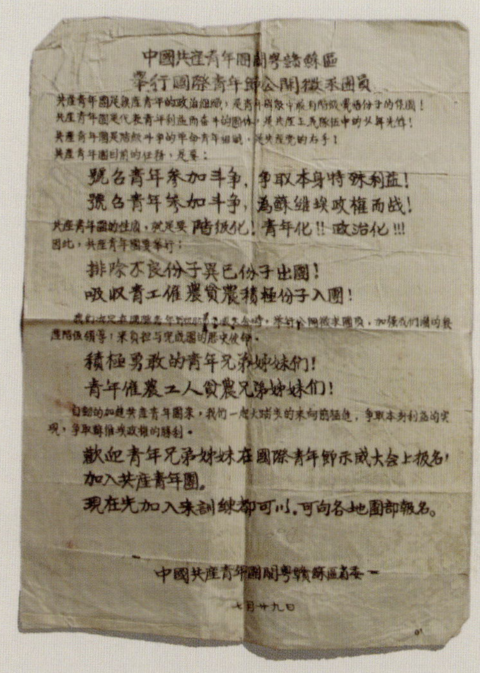

中國共產青年團閩粤贛蘇區
舉行國際青年節公開徵求團員

共產青年團是無產青年的政治組織，是青年群眾中最有階級覺悟份子的集團！
共產青年團是代表青年利益而奋斗的團体，是共產主义队伍中的少年先锋！
共產青年團是階級斗争的革命青年組織，是共產党的右手！
共產青年團目前的任務，是要：

號召青年參加斗争，争取本身特殊利益！
號召青年參加斗争，為蘇維埃政權而战！

共產青年團的性质，就是要階級化！青年化！！政治化！！！
因此，共產青年團要举行：

排除不良份子異已份子出團！
吸收青工雇農貧農積極份子入團！

我们决定在國際青年節[illegible]，举行公開徵求團員，加强我们團的無產階級領導！来負担与完成團的歷史使命。

積極勇敢的青年兄弟姊妹们！
青年雇農工人貧農兄弟姊妹们！

自動的加进共產青年團来，我们一起大踏步的来向前猛進，争取本身利益的实現，争取蘇維埃政權的勝利。

歡迎青年兄弟姊妹在國際青年節示威大会上报名，
加入共產青年團。
現在先加入来訓練都可以。可向各地團部報名。

—中國共產青年團閩粤贛蘇區省委—

七月廿九日

中国共产青年团闽粤赣苏区省委印发的《中国共产青年团闽粤赣苏区举行国际青年节公开征求团员》传单
1933 年　纵 23.5 厘米　横 17.7 厘米
连城县新泉整训纪念馆　藏

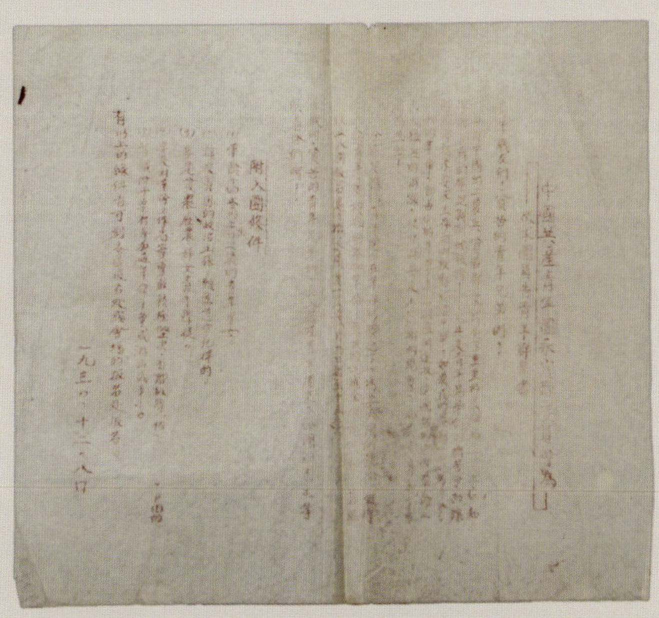

中国共产党青年团永定县委会印发的《为征求团员告青年群众书》布告
1930 年 12 月 8 日　纵 32 厘米　横 28 厘米
龙岩博物馆　藏

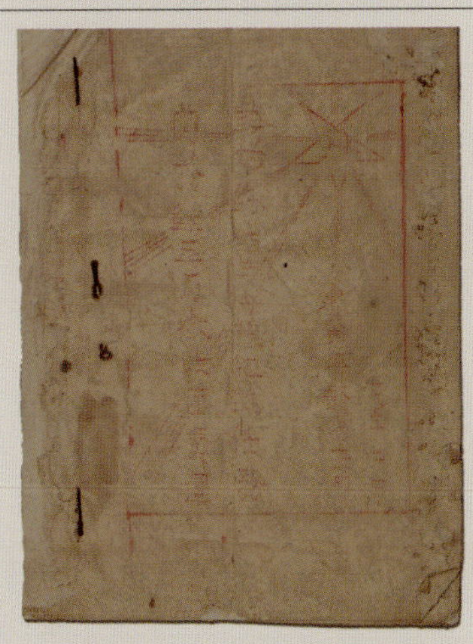

少共闽粤赣省委印发的《关于红五月征收团员运动总结与今后组织任务》
1933 年 7 月　纵 17 厘米　横 12.3 厘米
福建博物院　藏

"五卅"告青年

劳苦的青年兄弟们！

红光灿烂，血迹斑斑的红色五月，转瞬又要过去了！今日是红色五月中最后一天，也就是历史上最悲惨最光荣的"五卅"纪念！

我们记得五年前的今天，是上海被压迫群众，为反抗日本资本家屠杀工友顾正红，反要求释放被捕学生，在南京路而遭受帝国主义惨杀的日子！这一惨杀的开始，以致演成空前未有之五卅惨案，时不十日之内，英帝国主义在上海英埠惨剧几次，不[illegible]月由上海而青岛而九江而汉口而广州都遭屠杀，自此以后，中国所有土地上，几无处不溅血横飞，大好中华变成野血腥的世界了！

但，我们千万不要忘记，"五卅"惨案是英日美三大帝国主义联合勾结国内军阀，屠杀中国民众，压迫中国的革命残暴行为之开始。自五卅以来就在帝国主义所日不直接或间接要再演他们的行为呢！五卅济南的流血，四三上海屠杀，都是帝国主义在中国所演的惨剧！五卅之血，行将流遍全洲大陆，汇成一股压迫青年又要流的血流了！

可是，中国人民的觉醒[illegible]的大力终有[illegible]时候，现在帝国主义实行其合理化的结果，造成经济空前的危机，[illegible]今，他们联合[illegible]革命的势压世界革命，助长中国内战，实行[illegible]政策！但是[illegible]的结果，却造成了中国从全部[illegible]高涨，似火山[illegible]发的革命巨势！这革命巨潮，必然会冲倒统治阶级的宝座，送他们到坟墓中去！

今年五卅，正当着全国工农兵代表大会开幕的日子，我们在这伟大的纪念中，[illegible]我们知道这一工农兵代表大会的开幕，便是证明国民党军阀统治的急剧崩溃，全国革命高潮更快到来的征候，实行全国总暴动，建立全国苏维埃，必然就在不久便要到来的明天了！因此，今年我们纪念五卅，必须积极参加大斗争，扩大红军以武装保卫我们的胜利，完成中国的苏维埃革命。

劳苦的青年兄弟们！伟大的胜利，就在前头，请快高举起我们的少年先锋旗帜，大踏步前进吧！

中国共产青年团上杭县委员会
一九三〇，五，卅。

中国共产青年团上杭县委员会印发的《"五卅"告青年》布告
1930年5月30日　纵26厘米　横36厘米
上杭县博物馆　藏

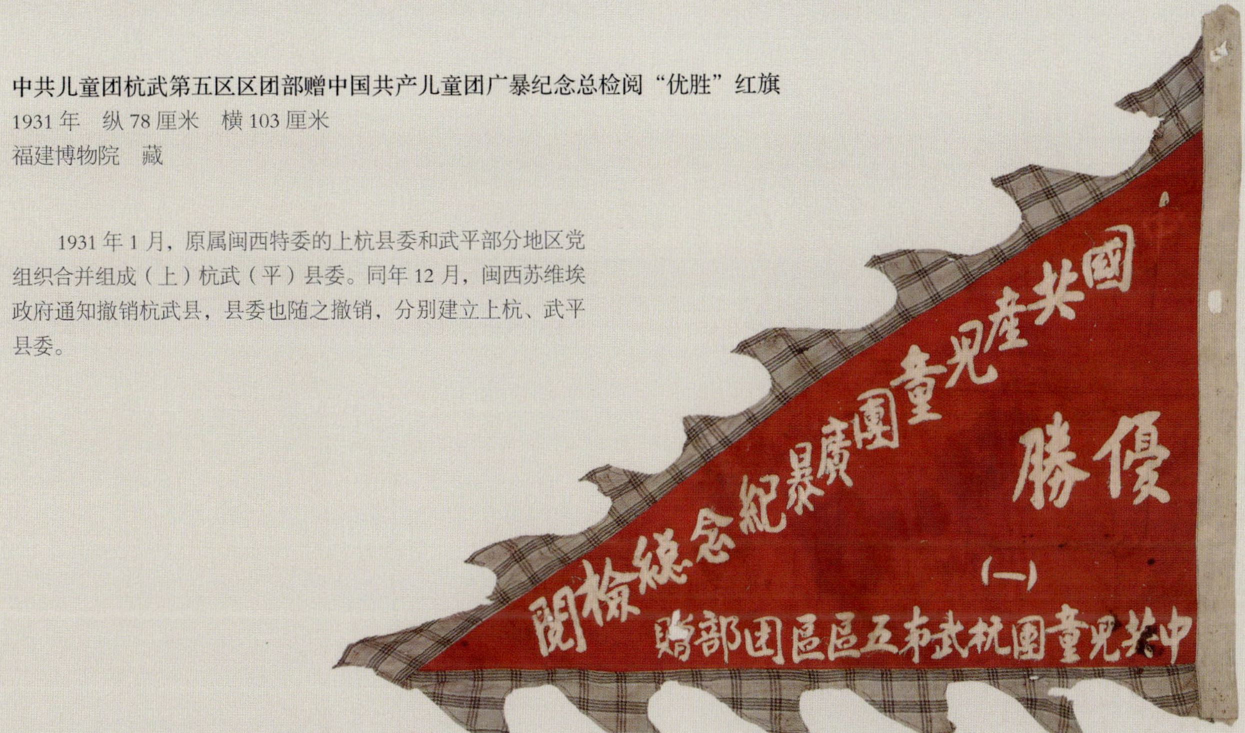

中共儿童团杭武第五区区团部赠中国共产儿童团广暴纪念总检阅“优胜”红旗
1931 年　纵 78 厘米　横 103 厘米
福建博物院　藏

1931 年 1 月，原属闽西特委的上杭县委和武平部分地区党组织合并组成（上）杭武（平）县委。同年 12 月，闽西苏维埃政府通知撤销杭武县，县委也随之撤销，分别建立上杭、武平县委。

“坑口区共产儿童局”椭圆印
土地革命战争时期　印面最长 3.1 厘米
福建博物院　藏

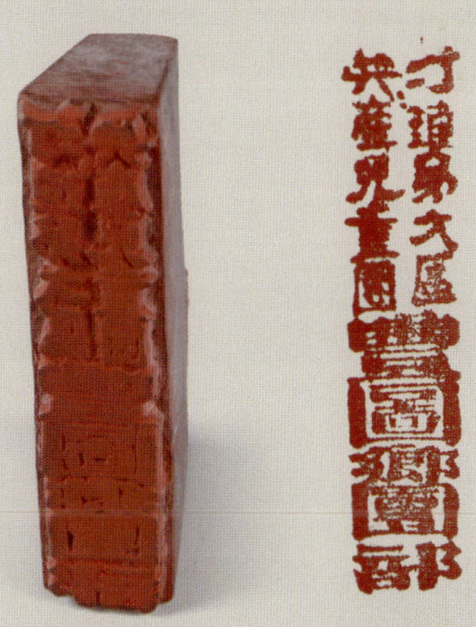

“汀连第六区共产儿童团丰图乡团部”长戳
土地革命战争时期　印面长 7.5 厘米　宽 1.8 厘米
古田会议纪念馆　藏

中国少年儿童团袖章
土地革命战争时期　周长 30 厘米　宽 6 厘米
连城县新泉整训纪念馆　藏

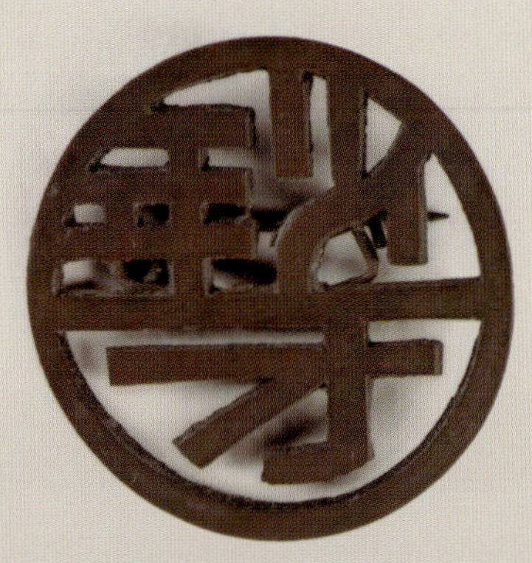

中央苏区儿童团大检阅“少年团”徽章
1933 年　直径 2.1 厘米
上杭县博物馆　藏

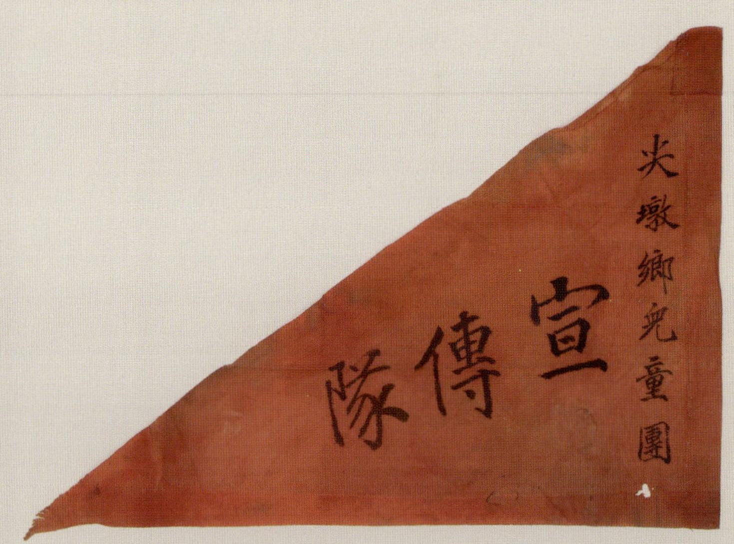

福建连江县尖墩乡儿童团宣传队三角红旗
土地革命战争时期　纵 57 厘米　横 80 厘米
福建博物院　藏

共产青年团闽西特委赠闽西少年先锋队总检阅胸章
1930 年 5 月　纵 3.7 厘米　横 6.2 厘米
上杭县博物馆　藏

苏区中央总队奖给苏区少年先锋队第一次总检阅军事操练第一名获得者上杭代表队的优胜奖章
1932 年 9 月　纵 4 厘米　横 7 厘米
古田会议纪念馆　藏

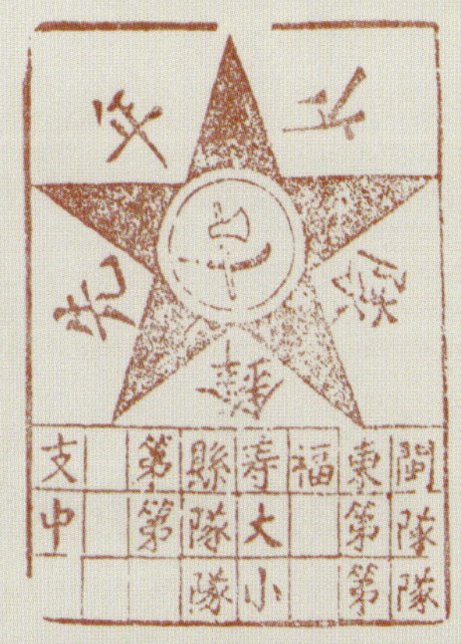

“闽东福寿县少年先锋队第□支队第□大队第□中队第□小队”方印
1934 年—1935 年　印面长 7.5 厘米　宽 5.4 厘米
福建博物院　藏

告陳榮光土匪

岑市陳榮光，住在好地方，昔年當土匪，後來改軍裝，建設公安局，能可管上杭，我們在永定，為你有何防，勾結劉王賊，擾乱我地方，燒殺搶窮人，獲得盡狼當，衣裳被盡淨，猪牛六畜光，物器無一件，鍋头并水缸，人人悲聲哭，個個泪汪洋，日裡搶三次，夜裡睡山崗，自出娘懷腹，未曾更悽涼，此人不消滅，繞之天無光，若是不隔河，早已骨變湯，拿來熬膏藥，二毛買一張，上下兩水人，仔細認分詳，此人若留在，將來害地方。合併來開會，一同來反抗，此人肅清後，群衆得安康。家家分田地，人人有清光，全體來革命，社會久久長。

公曆一九三十年七月十七日 少先隊第四中隊宣傳隊

永定县苏少先队第四中队宣传队书写的《告陈荣光土匪》布告
1930 年 7 月 17 日　纵 31.5 厘米　横 20.5 厘米
古田会议纪念馆　藏

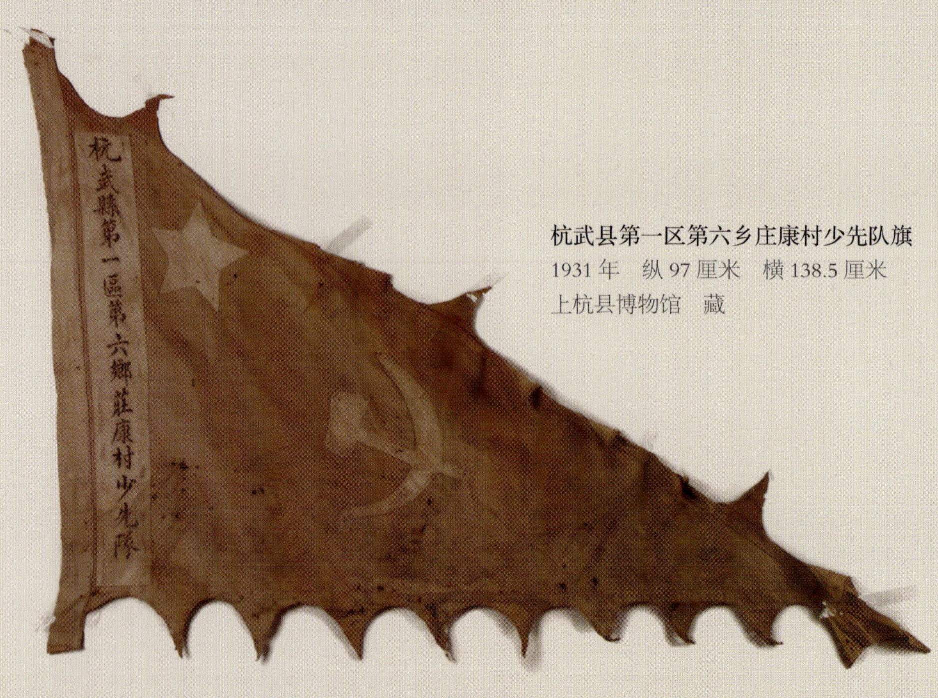

杭武县第一区第六乡庄康村少先队旗
1931 年　纵 97 厘米　横 138.5 厘米
上杭县博物馆　藏

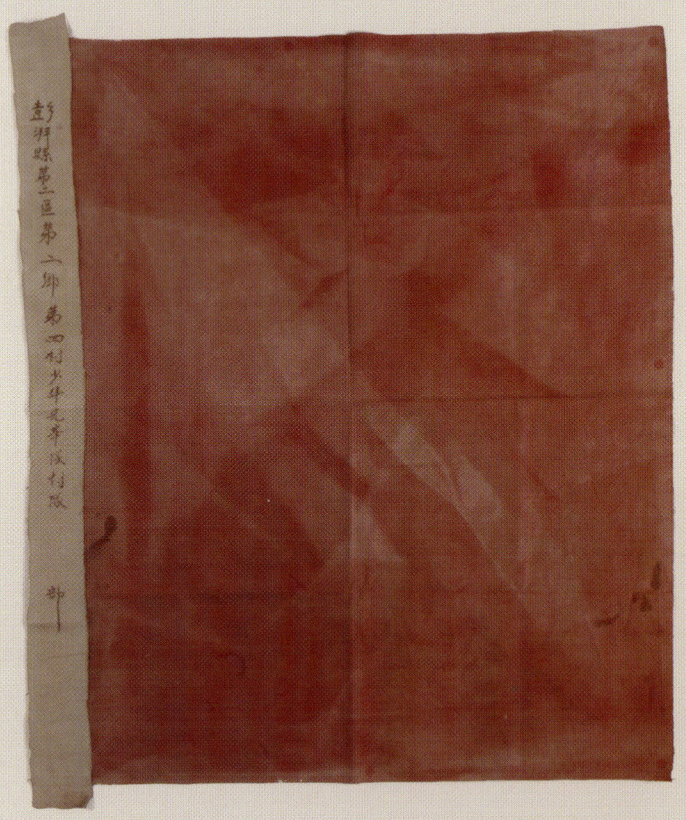

彭湃县第二区第二乡第四村少年先锋队红旗
1933 年—1934 年　纵 79 厘米　横 71.2 厘米
宁化县革命纪念馆　藏

1933 年 7 月，中央人民委员会第四十六次会议决定增设澎湃县，以宁化县的安远市、河龙排、泉上及建宁县的一部分组成，同时建立澎湃县委，机关驻地宁化下巫坊，先后下辖 12 个区委。1934 年 5 月，澎湃县委划归闽赣省委领导。

福建农民协会第一次全省代表大会代表证章
1927 年　直径 2.9 厘米　通长 6.5 厘米
福建博物院　藏

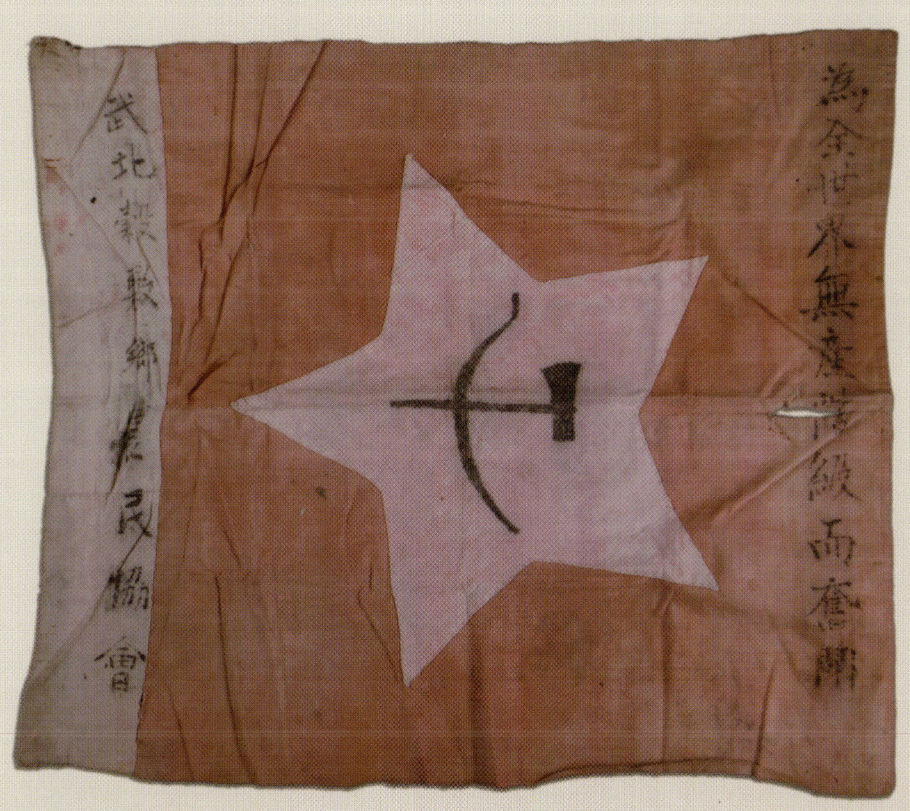

武北縠敷乡农民协会红旗
1930 年　纵 63 厘米　横 74.5 厘米
古田会议纪念馆　藏

“福建省漳平县农民协会”长方印
1925 年—1927 年　印面长 4.6 厘米　宽 2.1 厘米
古田会议纪念馆　藏

“崇安县南黄土第二乡农民协会筹备处文印”圆印
土地革命战争时期　印面直径 6.2 厘米
福建博物院　藏

“诏安第二区农民协会”长戳
土地革命战争时期　印面长 10.3 厘米　宽 2 厘米
福建博物院　藏

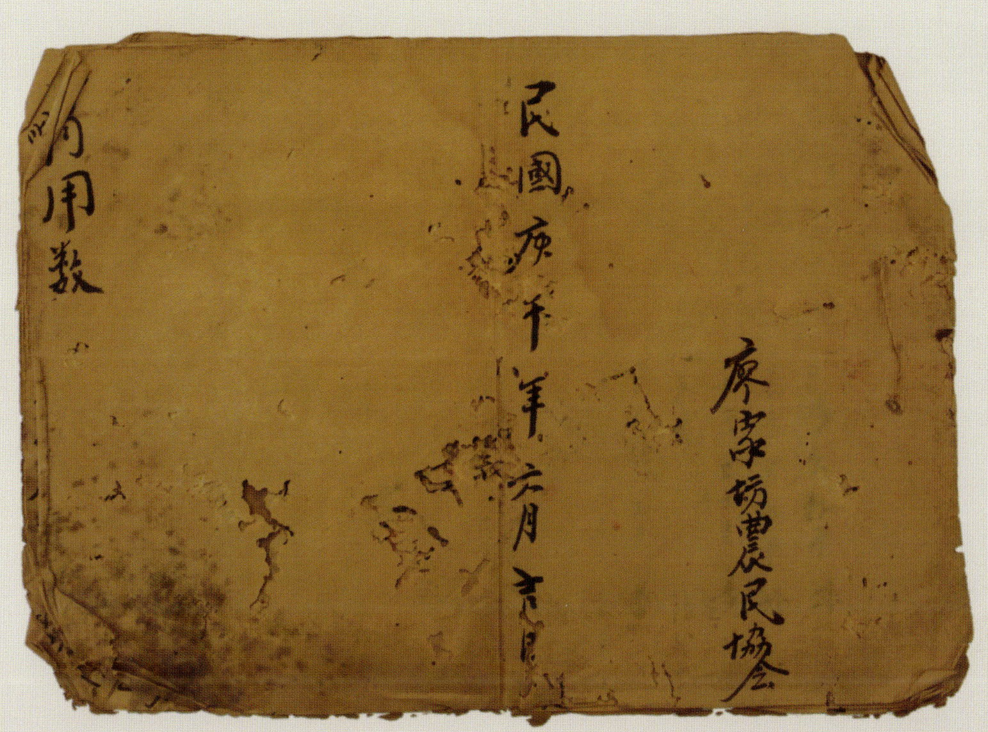

廖家坊农民协会记账簿

1930 年 6 月　纵 16.6 厘米　横 23.8 厘米

长汀县博物馆　藏

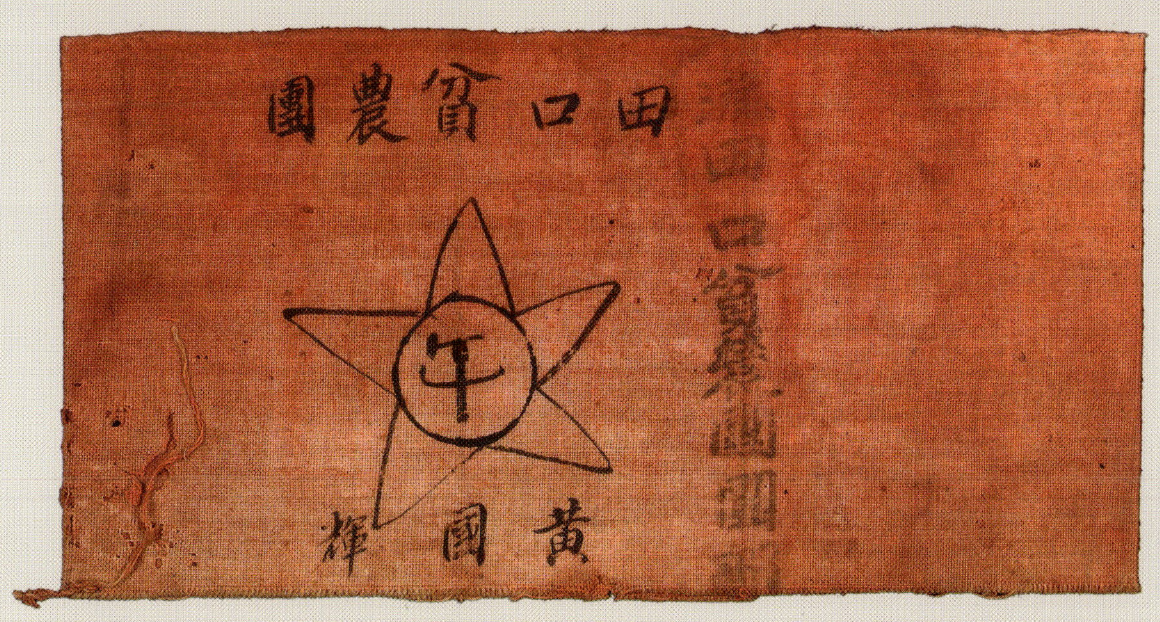

清流县田口贫农团黄国辉的袖章

土地革命战争时期　周长 40 厘米　宽 10.3 厘米

福建博物院　藏

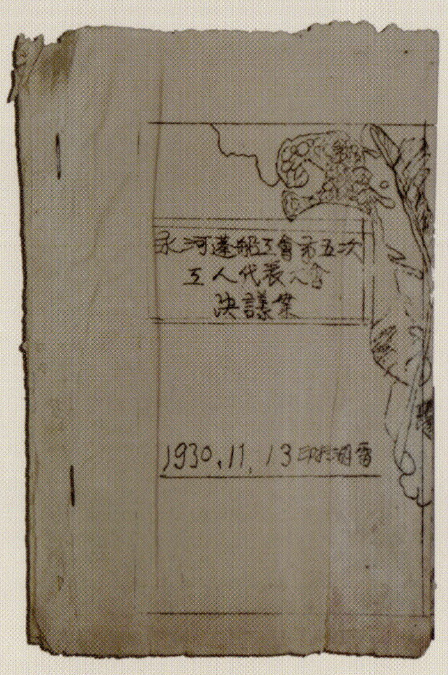

永河蓬船工会印发的《永河蓬船工会第五次工人代表大会决议案》
1930 年 11 月 13 日　纵 19 厘米　横 13 厘米
龙岩博物馆　藏

龙岩县木业工会郑坤山的袖章
1930 年　周长 38 厘米　宽 14 厘米
龙岩博物馆　藏

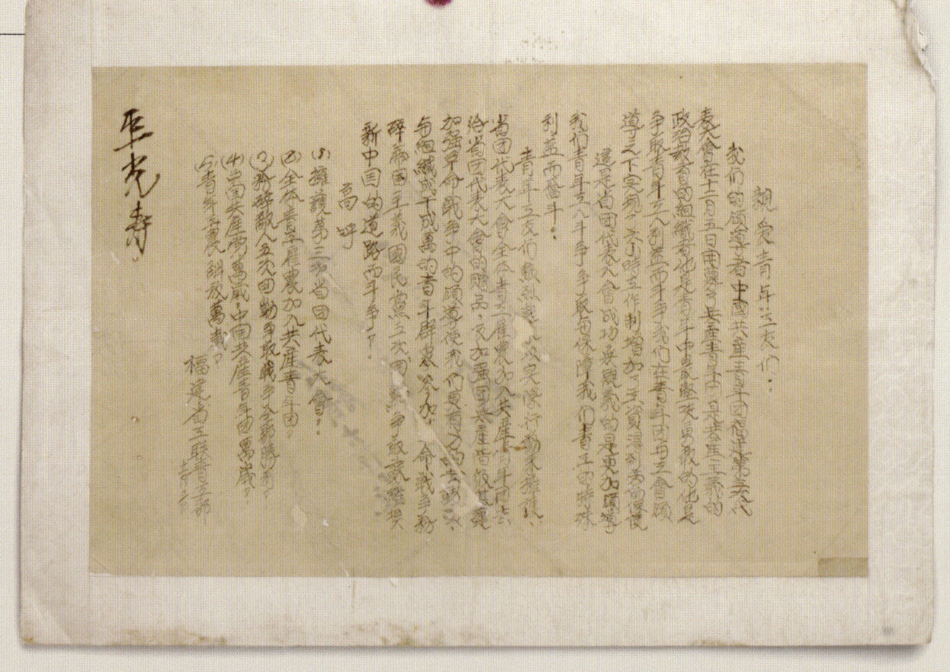

福建省工联青工部号召全体青年加入共青团组织传单
1933 年 11 月 3 日　纵 16.6 厘米　横 26.1 厘米
宁化县革命纪念馆　藏

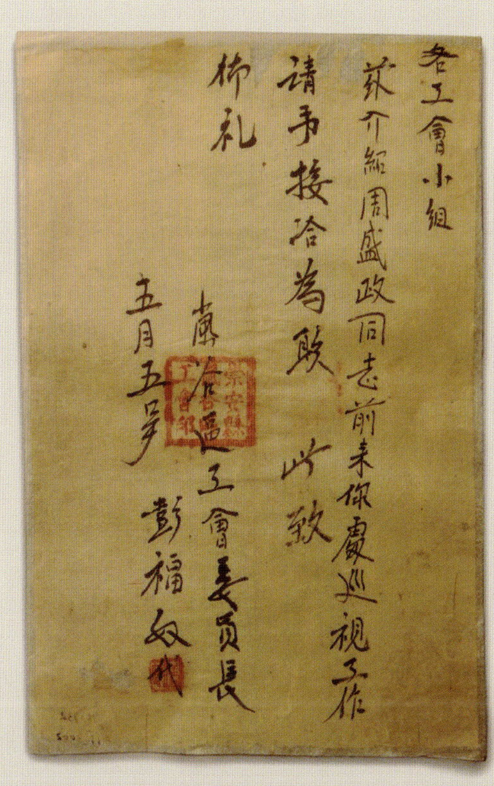

各工會小组
茲介紹周盛政同志前来你處巡視工作
請予接洽為盼 此致
布礼
嵐谷區工會委員長
彭福奴 代
五月五号

崇安岚谷区工会为周盛政同志巡视工作出具给各工会小组的介绍信

1933 年　纵 24.5 厘米　横 16 厘米

福建博物院　藏

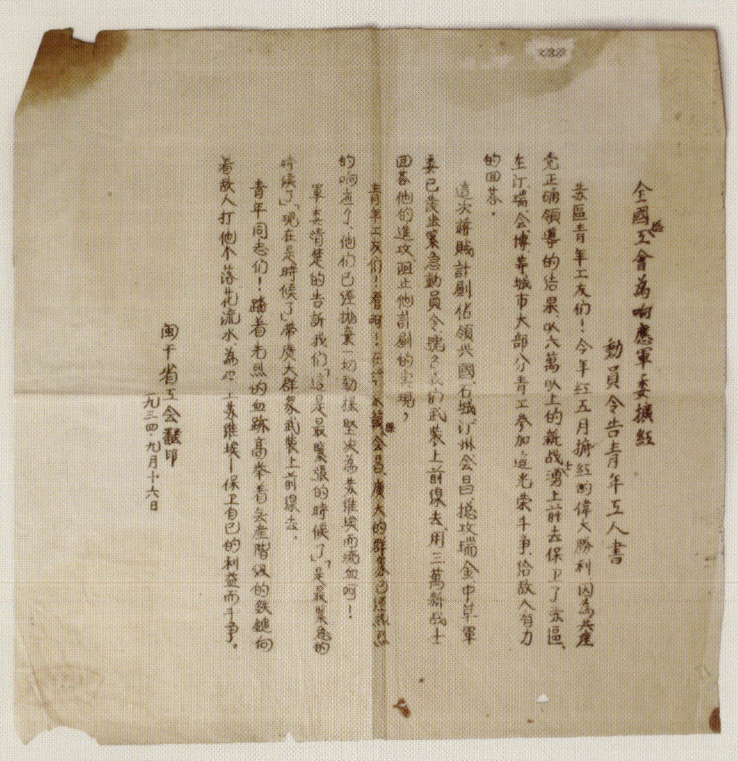

全國總工會為响應軍委擴紅
動員令告青年工人書

蘇區青年工友們！今年紅五月擴紅的偉大勝利，因為共產党正確領導的結果，以六萬以上的新战士勇上前去保卫了蘇區，在汀、瑞、会、博、寧城市大部分青工参加，這光榮斗爭，給敵人有力的回答。

這次蒋賊計劃佔領興國、石城、汀州、会昌，進攻瑞金，中共軍委已發出緊急動員令，號召我們武裝上前線去，用三萬新战士回答他的進攻，阻止他計劃的实現，

青年工友們！看呵！在許多蘇區會昌廣大的群眾已經熱烈的响應了，他们已經拋棄一切動搖堅决為蘇維埃而流血呵！

軍委清楚的告訴我们「這是最緊張的時候了」「是最緊急的時候了」「現在是時候了」希廣大群眾武裝上前線去。

青年同志们！踏着先烈的血跡高举着無產階級的鉄鎚向着敵人打他个落花流水，為保卫蘇維埃——保卫自己的利益而斗爭。

闽干省工会翻印
一九三四，九月十六日

闽赣省工会翻印的《全国总工会为响应军委扩红动员令告青年工人书》传单

1934 年 9 月 16 日　纵 29.15 厘米　横 27.8 厘米

宁化县革命纪念馆　藏

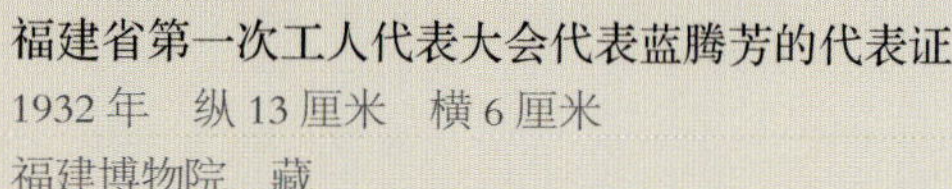

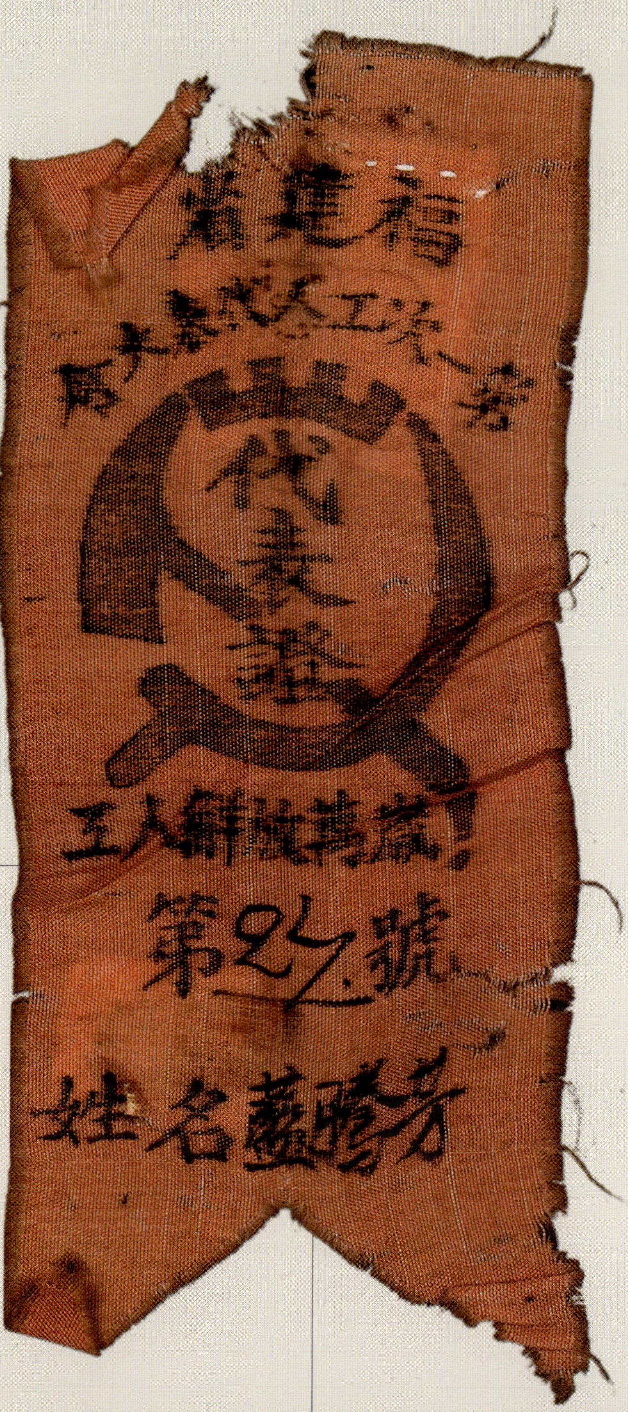

福建省第一次工人代表大会代表蓝腾芳的代表证
1932 年　纵 13 厘米　横 6 厘米
福建博物院　藏

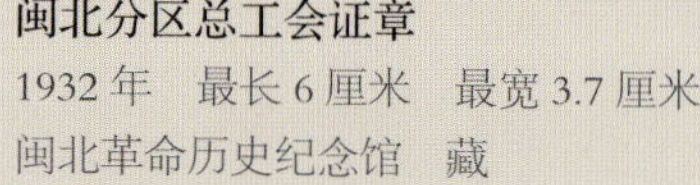

闽北分区总工会证章
1932 年　最长 6 厘米　最宽 3.7 厘米
闽北革命历史纪念馆　藏

中共中央福建杭武第二区互济会兼指导员红旗
1931 年　纵 62 厘米　横 83 厘米
福建博物院　藏

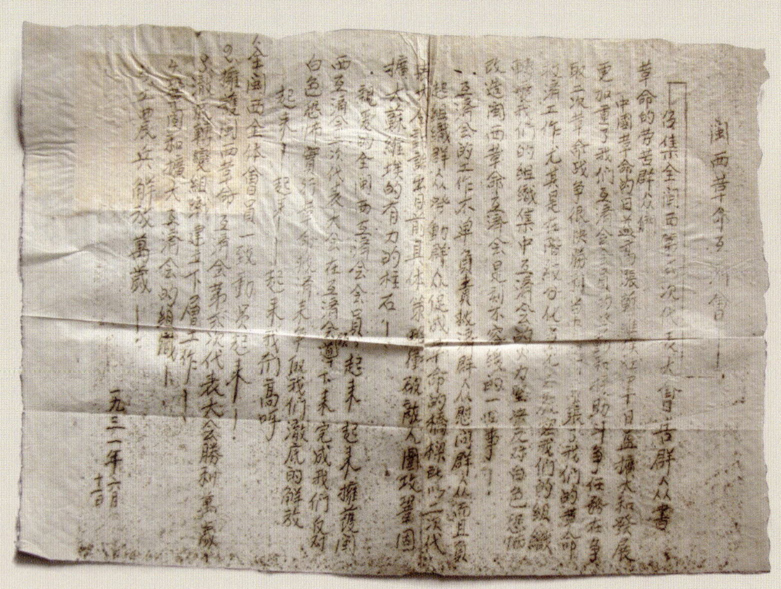

閩西革命互濟會

召集全閩西第二次代表大會告群眾書

闽西革命互济会印发的《召集全闽西第二次代表大会告群众书》传单

1931 年 6 月 11 日　纵 16.5 厘米　横 23.7 厘米

连城县新泉整训纪念馆　藏

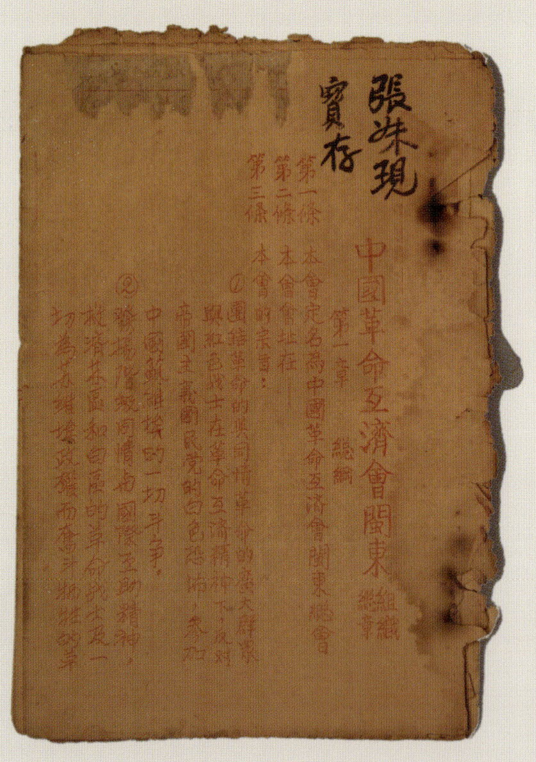

中國革命互濟會閩東組織總章

第一章　總綱

第一條　本會定名為中國革命互濟會閩東總會

第二條　本會會址在

第三條　本會的宗旨：

闽东互济会印《中国革命互济会闽东组织总章》

1934 年　纵 20.1 厘米　横 13.2 厘米

闽东革命纪念馆　藏

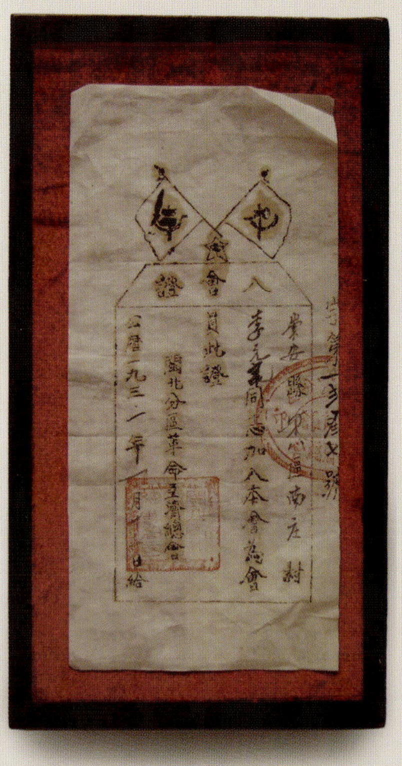

入會證

闽北分区革命互济总会李元□的入会证

1931 年　纵 15 厘米　横 9 厘米

闽北革命历史纪念馆　藏

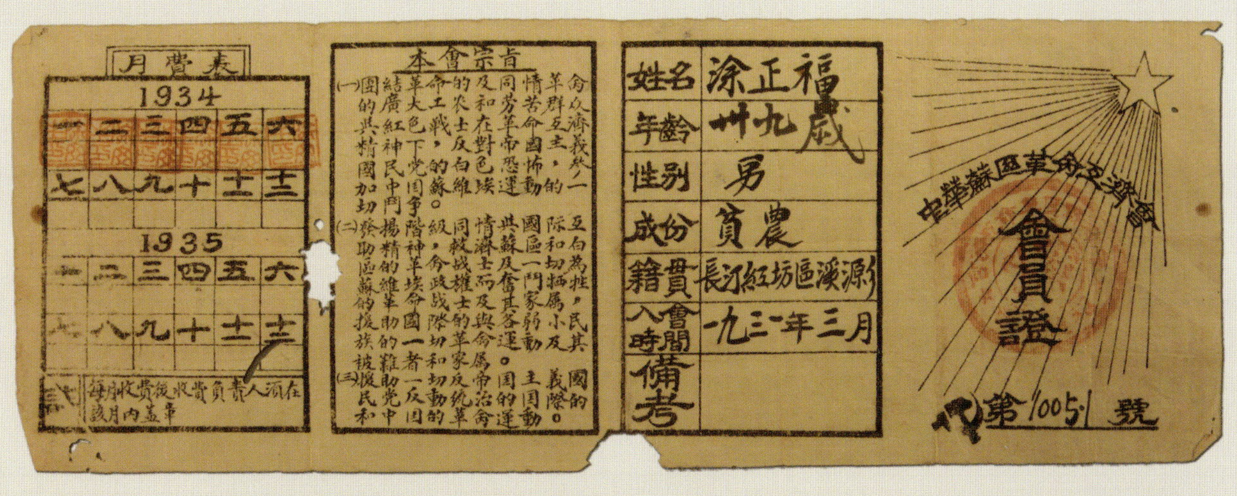

月費表

1934

一 二 三 四 五 六

七 八 九 十 十一 十二

1935

一 二 三 四 五 六

七 八 九 十 十一 十二

本會宗旨

姓名	涂正福
年齡	卅九歲
性别	男
成份	貧農
籍貫	長汀紅坊區溪源鄉
入會時間	一九三一年三月
備考	

中華蘇區革命互濟會

會員證

第10051號

长汀红坊区溪源乡涂正福的中华苏区革命互济会会员证

1934 年 6 月　纵 10.4 厘米　横 28 厘米

长汀县博物馆　藏

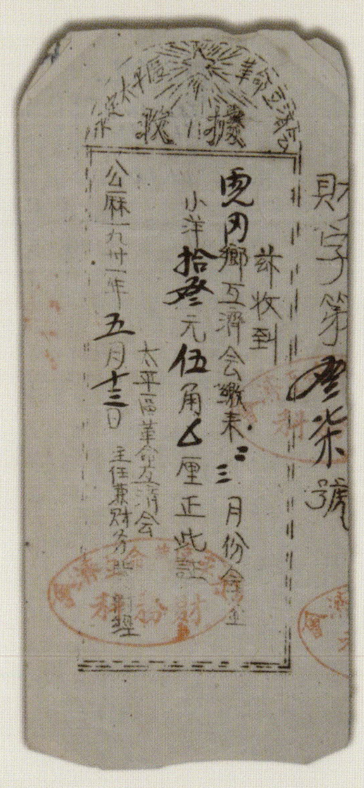

永定县太平区革命互济会出具给虎岗乡互济会的会金收据

1931 年 5 月 13 日　纵 18.2 厘米　横 8.3 厘米

古田会议纪念馆　藏

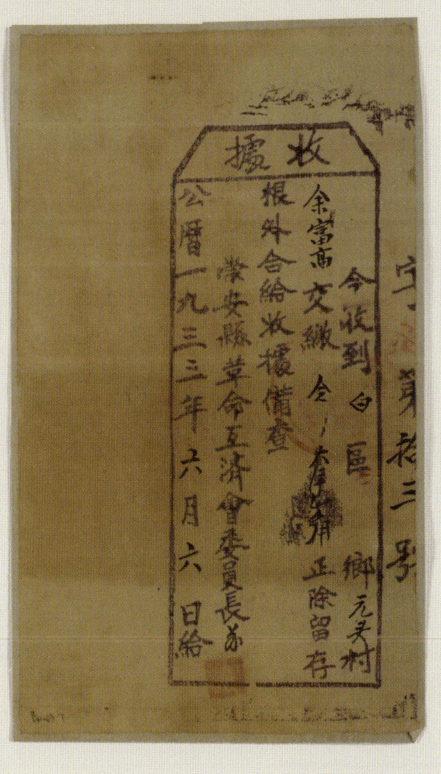

崇安县革命互济会出具给元头村余富高交缴会费的收据

1933 年 6 月 6 日　纵 24 厘米　横 14 厘米

福建博物院　藏

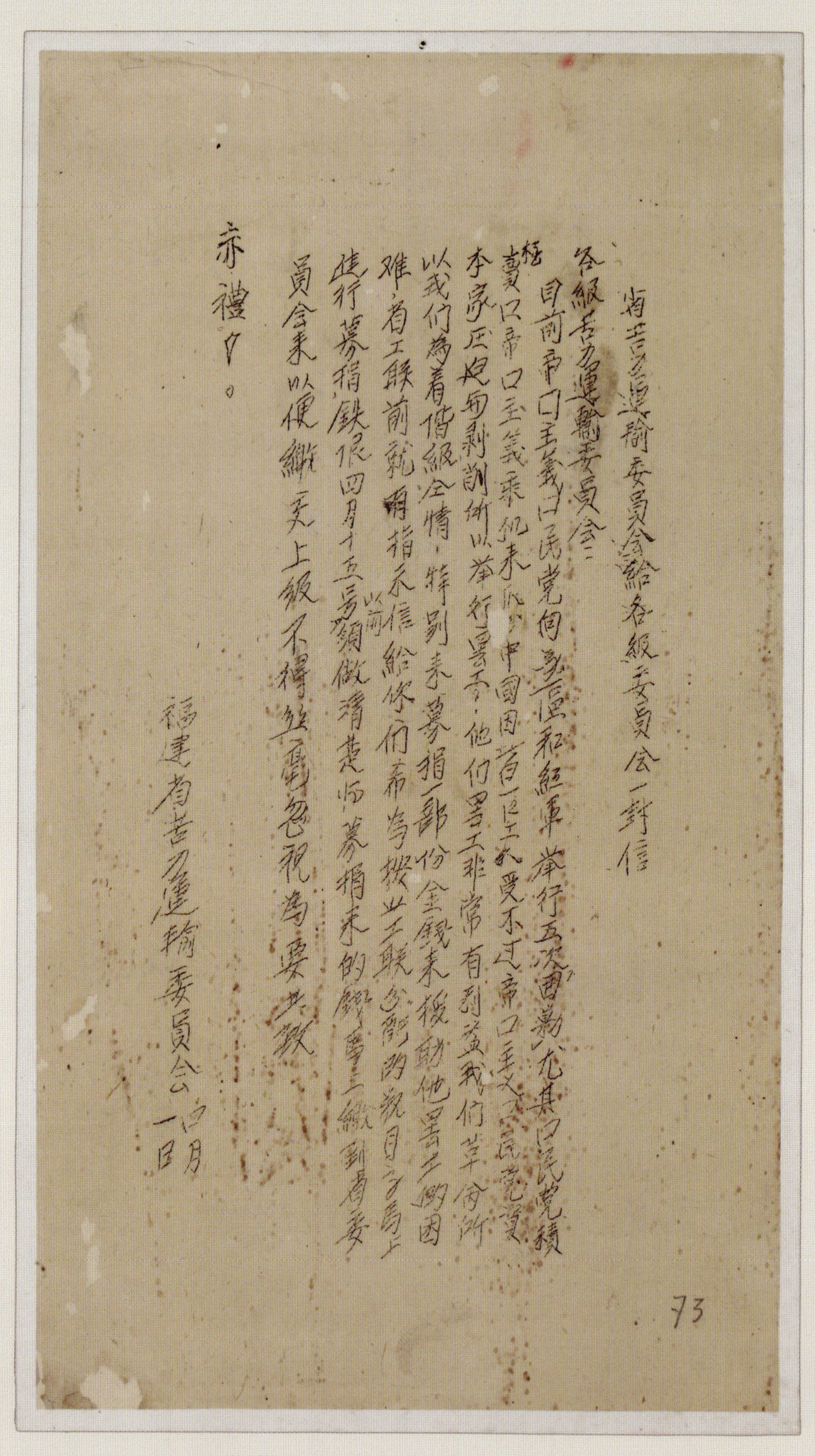

省苦力運輸委員会給各級委員会一封信

各級苦力運輸委員会：

目前帝国主義、国民党向蘇區和紅軍舉行五次圍剿，尤其以國民黨積極賣國，帝国主義乘机來瓜分中國，因此工人受不了帝国主義國民黨資本家壓迫剝削，所以舉行罷工，他們罷工非常有利益我們革命，所以我們為着階級同情，特别來募捐一部份金錢來援助他們罷工，因難，省工联前就有指示信給你們，希望援助工联，分配的數目，各縣上進行募捐，鉄限四月十五號以前須做清楚，你募捐來的錢要一繳到省委員会來，以便繳交上級，不得延誤，忽視為要，此致

赤禮！

福建省苦力運輸委員会
四月一日

73

福建省苦力运输委员会给各级苦力运输委员会的信

1934 年 4 月 1 日　纵 28.3 厘米　横 16 厘米

福建博物院　藏

二、党组织领导下的福建地方建设

土地革命战争时期，福建党组织广泛发动群众，领导农民进行武装暴动，开展游击战争，创建了闽西、闽北、闽南、闽中、闽东等革命根据地。其中，闽西、闽北等革命根据地是中央苏区的重要组成部分。闽西、闽北等苏区先后成立了福建省苏维埃、闽赣省苏维埃两个直属中央苏维埃政府的省级工农民主政府。闽东人民利用“福建事变”的有利时机，开展武装暴动，建立闽东苏区，成立苏维埃政府。与此同时，各苏区县、乡、村也成立了苏维埃政府。各级苏维埃政府领导根据地人民在反国民党对苏区军事“围剿”的同时，积极开展土地改革和经济建设、文化建设，支援革命战争，提高人民生活水平，巩固红色政权。

1930年3月18日—25日，在闽西各县相继成立苏维埃政府的基础上，闽西第一次工农兵代表大会在龙岩召开。大会选举成立了闽西苏维埃政府领导机构，主席邓子恢。永定、龙岩、上杭、长汀、武平、连城、宁化等县苏维埃政府和革命委员会即归闽西苏维埃政府领导。1930年12月闽西地区划归闽粤赣特委领导后，闽西苏维埃政府作为闽西地区最高政权机构继续工作，直到1932年3月18日福建省第一次工农兵代表大会选举成立福建省苏维埃政府。

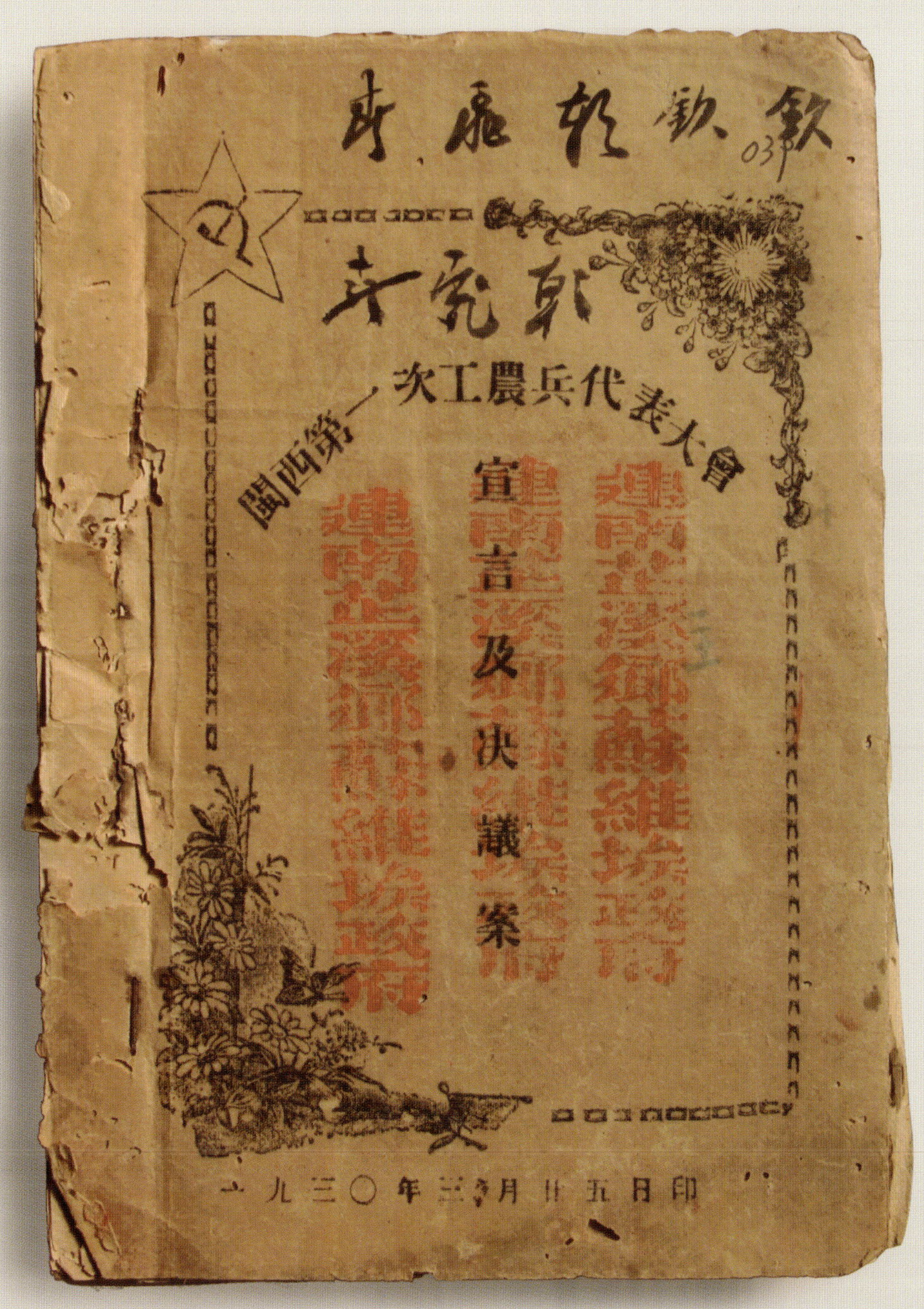

闽西苏维埃政府印发的《闽西第一次工农兵代表大会宣言及决议案》
1930年3月25日　纵20厘米　横14厘米
连城县新泉整训纪念馆　藏

為擴大鬥爭告閩西羣衆書

閩西蘇維埃政府
一九三〇年五月八日

闽西苏维埃政府印发的《为扩大斗争告闽西群众书》布告
1930 年 5 月 8 日　纵 21.5 厘米　横 43 厘米
上杭县博物馆　藏

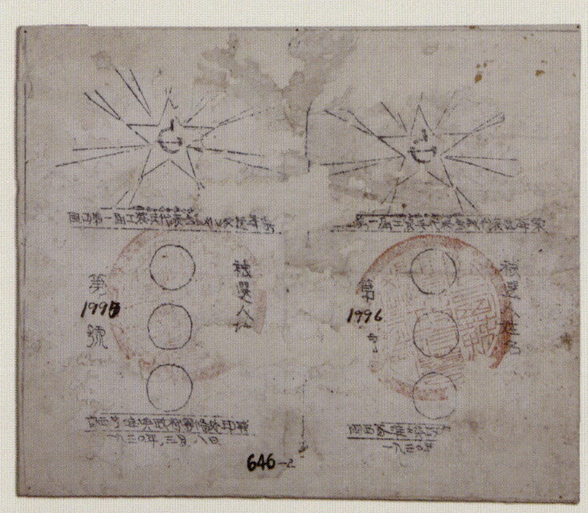

闽西苏维埃政府筹备处印制的闽西第一届工农兵代表会议代表选举票
1930 年 3 月 8 日　纵 18 厘米　横 22 厘米
古田会议纪念馆　藏

全国第一次苏维埃大会闽西临时准备委员会印发的《拥护第一次全国工农兵苏维埃大会宣传大纲》
1930 年 10 月 13 日　纵 18.5 厘米　横 13 厘米
古田会议纪念馆　藏

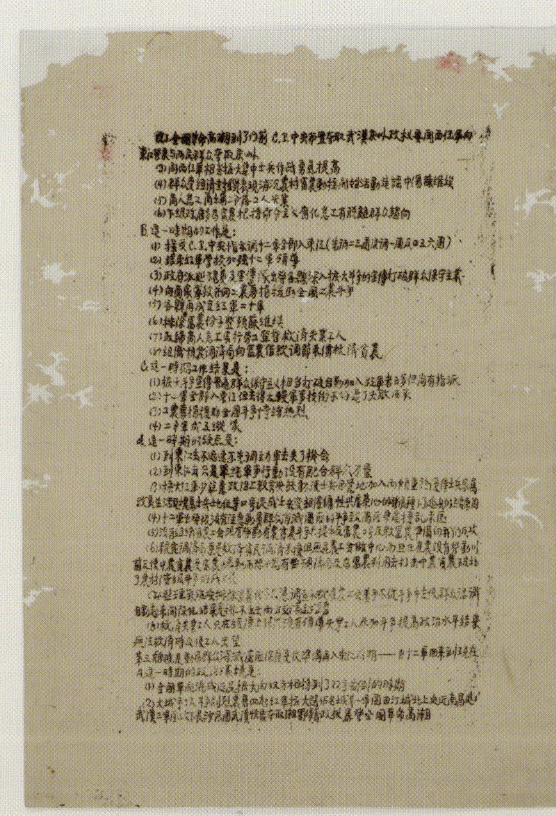

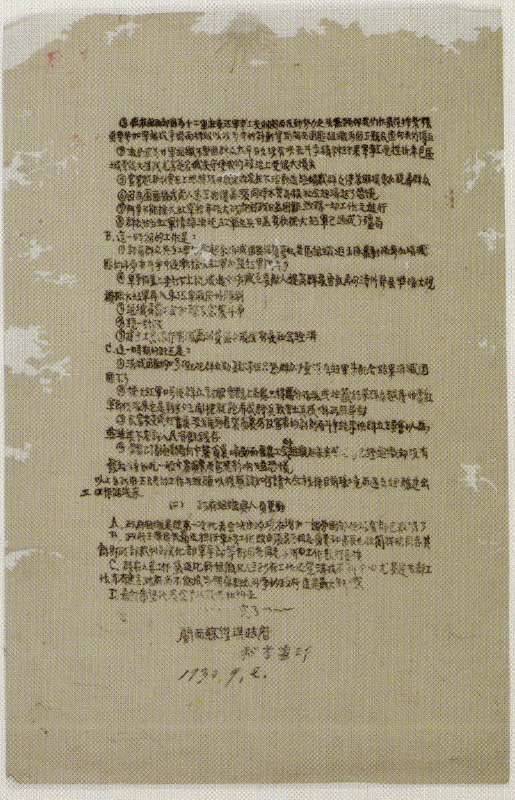

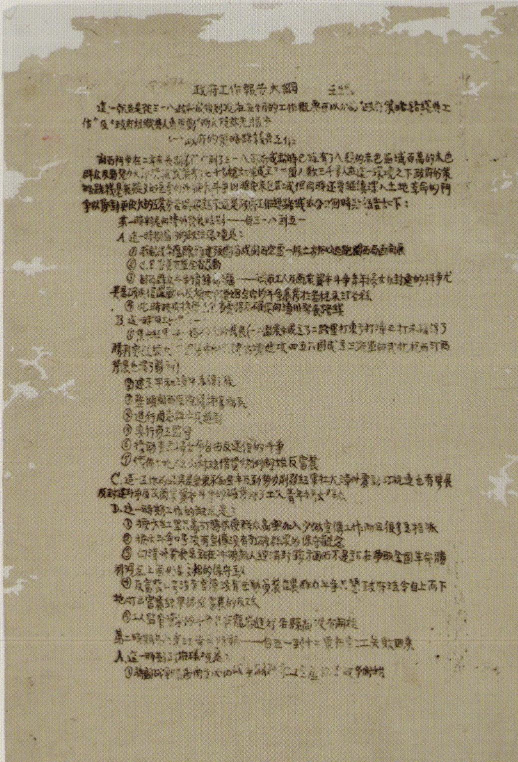

闽西苏维埃政府秘书处印发邓子恢的《政府工作报告大纲》

1930 年 9 月 2 日　纵 43.2 厘米　横 29.2 厘米

福建博物院　藏

1932 年 3 月 18 日，福建省第一次工农兵代表大会在长汀召开，会议宣告成立福建省苏维埃政府（福建省工农民主政府），民主选举张鼎丞、阙继明、张思垣、范乐春等 35 人为省苏维埃政府执行委员，主席张鼎丞。1934 年 2 月上旬，省苏维埃政府在中央直接指导下召开执委扩大会议，改组省苏领导机构，主席钟循仁。1935 年 1 月，钟循仁调任中共闽赣省委书记。1935 年 4 月，省苏主席吴必先在长汀突围时被俘牺牲，福建省苏维埃政府即不再存在。

“中华苏维埃共和国福建省苏维埃执行委员会”银印
1932 年　印面直径 9.9 厘米
福建博物院　藏

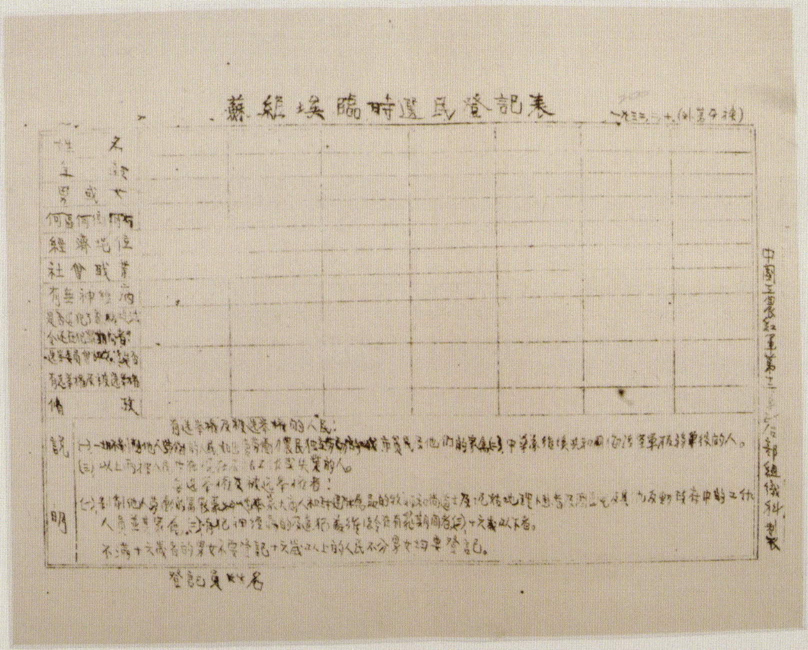
蘇維埃臨時選民登記表

姓名
年齡
男或女
經濟地位
社會職業
有無神經病

說明
有選舉權及被選舉權的人民：
無選舉權及被選舉權者：
不滿十六歲者的男女不登記十六歲以上的人民不分男女均要登記。

登記員姓名

中國工農紅軍第十二軍政治部組織科製表

中国工农红军第十二军政治部组织科印制的苏维埃临时选民登记表

1932 年 2 月 10 日　纵 24 厘米　横 31 厘米

福建博物院　藏

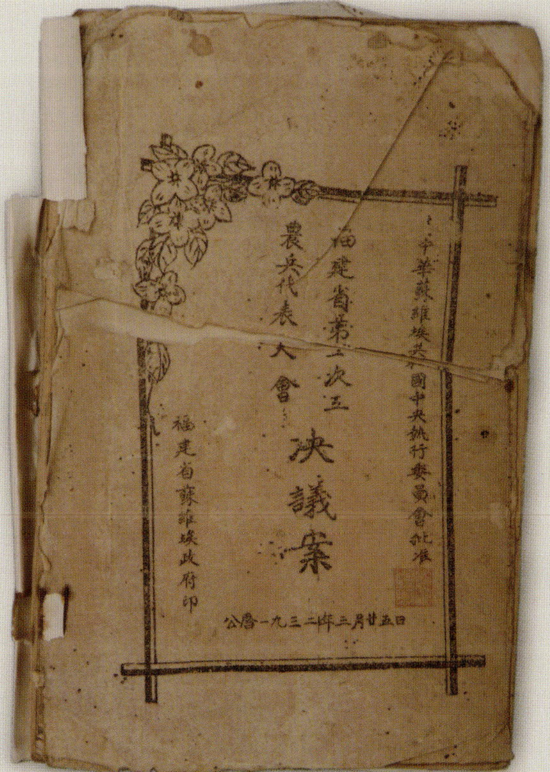

中華蘇維埃共和國中央執行委員會批准
福建省第一次工農兵代表大會
決議案
福建省蘇維埃政府印
公曆一九三二年三月廿五日

福建省苏维埃政府印发的《福建省第一次工农兵代表大会决议案》

1932 年 3 月 25 日　纵 17 厘米　横 12 厘米

古田会议纪念馆　藏

福建省苏维埃政府印发的《为建立才溪光荣碑及奖励红坊光荣牌告才溪红坊群众书》布告

1933年6月　纵30厘米　横41厘米

毛泽东才溪乡调查纪念馆　藏

为建立才溪光荣碑及奖励红坊光荣牌告才溪红坊群众书

才溪、红坊工农群众们！

你们在共产党和苏维埃领导之下，在为着争取与保障自己的胜利和为苏维埃政权而奋斗中得到了光荣伟大的成绩，在闽西斗争的历史上写上了光荣的模范区，受了中共中央委员会闽粤赣省委荣耀的奖励，这是多么值得广大群众以万分的革命热枕来拥护和爱戴呵！

群众们！你（……）表现在：扩大红军工作中才溪区已动员了二千四百多的英勇战士……了整排整连赤少队加入红军的光荣例子，在经济动员中借谷……来的决定，特别是才溪在"五卅"大会中，全区群众很热烈……和借谷票，今年春耕、夏耕运动中，全区消灭了荒田，加种了……下秧种，帮助边区，这些都是表示你们在各个战线上开……些光荣的成绩是□□你们土地斗争深入，由于你……党正确的领导所获得的，是响亮的回答了中……的号召，是给予帝国主义对中国……

群众们！……七月八号赠红坊区光荣奖旗给……的授奖典礼的大会，发扬你们的光荣……紧领导你们，消除光荣中的缺点，克服（……）助落后的地方的现象和没有积极向外发展（……）转变的缺点，省苏并号召你们要在这次运动中猛（……）整师加进红军模范，把才溪与红坊的模范营、模范队（……）创造更光荣的模范，还要更加紧查田运动，向外消灭荒地（……）护秋收（……）等实际工作来回答省苏给你们的奖励，把你们的光荣（……）个苏区，去造成更多的模范区，这是唯一的任务。我们呼□

才溪是我们□□区！

红坊使我们第□个模范区！

创造十百个象才溪红坊一样的模范区！

为扩大一百万红军，才溪红坊模范营全体加入红军去！

继续猛烈开展经济战线上的进攻！

消灭……与广东军阀！

完全粉碎国民党四次围剿！

打倒出卖中国的国民党军阀政府！

打倒日本及一切帝国主义！

苏维埃红军胜利万岁！

共产党万岁！

□□□ 苏维埃政府　六月　日）

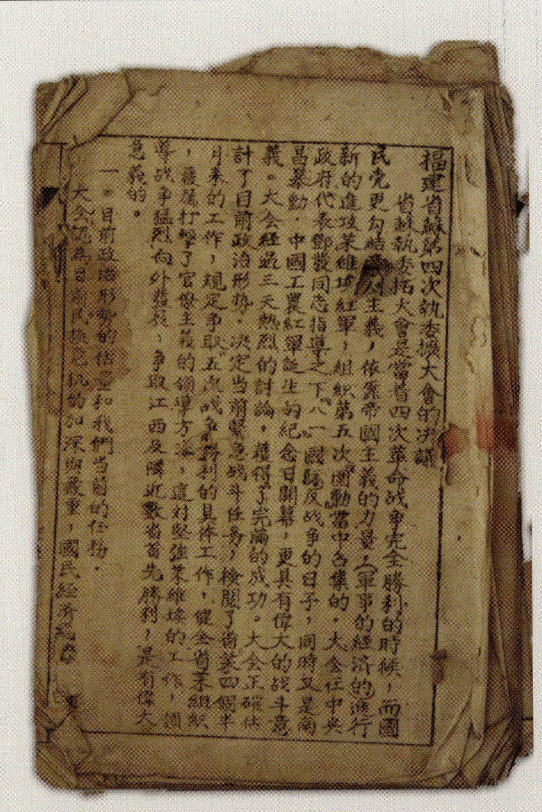

福建省蘇第四次執委擴大會的决議

省蘇執委擴大會是當着四次革命战争完全勝利的時候，而國民党更勾結帝國主義，依靠帝國主義的力量，(軍事的經济的)進行新的進攻苏維埃紅軍，組織第五次"圍剿"當中召集的。大会在中央政府代表鄧發同志指導之下，"八一"國际反战争的日子，同時又是南昌暴動，中國工農紅軍誕生的紀念日開幕，更具有偉大的战斗意義。大会經過三天熱烈的討論，獲得了完滿的成功。大会正確估計了目前政治形势，决定当前紧急战斗任务，檢閱了省苏四個半月来的工作，規定爭取五次战争勝利的具体工作，健全省苏組織，嚴厲打擊了官僚主義的領導方法，这对堅強苏維埃的工作，領導战争猛烈向外發展，爭取江西及隣近數省首先勝利，是有偉大意義的。

一、目前政治形势的估量和我們当前的任務。

大会認為目前民族危机的加深與嚴重，國民經濟[illegible]

福建省苏维埃政府印《福建省苏第四次执委扩大会的决议》
1933 年 8 月　纵 17 厘米　横 11.5 厘米
长汀县博物馆　藏

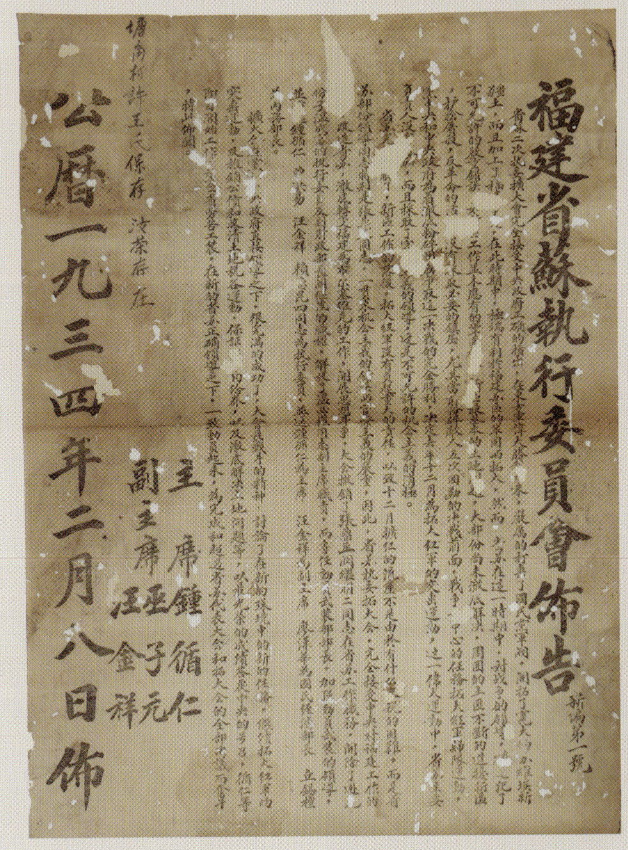

福建省蘇執行委員會佈告

新编第一號

主席 鍾循仁
副主席 巫子元 汪金祥

公曆一九三四年二月八日佈

福建省苏执行委员会布告（新编第一号）
1934 年 2 月 8 日　纵 60.5 厘米　横 44.5 厘米
福建博物院　藏

1928年7月15日，闽西特委成立后，立即在溪南区各乡村发动群众，先后成立10多个乡苏维埃政府。9月中旬，在各乡苏维埃政府普遍建立的基础上，召开全区工农兵代表大会，选举成立了溪南区苏维埃政府。这是福建人民在中国共产党领导下，经过大革命失败后的艰苦斗争，创立的第一块红色区域。

“永定上溪南区苏维埃政府”长戳
1928年　印面长8.5厘米　宽1.5厘米
古田会议纪念馆　藏

1929 年 5 月，在红四军的帮助下，永定县革命委员会成立，主席张鼎丞。同年 10 月 26 日，永定县第一次工农兵代表大会在湖雷召开，永定县苏维埃政府正式成立，主席阮山。

請看張賊遁民的罪狀!

永定革命委员会印发的《请看张贼遁民的罪状》布告

1929 年 5 月 5 日　纵 31.5 厘米　横 21.5 厘米

古田会议纪念馆　藏

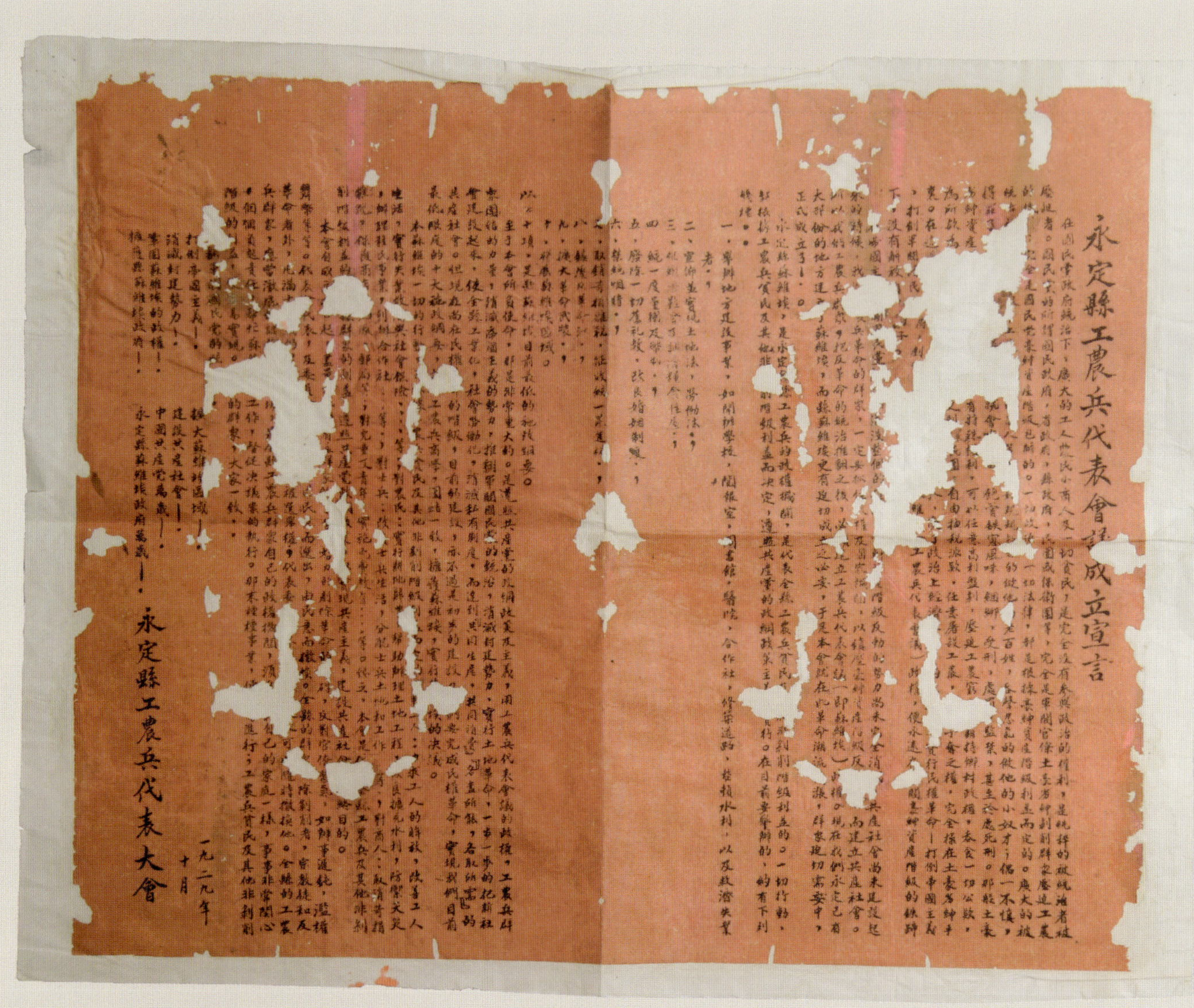
永定縣工農兵代表會議成立宣言

一、舉辦地方建設事業，如開辦學校，閱報室，圖書館，醫院，合作社，修築道路，整頓水利，以及救濟失業者。

四、統一度量衡及幣制，

五、廢除一切舊禮教，改良婚姻制度，

六、禁烟賭，

打倒帝國主義！

消滅封建勢力！

建設共產社會！

中國共產黨萬歲！

永定縣蘇維埃政府萬歲！

一九二九年十月

永定縣工農兵代表大會

永定县工农兵代表大会印发的《永定县工农兵代表会议成立宣言》布告

1929 年 10 月　纵 37.6 厘米　横 29.6 厘米

古田会议纪念馆　藏

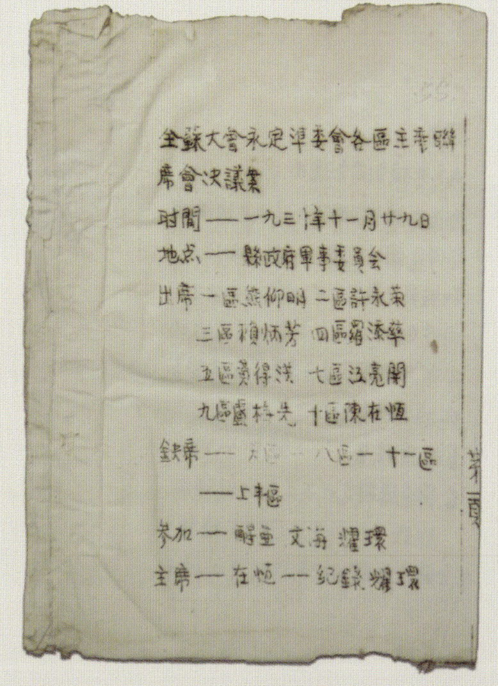

全蘇大會永定準委會各區主席聯
席會決議案
時間——一九三〇年十一月廿九日
地点——縣政府軍事委員会
出席 一區蔡仰明 二區許永東
三區賴炳芳 四區賴添華
五區黄得洪 七區江亮閣
九區盧梓先 十區陳在恆
缺席——六區 八區 十一區
——上杭區
參加——醉宣 文海 耀環
主席——在恆——紀錄 耀環

第一頁

永定苏维埃政府印发的《全苏大会永定准委会各区主席联席会决议案》
1930 年 11 月 29 日　纵 20 厘米　横 14 厘米
龙岩博物馆　藏

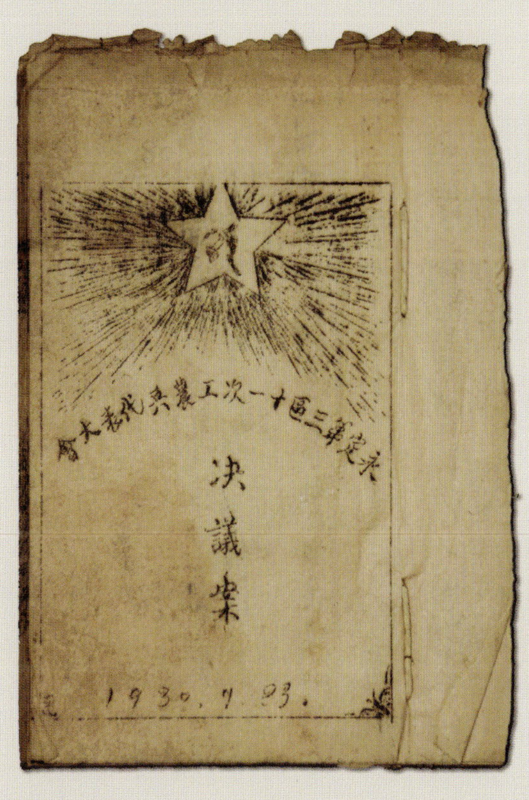

永定第三區十一次工農兵代表大會
決議案
1930.9.23.

永定第三区苏维埃政府印发的《永定第三区十一次工农兵代表大会决议案》
1930 年 9 月 23 日　纵 20 厘米　横 14 厘米
龙岩博物馆　藏

采地乡苏维埃政府宣布有选举权和被选举权根据中央政府选举细则执行如下

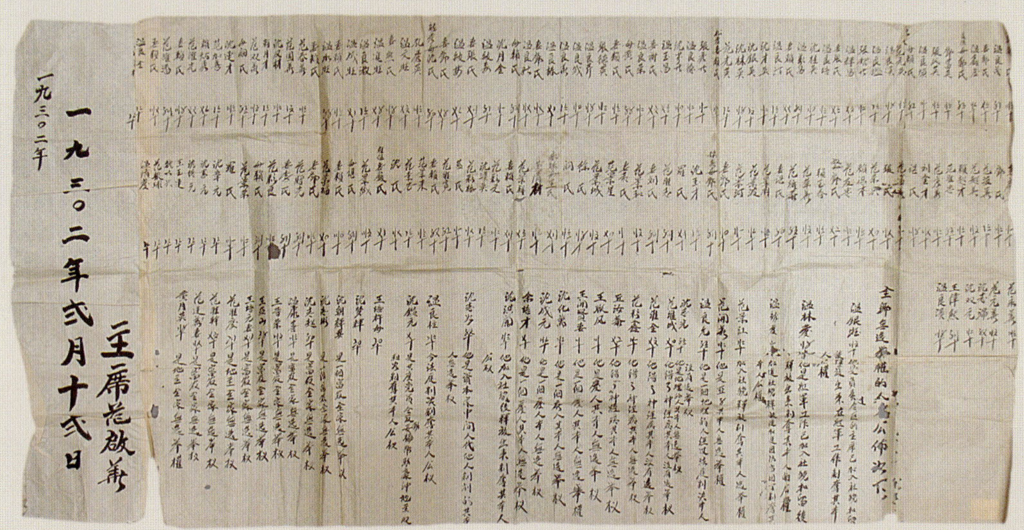
主席宣布被剥夺选举权的人员公布如下

一九三〇二年弍月十弍日
主席范启蕃

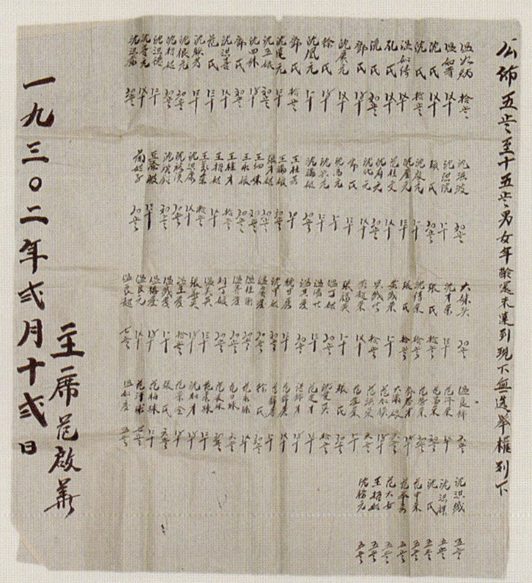
公布五岁至十五岁男女年龄还未达到现下无选举权列下

一九三〇二年弍月十弍日
主席范启蕃

永定采地乡苏维埃政府根据中央政府选举细则公布的有选举权和无选举权人员名单榜示
1932 年 2 月 12 日　纵 63 厘米　横 111 厘米
古田会议纪念馆　藏

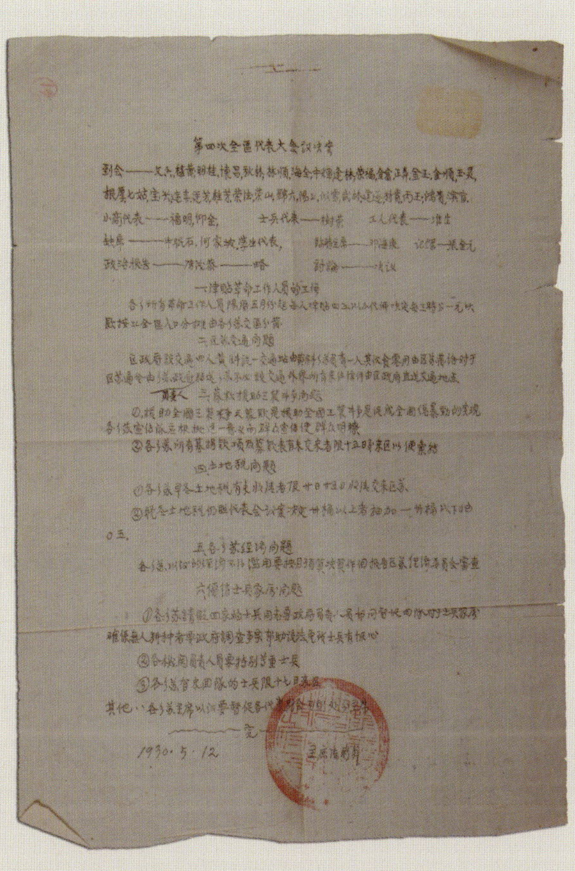

第四次全区代表大会议决案

一、津贴革命工作人员的工资

二、区政交通问题

三、募款援助三罢斗争问题

四、土地税问题

五、各乡苏经济问题

六、优待士兵家属问题

——完——

1930.5.12

龙岩县龙池区苏维埃政府印发的《第四次全区代表大会决议案》

1930 年 5 月 12 日　纵 41.7 厘米　横 29.3 厘米

古田会议纪念馆　藏

1929 年 6 月 21 日，红四军第二次攻克龙岩城后，成立龙岩县革命委员会，主席邓子恢。同年 9 月，召开龙岩县工农兵代表大会，选举产生龙岩县苏维埃政府，主席郭滴人。1930 年 3 月归闽西苏维埃政府领导。

“东肖区后田乡土地委员会”椭圆印

土地革命战争时期　印面最长 4.1 厘米　最宽 2.8 厘米

古田会议纪念馆　藏

“中华苏维埃共和国福建省上杭县才溪区上才乡苏维埃”圆印

1929 年　印面直径 7.5 厘米

毛泽东才溪乡调查纪念馆　藏

“中华苏维埃共和国福建省上杭县才溪区下才乡苏维埃”圆印

1929 年　印面直径 7.5 厘米

毛泽东才溪乡调查纪念馆　藏

上杭县“苎园乡苏维埃政府”木匾
1929 年　长 159 厘米　宽 43.5 厘米
古田会议纪念馆　藏

1929 年 7 月，上杭县革命委员会在庐丰成立，主席李立民。同年 10 月 2 日，召开上杭县第一次工农兵代表大会，选举产生上杭县苏维埃政府，主席李立民。1930 年 3 月，归闽西苏维埃政府领导。

“上杭县水布区寨背乡苏维埃政府”条屏
1929 年　纵 207 厘米　横 34 厘米
古田会议纪念馆　藏

1929 年 3 月 14 日，红四军攻克长汀城并领导建立了长汀临时革命委员会。随后，临时革命委员会在云骧阁召集了工农兵代表大会，正式选举成立长汀县革命委员会，邱潮任革委会主席。这是闽西也是福建第一个县级红色政权。1930 年 5 月，选举成立长汀县苏维埃政府，主席涂作义。

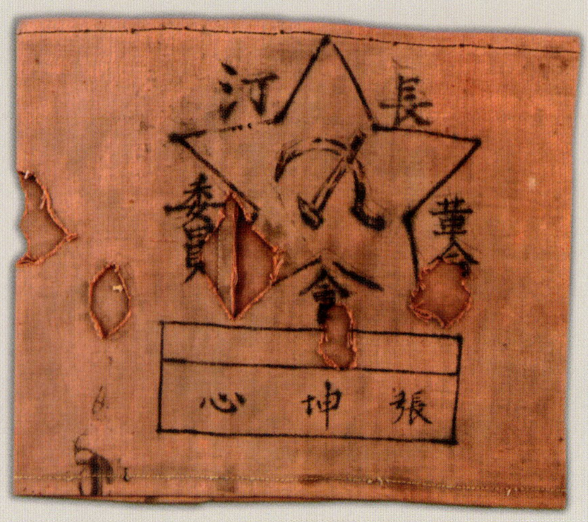

张坤心的长汀革命委员会袖章

1929 年　周长 37 厘米　宽 16.5 厘米

长汀县博物馆　藏

长汀红坊区工农兵代表大会代表证

1929 年　纵 15 厘米　横 5.7 厘米

长汀县博物馆　藏

“中华苏维埃共和国福建省长汀县河田区执行委员会劳动部”圆印

1930 年　印面直径 8 厘米

长汀县博物馆　藏

长汀红坊区苏维埃政府工农检察部控告局长涂荣标的胸章

1930 年　纵 3.7 厘米　横 7 厘米

长汀县博物馆　藏

1929 年 10 月，红四军第三纵队攻克武平，随即成立武平县革命委员会。同月，召开武平县第一次工农兵代表大会，选举产生武平县苏维埃政府，主席练宝桢。

“象洞区洋贝乡苏维埃政府印”圆印
1929 年　印面直径 6.2 厘米
武平县博物馆　藏

武所区洋迳乡苏维埃政府红旗
1930 年　纵 93 厘米　横 104 厘米
武平县博物馆　藏

“武平县湘湖区河口乡拥护红军委员会”长戳
1932 年　印面长 8.9 厘米　宽 1.7 厘米
武平县博物馆　藏

连城第三区工农兵代表证

1930 年　对角线长 8 厘米

连城县新泉整训纪念馆　藏

1929 年 11 月，成立连城县革命委员会，主席杨万珍。1930 年 3 月，归闽西苏维埃政府领导。同年 4 月，在新泉成立连城县苏维埃政府，主席董成南。1930 年 10 月，连城县新泉地区和长汀县东部地区合并成立汀连县，并成立汀连县革命委员会，主席段奋夫。

“宁化县邓坊区苏维埃政府执行委员会”圆印

1931 年　印面直径 6.5 厘米

古田会议纪念馆　藏

1930 年 6 月，宁化县西南五乡暴动胜利后，在红一军团政治部的帮助下，在宁化城关成立宁化县革命委员会。同年 7 月，红军撤离后，县革命委员会转往长汀县境内活动。1931 年 11 月，在宁化淮土成立宁化县苏维埃政府。1934 年 5 月，划归闽赣省苏维埃政府管辖。

“杭武第一区第一乡苏维埃政府”圆印
1931 年　印面直径 4.3 厘米
古田会议纪念馆　藏

1931 年 1 月，上杭和武平两县部分地区合并为杭武县，成立杭武县苏维埃政府。1931 年 12 月，闽西苏维埃政府通知撤销杭武县。

“杭武县第一区第二乡第一村苏维埃政府”长戳
1931 年　印面长 8 厘米　宽 1 厘米
上杭县博物馆　藏

1931年3月，宁化、长汀交界设立汀东县，并成立苏维埃政府，主席王英元。

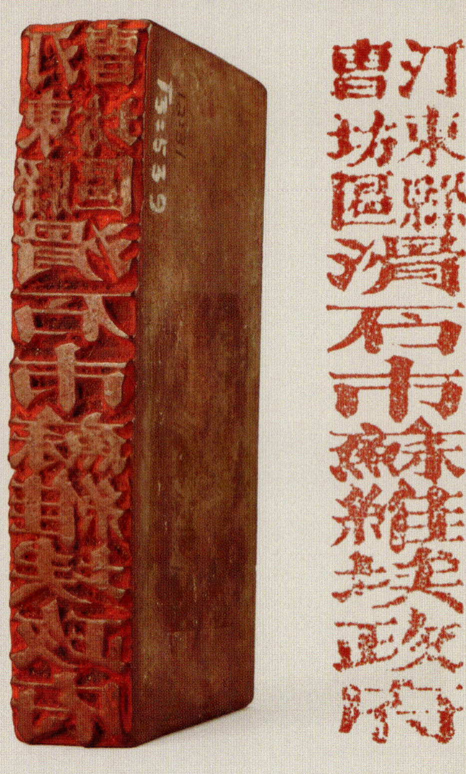

“汀东县曹坊区滑石市苏维埃政府”长戳
1931年　印面长8.5厘米　宽1.8厘米
福建博物院　藏

“汀东下归阳区任屋坊湖口小庄村苏维埃政府秘书处”椭圆印
1931年　印面直径最长4.5厘米
长汀县博物馆　藏

“汀东下归阳区任屋坊湖口小庄村苏维埃政府收发处”椭圆印
1931年　印面直径最长5厘米
长汀县博物馆　藏

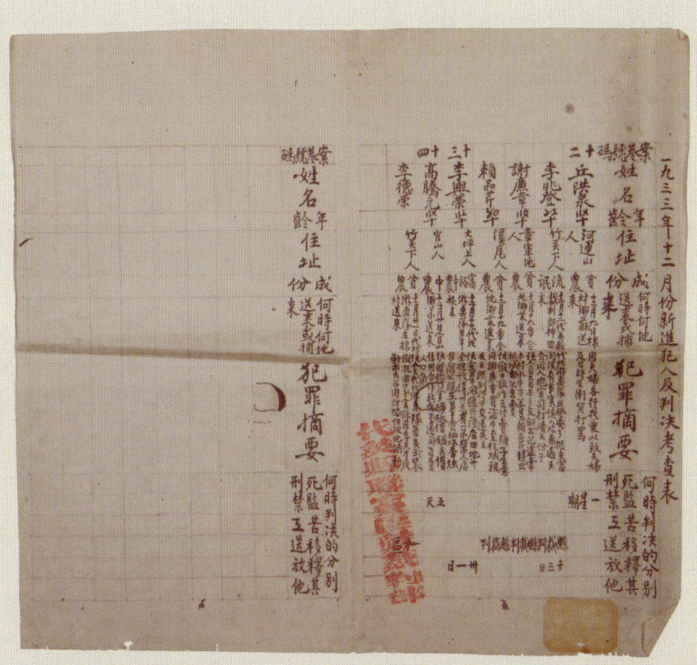

一九三三年十二月份新进犯人及判决考查表

1933 年 8 月，中央人民委员会第四十八次会议决定在杭、永边增设代英县。同年 9 月，成立代英县苏维埃政府。

代英县联宾区苏维埃政府裁判部的《新进犯人及判决考查表》
1933 年 12 月　纵 31.5 厘米　横 28.5 厘米
古田会议纪念馆　藏

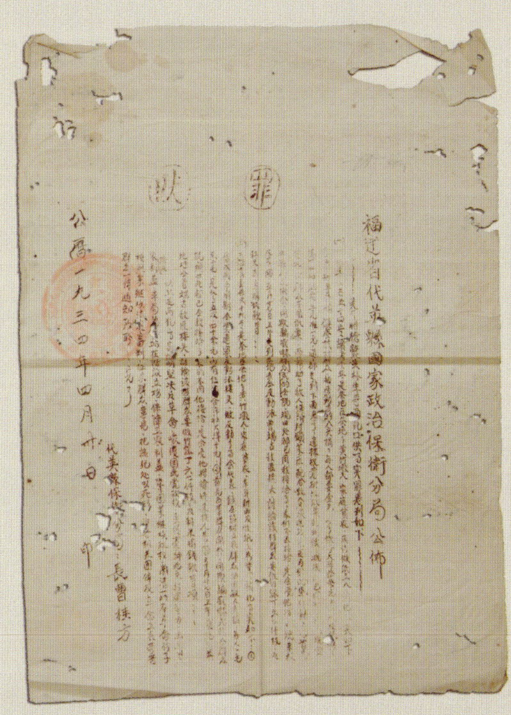

福建省代英縣國家政治保衛分局公佈

公曆一九三四年四月卅日

福建省代英县苏维埃政府国家政治保卫分局印发的《关于将枪毙黄林生等两犯口供事实罪恶列如下》布告
1934 年 4 月 30 日　纵 40 厘米　横 30 厘米
古田会议纪念馆　藏

“代英县联宾区下安乡苏维埃政府”长戳
1933 年　印面长 8.2 厘米　宽 1.5 厘米
上杭县博物馆　藏

“闽西直属第五区第九乡苏维埃政府印”圆印
1931 年　印面直径 5 厘米
长汀县博物馆　藏

“福里南河区李庄乡苏维埃政府收发处”椭圆印
1930 年　印面最长直径 4.3 厘米
漳平市博物馆　藏

“岩泰乡苏维埃裁肃委员会印”长方印
土地革命战争时期　印面长 5.5 厘米　宽 1.8 厘米
古田会议纪念馆　藏

"饶和埔诏县苏维埃政府"圆印
1932 年　印面直径 9.3 厘米
福建博物院　藏

1929 年 6 月，在东江特委领导下，饶和埔诏县革命委员会在诏安官陂乡成立。1931 年 2 月，饶和埔诏县革命委员会和饶和埔革命委员会合并。1932 年 6 月，在饶和埔诏县委领导下，召开饶和埔诏工农兵代表大会，选举产生了饶和埔诏县苏维埃政府领导机构，主席余丁仁。

"饶和埔第七区苏维埃政府印"长戳
土地革命战争时期　印面长 8.7 厘米　宽 2.2 厘米
福建博物院　藏

黄道的赣东北特区苏维埃政府常委会证章
1931年 对角线长4厘米
闽北革命历史纪念馆 藏

1930年8月，遵照中央决定，闽北苏区和赣东北苏区合并。1931年3月，赣东北特区苏维埃政府成立，黄道为十一常委之一。同年11月，赣东北特区苏维埃政府改建为赣东北省苏维埃政府，方志敏任主席。1932年11月19日，赣东北省苏维埃政府易名为闽浙赣省苏维埃政府。

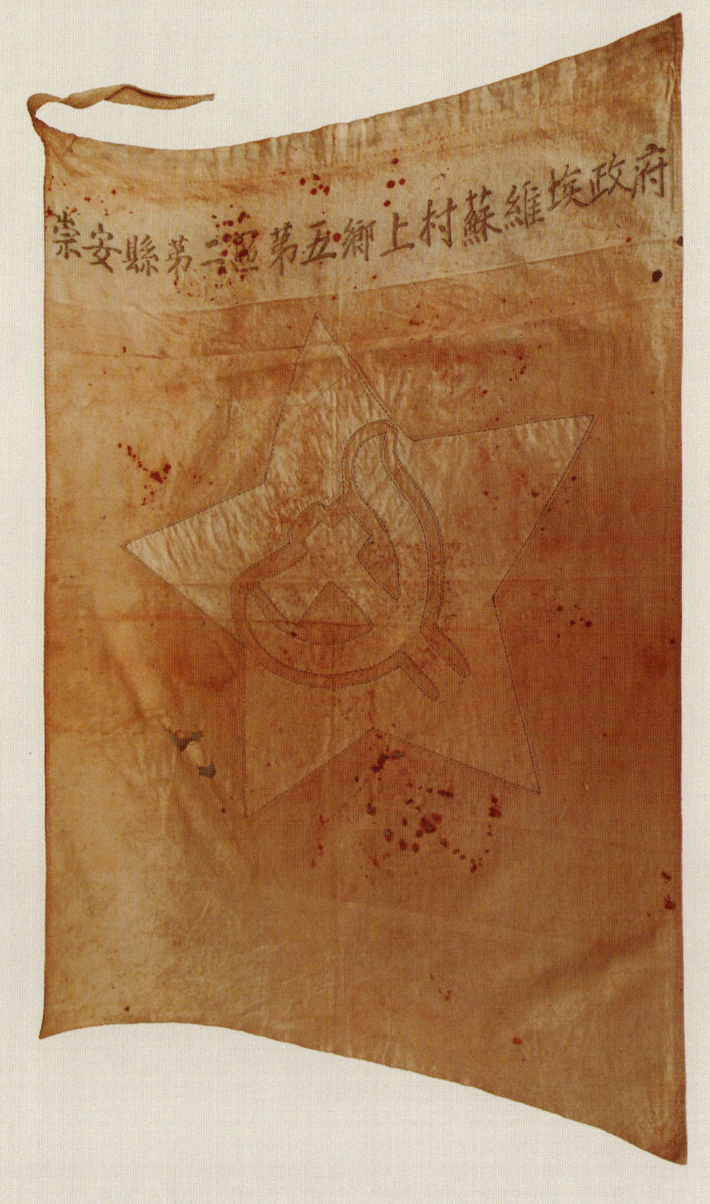

崇安县第二区第五乡上村苏维埃政府旗帜
1930年 纵60厘米 横30厘米
闽北革命历史纪念馆 藏

1929年9月28日，崇安上梅暴动后，成立了临时工农政权——民众局，局长徐履峻。1930年4月12日，崇安县革命委员会成立，主席丁辉如。同年5月1日，崇安县召开全县工农兵代表大会，选举成立崇安县苏维埃政府，隶属福建省委。同年9月，划归赣东北特委领导。1931年7月，在崇安大安召开闽北第一次工农兵代表大会，选举成立闽北分区苏维埃政府，管辖崇安、建阳、邵武一带苏维埃政府。闽北分区苏维埃政府先后归赣东北特区革命委员会、特区苏维埃政府及赣东北省苏、闽浙赣省苏领导。1933年闽赣省苏维埃政府成立后，划归闽赣省苏领导。

1933年2月5日，苏区中央局决定在建黎泰苏区、闽北苏区和信抚苏区设立闽赣省，直属中央领导。4月26日，中央人民委员会在听取了邵式平报告后，立即决定将建宁、黎川、泰宁、金溪、资溪、光泽、邵武与闽北苏区以及江西信江、抚河之间广大地区划为闽赣省，同时成立闽赣省革命委员会。5月上旬，闽赣工农兵临时代表大会在黎川湖坊召开，正式成立闽赣省革命委员会。同年12月11日，闽赣省第一次工农兵代表大会在建宁召开，正式成立闽赣省苏维埃政府，邵式平为主席。1934年5月，建宁失守后，中央决定将福建的宁化、清流、归化、泉上、澎湃5个县划归闽赣省。8月，杨道明任省苏维埃政府主席。

中华苏维埃共和国建宁县铺前区执行委员会颁发给高桂英的选民证
1933年11月30日　纵15.8厘米　横11.8厘米
建宁县中央苏区反“围剿”纪念馆　藏

1931年6月，建宁县革命委员会成立，红军撤离后解散。1932年11月，在建宁城关成立建宁县苏维埃政府，归江西省苏维埃政府领导。

“泰宁县大均区裁判部印”圆印
1933年　印面直径5.4厘米
福建博物院　藏

1931年6月，泰宁县革命委员会成立，隶属江西省苏维埃政府。1933年11月，泰宁县苏维埃政府成立，主席王金生。

“泰宁大田区苏维埃政府”长戳
1933年　印面长8.8厘米　宽1.9厘米
福建博物院　藏

“闽东苏维埃政府布告第 号”长戳

1934 年　印面长 61.3 厘米　宽 5.3 厘米

福建博物院　藏

1934 年 2 月，闽东工农兵代表大会在福安柏柱洋召开，大会选举成立闽东苏维埃政府，主席马立峰。同年 4 月，福州中心市委被破坏。6 月，闽东苏维埃政府由福州中心市委转归中共闽东临时特委领导。1934 年底和 1935 年初，闽东苏维埃政府领导人相继牺牲，各县苏维埃政府被迫停止活动，闽东革命中心转向周政屏等边远山区，并逐渐建立宁屏古、周政屏等边区县苏维埃政府。1937 年春，闽东特委宣布成立中华苏维埃人民共和国闽东军政委员会，主席叶飞，也称闽东工农苏维埃政府。同年 6 月，闽东军政委员会发出布告，把闽东工农苏维埃政府改为闽东人民苏维埃政府，直至 11 月与国民党地方当局达成团结抗日协议为止。

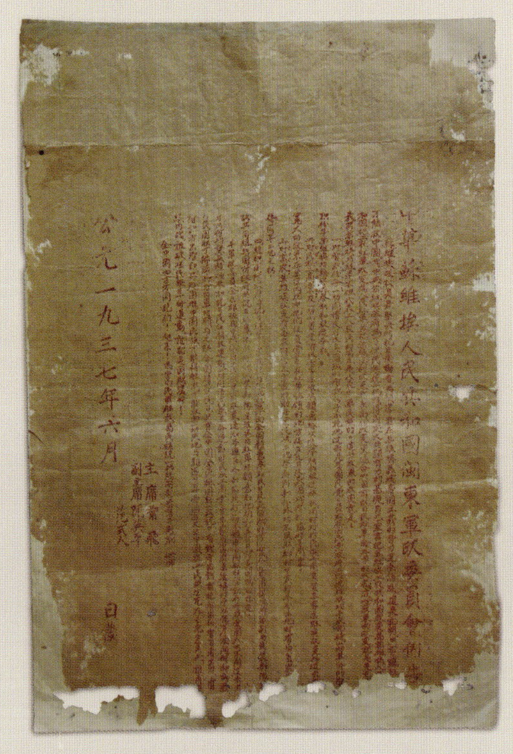
公元一九三七年六月

中华苏维埃人民共和国闽东军政委员会布告

1937 年 6 月　纵 45 厘米　横 31 厘米

闽东革命纪念馆　藏

“霞浦下西区路口村苏维埃政府”圆印
1934 年　印面直径 5.8 厘米
福建博物院　藏

“福寿上南区苏维埃政府印”方印
1934 年　印面边长 5.4 厘米
福建博物院　藏

1933 年底，在福安东坑建立福寿边区委。1934 年 1 月，改建为县委，先后下辖 14 个区委。1934 年 5 月，成立福寿县苏维埃政府，主席林其生。1935 年 2 月，福寿县苏维埃政府停止活动。

“福安县凤塘区苏维埃政府财政委员会”圆印
1934 年　印面直径 7 厘米
福建博物院　藏

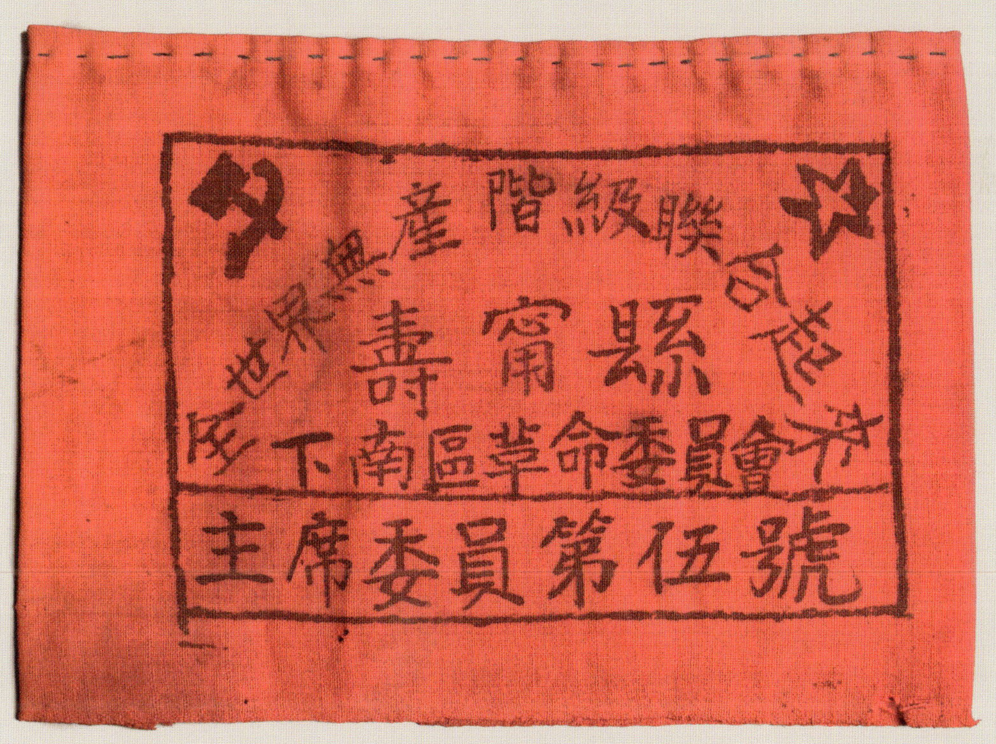

寿宁县下南区革命委员会主席委员第五号袖章
1933 年　周长 48 厘米　宽 17 厘米
福建博物院　藏

1933 年 11 月，在福安甘棠建立安德边区委。1934 年 1 月，改为县委，先后下辖 10 个区委，书记阮英平。同年 10 月，安德县苏维埃政府成立于福安甘棠，后县苏机关迁湄洋、观里、龟山等地。同年底，安德县苏维埃政府活动区域转至福安、周敦边界山区。

“安德县溪北区苏维埃政府印”圆印
1934 年　印面直径 7 厘米
福建博物院　藏

“溪北区苏维埃政府放行证”长方印
1934 年　印面长 9.6 厘米　宽 6.4 厘米
福建博物院　藏

“安德县溪北区苏维埃政府军事部”圆印
1934 年　印面直径 7.2 厘米
福建博物院　藏

“安德县溪北区苏维埃政府粮食科”圆印
1934 年　印面直径 7.2 厘米
福建博物院　藏

“安德县溪北区苏维埃政府文化科”圆印
1934 年　印面直径 7.1 厘米
福建博物院　藏

“安德县溪北区苏维埃政府土地部”圆印
1934 年　印面直径 7.2 厘米
福建博物院　藏

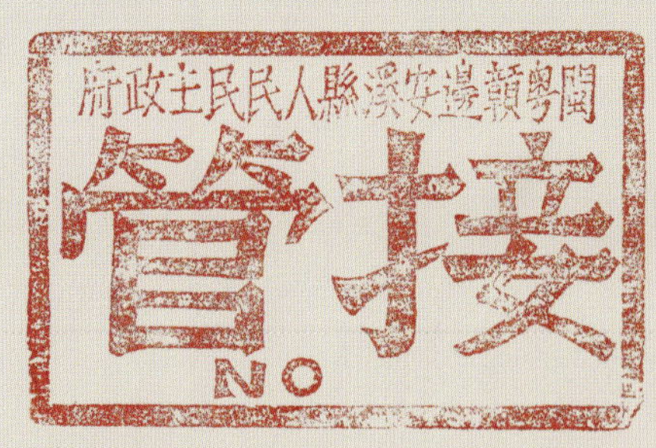

“闽粤赣边安溪县人民民主政府接管”长方印
1949 年　印面长 9.8 厘米　宽 6.2 厘米
福建博物院　藏

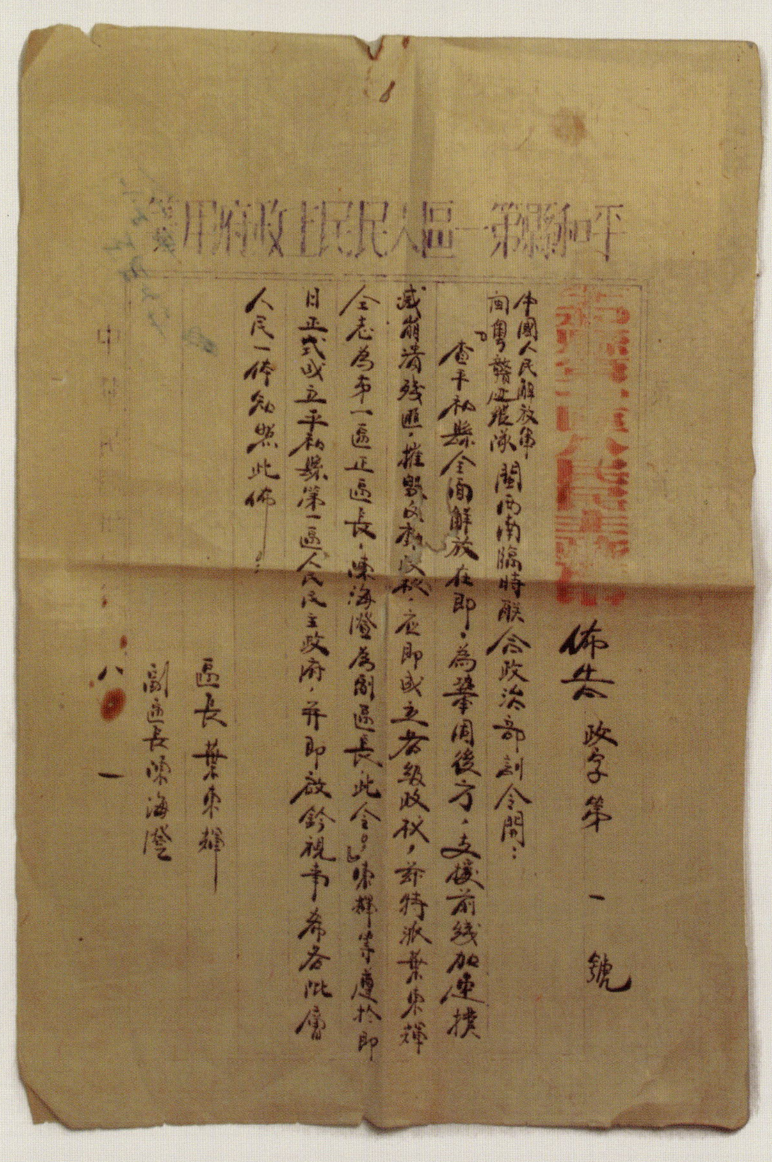

平和縣第一區人民民主政府用箋

佈告　政字第一號

中國人民解放軍閩粵贛邊縱隊閩西南臨時聯合政治部訓令開：查平和縣全面解放在即，為鞏固後方，支援前線，加速接收，肅清殘匪，摧毀敵偽政權，應即成立各級政權，茲特派葉東輝同志為第一區正區長，陳海澄為副區長。此令。等因，東輝等遵於即日正式成立平和縣第一區人民民主政府，并即啟鈐視事，希各界人民一体知照。此佈。

區長 葉東輝
副區長 陳海澄

八一

平和县第一区人民民主政府布告（政字第一号）
1949 年 8 月 1 日　纵 27.9 厘米　横 18.1 厘米
毛主席率领红军攻克漳州纪念馆　藏

1949 年 8 月 17 日，福州解放，8 月 19 日，中共福建省委迁入福州。8 月 24 日，福建省人民政府成立，主席张鼎丞，副主席叶飞、方毅。

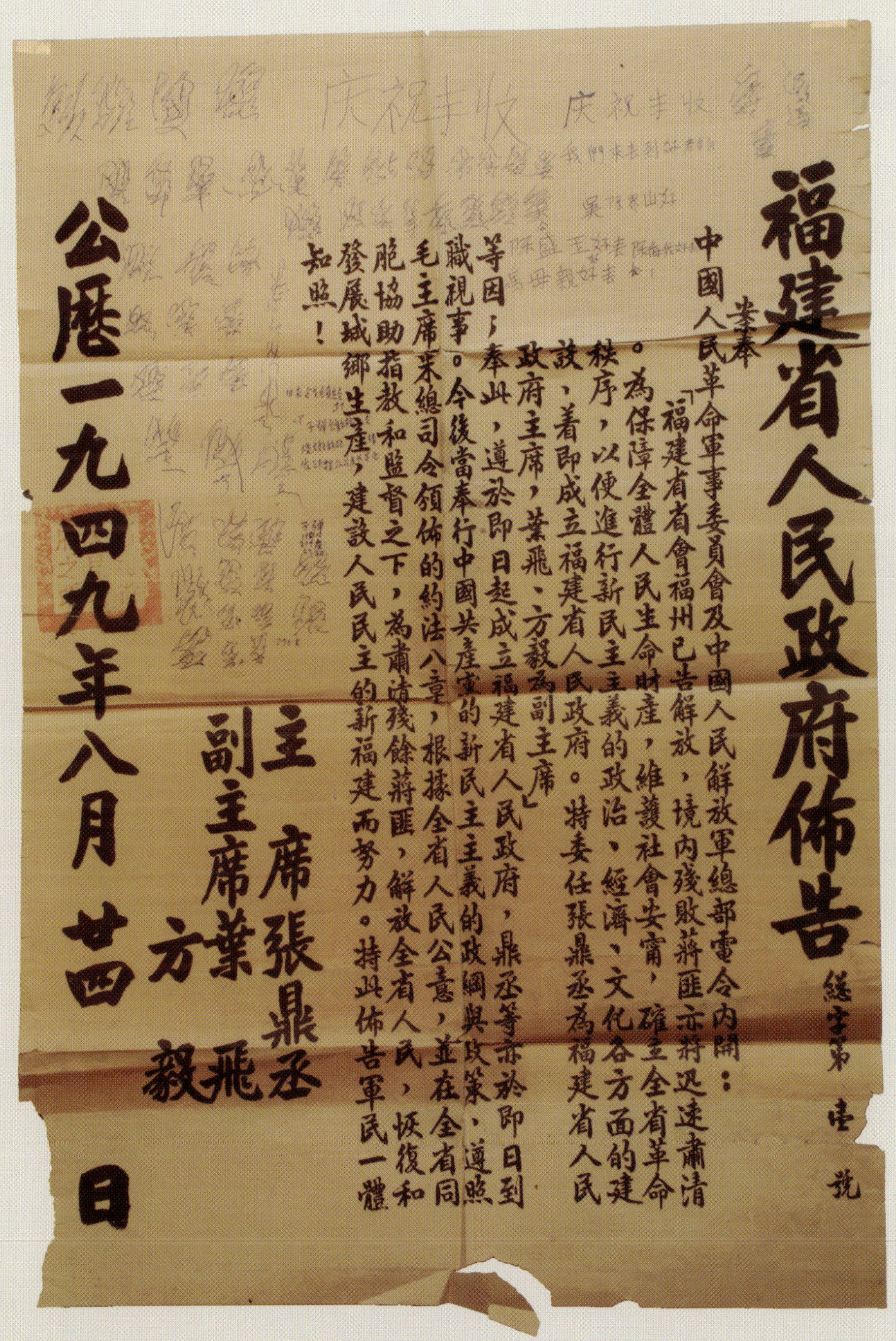

福建省人民政府佈告

總字第壹號

中國人民革命軍事委員會及中國人民解放軍總部電令内開：

「福建省省會福州已告解放，境内殘敗蔣匪亦將迅速肅清。為保障全體人民生命財產，維護社會安寧，確立全省革命秩序，以便進行新民主主義的政治、經濟、文化各方面的建設，着即成立福建省人民政府。特委任張鼎丞為福建省人民政府主席，葉飛、方毅為副主席」

等因，奉此，遵於即日起成立福建省人民政府，鼎丞等亦於即日到職視事。今後當奉行中國共產黨的新民主主義的政綱與政策，遵照毛主席朱總司令頒佈的約法八章，根據全省人民公意，並在全省同胞協助指教和監督之下，為肅清殘餘蔣匪，解放全省人民，恢復和發展城鄉生產，建設人民民主的新福建而努力。特此佈告軍民一體知照！

主席 張鼎丞

副主席 葉飛 方毅

公歷一九四九年八月廿四日

福建省人民政府布告（总字第一号）

1949 年 8 月 24 日　纵 73.80 厘米　横 51 厘米

毛主席率领红军攻克漳州纪念馆　藏

“福建省人民政府印”铜印

1949 年　印面边长 7 厘米

福建博物院　藏

苏维埃政府把解决土地问题作为苏区经济建设的首要任务。永定溪南区苏维埃政府没收和分配土地的工作拉开福建土地改革的序幕，闽西、闽北、闽赣、闽东根据地相继进行了土地改革，农村绝大多数的贫苦农民分得了土地，从而解放了农村生产力，促进了苏区农业生产的恢复与发展。

印发闽西第一次代表大会决议案之《土地问题决议案》
1929 年 8 月　纵 12.5 厘米　横 6.9 厘米
上杭县博物馆　藏

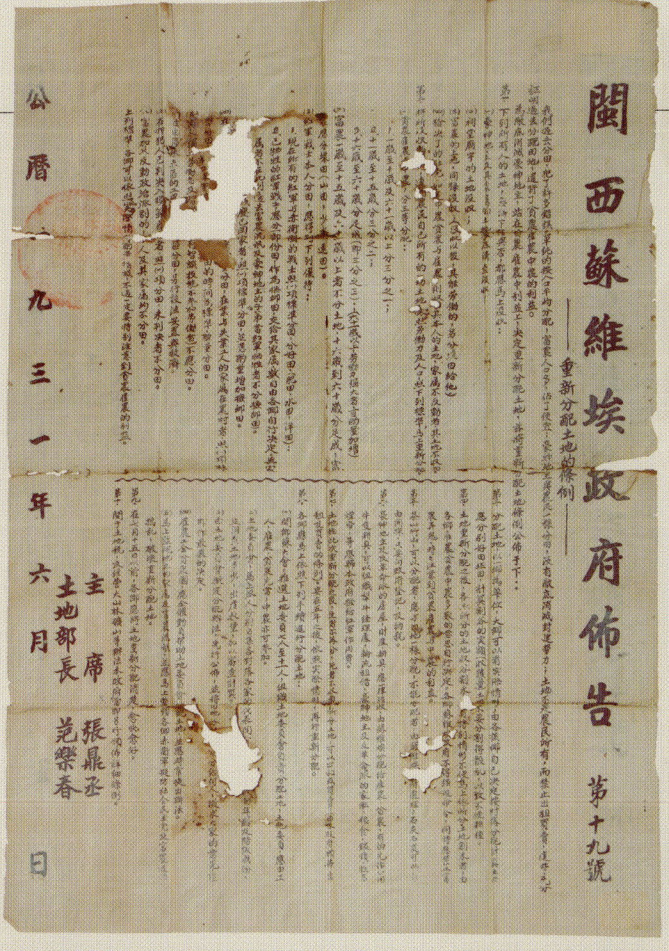

閩西蘇維埃政府佈告

第十九號

——重新分配土地的條例——

主席　張鼎丞
土地部長　范樂春

公曆一九三一年六月　日

闽西苏维埃政府印发的《重新分配土地的条例》布告（第十九号）
1931 年 6 月　纵 46 厘米　横 63.5 厘米
古田会议纪念馆　藏

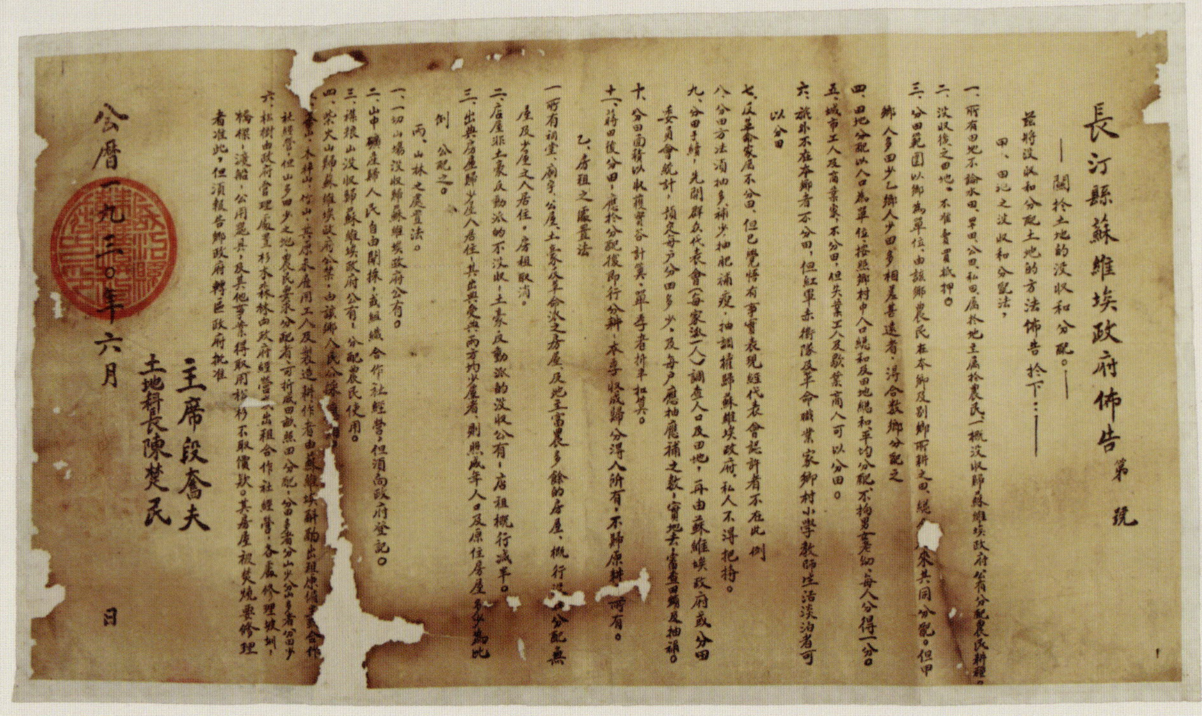

長汀縣蘇維埃政府佈告　第　號
——關於土地的沒收和分配。——
茲將沒收和分配土地的方法佈告於下：——
甲、田地之沒收和分配法，
一、所有田地不論水田、旱田、公田、私田，屬於地主屬於農民，一概沒收歸蘇維埃政府公有分配農民耕種。
二、沒收後之田地，不准買賣抵押。
三、分田範圍以鄉為單位，由該鄉農民在本鄉及別鄉所耕之田，統[illegible]來共同分配。但甲鄉人多田少，乙鄉人少田多，相差甚遠者，得合數鄉分配之。
四、田地分配以人口為單位，按照鄉村中人口總和及田地總和平均分配，不拘男女老幼，每人分得一分。
五、城市工人及商業家，不分田，但失業工人及歇業商人可以分田。
六、旅外不在本鄉者不分田，但紅軍赤衛隊及革命職業家、鄉村小學教師生活淡泊者可以分田。
七、反革命家屬不分田，但已覺悟有事實表現經代表會認許者不在此例。
八、分田方法須抽多補少，抽肥補瘦，抽調權歸蘇維埃政府，私人不得把持。
九、分田手續，先開群眾代表會（每家派一人）調查人口及田地，再由蘇維埃政府或分田委員會統計，預定每戶分田多少，及每戶應抽應補之數，實地去審查[illegible]及抽補。
十、分田面積以收穫實谷計算，單季者折半扣算。
十一、蒔田後分田，應於分配後即行分耕，本季收成歸分得人所有，不歸原耕[illegible]所有。
乙、房租之處置法
一、所有祠堂、廟宇、公廳、[illegible]之房屋，及地主富農多餘的房屋，概行[illegible]分配無屋及少屋之人居住，房租取消。
二、房屋非土豪反動派的不沒收，土豪反動派的沒收公有，房租概行減半。
三、出典房屋歸少屋人居住，其出典受典兩方均少屋者，則照成年人口及原住房屋多少為比例分配之。
丙、山林之處置法。
一、一切山場沒收歸蘇維埃政府公有。
二、山中竹木歸人民自由開採，或組織合作社經營，但須向政府登記。
三、[illegible]山沒收歸蘇維埃政府公有，分配農民使用。
四、柴大山歸蘇維埃政府公管，由該鄉人民公[illegible]。
五、茶山、木梓山、竹山、[illegible]合作社經營，但山多田少之地，農民要求分配者，可折成田畝照田分配，分田多者分山少，分山多者分田少。
六、杉樹由政府管理，處置杉木森林由政府經營，出租合作社經營，各處修理陂圳、橋樑、渡船、公用建築及其他事業得取用杉木，不取償款。其房屋被焚燒要修理者准此，但須報告鄉政府轉區政府批准。
公曆一九三〇年六月　日
主席　段奮夫
土地科長　陳楚民

长汀县苏维埃政府印发的《关于土地的没收和分配》布告
1930 年 6 月　纵 37 厘米　横 66 厘米
长汀县博物馆　藏

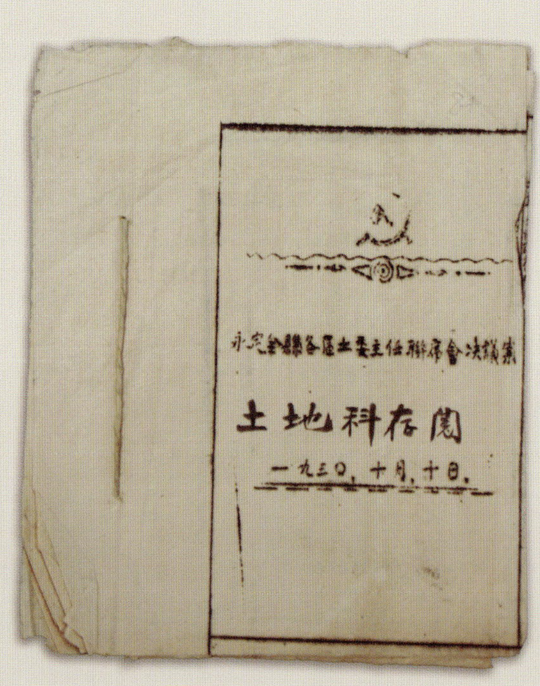

永定全縣各區土委主任聯席會决議案
土地科存閱
一九三〇，十月，十日。

永定县苏维埃政府土地委员会印发的《永定全县各区土委主任联席会议决议案》
1930 年 10 月　纵 19 厘米　横 16 厘米
龙岩博物馆　藏

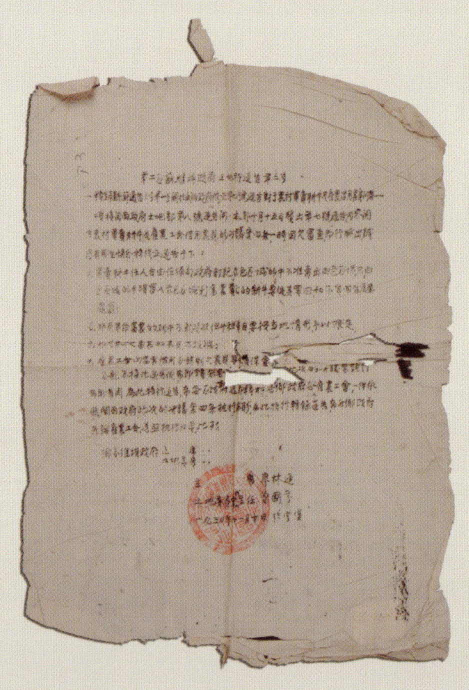

永定县第二区苏维埃政府土地科印发的《转录县苏通告土字第一号关于闽西政府修正第七号通告对于农村买卖耕牛及雇农借用农具问题》通告（第二号）
1930 年 11 月 10 日　纵 38.5 厘米　横 28.5 厘米
古田会议纪念馆　藏

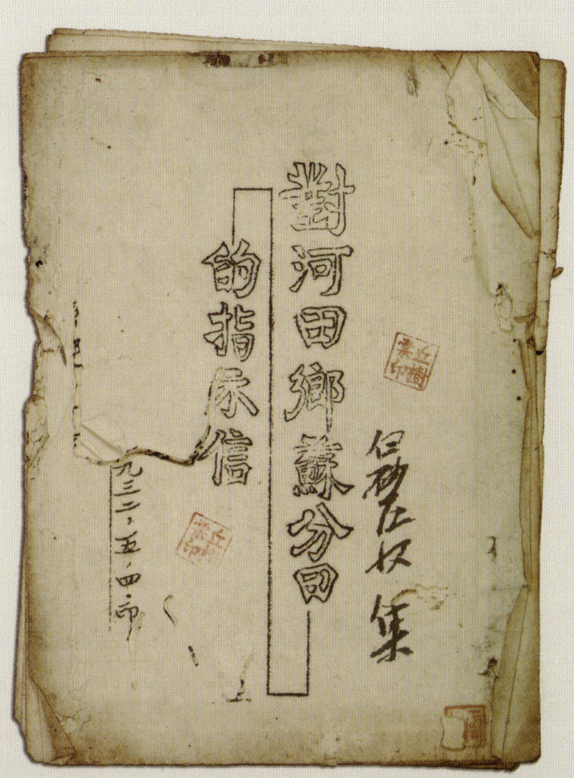

苏维埃政府印发福建省苏维埃政府主席张鼎丞《对河田乡苏分田的指示信》
1932 年 5 月 4 日　纵 16.5 厘米　横 12.5 厘米
福建博物院　藏

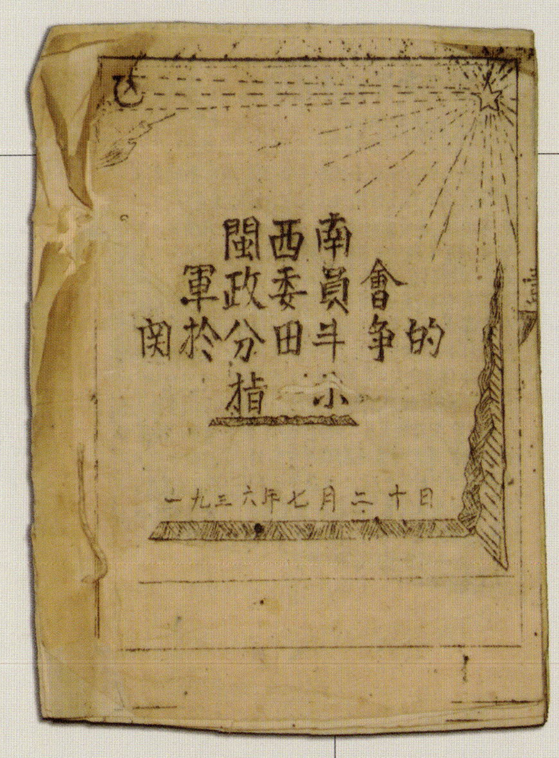

闽西南军政委员会印发的《关于分田斗争的指示》
1936 年 7 月 20 日　纵 17 厘米　横 12.5 厘米
龙岩博物馆　藏

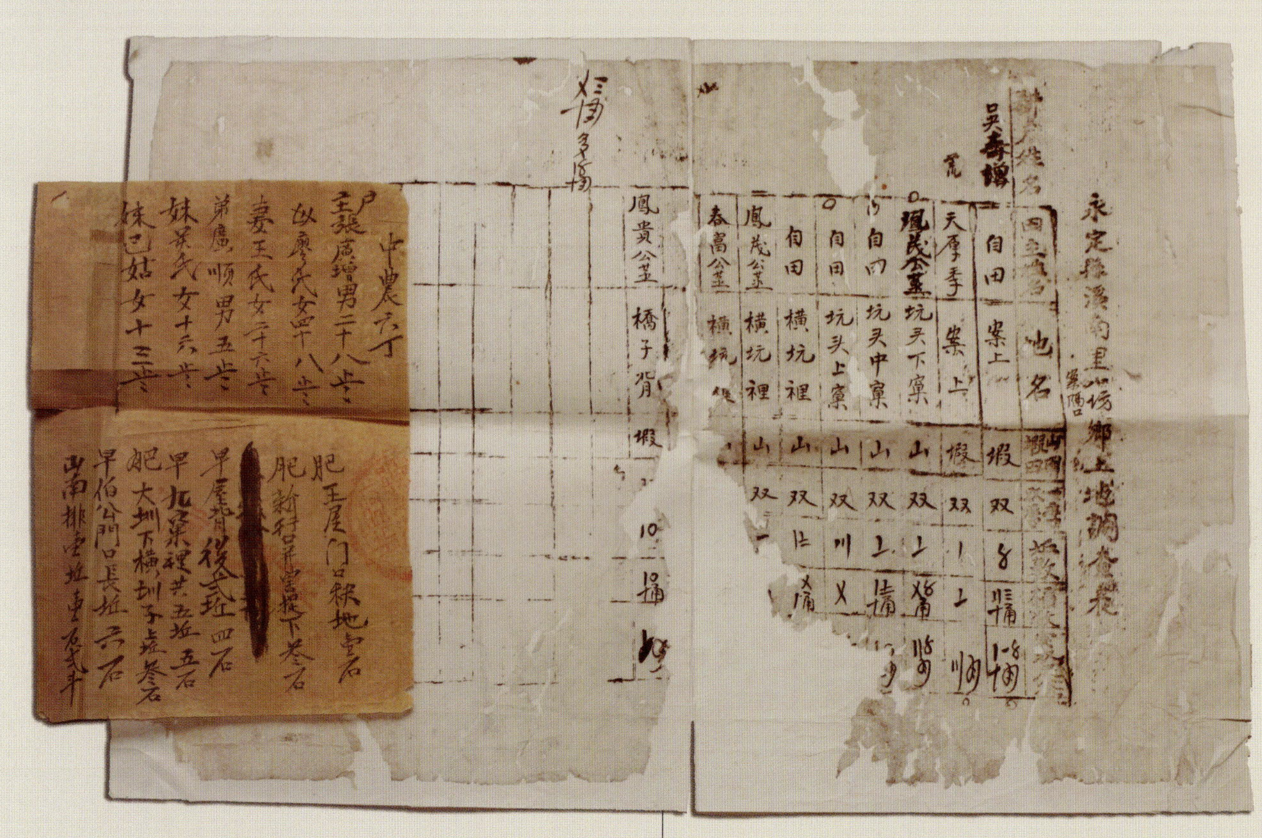

永定县溪南里八坊乡土地调查表
1928 年　纵 28 厘米　横 43 厘米
龙岩市永定区博物馆　藏

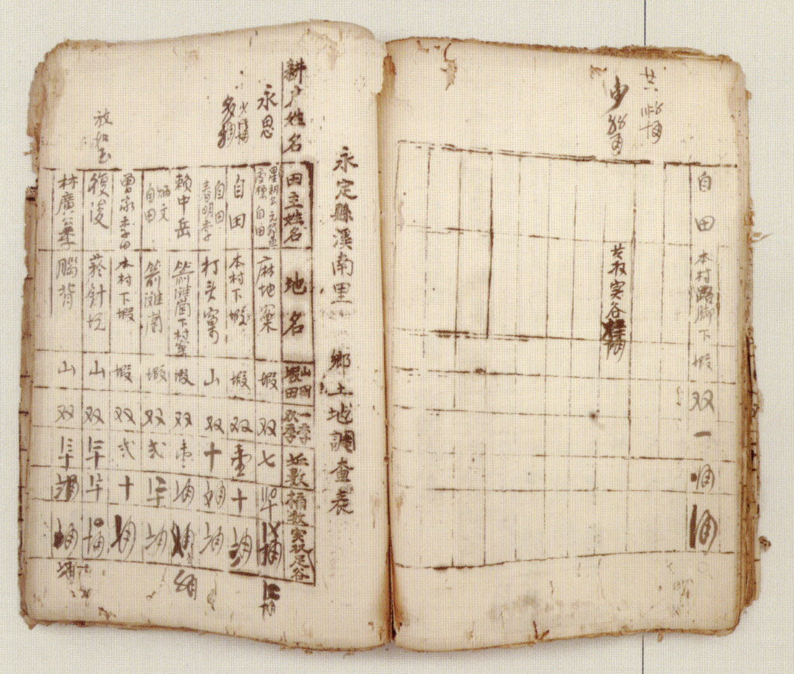

永定县溪南里八坊乡土地调查表册
1928 年　纵 29 厘米　横 21 厘米
福建博物院　藏

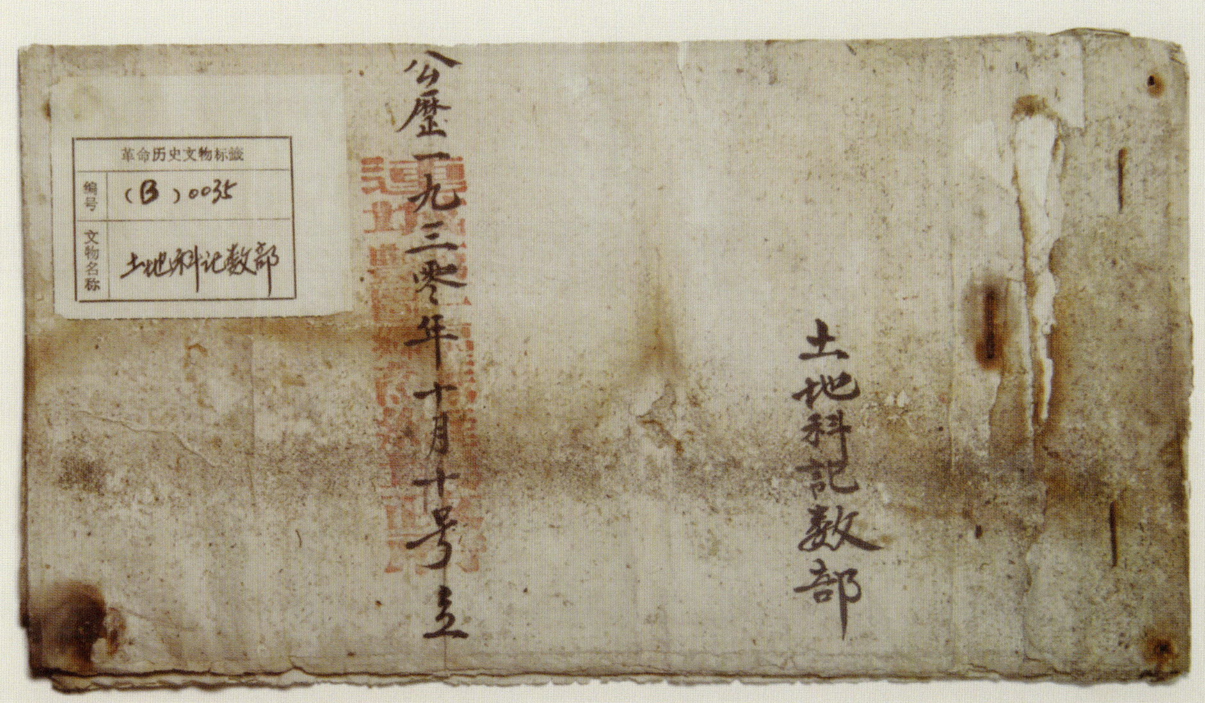

连城县第一区丰图乡苏维埃政府的《土地科记数部（簿）》
1930 年 10 月 10 日　纵 12.5 厘米　横 23 厘米
连城县新泉整训纪念馆　藏

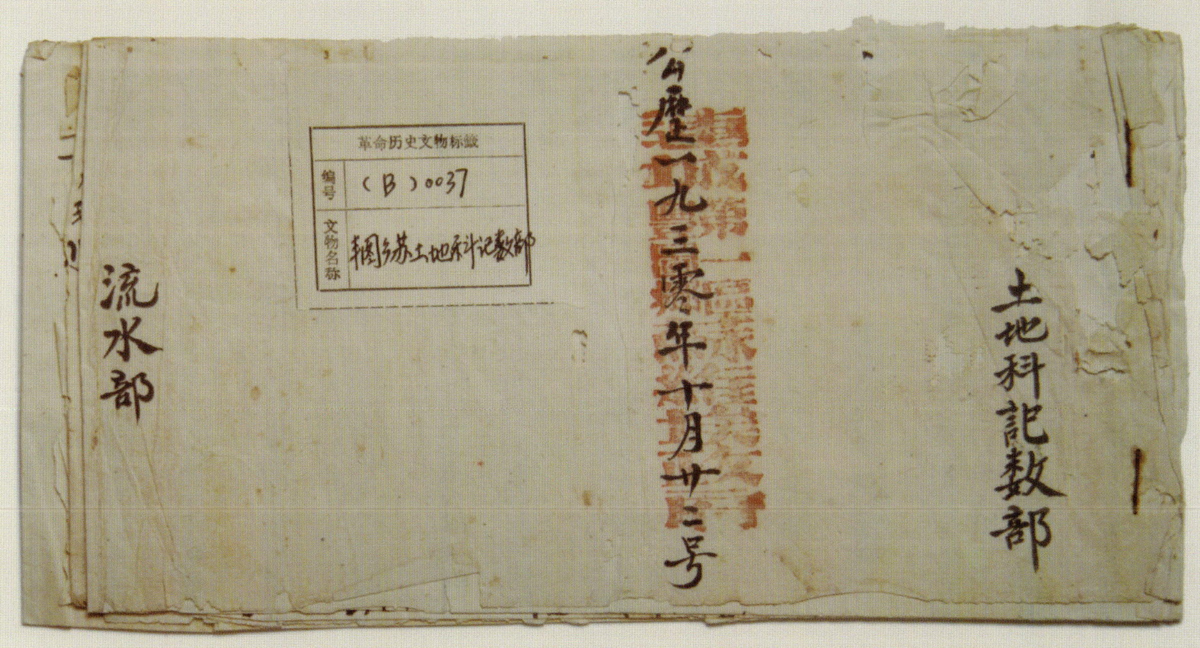

连城县第一区丰图乡苏维埃政府的《土地科记数部（簿）·流水部（簿）》
1930 年 10 月 22 日　纵 11.5 厘米　横 24 厘米
连城县新泉整训纪念馆　藏

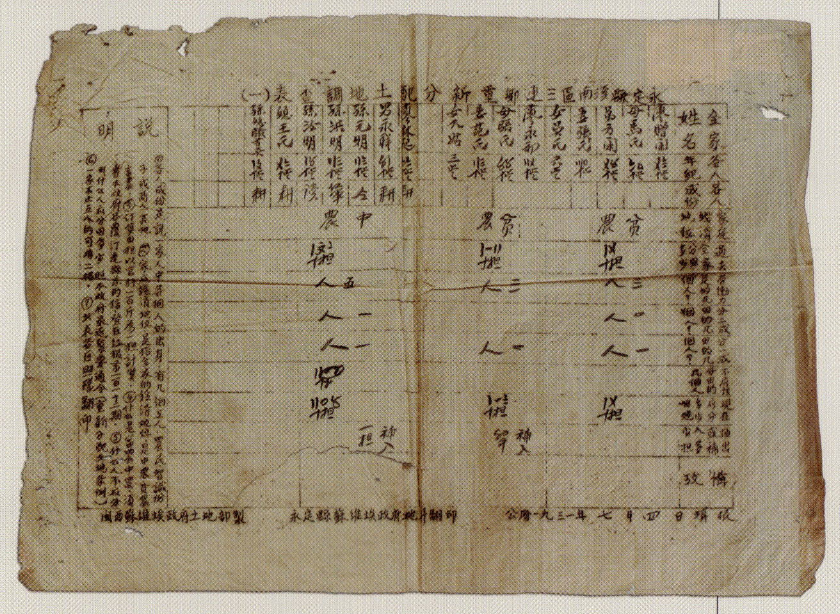

永定县溪南区三连乡重新分配土地调查表
1931年7月4日　纵26厘米　横37厘米
龙岩市永定区博物馆　藏

六安乡苏维埃政府的《重新分田地记录簿》
1931年7月1日　纵19.4厘米　横18.5厘米
连城县新泉整训纪念馆　藏

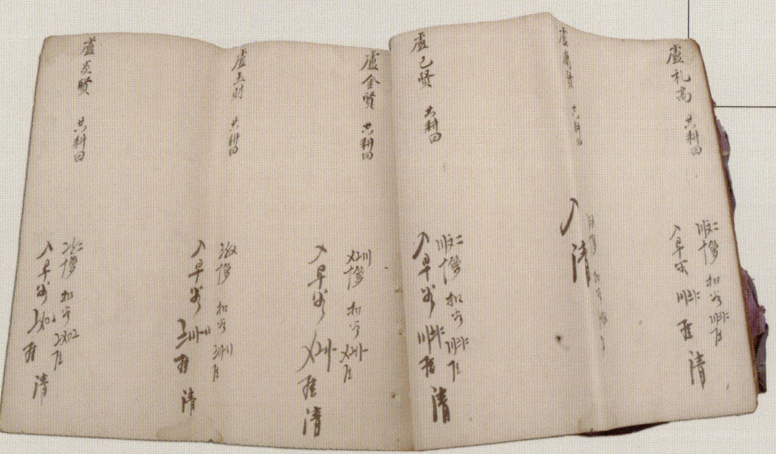

上长流苏维埃政府耕田登记簿
1931年　纵23厘米　横26厘米
福建博物院　藏

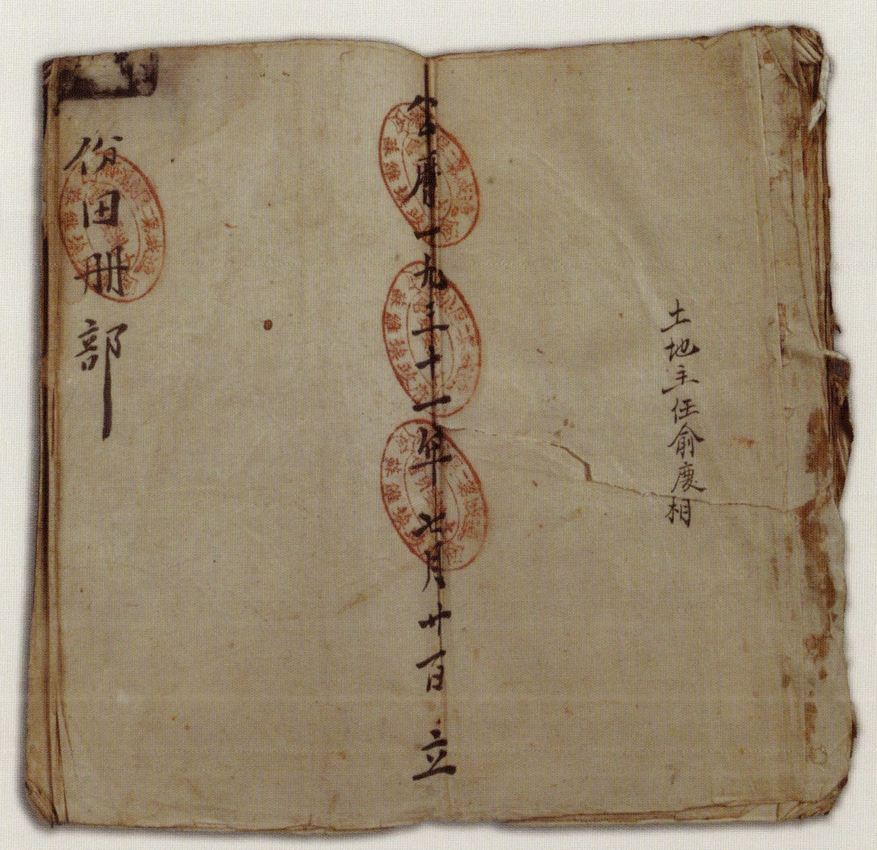

连城二区良溪乡苏维埃政府的《份（分）田册部（簿）》
1931 年 7 月 21 日　纵 25 厘米　横 27 厘米
福建博物院　藏

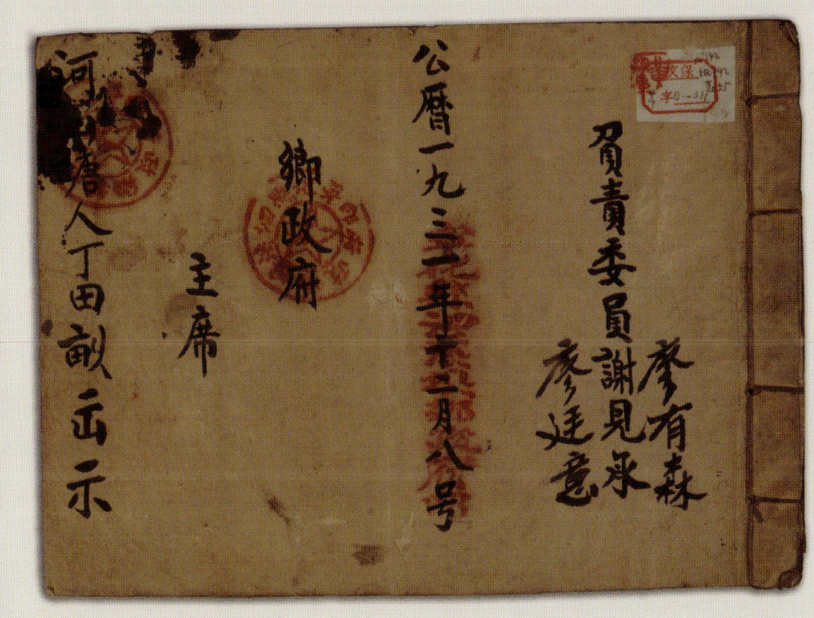

宁化县泗溪镇乡苏维埃政府的分田簿
1931 年 12 月　纵 17.5 厘米　横 24 厘米
福建博物院　藏

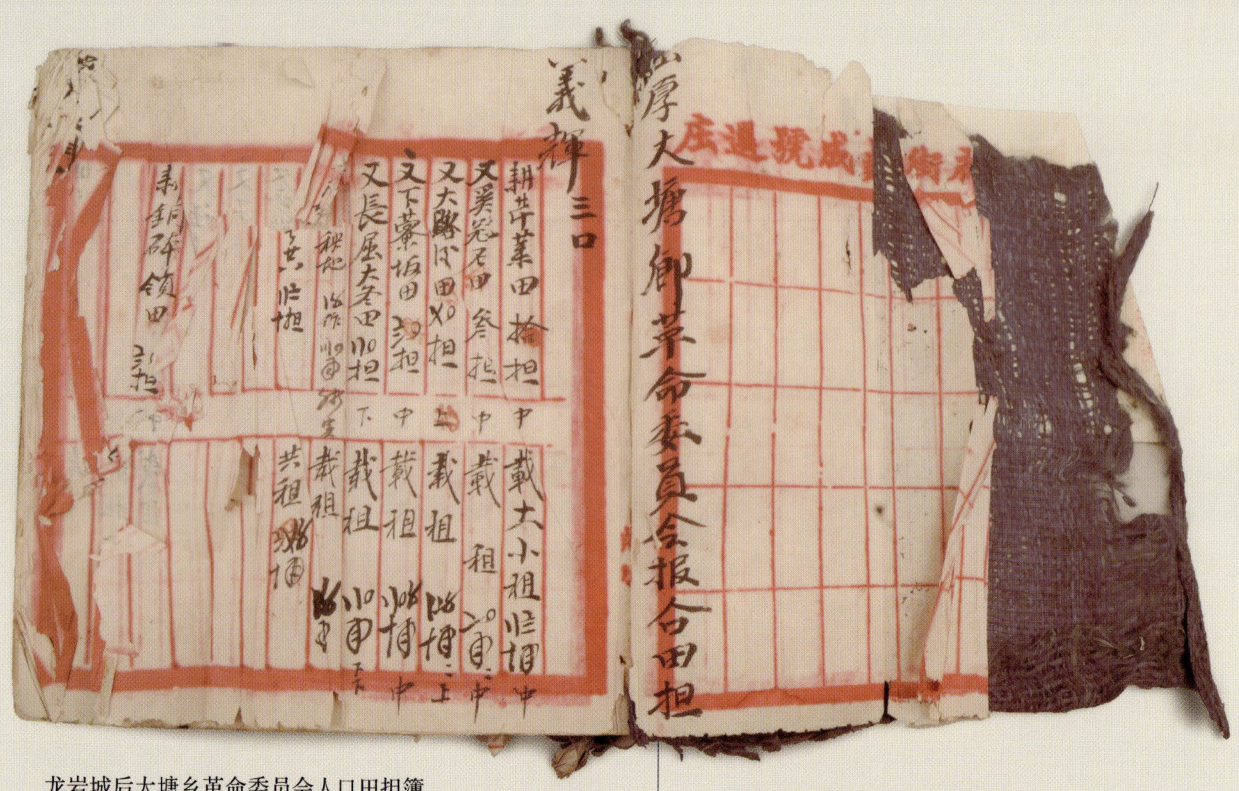

龙岩城后大塘乡革命委员会人口田担簿

土地革命战争时期　纵 19 厘米　横 19 厘米

福建博物院　藏

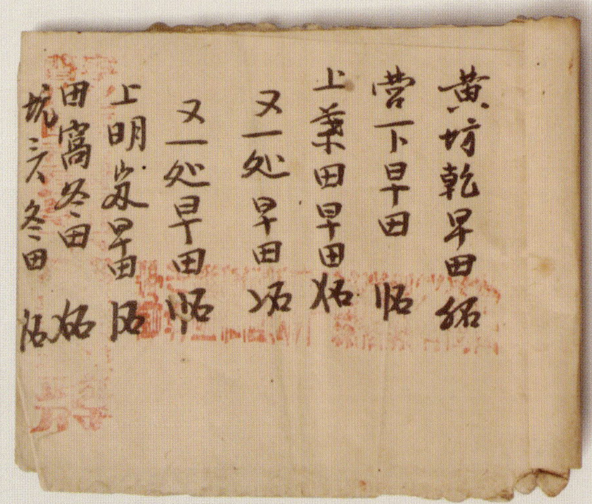

宁化县曹坊区黄屋岭下乡徐太海等五人的土地登记簿

土地革命战争时期　纵 10.7 厘米　横 13 厘米

宁化县革命纪念馆　藏

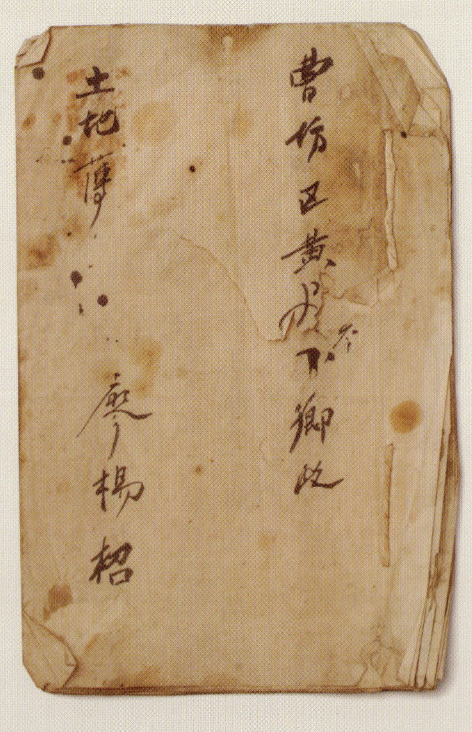

曹坊区黄屋岭下乡苏维埃政府的《土地薄（簿）》

土地革命战争时期　纵 19.8 厘米　横 13.3 厘米

宁化县革命纪念馆　藏

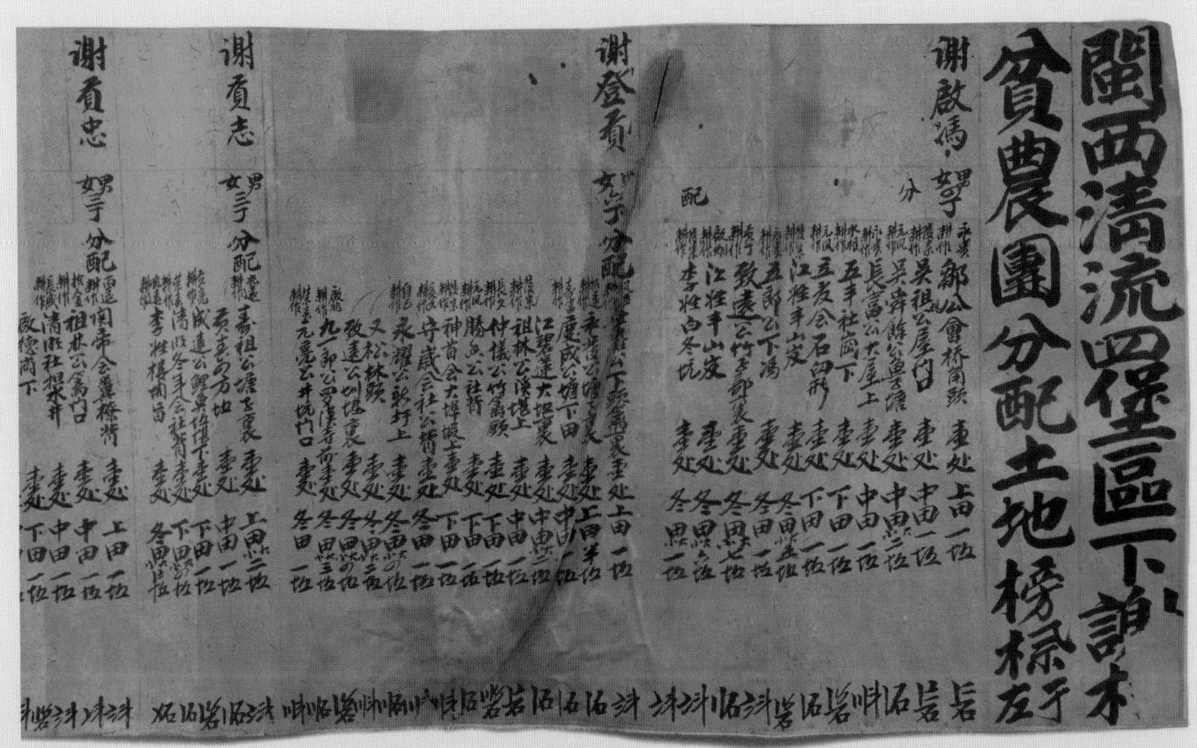

閩西清流四堡區下謝村貧農團分配土地榜示左

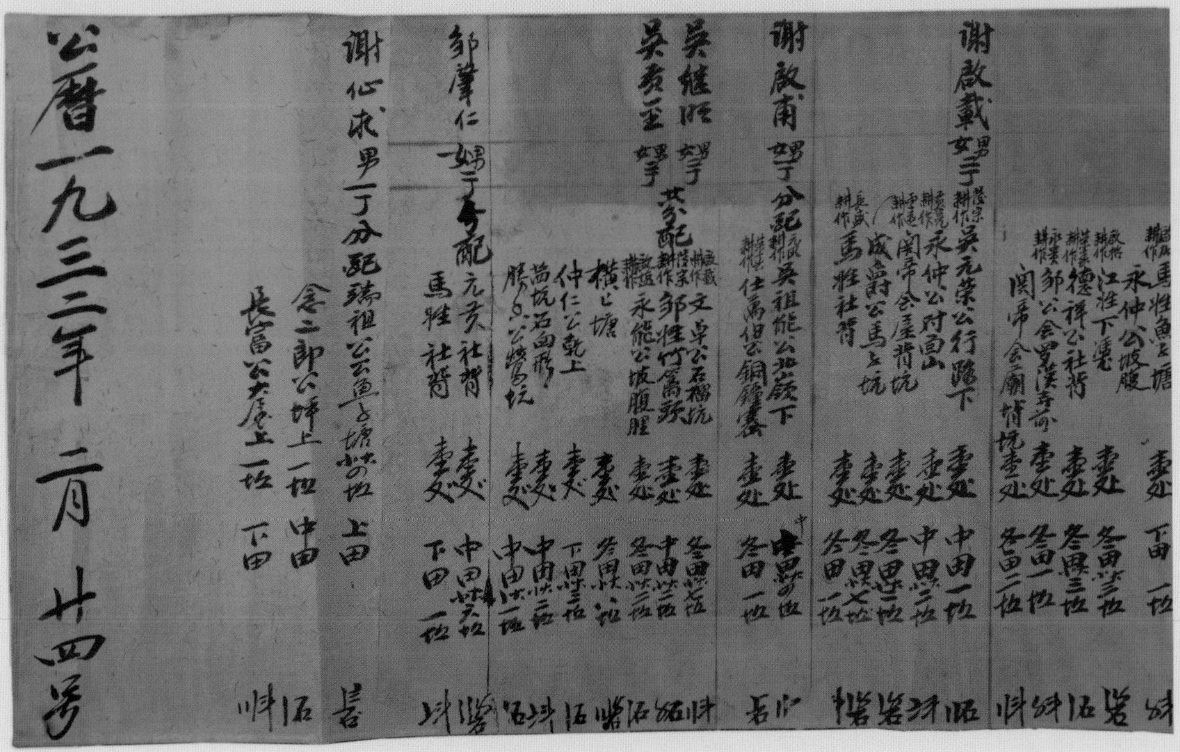

公曆一九三二年二月廿四号

闽西清流四堡区下谢村贫农团分配土地的榜示

1932 年 2 月 24 日　纵 29 厘米　横 117 厘米

福建博物院　藏

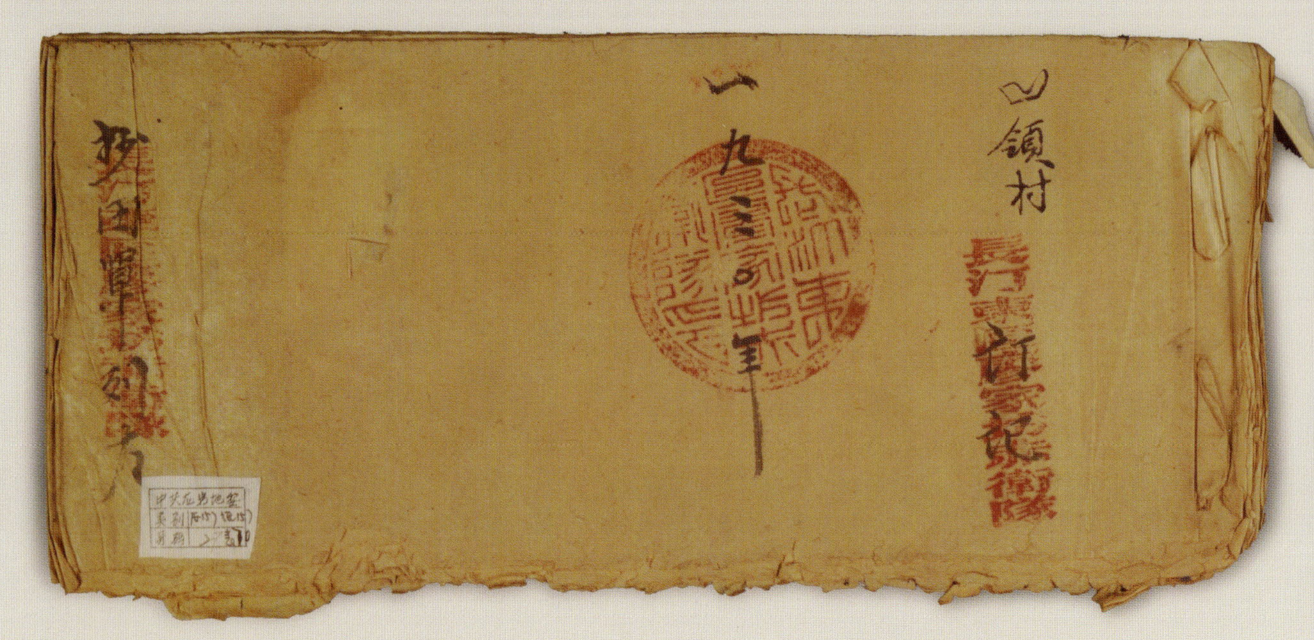

长汀东区廖家坊赤卫队查田登记簿
1930 年　纵 14 厘米　横 32 厘米
福建博物院　藏

中华苏维埃共和国临时中央政府赠给八县贫农团查田运动代表大会代表的手帕
1933 年 7 月　长 30.5 厘米　宽 30 厘米
福建博物院　藏

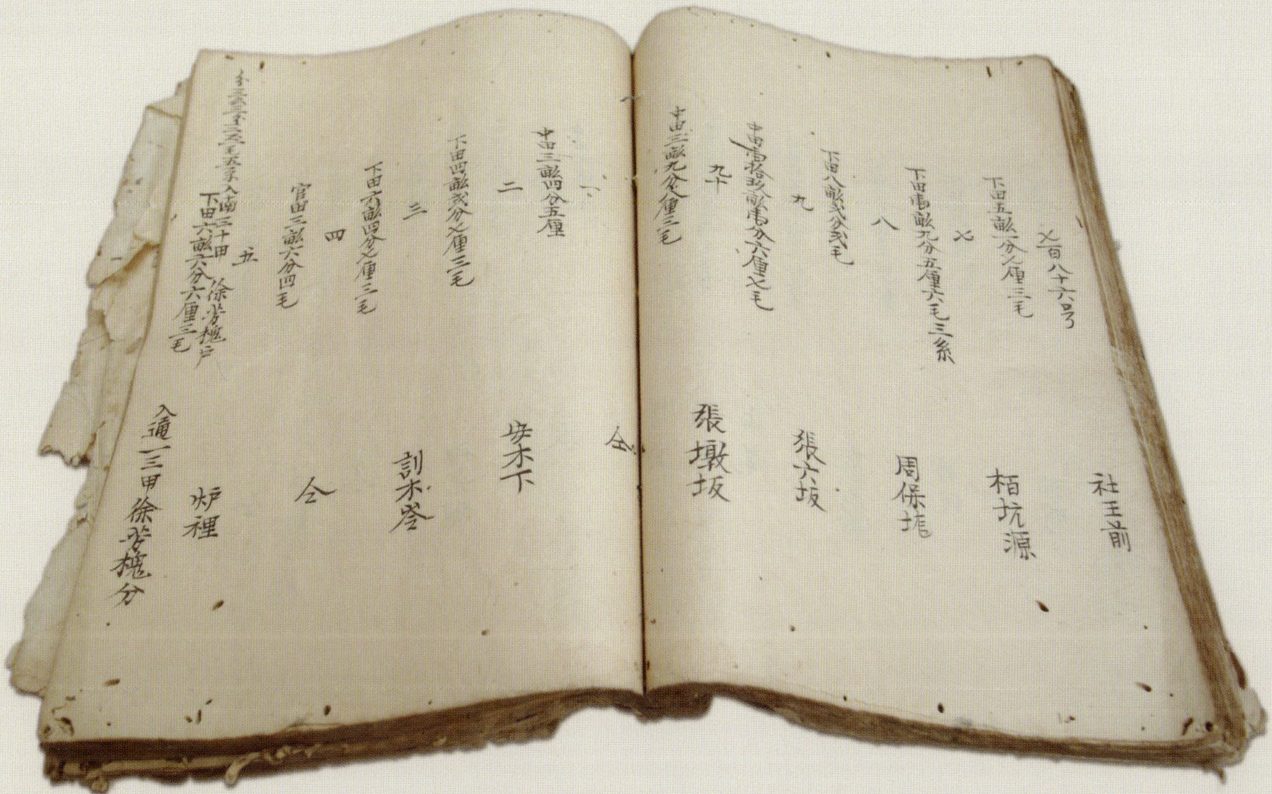

浦城县古楼乡苏维埃政府的《分田清册》（上本）

土地革命战争时期　纵 26.2 厘米　横 18.2 厘米

闽北革命历史纪念馆　藏

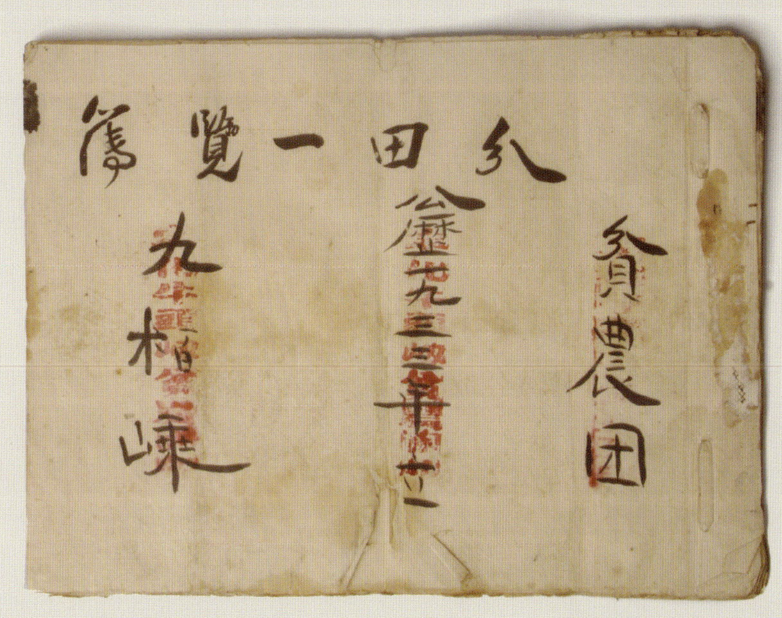

宁化县牛头嵊贫农团的《九柏嵊分田一览簿》

1933 年　纵 19.5 厘米　横 26.3 厘米

宁化县革命纪念馆　藏

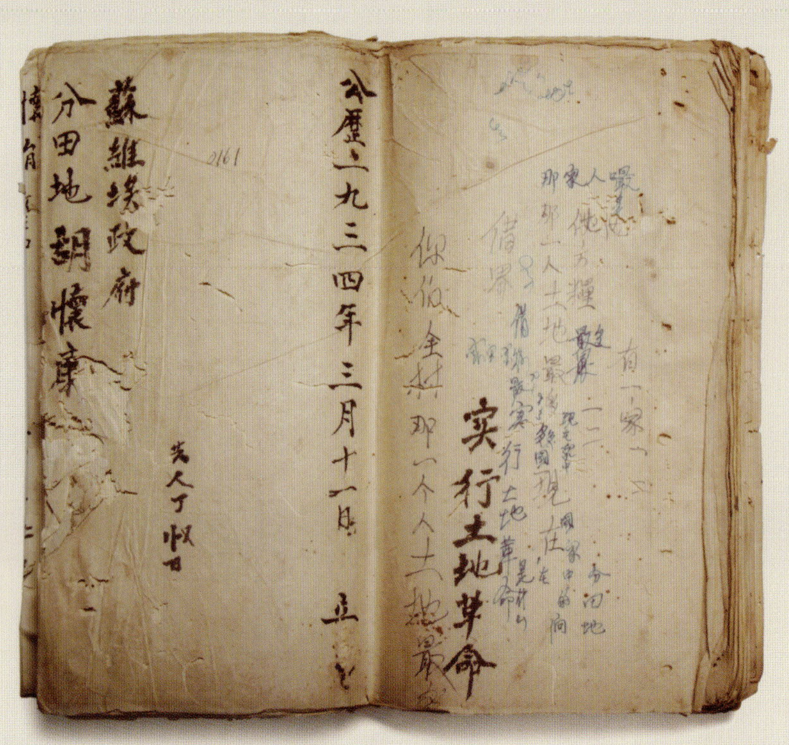

苏维埃政府分田地簿

1934 年 3 月 11 日　纵 28 厘米　横 31 厘米

连城县新泉整训纪念馆　藏

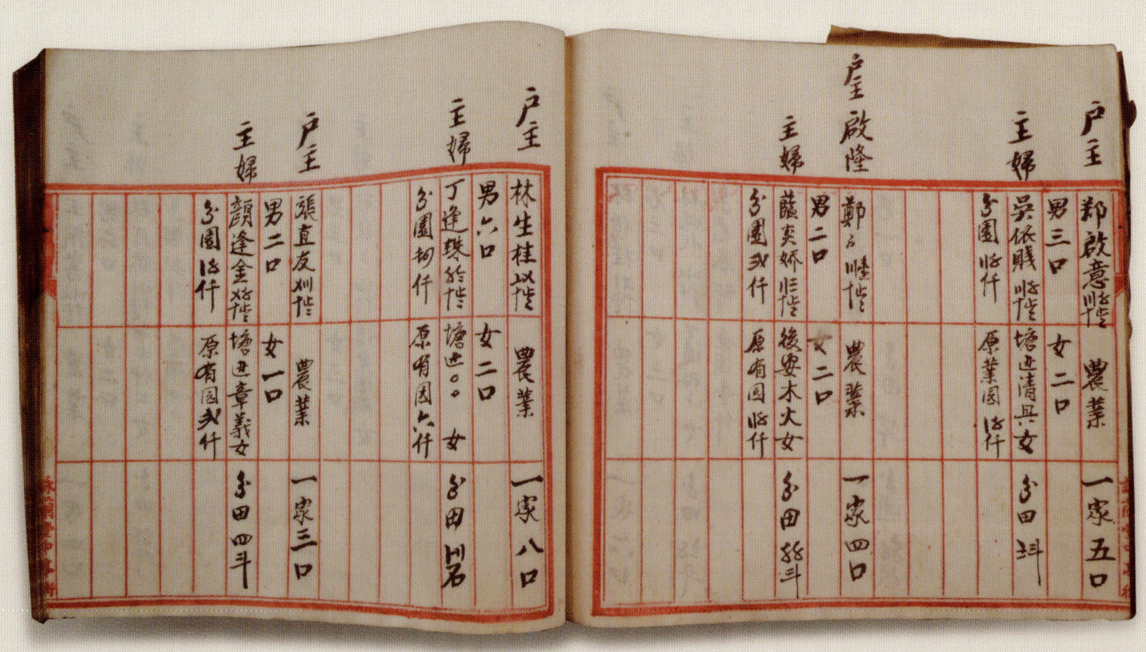

连江县塘边苏维埃政府《分田户籍簿》

1934 年　纵 22.5 厘米　横 25 厘米

福建博物院　藏

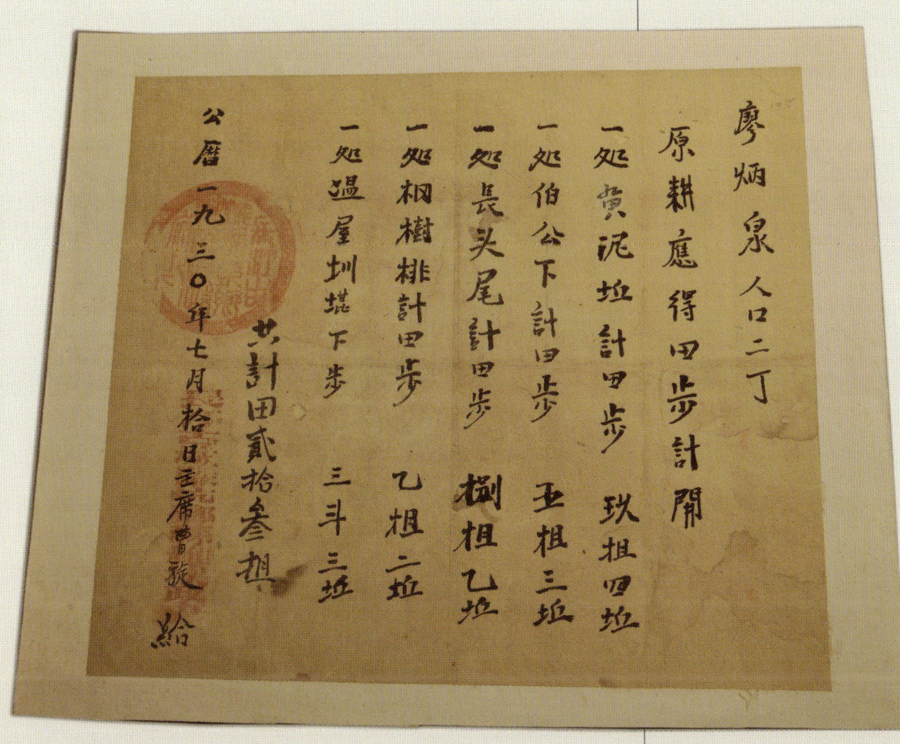

廖炳泉 人口二丁
原耕應得田步計開
一处黄泥垅計田步 玖担四垅
一处伯公下計田步 五担三垅
一处長头尾計田步 捌担乙垅
一处桐樹排計田步 乙担二垅
一处温屋圳塘下步 三斗三垅
共計田贰拾叁担
公曆一九三〇年七月拾日主席曾莪 給

长汀县古城区岩坑乡苏维埃出具给廖炳泉的分田字据
1930 年 7 月 10 日　纵 24.8 厘米　横 29 厘米
福建博物院　藏

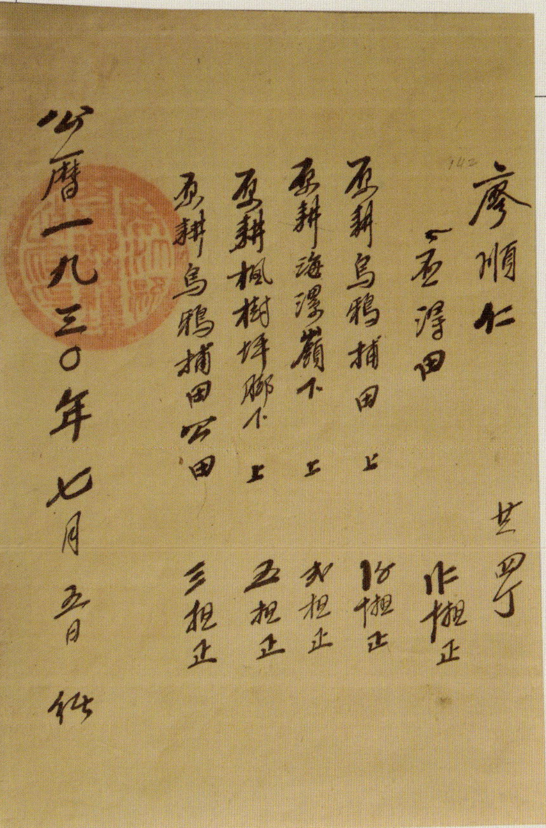

廖順仁
原耕乌鸦捕田 上
原耕海潭岭下 上
原耕枫树坪乡下 上
原耕乌鸦捕田公田
公曆一九三〇年七月五日 給

长汀县古城乡苏维埃政府出具给廖顺仁的分田字据
1930 年 7 月 5 日　纵 26.4 厘米　横 18 厘米
福建博物院　藏

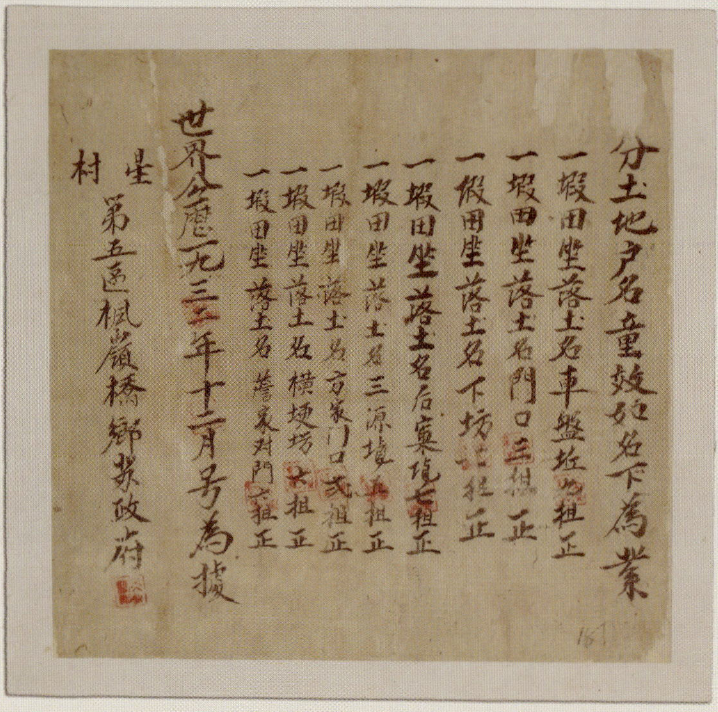
分土地户名童效如名下為業
一塅田坐落土名車盤坵 担正
一塅田坐落土名門口三担正
一塅田坐落土名下坊 担正
一塅田坐落土名后窠塩七担正
一塅田坐落土名三源塘五担正
一塅田坐落土名方家门口弍担正
一塅田坐落土名横埂坊 担正
一塅田坐落土名詹家对門 担正
世界公曆一九三二年十二月 号為據
星村第五區楓嶺橋鄉蘇政府

崇安星村第五区枫岭桥乡苏维埃政府出具给童效如的分地字据
1932 年 12 月　纵 24.3 厘米　横 25.3 厘米
福建博物院　藏

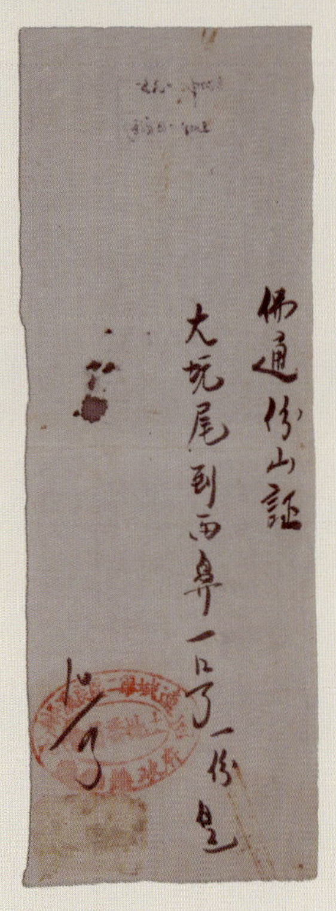
佛通分山証

连城第二区良溪乡苏维埃政府土地委员会出具给佛通的分山证
土地革命战争时期　纵 25 厘米　横 8.7 厘米
古田会议纪念馆　藏

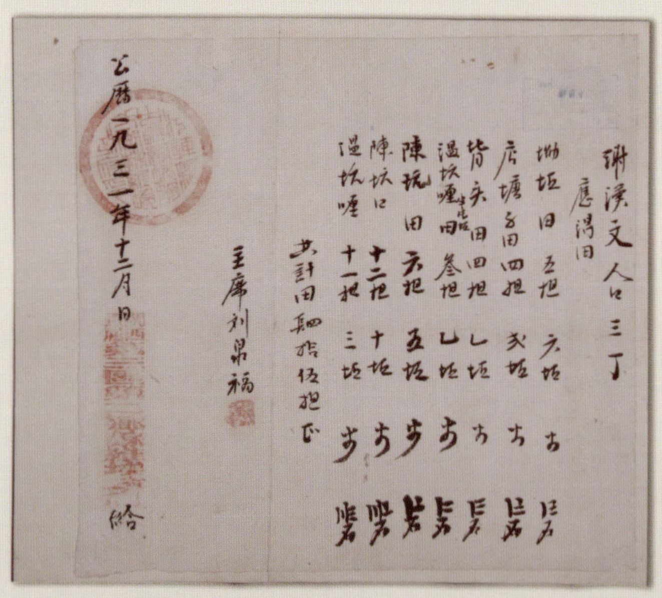
人口三丁
主席
公曆一九三一年十二月 日 給

闽西直属第三区第二乡苏维埃政府出具给谢汉文的分田字据
1931 年 12 月　纵 25.5 厘米　横 27.5 厘米
古田会议纪念馆　藏

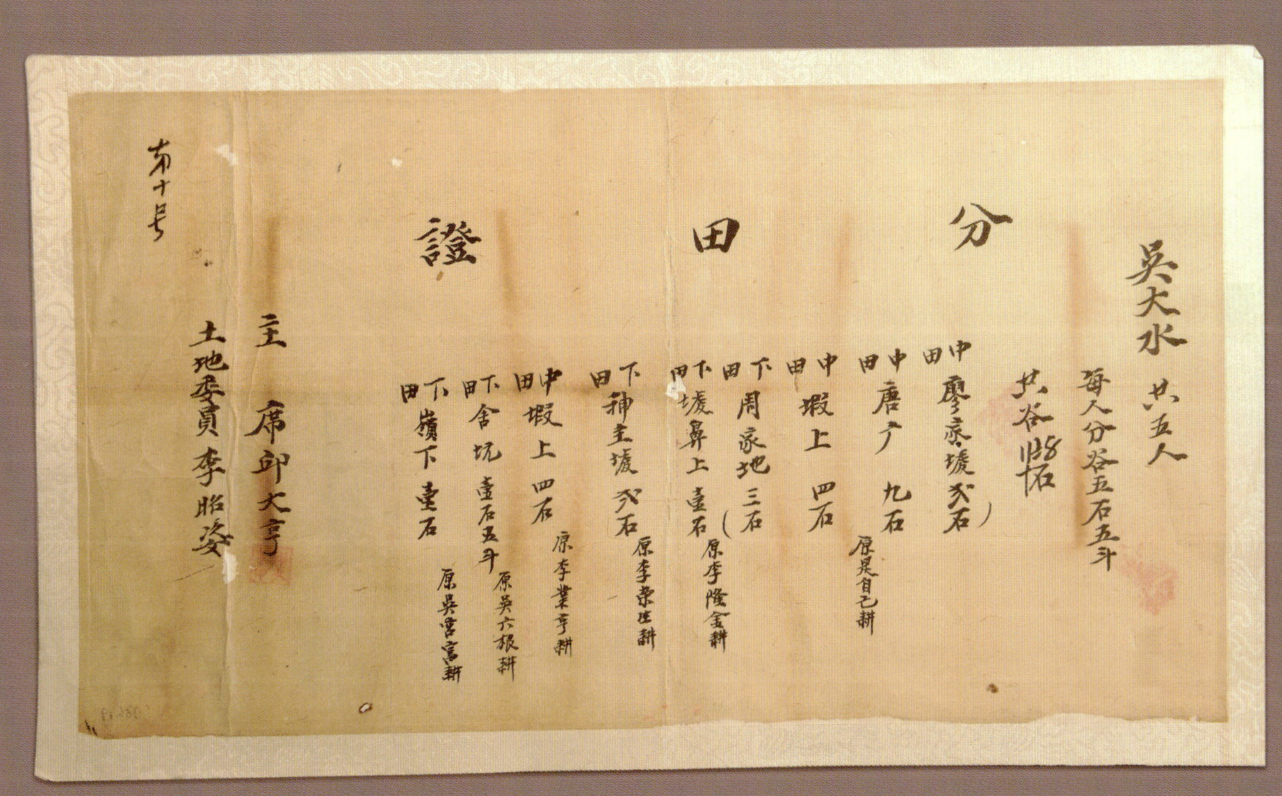
分田證

吴大水 共五人
每人分谷五石五斗
共谷[illegible]
中田 廖家墩 贰石
中田 唐广 九石 原吴自己耕
中田 墩上 四石
下田 周家地 三石
下田 墩鼻上 壹石 原李隆金耕
下田 神主墩 贰石 原李[illegible]耕
中田 墩上 四石 原李[illegible]耕
下田 舍坑 壹石五斗 原吴六根耕
下田 岭下 壹石 原吴[illegible]耕

主席 [illegible]
土地委员 李[illegible]

第十号

泰宁县苏维埃政府□□□土地委员会出具给吴大水的分田证

1933 年　纵 19.5 厘米　横 36 厘米

福建博物院　藏

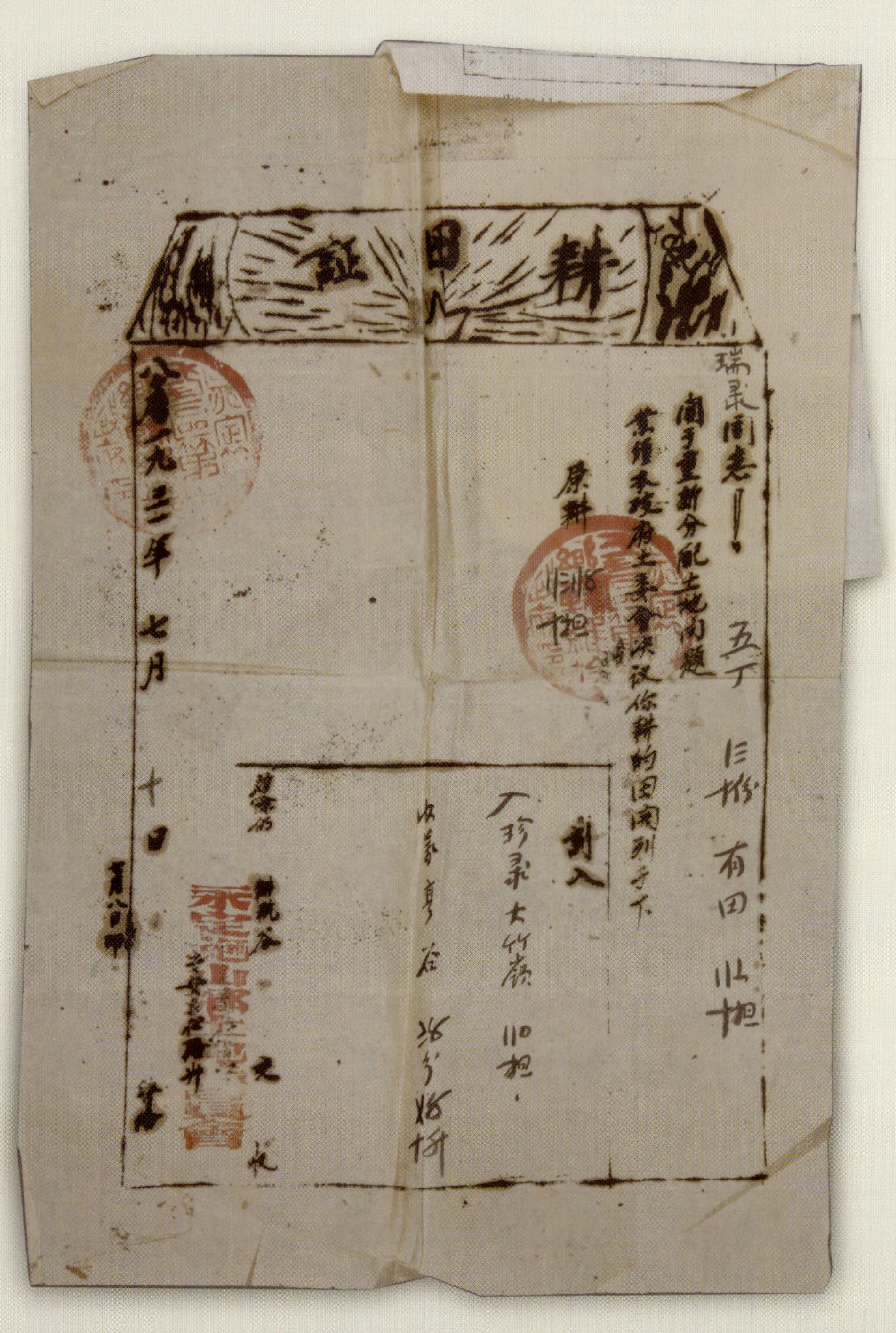

耕田証

瑞录同志！
关于重新分配土地问题
业经本政府土地委员会决议你耕的田开列于下

原耕

割入
丁珍录大竹岭

公历一九三一年七月十日

永定县袍山乡苏维埃政府土地委员会出具给瑞录的耕田证

1931 年 7 月 10 日　纵 32.3 厘米　横 22.4 厘米

古田会议纪念馆　藏

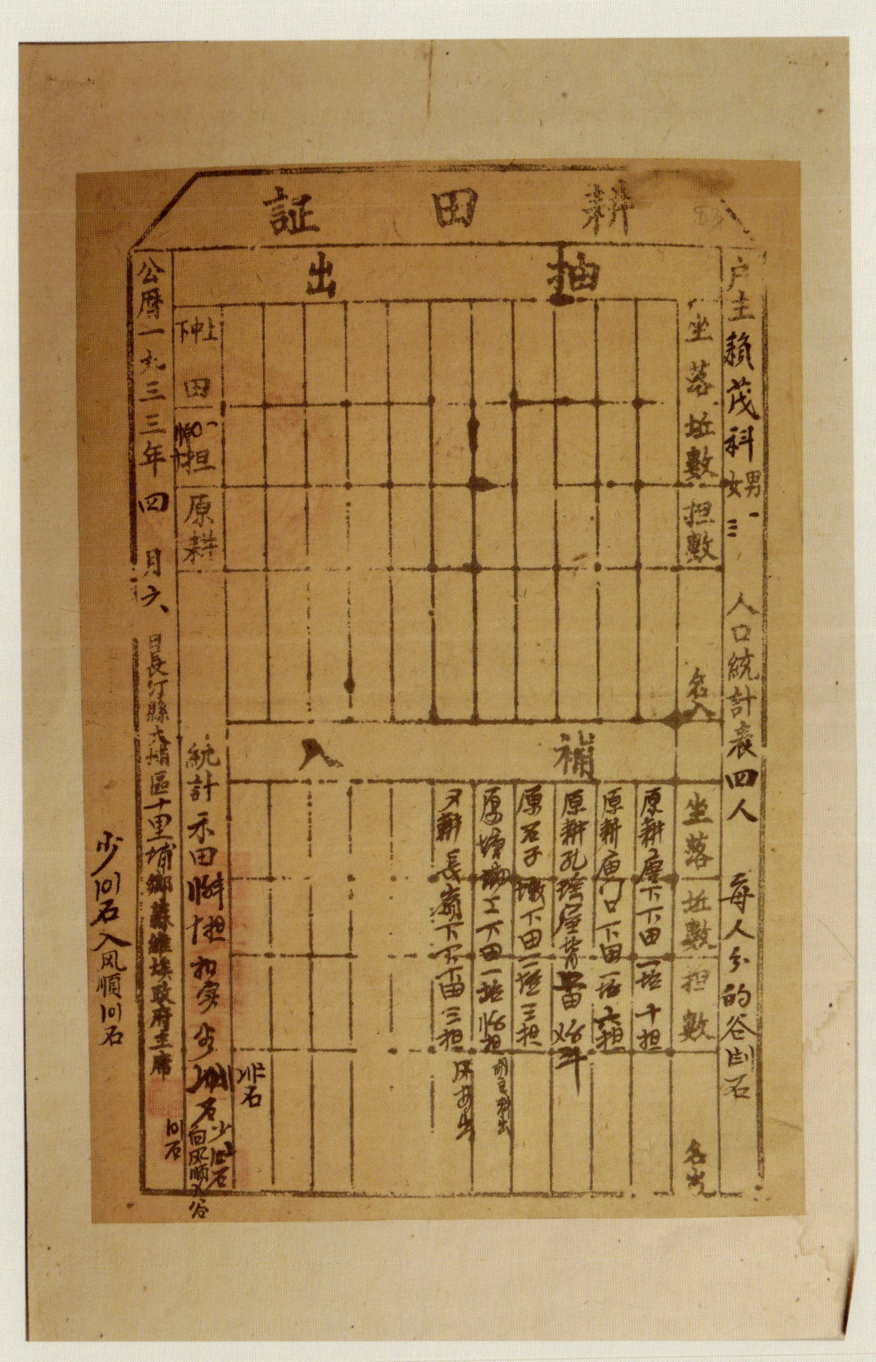

耕田証

户主 賴茂科 男一 女三

人口統計表 四人 每人分的谷

抽出

坐落 坵數 担數

補入

坐落 坵數 担數

原耕廖下下田一坵十担

又耕長嶺下下田三坵三担

統計禾田

公曆一九三三年四月六日 長汀縣大埔區十里埔鄉蘇維埃政府主席

长汀县大埔区十里埔乡苏维埃政府出具给赖茂科的耕田证

1933 年 4 月 6 日　纵 33 厘米　横 23.3 厘米

福建博物院　藏

苏维埃政府重视建立和发展苏区的工业生产。由于处在激烈的军事斗争环境，军需品十分紧缺，因此苏区的工业首先是创办发展军事工业。同时，苏维埃政府还积极创办和发展公营的民用工业。先后在各地没收由军阀官僚经营的工厂，并在此基础上，逐步建立了一批小规模的公营企业。另外，还有一些私人集资的个体手工业生产合作社。

闽东独立师周宁兵工厂使用的铁钳
土地革命战争时期　长 24 厘米
闽东革命纪念馆　藏

闽粤赣特区兵工厂制造的刺刀
1931 年　通长 23.5 厘米
龙岩市永定区博物馆　藏

闽粤赣特区兵工厂制造的梭标
1931 年　通长 25.7 厘米
龙岩市永定区博物馆　藏

1929 年冬，在长汀原国民党创办的被服厂的基础上建立红军被服厂，有职工 60 多人，以后逐渐发展为中央军委被服厂第二分厂，归红军总供给部领导。

红军被服厂的木尺子
土地革命战争时期　长 37 厘米　宽 2 厘米
长汀县博物馆　藏

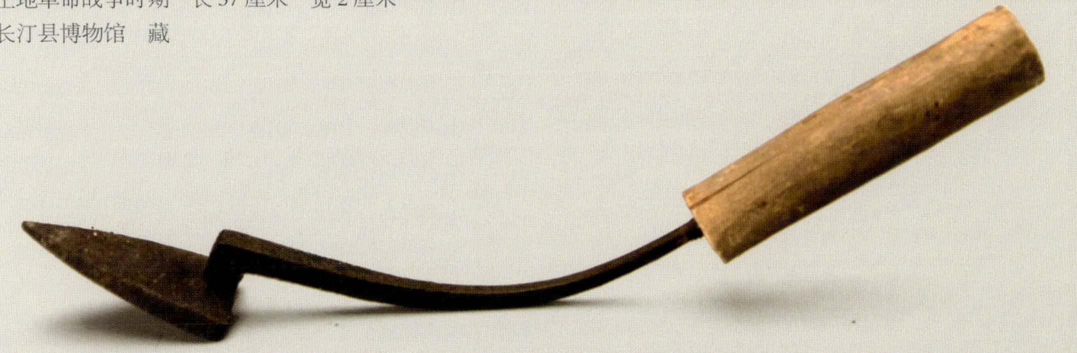

红军被服厂用过的烙铁
土地革命战争时期　通长 33.5 厘米
长汀县博物馆　藏

红军被服厂的布线袋
土地革命战争时期　通长 13 厘米　通宽 5.5 厘米
长汀县博物馆　藏

红军被服厂的剪刀
土地革命战争时期　通长 27 厘米　通宽 8 厘米
长汀县博物馆　藏

“中华苏维埃共和国国家企业工人工会第二被服厂委员会第三代表”菱形印
土地革命战争时期　印面对角线最长 8 厘米
福建博物院　藏

长汀红军被服总厂制“中国工农红军第三师第五旅”军旗

1932 年　纵 72 厘米　横 85 厘米

连城县博物馆　藏

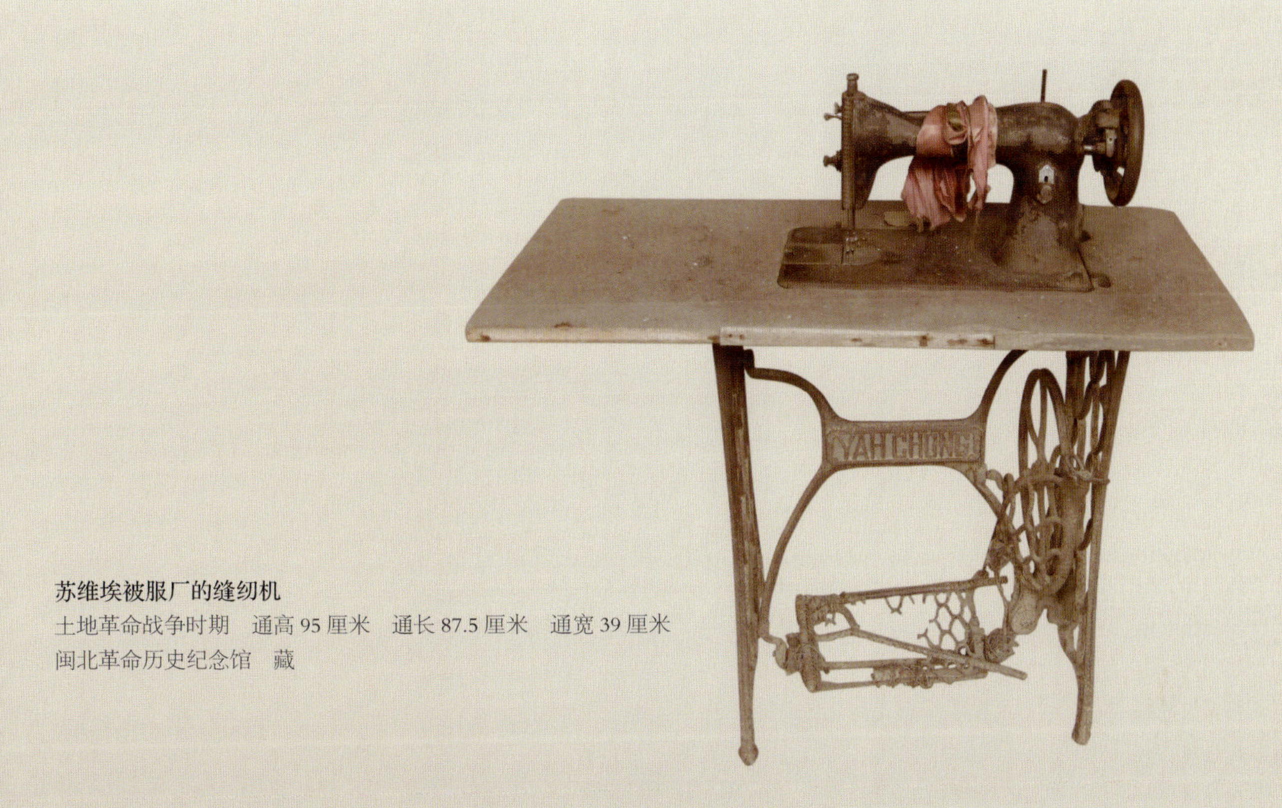

苏维埃被服厂的缝纫机
土地革命战争时期　通高 95 厘米　通长 87.5 厘米　通宽 39 厘米
闽北革命历史纪念馆　藏

苏维埃被服厂的熨斗
土地革命战争时期　长 19 厘米　高 19 厘米
闽北革命历史纪念馆　藏

中华织布厂的梭子
土地革命战争时期　通长 30 厘米　通宽 3.3 厘米
长汀县博物馆　藏

1930 年，长汀 9 家个体纺织厂合并设立中华织布厂，有职工 60 多人，织布机 40 多台，主要生产军用布匹。1931 年由长汀迁往瑞金沙洲坝。

红军斗笠厂使用的劈竹铁刀
土地革命战争时期　通长 17 厘米　宽 5 厘米
长汀县博物馆　藏

1932 年秋，红军军需部门将长汀斗笠工人组织起来，成立长汀斗笠厂，集体生产斗笠。

宁化城市手艺店员张文云的会员证
土地革命战争时期　长 6.8 厘米　宽 3.6 厘米
宁化县革命纪念馆　藏

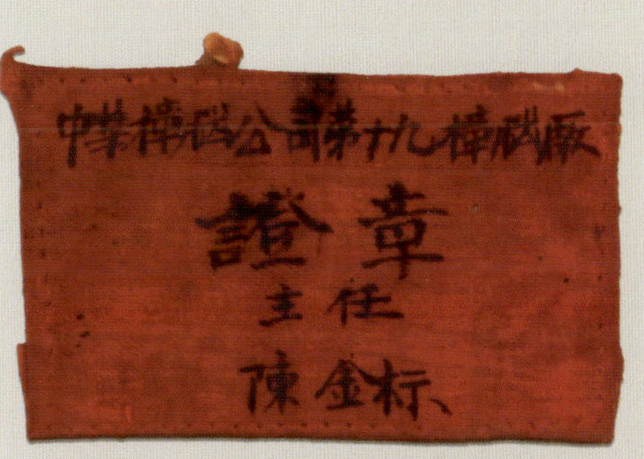

中华樟脑公司第十九樟脑厂主任陈金标的证章
土地革命战争时期　纵 4 厘米　横 6.8 厘米
长汀县博物馆　藏

“中华苏维埃运输管理局福建分局造船厂”长戳
土地革命战争时期　印面长 9.5 厘米　宽 2.1 厘米
长汀县博物馆　藏

“中华樟脑第十九厂”长戳
土地革命战争时期　印面长 7.4 厘米　宽 2 厘米
长汀县博物馆　藏

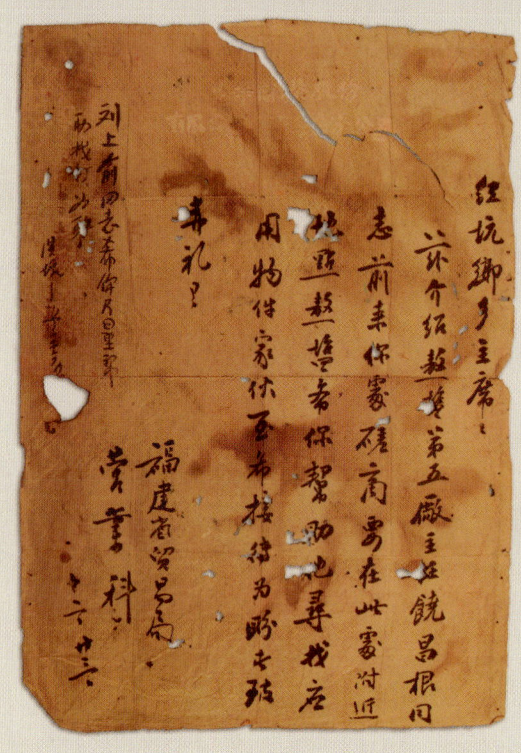

红坑乡主席：
兹介绍熬盐第五厂主任饶昌根同志前来你处磋商，要在此处附近找熬盐者，保帮助他寻找店用物件家伙，至希接洽为盼。此致
革礼！
福建省贸易局
营业科
十一 廿六

[illegible]

福建省贸易局营业科给红坑乡苏维埃政府主席的介绍信
土地革命战争时期　纵 30 厘米　横 22 厘米
长汀县博物馆　藏

闽北苏维埃铸印厂冲压银圆的石碓
土地革命战争时期　圆臼直径 54 厘米　高 34 厘米　长方石碓长 67.5 厘米　宽 38 厘米　高 37 厘米
闽北革命历史纪念馆　藏

“中华苏维埃运输管理局福建分局金山下检查处”椭圆印

土地革命战争时期　印面最长直径 3.8 厘米

长汀县博物馆　藏

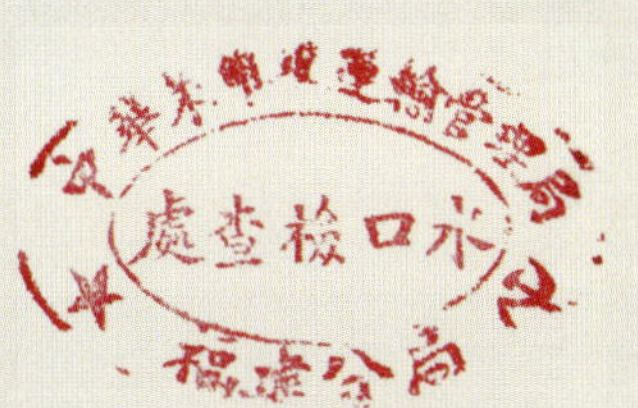

“中华苏维埃运输管理局福建分局水口检查处”椭圆印

土地革命战争时期　印面最长直径 3.5 厘米

长汀县博物馆　藏

“中华苏维埃运输管理局福建分局检查科”菱形印

土地革命战争时期　印面边长 3 厘米

长汀县博物馆　藏

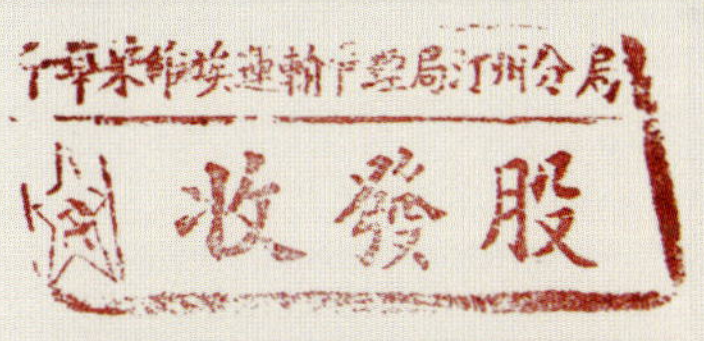

“中华运输管理局汀州分局收发股”长方印

土地革命战争时期　印面边长最长 5.5 厘米　最短 2.2 厘米

长汀县博物馆　藏

根据地商业主要有公营商业、合作社商业和私营商业。公营商业主要有对外贸易局和粮食调济局，合作社商业以消费合作社、粮食合作社为主，兼有购买合作社和贩卖合作社等。

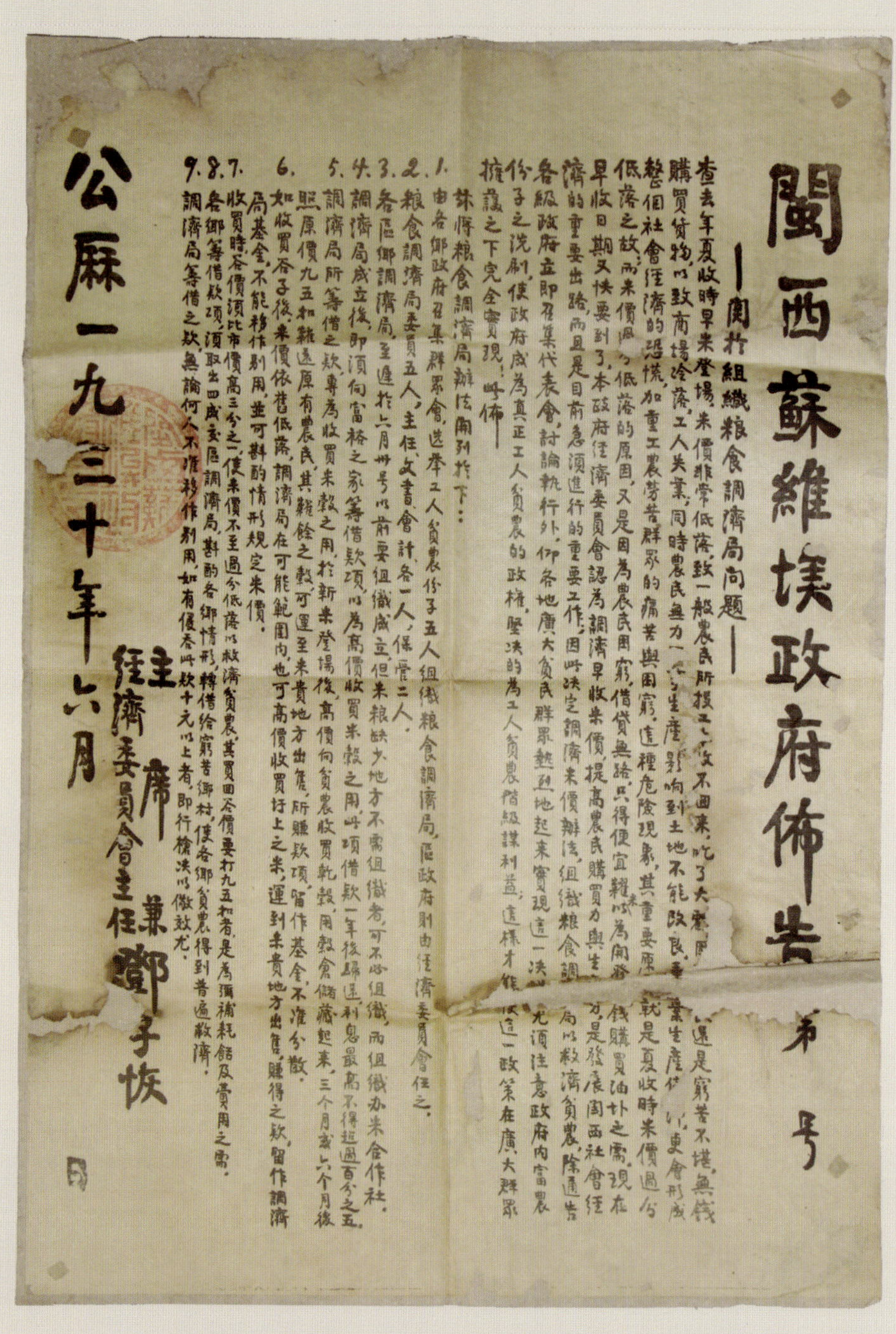

閩西蘇維埃政府佈告　第　号

—關於組織粮食調濟局問題—

查去年夏收時旱米登場，米價非常低落，致一般農民所投工本收不回來，吃了大虧，[illegible]還是窮苦不堪，無錢購買貨物，以致商場冷落，工人失業；同時農民無力[illegible]生產，影响到土地不能改良，農業生產[illegible]，更會形成整個社會經濟的恐慌，加重工農勞苦群眾的痛苦與困窮。這種危險現象，其重要原[illegible]就是夏收時米價過分低落之故。而米價所以低落的原因，又是因為農民困窮，借貸無路，只得便宜糶米，以為開[illegible]錢購買油[illegible]之需。現在早收日期又快要到了，本政府經濟委員會認為調濟早收米價，提高農民購買力與生[illegible]力，是發展閩西社會經濟的重要出路，而且是目前急須進行的重要工作，因此決定調濟米價辦法，組織粮食調[illegible]局以救濟貧農，除通告各級政府立即召集代表會，討論執行外，仰各地廣大貧民群眾熱烈地起來實現這一決[illegible]，尤須注意政府內富農份子之洗刷，使政府成為真正工人貧農的政權，堅決的為工人貧農階級謀利益，這樣才能[illegible]這一政策在廣大群眾擁護之下完全實現！此佈

茲將粮食調濟局辦法開列於下：

1. 由各鄉政府召集群眾會，選舉工人貧農份子五人組織粮食調濟局，區政府則由經濟委員會任之。
2. 粮食調濟局委員五人，主任、文書、會計各一人，保管二人。
3. 各區鄉調濟局，至遲於六月卅号以前要組織成立，但米粮缺少地方不需組織者，可不必組織，而組織办米合作社。
4. 調濟局成立後，即須向富裕之家籌借款項，以為高價收買米穀之用，此項借款一年後歸還，利息最高不得超過百分之五。
5. 調濟局所籌借之款，專為收買米穀之用，於新米登場後，高價向貧農收買乾穀，用穀倉儲藏起來，三個月或六個月後照原價九五扣糶還原有農民，其糶餘之數，可運至米貴地方出售，所賺款項，留作基金，不准分散。
6. 如收買谷子後，米價依舊低落，調濟局在可能範圍內，也可高價收買好上之米，運到米貴地方出售，賺得之款，留作調濟局基金，不能移作別用，並可斟酌情形規定米價。
7. 收買時谷價須比市價高三分之一，使米價不至過分低落以救濟貧農，其買回谷價要打九五扣者，是為彌補耗蝕及費用之需。
8. 各鄉籌借款項，須取出四成交區調濟局，斟酌各鄉情形，轉借給窮苦鄉村，使各鄉貧農得到普遍救濟。
9. 調濟局籌借之款，無論何人不准移作別用，如有侵吞此款十元以上者，即行槍決以儆效尤。

主席兼經濟委員會主任　鄧子恢

公厤一九三十年六月

闽西苏维埃政府印发的《关于组织粮食调济局问题》布告

1930 年 6 月　纵 62.5 厘米　横 43.5 厘米

长汀县博物馆　藏

1930 年 6 月 1 日，为解决粮食生产“剪刀差”现象，平抑粮价，防止谷贱伤农，闽西苏维埃政府经济部决定组织粮食调济局。即由政府筹集第一批资金，在新谷上市时以高于市场 1/3 的价格收购，等谷价上涨时，再把这些谷子按原价 95% 折粜还原主，以救济贫农。建立粮食调济局是闽西苏区的一个创造，得到了中央的重视和肯定。1933 年 2 月 26 日，中华苏维埃共和国临时中央人民政府人民委员会第 36 次常会决定，在中央苏区普遍建立粮食调济局。

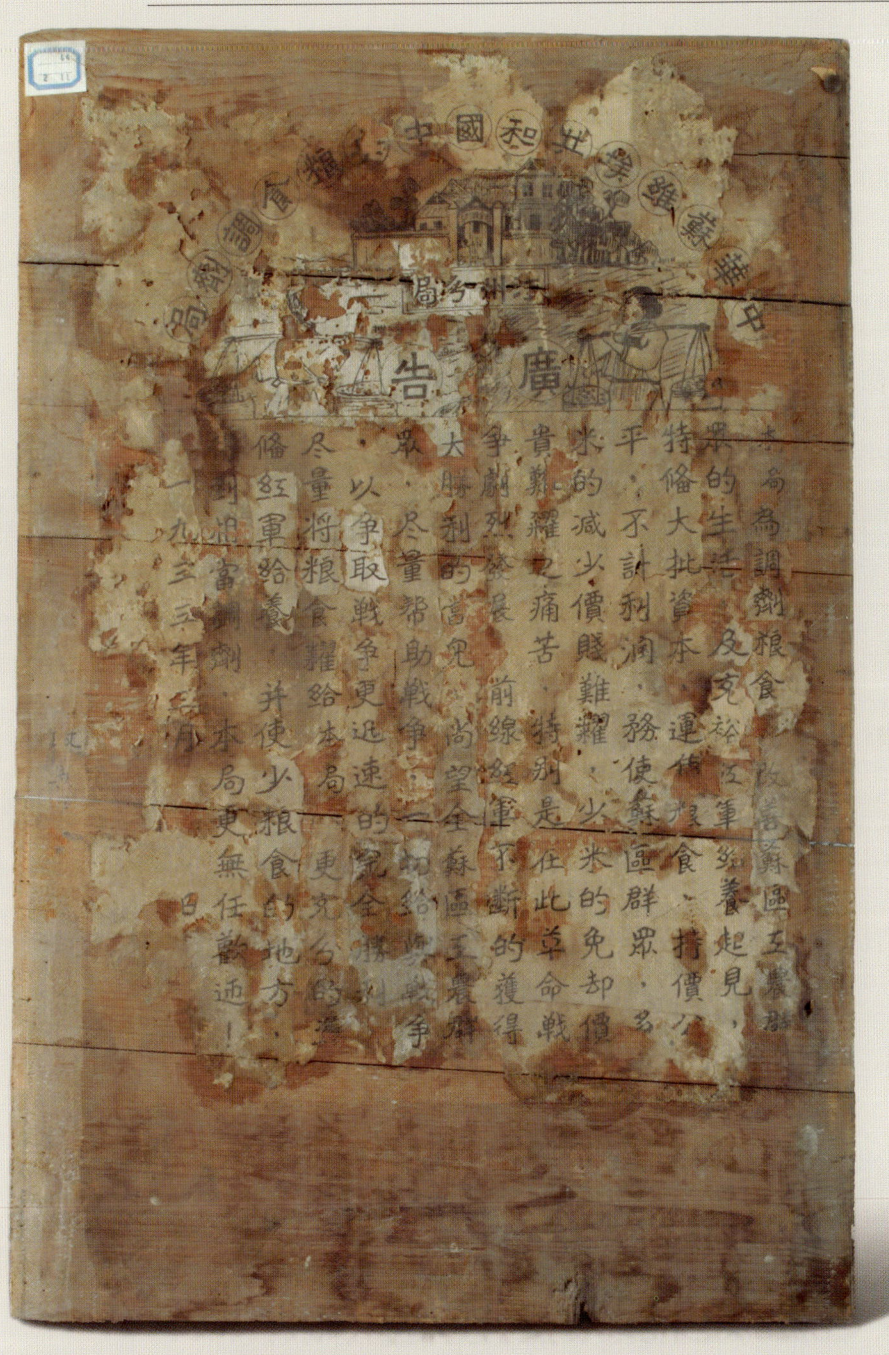

中华苏维埃共和国中央粮食调济局汀州分局广告

1933 年 3 月　纵 61 厘米　横 43 厘米

毛泽东才溪乡调查纪念馆　藏

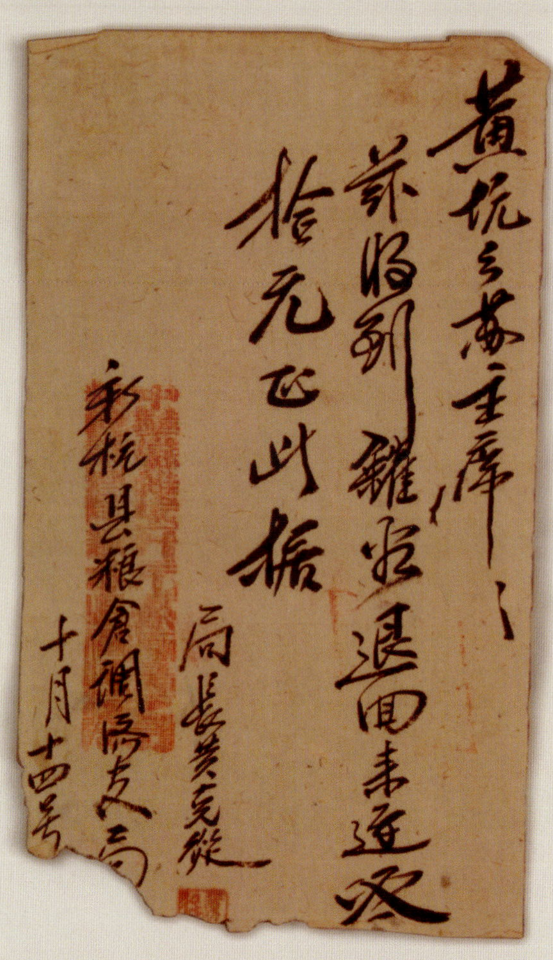
黄坑乡苏主席：
兹收到杂谷退回来洋
拾元正此据
局长黄克□发
新杭县粮食调济支局
十月十四号

新杭县粮食调济支局出具给黄坑乡苏维埃政府主席的粜谷退款收据
1934 年　纵 19.3 厘米　横 11.5 厘米
上杭县博物馆　藏

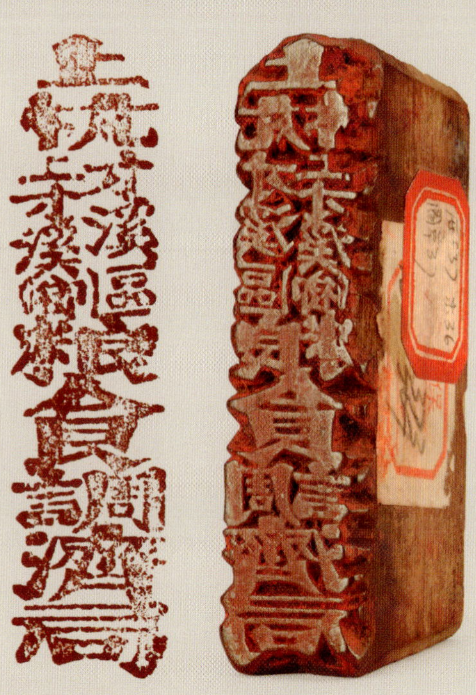

“上杭才溪区上才溪乡粮食调济局”长戳
土地革命战争时期　印面长 7 厘米　宽 1.8 厘米
福建博物院　藏

“崇安县下梅区粮食调济局”圆印
土地革命战争时期　印面直径 3.7 厘米
福建博物院　藏

苏维埃政府粮食调济局使用的米升
土地革命战争时期　高 11 厘米　直径 11.5 厘米
长汀县博物馆　藏

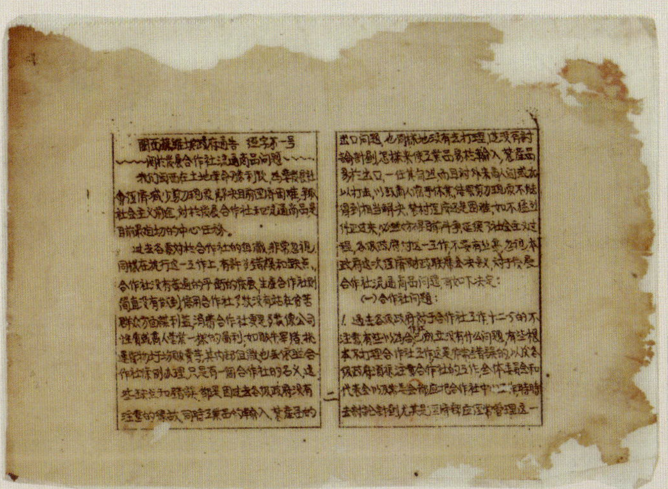
闽西苏维埃政府通告 经字第一号
——关于发展合作社流通商品问题——

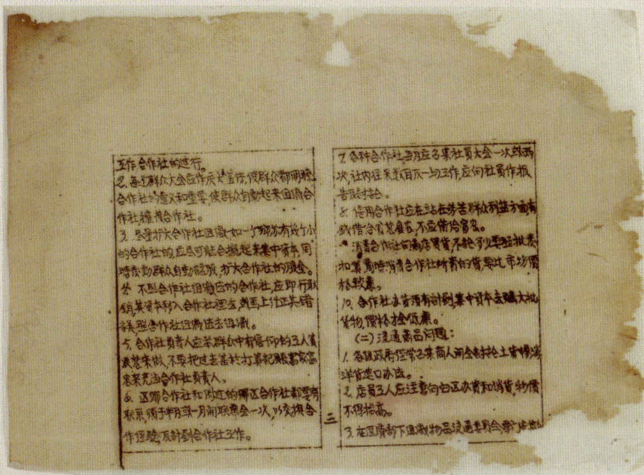

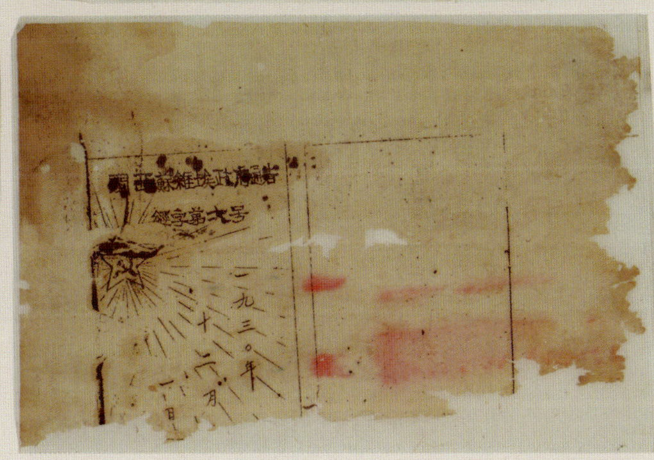
闽西苏维埃政府通告
经字第一号
一九三〇年十二月一日

闽西苏维埃政府印发的《关于发展合作社流通商品问题》通告（经字第一号）
1930 年 12 月 1 日　纵 31 厘米　横 20 厘米
福建博物院　藏

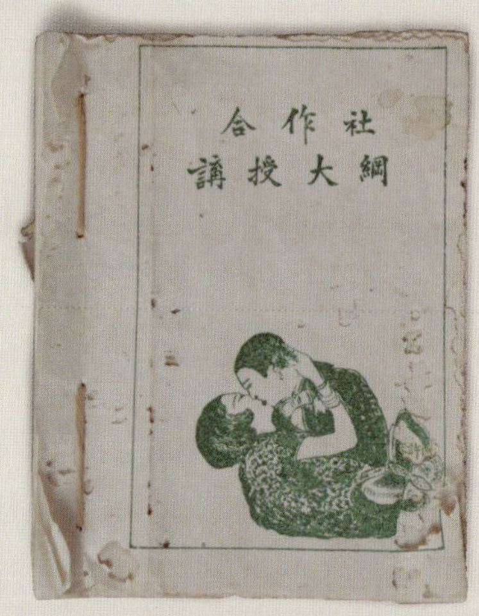

上杭苏维埃政府印发的《合作社讲授大纲》
1930 年　纵 13.5 厘米　横 7 厘米
上杭县博物馆　藏

杭武七区十二乡消费合作社账簿
1932 年 2 月 11 日　纵 12 厘米　横 25 厘米
上杭县博物馆　藏

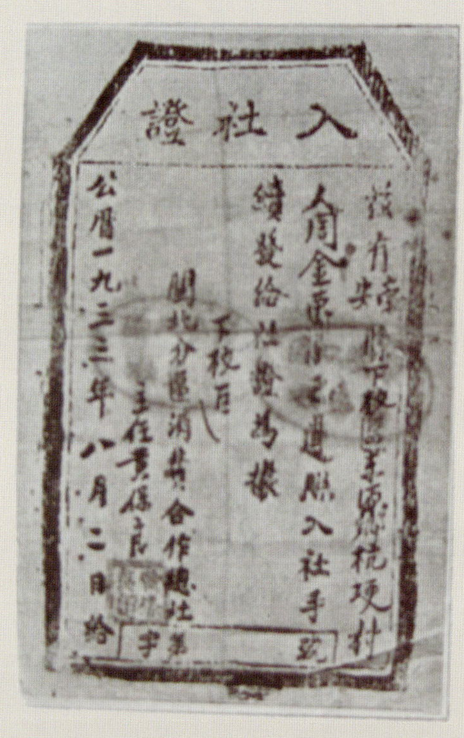

闽北分区消费合作总社颁发给周金荣的入社证
1933 年 8 月 2 日　纵 15 厘米　横 10 厘米
闽北革命历史纪念馆　藏

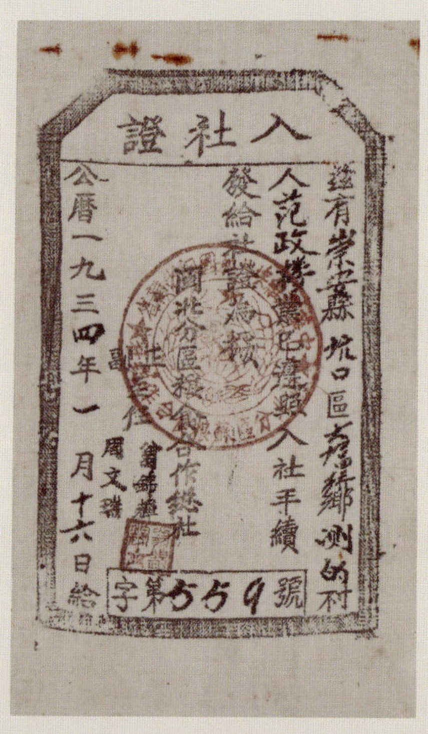

闽北分区粮食合作总社颁发给崇安县坑口区六垱桥乡范政楼的入社证
1934 年 1 月 16 日　纵 16 厘米　横 9.5 厘米
福建博物院　藏

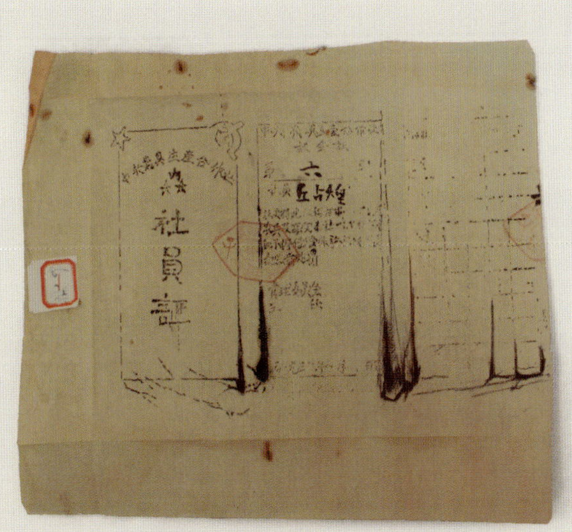

中央农具生产合作社颁发给丘占煌的社员证

土地革命战争时期　纵 14.2 厘米　横 13.6 厘米

毛泽东才溪乡调查纪念馆　藏

建宁城市工人粮食合作社颁发给马允成的社员证

1934 年 3 月 29 日　纵 11.5 厘米　横 11 厘米

建宁县中央苏区反“围剿”纪念馆　藏

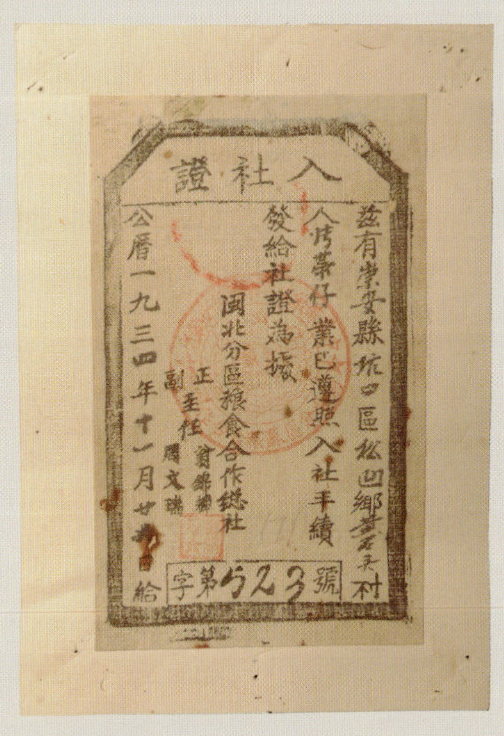

入社證

茲有崇安縣坑口區松凹鄉

人張帶仔業已遵照入社手續

發給社證為據

閩北分區粮食合作總社

公曆一九三四年十一月

閩浙赣省闽北分区粮食合作总社颁发给崇安县松凹乡张带仔的入社证

1934 年 11 月　纵 14.3 厘米　横 9 厘米

福建博物院　藏

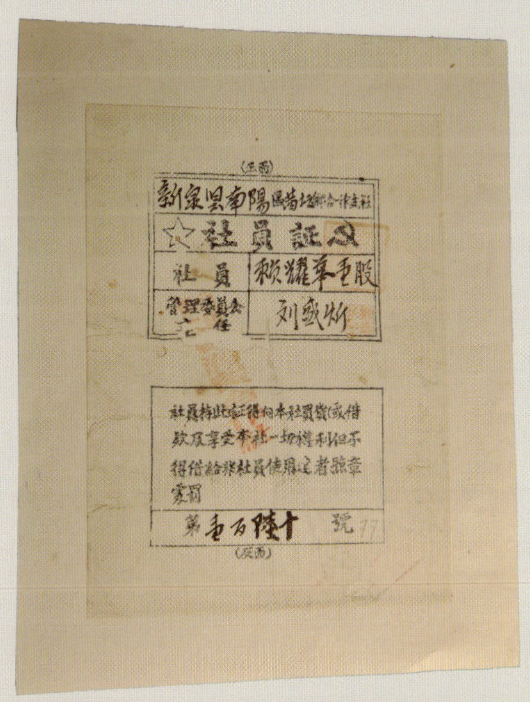

新泉縣南陽區苦坑鄉合作支社

社員證

社員　賴耀華　壹股

管理委員會主任

社員持此証得向本社買貨或借款及享受本社一切權利但不得借給非社員使用違者照章處罰

新泉县南阳区苦坑乡合作支社颁发给赖耀华的社员证

土地革命战争时期　纵 19.3 厘米　横 14.5 厘米

福建博物院　藏

“长汀县四都区荣坑乡消费合作社”长戳
土地革命战争时期
印面长 8.5 厘米　宽 2 厘米
长汀县博物馆　藏

“长汀县大埔区七里桥乡生产合作社”长戳
土地革命战争时期　印面长 8 厘米　宽 1.6 厘米
长汀县博物馆　藏

“汀东县童坊区胡岭乡合作社”长戳
土地革命战争时期
印面长 8.5 厘米　宽 1.8 厘米
长汀县博物馆　藏

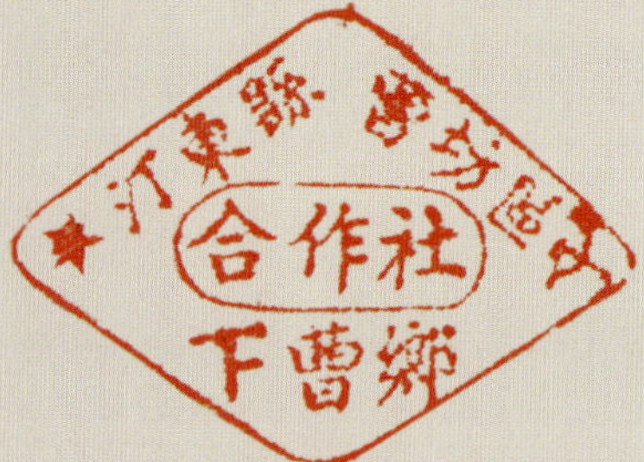

“汀东县曹坊区下曹乡合作社”菱形印
土地革命战争时期
印面最长直径 4.5 厘米
福建博物院　藏

“汀东县曹坊区下曹乡屠宰合作社”长戳
土地革命战争时期
印面长 8 厘米　宽 1.8 厘米
福建博物院　藏

根据地苏维埃政府在清除高利贷、伪币和劣币的同时，创办信用合作社和工农银行，发行新货币，制定合理的税收制度，统一财政，推动苏区财政经济发展。

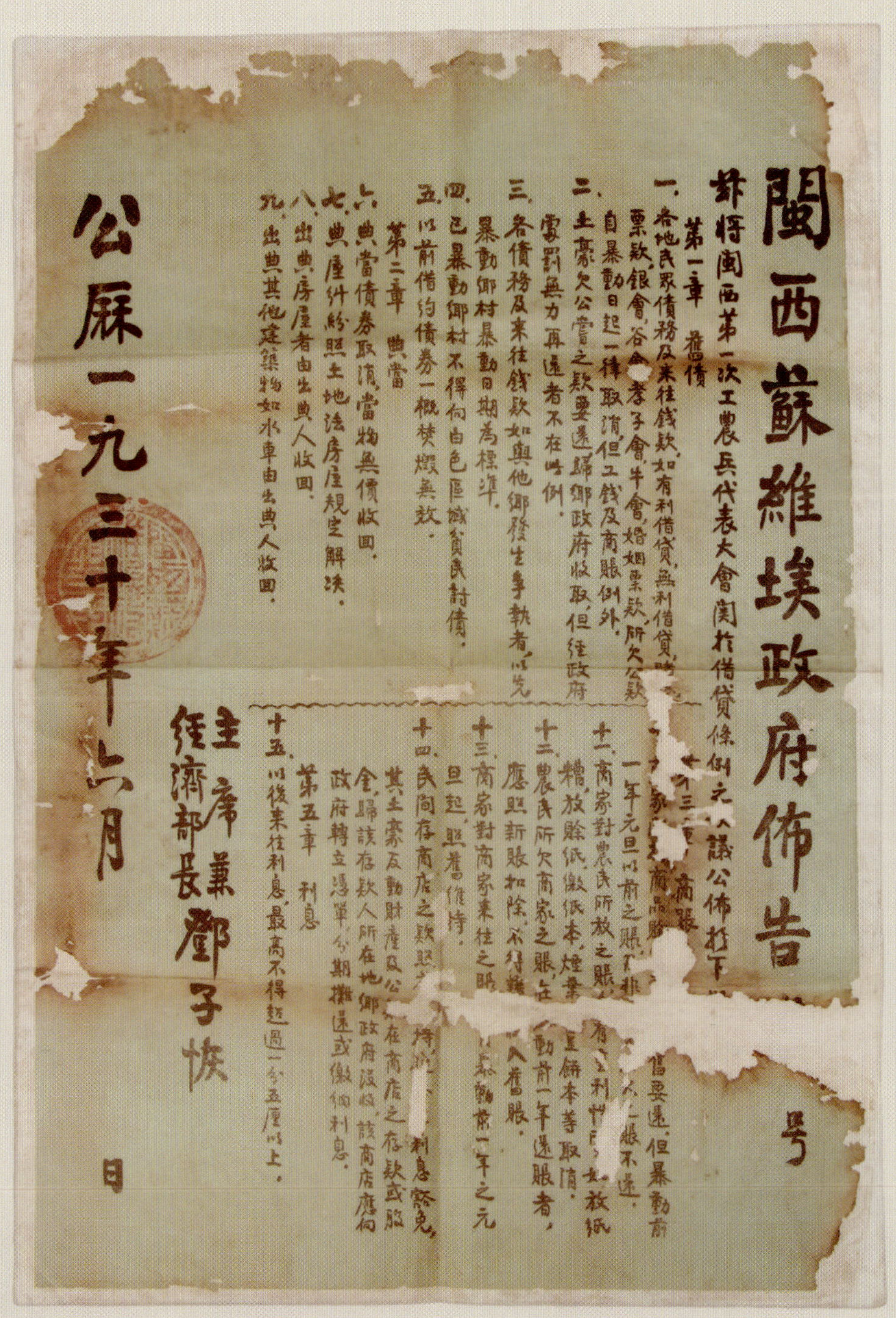
閩西蘇維埃政府佈告　號

茲將閩西第一次工農兵代表大會關於借貸條例之決議公佈於下

第一章　舊債

一、各地民眾債務及來往錢款，如有利借貸，無利借貸，[illegible]票款，銀會，谷會，孝子會，牛會，婚姻票款，所欠公款，自暴動日起一律取消，但工錢及商賬例外。

二、土豪欠公會之款，要還歸鄉政府收取，但經政府審判無力再還者不在此例。

三、各債務及來往錢款，如與他鄉發生爭執者，以先暴動鄉村暴動日期為標準。

四、已暴動鄉村不得向白色區域貧民討債。

五、以前借約債券一概焚燬無效。

第二章　典當

六、典當債券取消，當物無價收回。

七、典屋糾紛照土地法房屋規定解決。

八、出典房屋者由出典人收回。

九、出典其他建築物如水車由出典人收回。

[illegible]三[illegible]　商賬

十、[illegible]家[illegible]商品賬[illegible]借要還，但暴動前一年元旦以前之賬，[illegible]非[illegible]之賬不還。

十一、商家對農民所放之賬，[illegible]有[illegible]利[illegible]如放紙槽，放賒紙，繳紙本，煙葉豆餅本等取消。

十二、農民所欠商家之賬，在[illegible]動前一年還賬者，應照新賬扣除，不得[illegible]入舊賬。

十三、商家對商家來往之賬，[illegible]暴動前一年之元旦起，照舊維持。

十四、民間存商店之款，照[illegible]維持[illegible]利息豁免，其土豪反動財產及公[illegible]在商店之存款或股金，歸該存款人所在地鄉政府沒收，該商店應向政府轉立憑單，分期攤還或繳納利息。

第五章　利息

十五、以後來往利息，最高不得超過一分五厘以上。

主席兼經濟部長　鄧子恢

公曆一九三十年六月　日

闽西苏维埃政府印发的《闽西第一次工农兵代表大会关于借贷条例之决议》布告

1930 年 6 月　纵 62.5 厘米　横 42.5 厘米

长汀县博物馆　藏

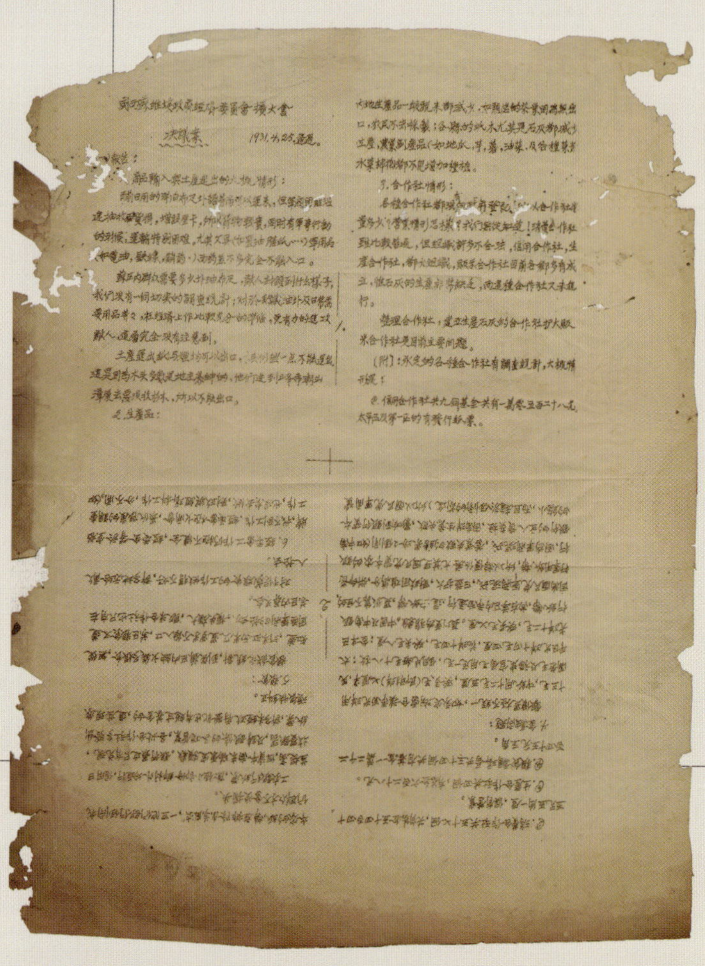

闽西苏维埃政府经济委员会扩大会通过的决议案
1931 年 4 月 25 日　纵 37.9 厘米　横 29.8 厘米
中央苏区（闽西）历史博物馆　藏

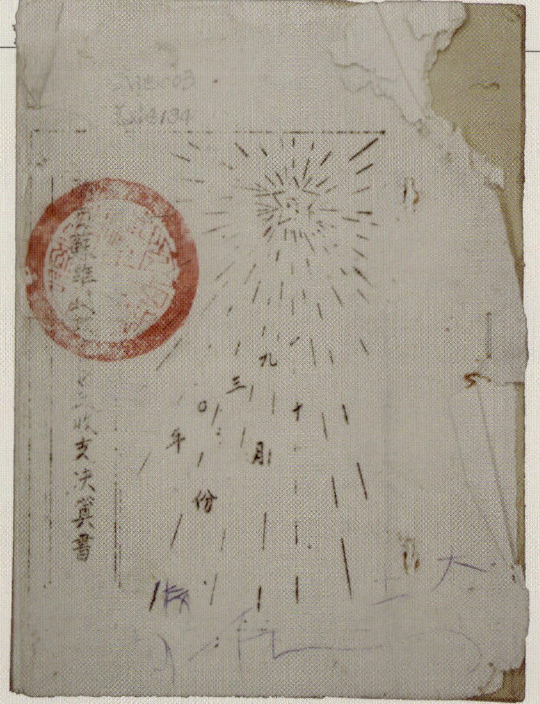

闽西苏维埃政府财政收支决算书
1930 年 10 月　纵 19 厘米　横 14 厘米
龙岩博物馆　藏

闽西苏维埃政府财政部印发的《闽西各县财政第一次联席会决议》
1931 年 6 月 13 日　纵 19.8 厘米　横 12.5 厘米
连城县新泉整训纪念馆　藏

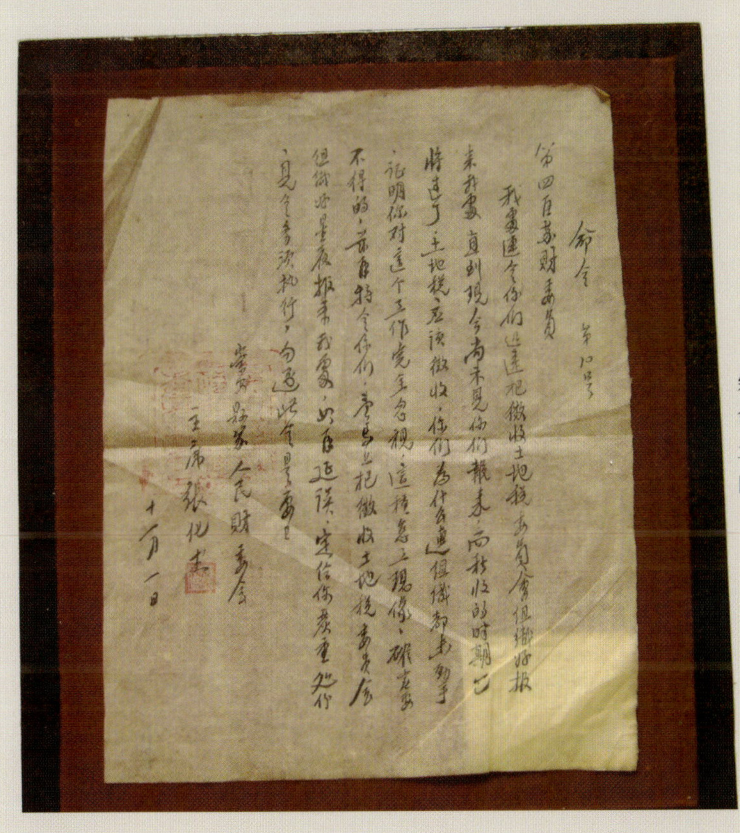

命令　第10号

第四区苏财委员

我处连令你们迅速把征收土地税委员会组织好报来我处，直到现今尚未见你们报来，而秋收的时期已将过了，土地税应该征收，你们为什么连组织都未动手，证明你对这个工作完全忽视，这种怠工现像，确实要不得的，本处特令你们，应马上把征收土地税委员会组织好呈报来我处，如有延误，定给你严重处分，见令务须执行，切遵此令是要！

崇安县苏人民财委会
主席　张化
十月一日

崇安县苏维埃政府人民财委会给第四区苏财委会的命令（第 10 号）
土地革命战争时期　纵 24 厘米　横 20 厘米
闽北革命历史纪念馆　藏

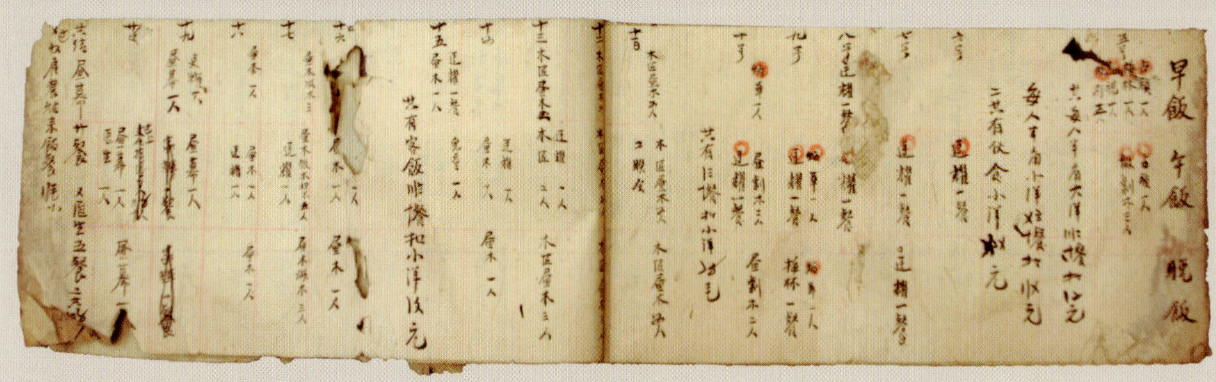

永定县第十区苏维埃政府客饭簿
1930 年 8 月　纵 15 厘米　横 31 厘米
龙岩博物馆　藏

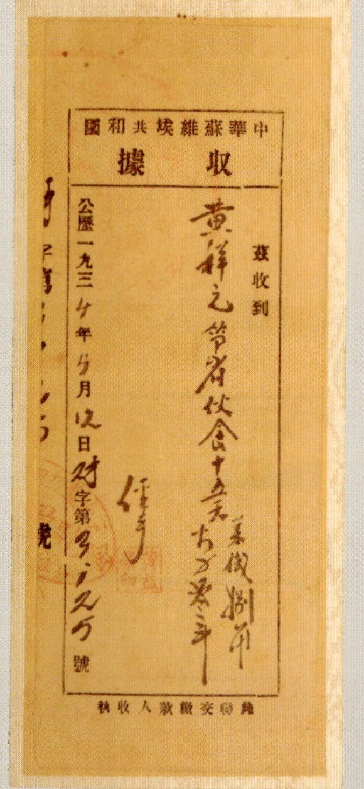

宁南曹坊□□□苏维埃政府出具给黄祥元上缴节省伙食费的收据
1934 年 5 月 12 日　纵 20 厘米　横 8.3 厘米
福建博物院　藏

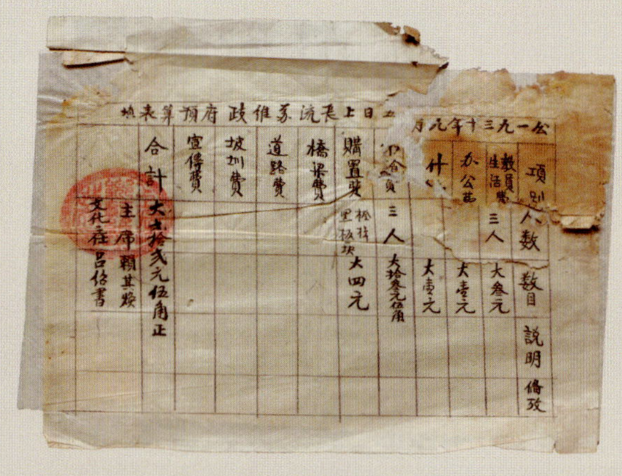

永定县上长流苏维埃政府预算表
1930 年 9 月 5 日　纵 22 厘米　横 25 厘米
龙岩市永定区博物馆　藏

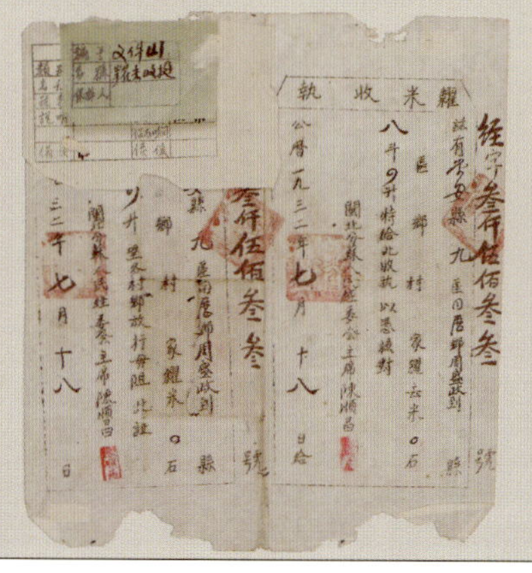

闽北分区苏人民经济委员会出具给崇安九区周盛政的粜米收执、存根二联单
1932 年 7 月 18 日
纵 27.3 厘米　横 25 厘米
福建博物院　藏

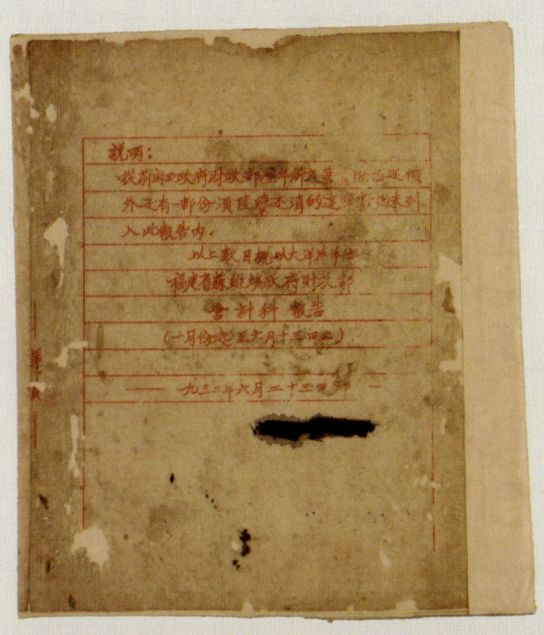
说明：

以上数目概以大洋为单位
福建省苏维埃政府财政部
会计科报告

一九三二年六月二十三日

福建省苏维埃政府财政部会计科报告
1932 年 6 月 23 日　纵 20 厘米　横 17.8 厘米
上杭县博物馆　藏

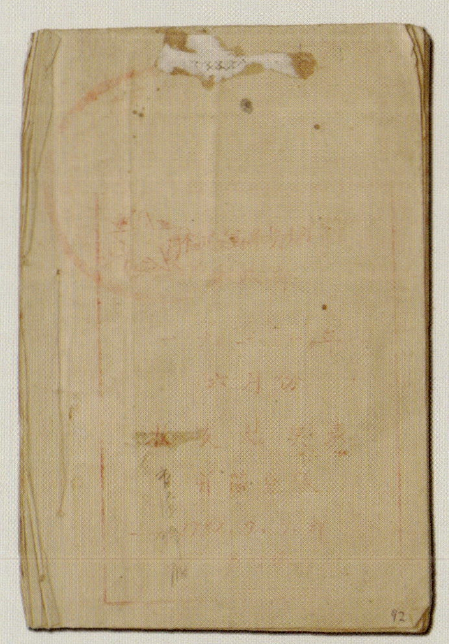

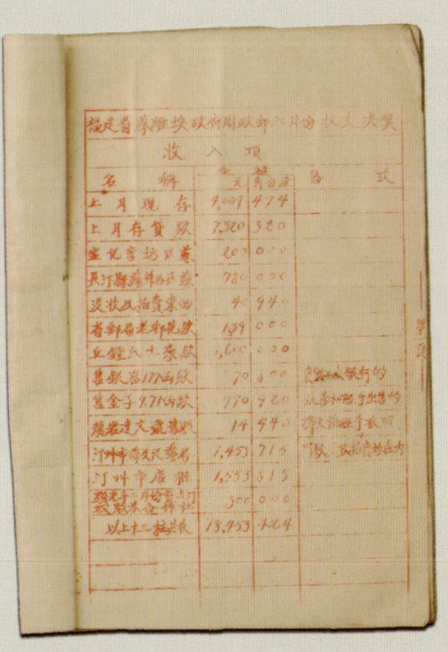
收入项

名称	金额	备考

福建省苏维埃政府财政部印制的《1932 年 6 月份收支结算并借贷账》
1932 年 7 月 7 日　纵 22 厘米　横 15.2 厘米
宁化县革命纪念馆　藏

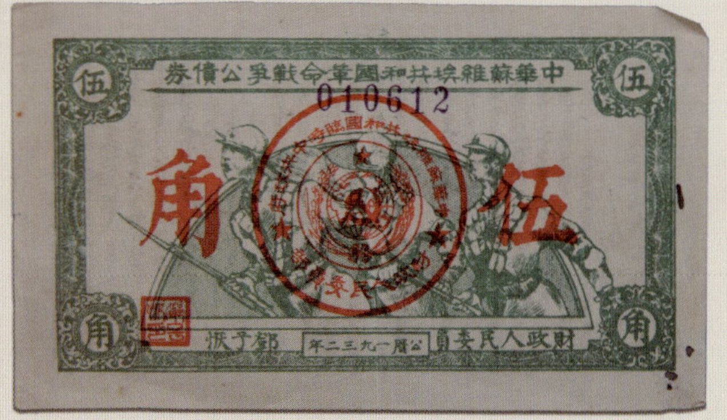

中华苏维埃共和国伍角革命战争公债券
1932 年　纵 6.9 厘米　横 12.1 厘米
古田会议纪念馆　藏

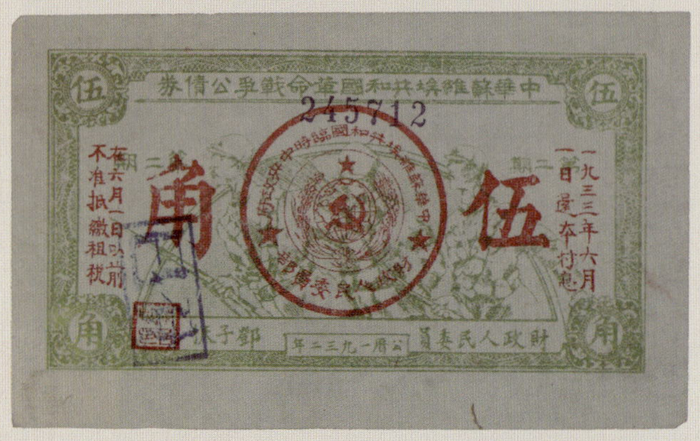

中华苏维埃共和国伍角革命战争公债券
1932 年　纵 7.2 厘米　横 12.5 厘米
福建博物院　藏

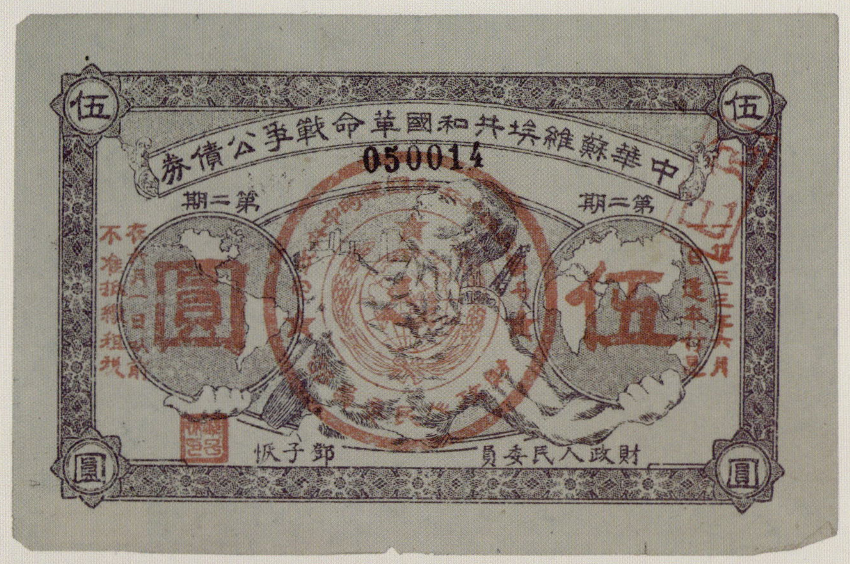

中华苏维埃共和国伍圆革命战争公债券（第二期）
1932 年　纵 10.3 厘米　横 16 厘米
福建博物院　藏

为充裕战争经费，开展革命战争，保卫红色政权，中华苏维埃共和国先后于 1932 年 6 月和 1933 年 6 月两次发行了中华苏维埃共和国革命战争公债。债券面额分别为伍角、壹元、伍元三种。一期公债总额为 60 万元，二期公债总额为 120 万元，利率为周年一分。

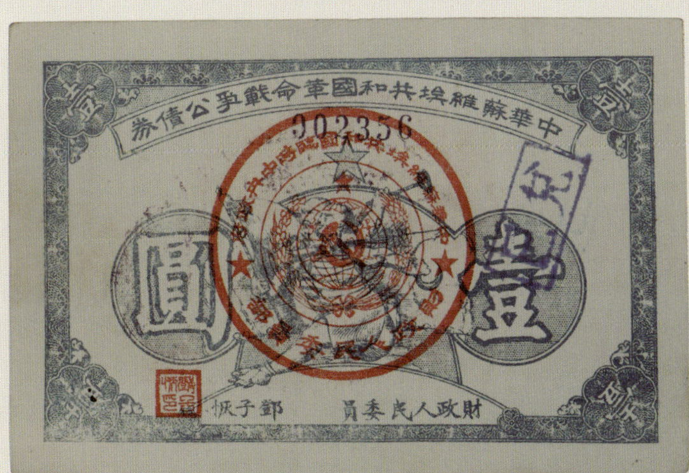

中华苏维埃共和国壹圆革命战争公债券

1932 年　纵 8.8 厘米　横 13 厘米

福建博物院　藏

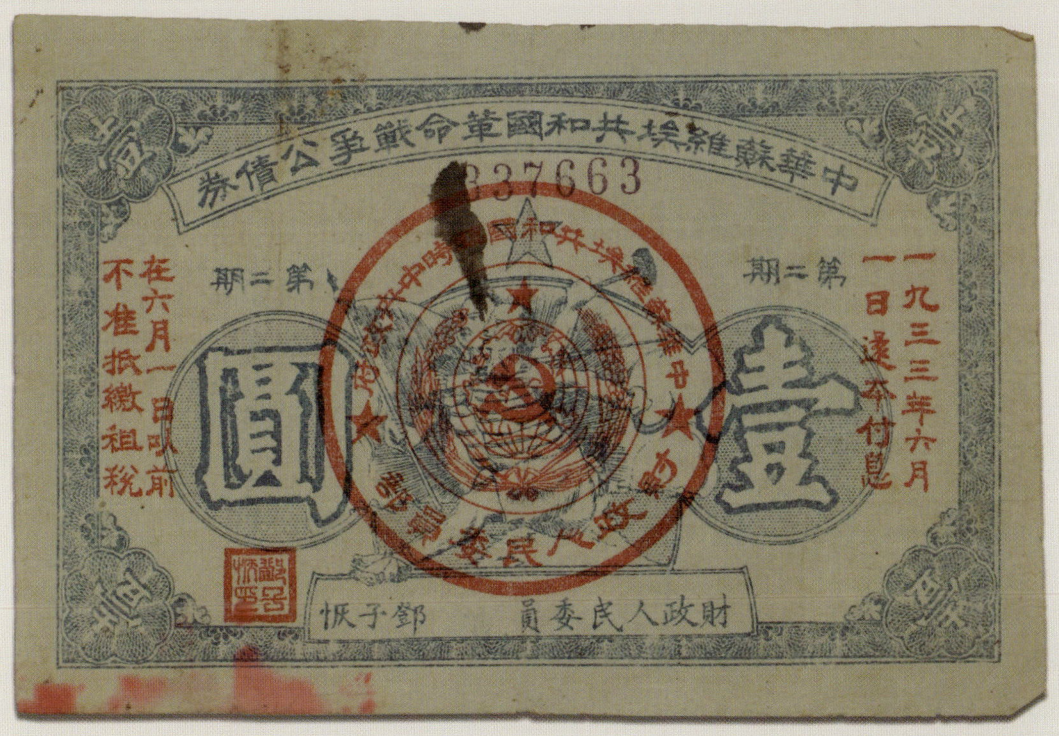

中华苏维埃共和国壹圆革命战争公债券（第二期）

1933 年　纵 8.4 厘米　横 12.6 厘米

古田会议纪念馆　藏

中华苏维埃共和国贰圆经济建设公债券
1933年　纵15厘米　横13厘米
福建博物院　藏

中华苏维埃共和国伍角经济建设公债券
1933年　纵12.5厘米　横11厘米
福建博物院　藏

为打破国民党对苏区的经济封锁和军事"围剿"，发展苏区经济。1933年9月，中央人民政府发行了中华苏维埃共和国经济建设公债。债券由债票和息票组成，面额有伍角、壹元、贰元、叁元和伍元5种。发行总额30万元，周年利率5厘。

中华苏维埃共和国伍圆经济建设公债券
1933年　纵17.5厘米　横15厘米
福建博物院　藏

中华苏维埃共和国壹圆经济建设公债券
1933 年　纵 17.5 厘米　横 15 厘米
福建博物院　藏

中华苏维埃共和国叁圆经济建设公债券
1933 年　纵 15.8 厘米　横 14.6 厘米
古田会议纪念馆　藏

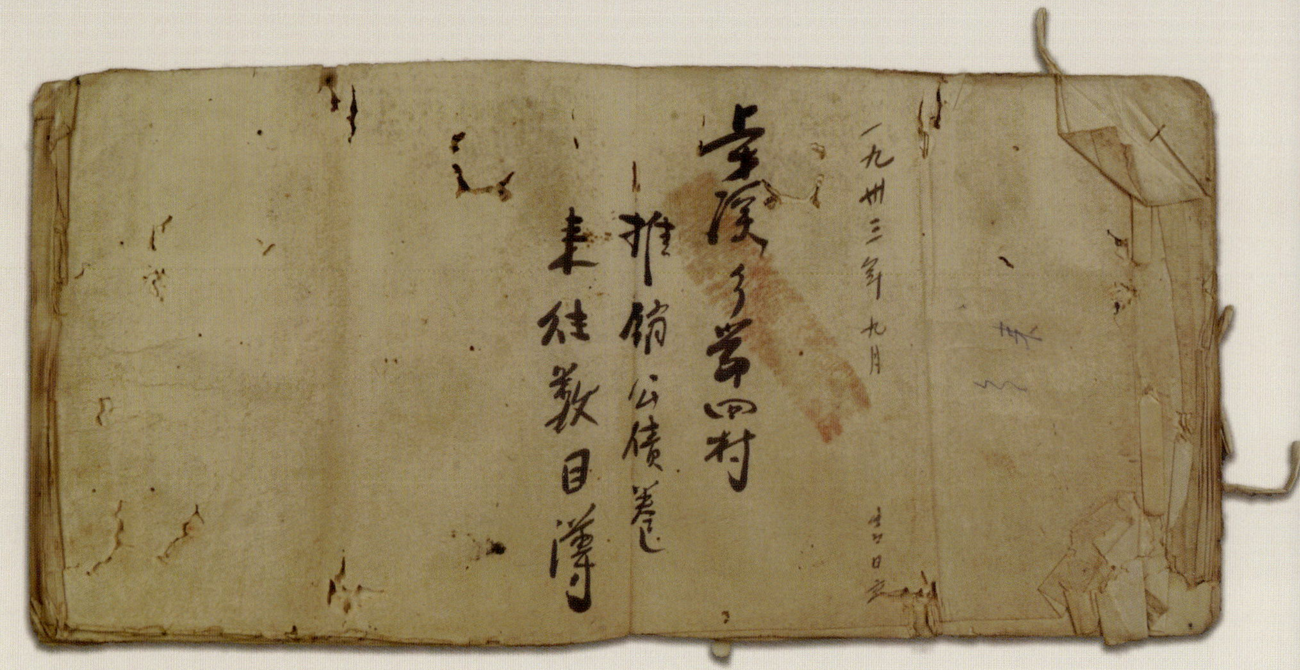

上才溪乡第四村《推销公债卷（券）来往数目簿》
1933 年 9 月　纵 15.5 厘米　横 34 厘米
福建博物院　藏

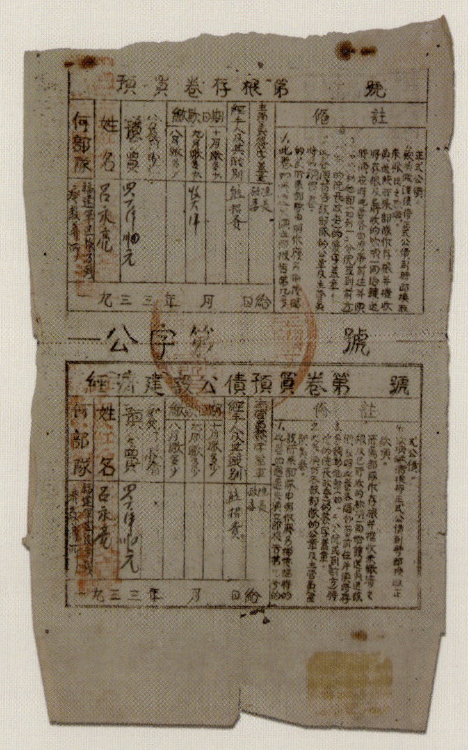
預買卷存根第　　號

何部隊	姓名	認買	繳款日期			經手人及其級別		備註
福建軍區後方殘廢教養所	呂永亮	買公債幾多	八月繳多少	九月繳多少	十月繳多少			
		四元		收清		杜福貴		

一九三三年　月　日給

一公字第　　號

經濟建設公債預買卷第　　號

何部隊	姓名	認買	繳款日期			經手人及其級別		備註
福建軍區後方殘廢教養所	呂永亮	買公債幾多	八月繳多少	九月繳多少	十月繳多少			
		四元				杜福貴		

一九三三年　月　日給

福建军区后方残废教养所吕永亮购买经济建设公债预买券、存根二联单
1933 年　纵 26.8 厘米　横 17.1 厘米
古田会议纪念馆　藏

汀州市职工联奖给卓贤的“全城工人公债票竞赛优胜第二”奖章
1933 年　对角线长 6 厘米
毛泽东才溪乡调查纪念馆　藏

中国人民解放军闽粤赣边纵队印发的贰佰伍拾斤军粮公债
1949 年　纵 9.6 厘米　横 4.5 厘米
福建博物院　藏

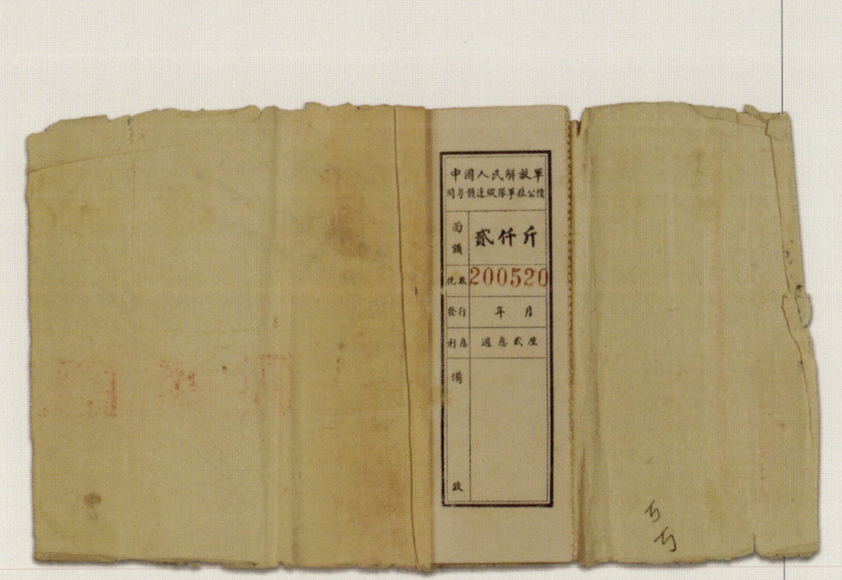

中国人民解放军闽粤赣边纵队印发的贰仟斤军粮公债券存根
1949 年　纵 11 厘米　横 5.5 厘米
福建博物院　藏

中国人民解放军闽粤赣边纵队印发的壹仟斤军粮公债券
1949 年　纵 11 厘米　横 5 厘米
福建博物院　藏

1929 年，为打破封锁，建立新民主主义金融体系，调节苏区的经济，解决苏区“剪刀差”问题，闽西苏维埃政府决定筹集民间资金，创办群众性的合作形式的金融机构，这就是信用合作社。信用合作社由群众集股筹备资金，每股 1 元至 5 元。同时开展存款业务，分定、活期两种，存取自由，重点解决社员生产、生活方面发生的临时性困难。1930 年信用合作社在闽西苏区普遍建立起来，成为不久以后成立的工农银行的重要补充。

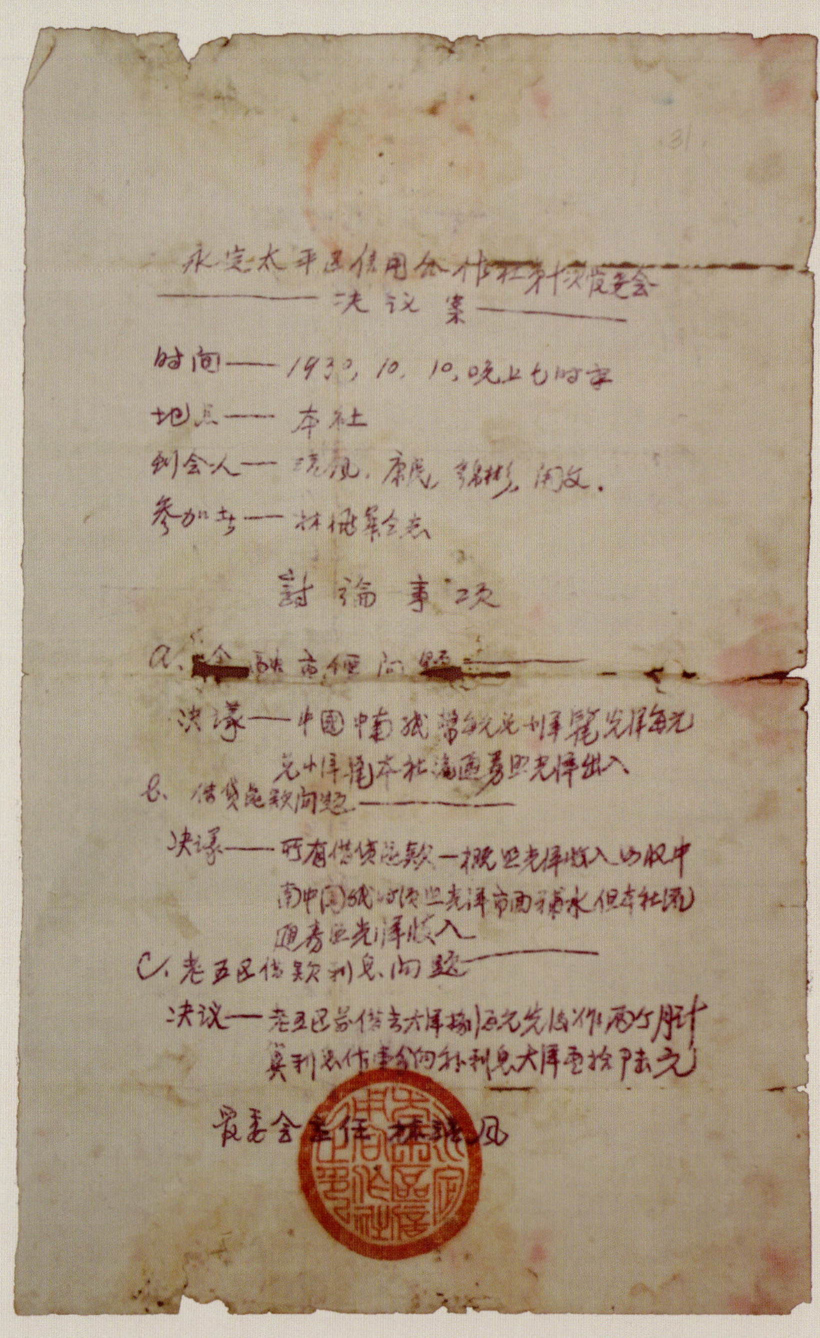
永定太平区信用合作社第十次管委会
——决议案——
时间——1930，10，10，晚上七时[illegible]
地点——本社
到会人——[illegible]
参加者——[illegible]
讨论事项
a、金融市价问题——
决议——中国[illegible]
[illegible]
b、借贷息款问题——
决议——所有借贷息款一概[illegible]
[illegible]
[illegible]
c、老五区借款利息问题——
决议——老五区[illegible]
[illegible]
管委会主任 [illegible]

永定太平区信用合作社第十次管委会决议案
1930 年 10 月 10 日　纵 40 厘米　横 26 厘米
龙岩博物馆　藏

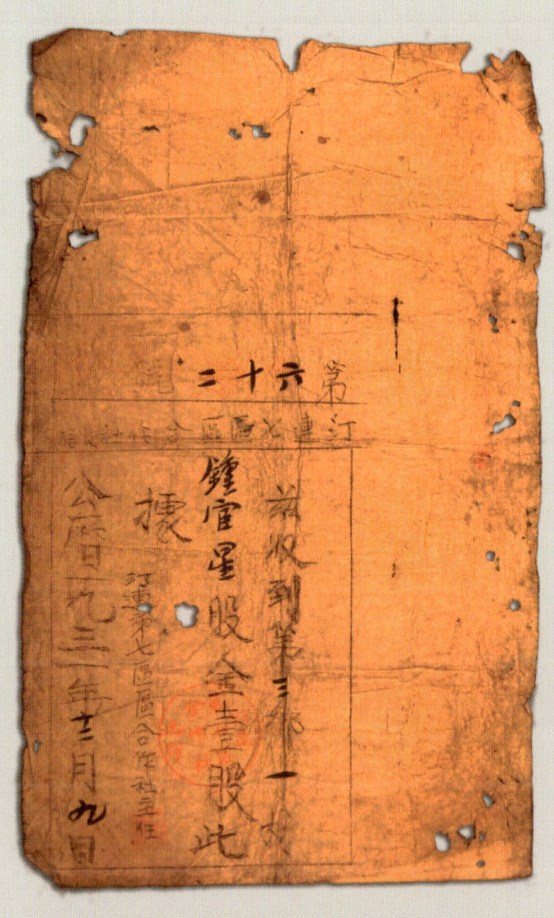

汀连县第七区合作社出具给钟官星的股金收据
1931 年 12 月 9 日　纵 24 厘米　横 15 厘米
长汀县博物馆　藏

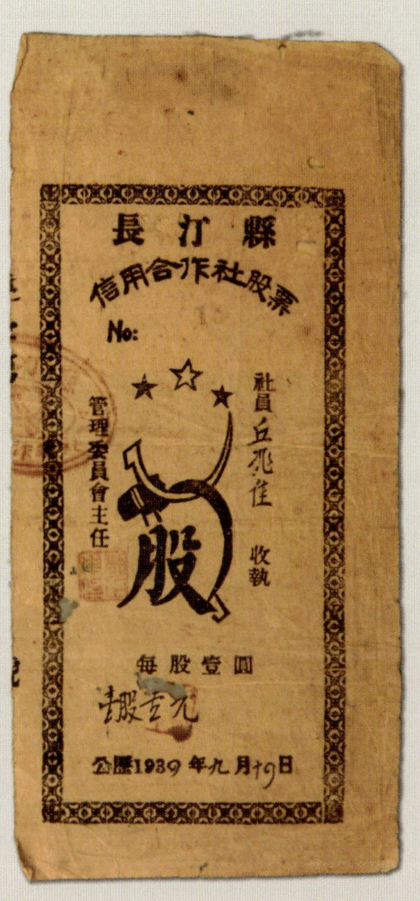

长汀县信用合作社出具给社员丘兆佳的壹圆股票票据
1934 年 9 月 14 日　纵 18.3 厘米　横 8 厘米
长汀县博物馆　藏

福建省苦力运输合作社壹圆股票
1933 年　纵 8.5 厘米　横 11 厘米
长汀县博物馆　藏

福建省宁化县南城堡铁业生产合作社的壹圆股票
1934 年 4 月 3 日　纵 7.9 厘米　横 12.5 厘米
宁化县革命纪念馆　藏

“永定太平区信用合作社之印”圆印
土地革命战争时期　印面直径 5.9 厘米
古田会议纪念馆　藏

永定縣第一區信用合作社
世界大同
股票

姓名	茂春元
住址	湖市
年齡	
職業	商
股數	二股
股金	大洋　弍　元整
入股期	第一期
給票	1930 年 4 月 30 日
給票經手人	

永定县第一区信用合作社出具给茂春元二股股票票据
1930 年 4 月 30 日　纵 12 厘米　横 25 厘米
古田会议纪念馆　藏

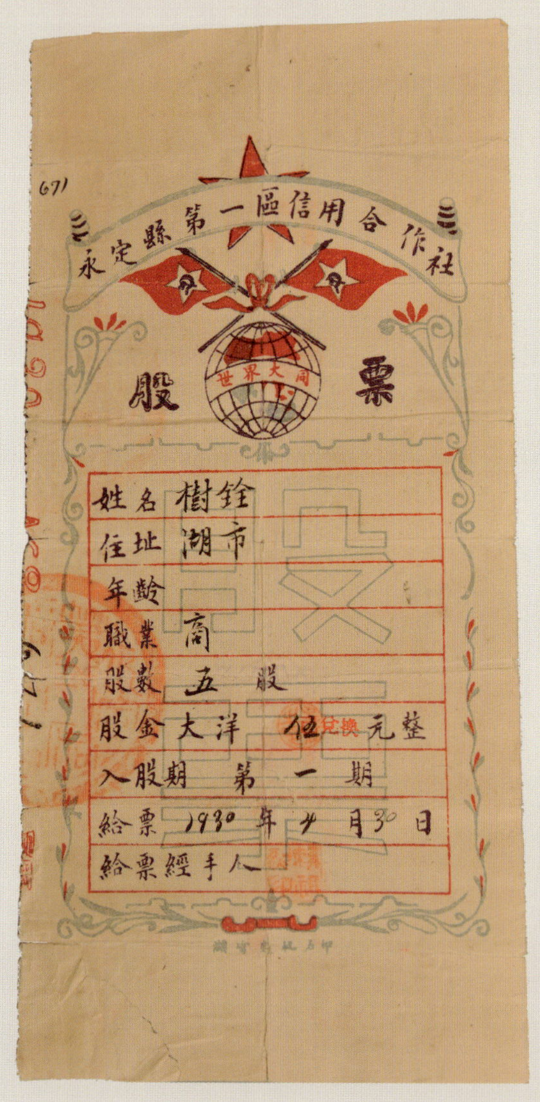

永定縣第一區信用合作社
世界大同
股票

姓名	樹銓
住址	湖市
年齡	
職業	商
股數	五股
股金	大洋　伍　元整
入股期	第一期
給票	1930 年 4 月 30 日
給票經手人	

永定县第一区信用合作社出具给树铨的五股股票票据
1930 年 4 月 30 日　纵 25 厘米　横 12 厘米
福建博物院　藏

闽赣省纸业合作社的伍角股票
1934 年 7 月 3 日　纵 8 厘米　横 10.3 厘米
福建博物院　藏

闽赣省纸业合作社的壹圆股票
1934 年 4 月　纵 7.5 厘米　横 10.9 厘米
古田会议纪念馆　藏

汀州市刨烟合作社的伍角股票
1933 年 8 月 16 日　纵 8.2 厘米　横 11.1 厘米
古田会议纪念馆　藏

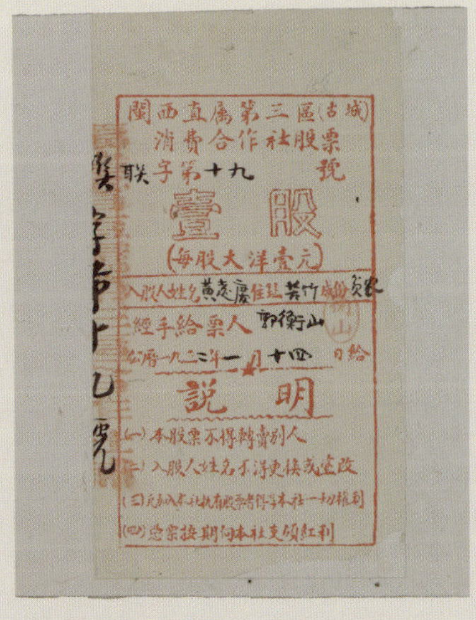

闽西直属第三区（古城）消费合作社壹股股票
1932 年 1 月 14 日　纵 13 厘米　横 8 厘米
福建博物院　藏

汀州市调济粮食合作社的伍角股票
1933 年　纵 7.6 厘米　横 10.8 厘米
长汀县博物馆　藏

汀州市工人粮食合作社的伍角股票
1934 年 5 月 5 日　纵 7.4 厘米　横 11.5 厘米
长汀县博物馆　藏

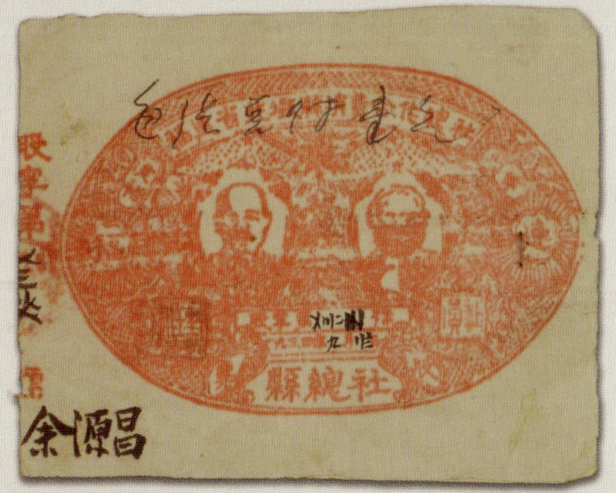

福建省兆征县消费合作总社“每张兑付壹元”股票
1934 年 9 月　纵 9.8 厘米　横 12.2 厘米
福建博物院　藏

字第　號

兆徵縣信用合作社臨時收據

今收到
兆徵縣東坡區星鄉或
機關丁星林同志加入信用合
作社股金大洋壹元正
此据
兆徵縣信用合作社籌備處
主任
經收人
一九三四年七月十四日

兆征县信用合作社筹备处出具给丁星林的入社股金临时收据
1934 年 7 月 14 日　纵 12 厘米　横 10.2 厘米
古田会议纪念馆　藏

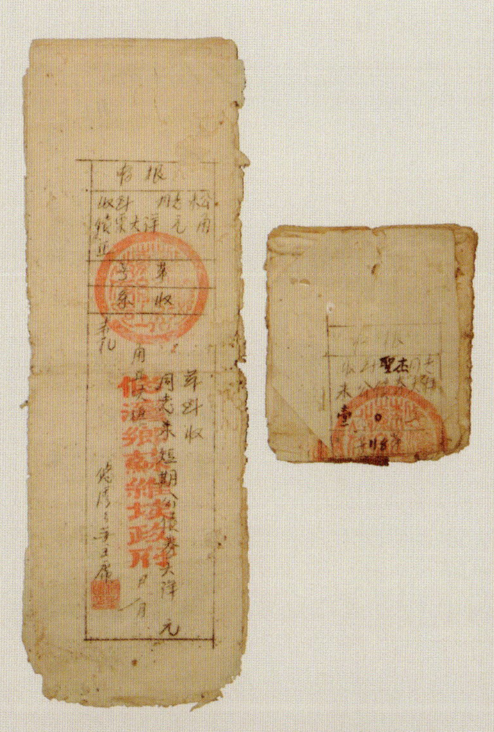

龙岩县红坊悠湾乡苏维埃政府公债募股存根
1930 年　纵 28 厘米　横 10 厘米（左图）
纵 10 厘米　横 9.5 厘米（右图）
龙岩博物馆　藏

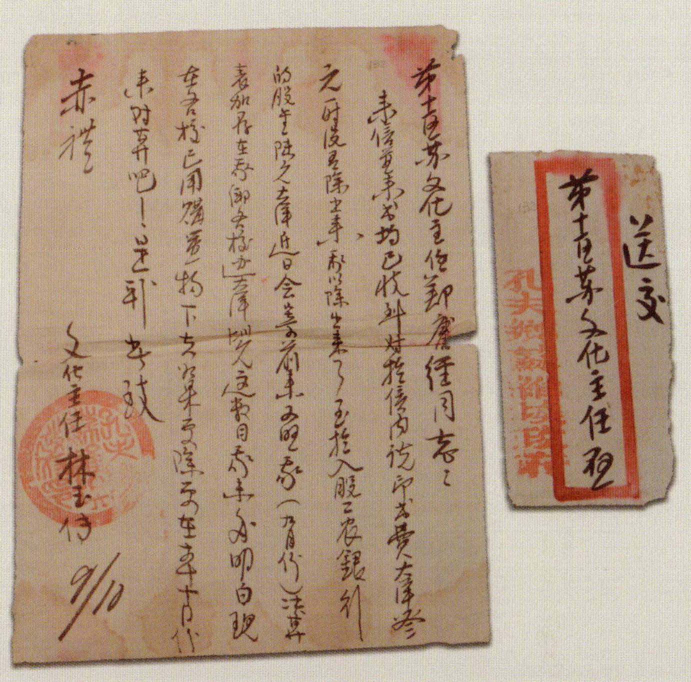

孔夫乡苏维埃政府致第十区苏维埃政府文化主任关于工农银行股金及印书费的信（附信封）
1930 年 10 月 9 日
信件纵 26 厘米　横 19 厘米　信封纵 16 厘米　横 7.3 厘米
龙岩市永定区博物馆　藏

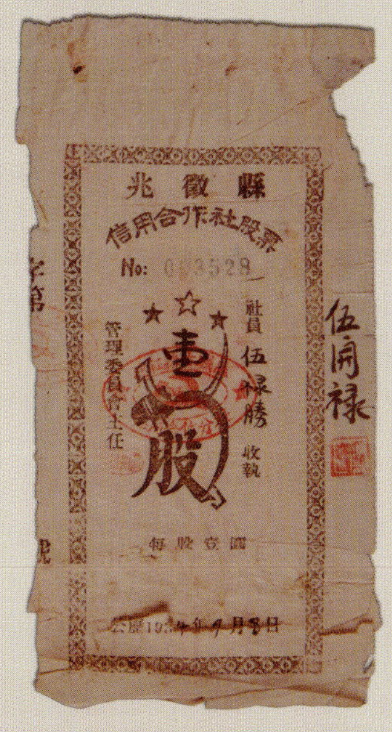

兆征县古城区信用合作社出具给社员伍禄胜的壹股股票票据
1934 年 9 月 8 日　纵 17.7 厘米　横 9 厘米
古田会议纪念馆　藏

闽西列宁书局出具给上杭一区曾衍宽的壹圆股票票据
1932 年　纵 10.2 厘米　横 10.5 厘米
福建博物院　藏

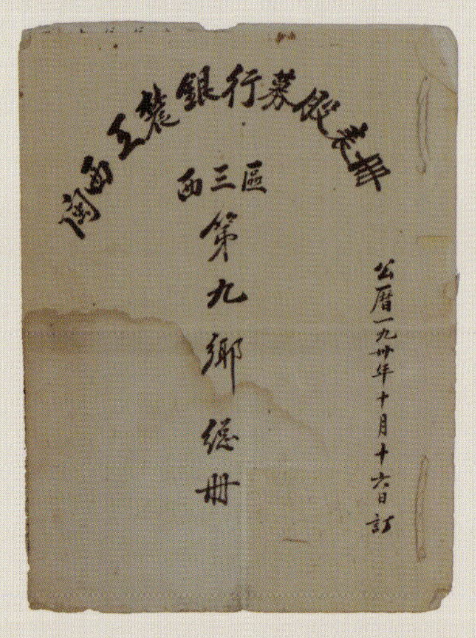

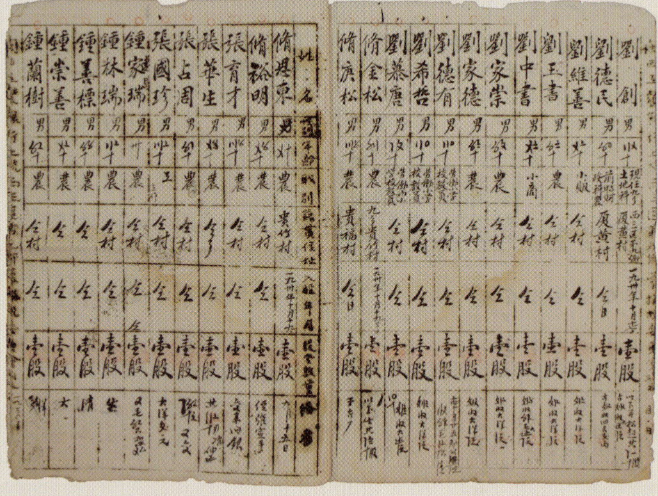

闽西工农银行募股表册之《西三区第九乡总册》
1930年10月16日　纵26.5厘米　横20.1厘米
毛泽东才溪乡调查纪念馆　藏

1930年11月，根据闽西第二次工农兵代表大会的决定，闽西工农银行在龙岩成立，阮山任行长。银行资本为20万元，分作20万股，每股大洋壹元。资金来源除向工农群众募股外，规定各种合作社、粮食调济局及党政机关人员均应购买股票。先后发行了面额为壹元银元券和面额为壹角、贰角的银元辅币券，壹元券，壹角、贰角辅币券。1932年4月，以闽西工农银行为基础，成立国家银行福建分行。

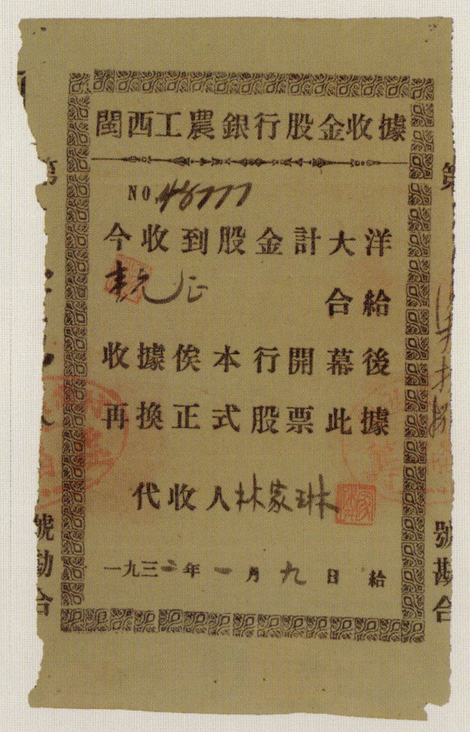

閩西工農銀行股金收據
NO. 46777
今收到股金計大洋壹元合給
收據俟本行開幕後
再換正式股票此據
代收人林家琳
一九三二年一月九日給

林家琳代收大洋壹元的闽西工农银行股金收据
1932年1月9日　纵17.6厘米　横10.8厘米
毛泽东才溪乡调查纪念馆　藏

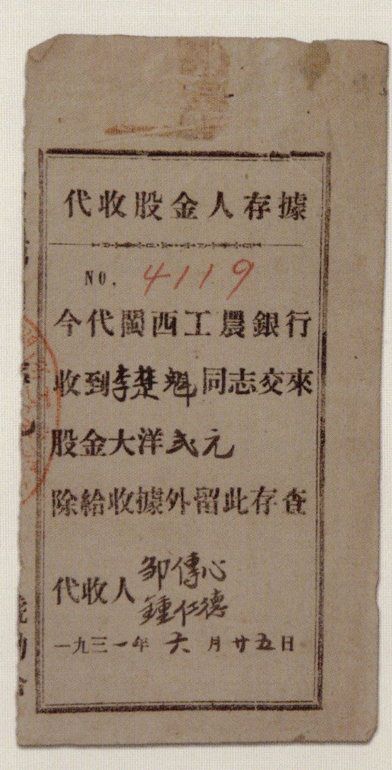

代收股金人存據
NO. 4119
今代閩西工農銀行
收到李楚魁同志交來
股金大洋贰元
除給收據外留此存查
代收人 邹傳心 鍾仁德
一九三一年六月廿五日

邹传心、钟仁德代闽西工农银行收取李楚魁股金贰元的代收股金人存据
1931年6月25日　纵17.8厘米　横9.3厘米
古田会议纪念馆　藏

闽西工农银行出具给上杭白砂区杜树开的壹圆股票票据
1932 年 3 月　纵 10.5 厘米　横 10.5 厘米
福建博物院　藏

闽西工农银行“伍角”铜印版
1931 年　长 10.2 厘米　宽 6.5 厘米
长汀县博物馆　藏

苏区“壹角”铜印板
土地革命战争时期　长 8 厘米　宽 5 厘米
长汀县博物馆　藏

闽西工农银行发行的壹圆暂用钞票
1930 年 纵 7.5 厘米 横 14 厘米
福建博物院 藏

闽西工农银行发行的“大洋一角”辅币券
1931 年 纵 6.5 厘米 横 13 厘米
福建博物院 藏

闽西工农银行“大洋贰角”辅币券
1931 年 纵 5.6 厘米 横 8.7 厘米
龙岩博物馆 藏

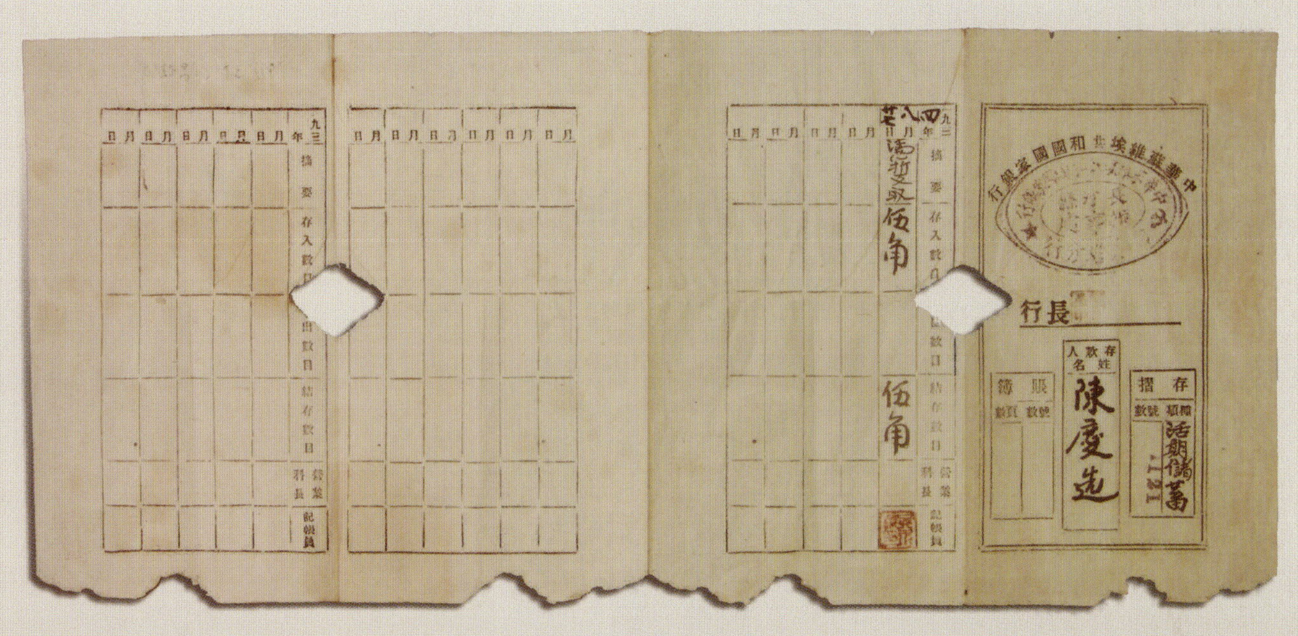
中華蘇維埃共和國國家銀行
行長
存摺　活期儲蓄
存款人姓名　陳慶选
賬簿
摘要　存入數目　支出數目　結存數目　營業科長　記賬員
儲金　伍角
伍角

陈庆选的中华苏维埃国家银行福建省分行长汀县办事处存折
1934 年 8 月 27 日　纵 17 厘米　横 19 厘米
长汀县博物馆　藏

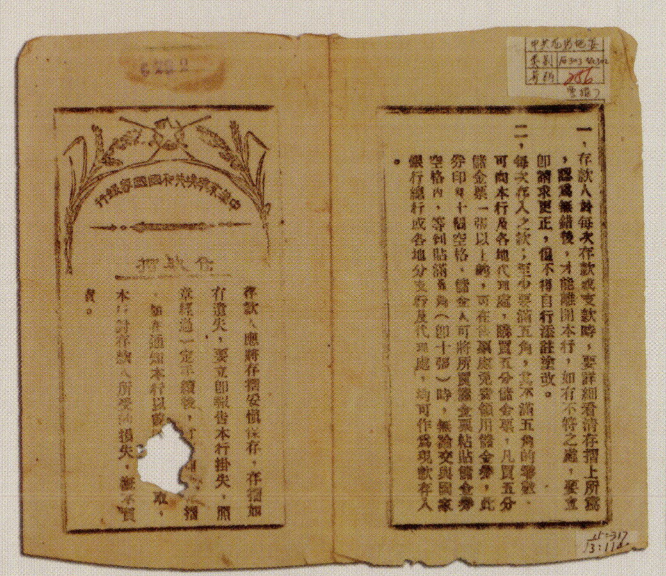
中華蘇維埃共和國國家銀行
存款摺
存款人應將存摺妥慎保存，存摺如有遺失，要立即報告本行掛失，照章經過一定手續後，[illegible]如未通知本行以致[illegible]取，本行對存款人所受的損失，概不負責。

一、存款人於每次存款或支款時，要詳細看清存摺上所寫，認爲無錯後，才能離開本行，如有不符之處，要立即請求更正，但不得自行塗註塗改。
二、每次存入之款，至少要滿五角，其不滿五角的零數，可向本行及各地代理處，購買五分儲金票，凡買五分儲金票一張以上的，可在各該處免費領用儲金券，此券印有十個空格，儲金人可將所買儲金票粘貼儲金券空格內，等到貼滿五角（即十張）時，無論交與國家銀行總行或各地分支行及代理處，均可作爲現款存入。

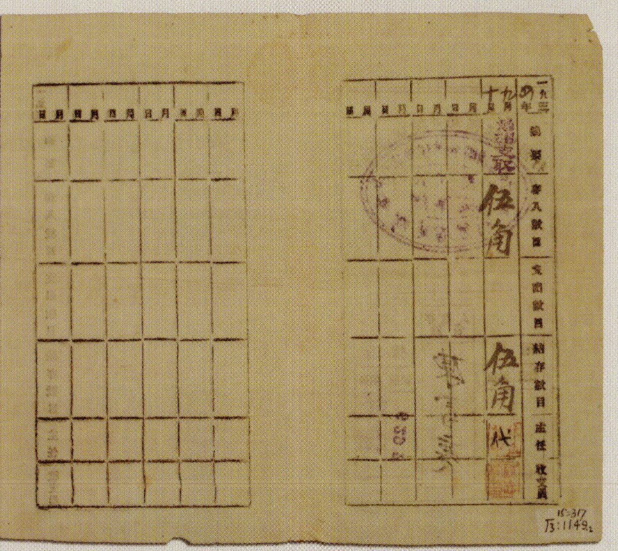
摘要　存入數目　支出數目　結存數目
儲金　伍角
伍角

陈马庆的中华苏维埃共和国国家银行福建省分行长汀县办事处活期存折
1934 年 9 月 10 日　纵 20 厘米　横 17 厘米
福建博物院　藏

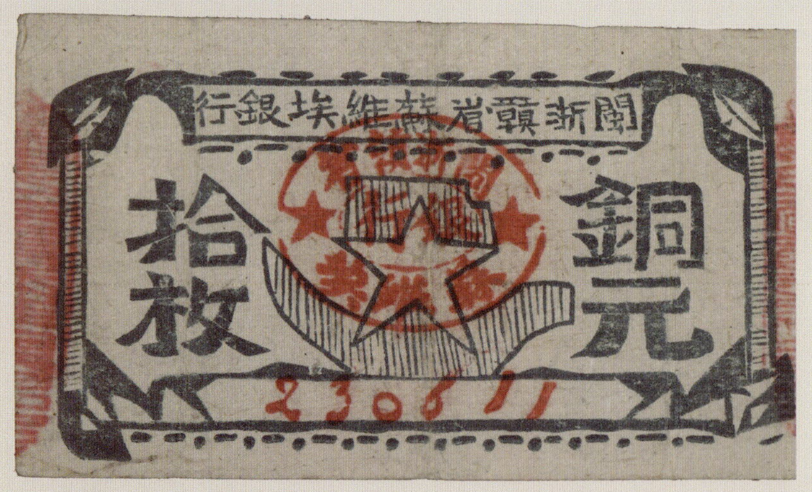

闽浙赣省苏维埃银行发行的“拾枚铜元”流通券
1933 年　纵 4.7 厘米　横 8.2 厘米
福建博物院　藏

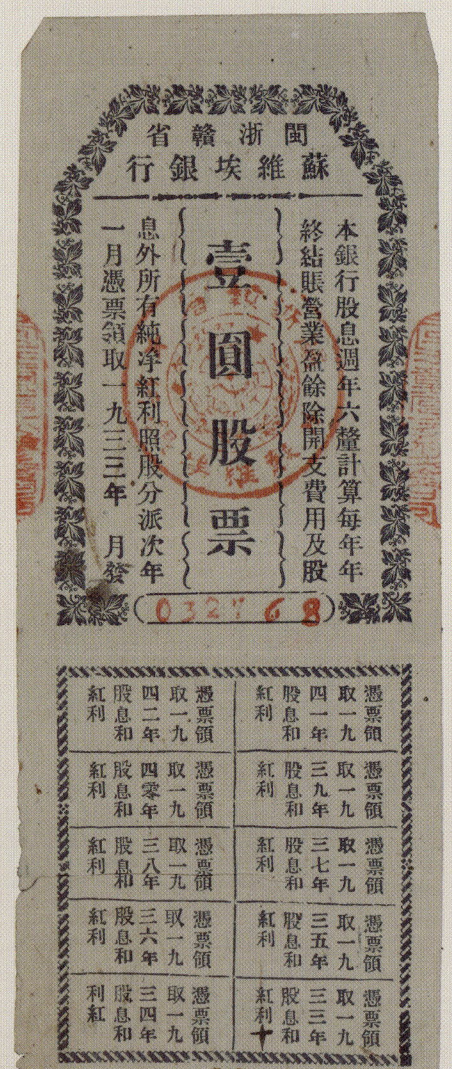

闽浙赣省苏维埃银行发行的壹圆股票
1933 年　纵 19.5 厘米　横 8 厘米
福建博物院　藏

1930 年 10 月 16 日，赣东北特区贫民银行在弋阳县成立。经赣东北革命委员会批准，先后向工农群众集股一万元左右。1931 年 5 月开始印制发行纸币，初版印刷的苏区货币有一元、伍角、二角、一角四种，还同时印刷了面值五十元和一百元两种兑换券。同年 11 月赣东北贫民银行改建为赣东北省苏维埃银行。1932 年 12 月，赣东北省改为闽浙赣省，赣东北苏维埃银行也随之改称为闽浙赣省苏维埃银行。

赣东北省苏维埃银行闽北分行发行的伍角券
1932 年　纵 7.6 厘米　横 11.5 厘米
福建博物院　藏

赣东北省苏维埃银行闽北分行发行的贰角券
1932 年　纵 6 厘米　横 10.1 厘米
福建博物院　藏

赣东北省苏维埃银行闽北分行发行的壹角券
1932 年　纵 7.2 厘米　横 10.2 厘米
福建博物院　藏

赣东北省苏维埃银行闽北分行发行的壹圆券
1932 年　纵 8.8 厘米　横 12.4 厘米
福建博物院　藏

1931 年冬，赣东北省苏维埃银行闽北分行正式成立，徐福元、林汉卿等人先后担任行长。基金主要来源为财政拨给和群众集股。1932 年 1 月，闽北分行开始发行纸币。同年 3 月发行五十元、一百元兑换券。1933 年 1 月开始铸造银元。

闽浙赣省苏维埃银行闽北分行壹角纸币
1934 年 11 月　纵 6.6 厘米　横 9 厘米
中央苏区（闽西）历史博物馆　藏

闽浙赣省苏维埃银行闽北分行发行的壹角纸币
1934 年　纵 6.2 厘米　横 9 厘米
福建博物院　藏

闽浙赣省苏维埃银行闽北分行发行的壹圆纸币
1934 年　纵 8.8 厘米　横 13.6 厘米
福建博物院　藏

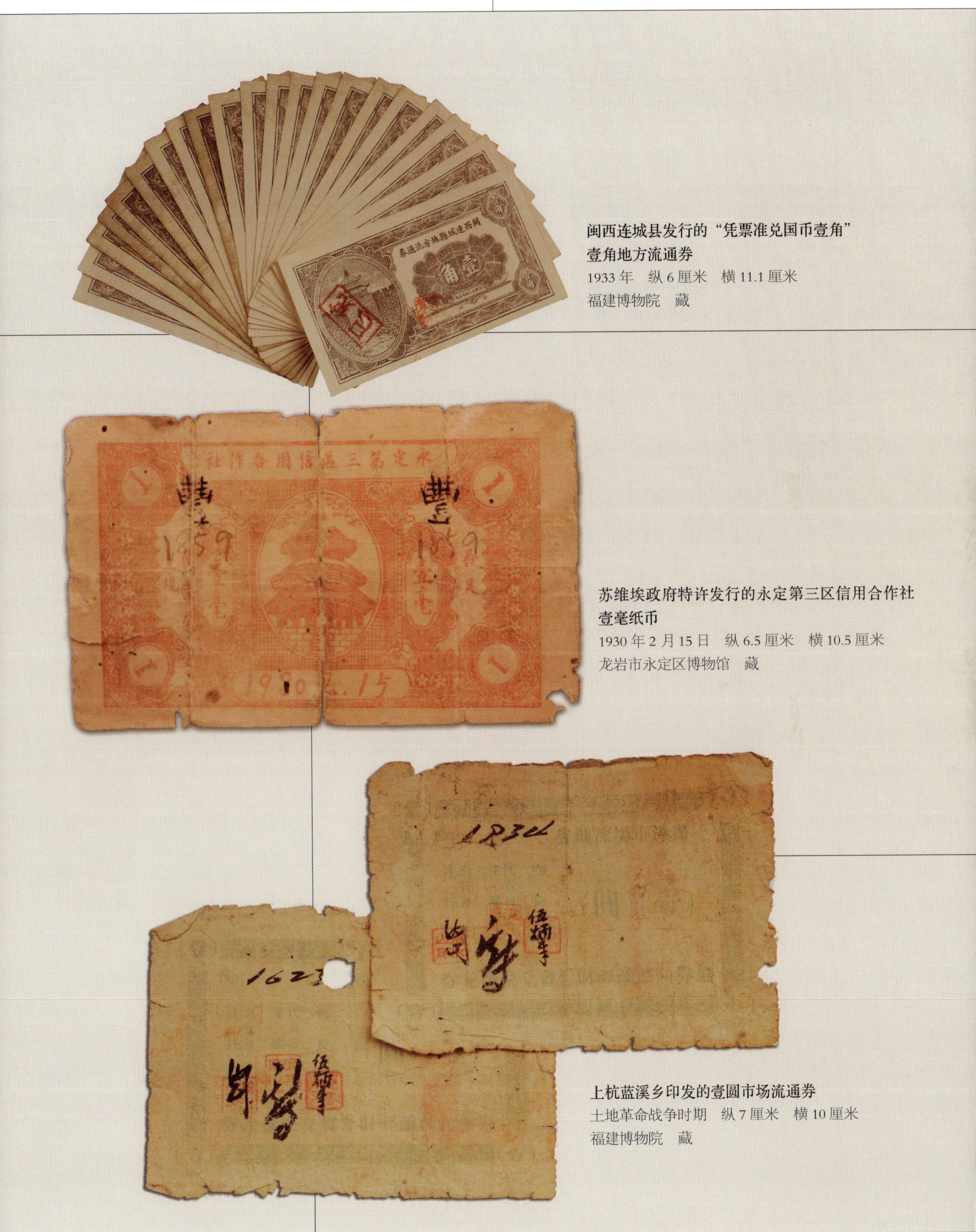

闽西连城县发行的“凭票准兑国币壹角”壹角地方流通券
1933 年　纵 6 厘米　横 11.1 厘米
福建博物院　藏

苏维埃政府特许发行的永定第三区信用合作社壹毫纸币
1930 年 2 月 15 日　纵 6.5 厘米　横 10.5 厘米
龙岩市永定区博物馆　藏

上杭蓝溪乡印发的壹圆市场流通券
土地革命战争时期　纵 7 厘米　横 10 厘米
福建博物院　藏

1949 年 3 月，中共闽粤赣边区财政经济委员会决定成立军民合作社，发行流通券。为木刻版，面值有五种，流通于闽粤赣边区，另有加盖“闽西”“大埔”等地名券，流通于闽西永定、广东大埔等地。1950 年 1 月 16 日，中国人民银行龙岩支行成立后，停止流通。

“闽粤赣边区军民合作社闽西分社印”方印

1949 年　印面长 6.5 厘米　宽 5.2 厘米

中央苏区（闽西）历史博物馆　藏

闽西军民合作社壹圆流通券
1949 年　纵 6.5 厘米　横 13.7 厘米
中央苏区（闽西）历史博物馆　藏

闽西军民合作社伍分四方联流通券
1949 年　纵 9.8 厘米　横 20.4 厘米
中央苏区（闽西）历史博物馆　藏

闽西军民合作社壹角流通券
1949 年　纵 5.2 厘米　横 10.8 厘米
中央苏区（闽西）历史博物馆　藏

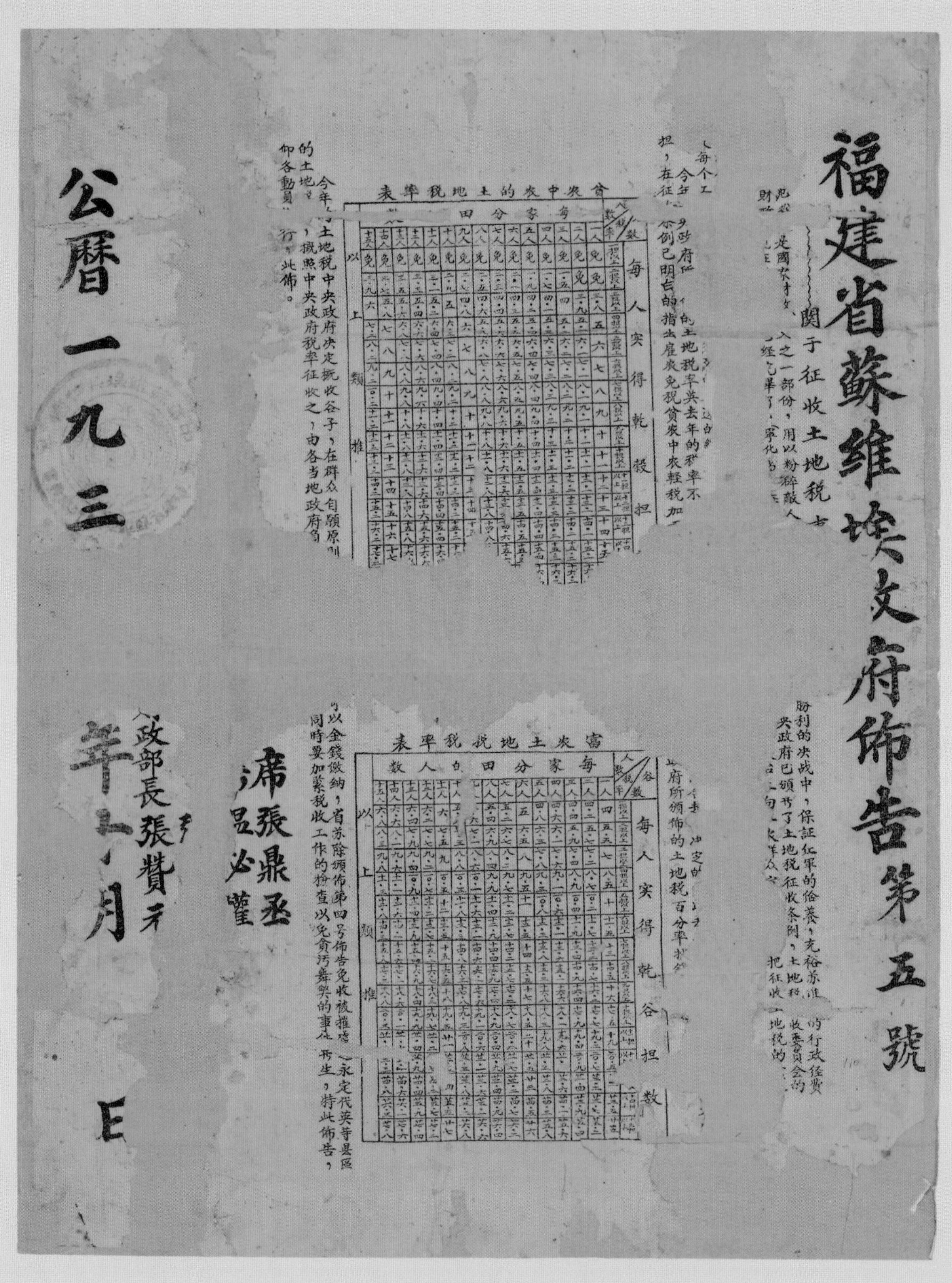

福建省苏维埃政府印发的《关于征收土地税率》布告（第五号）
1933 年 10 月　纵 63.5 厘米　横 49 厘米
福建博物院　藏

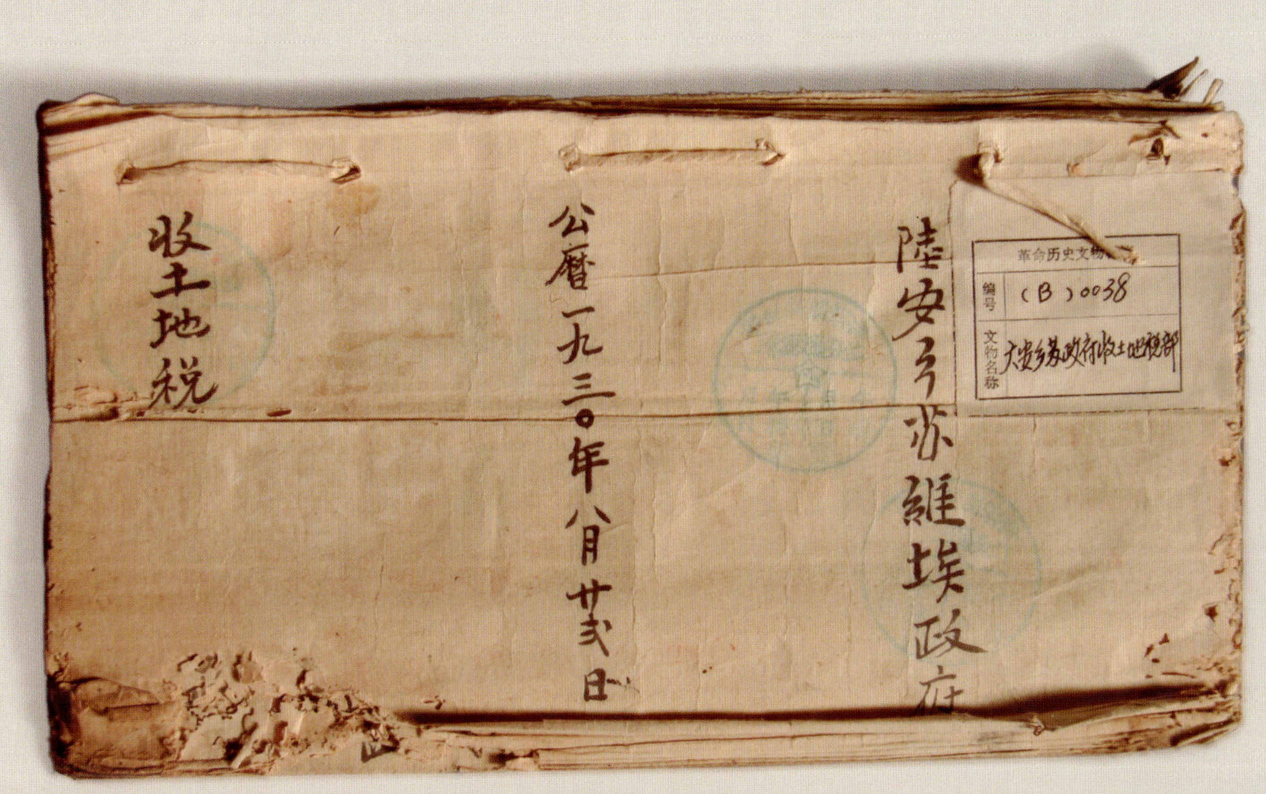

连城县六安乡苏维埃政府《收土地税》账簿

1930 年 8 月 22 日　纵 14 厘米　横 25.5 厘米

连城县新泉整训纪念馆　藏

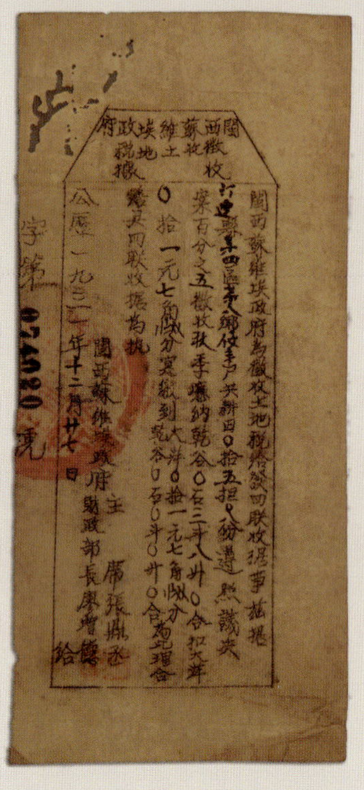

闽西苏维埃政府出具给汀连县第四区信丰的征收土地税收据

1931 年 12 月 27 日　纵 19 厘米　横 8 厘米

长汀县博物馆　藏

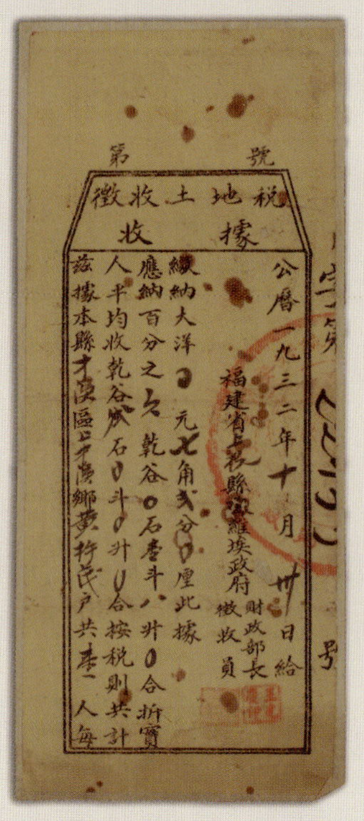

福建省上杭县苏维埃政府出具给上才溪乡黄杵茂的征收土地税收据

1932 年 10 月 30 日　纵 10.5 厘米　横 25 厘米

福建博物院　藏

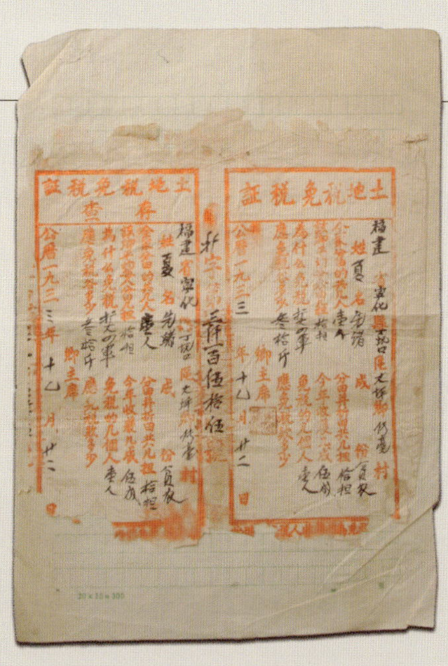

宁化县丁坑口大坪乡张亳村夏先绪的土地税免税证、存根二联单

1933 年 11 月 22 日　纵 19.1 厘米　横 17.7 厘米

宁化县革命纪念馆　藏

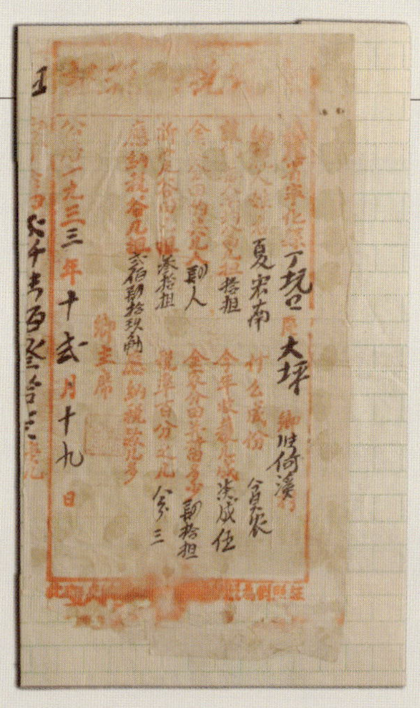

福建省宁化县丁坑口区大坪乡张河溪村夏宏南的土地税纳税证

1933 年 12 月 19 日　纵 9.5 厘米　横 18 厘米

宁化县革命纪念馆　藏

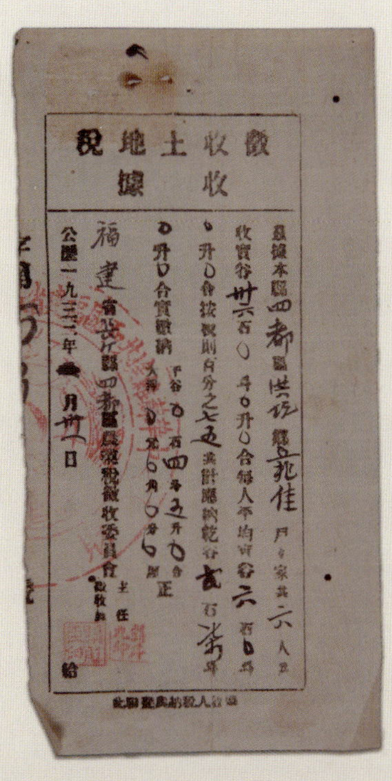

徵收土地稅收據

长汀县四都区农业税征收委员会出具给丘兆佳的征收土地税收据
1933 年 1 月 31 日　纵 18.6 厘米　横 9.5 厘米
古田会议纪念馆　藏

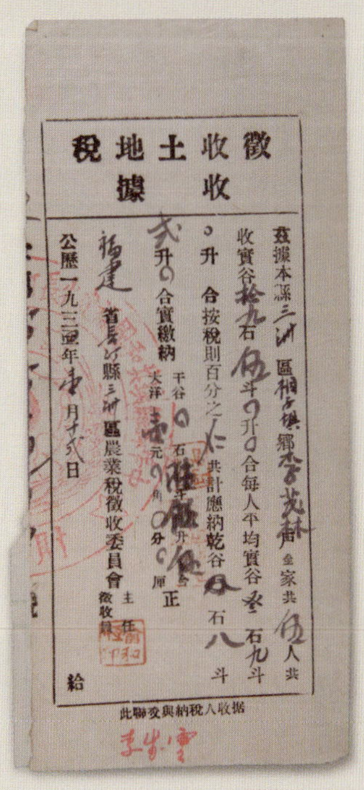

徵收土地稅收據

长汀县三洲区农业税征收委员会出具给李茂林的征收土地税收据
1934 年 1 月 12 日　纵 19 厘米　横 8.5 厘米
古田会议纪念馆　藏

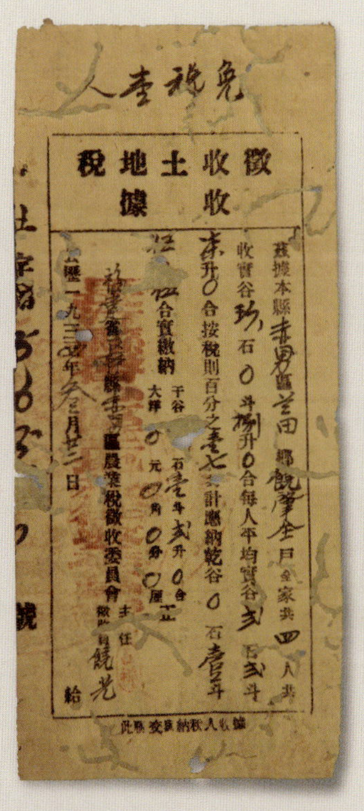

徵收土地稅收據

长汀县苏维埃政府赤男区农业税征收委员会出具给饶肇全的征收土地税收据
1934 年 3 月 22 日　纵 19 厘米　横 8.5 厘米
长汀县博物馆　藏

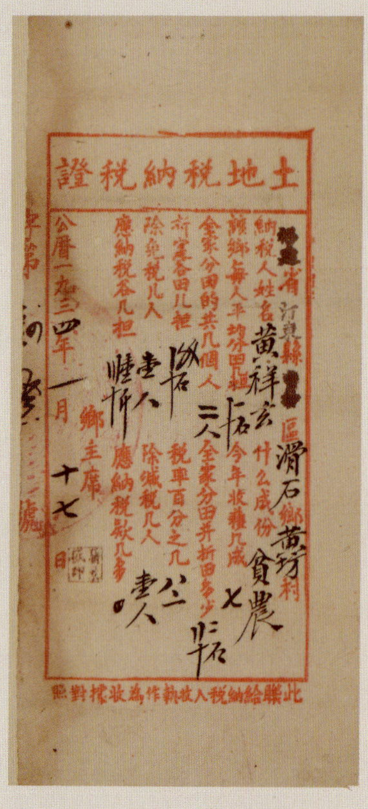
土地税纳税證

福建省汀东县滑石乡苏发给黄祥玄的土地税纳税证
1934 年 1 月 17 日　纵 22.5 厘米　横 10.5 厘米
福建博物院　藏

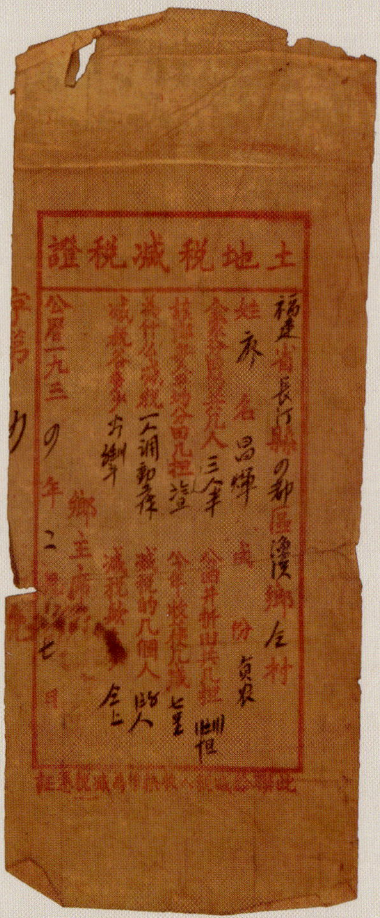

福建省长汀县四都区渔溪乡廖昌辉的土地税减税证
1934 年 2 月 7 日　纵 25 厘米　横 10 厘米
长汀县博物馆　藏

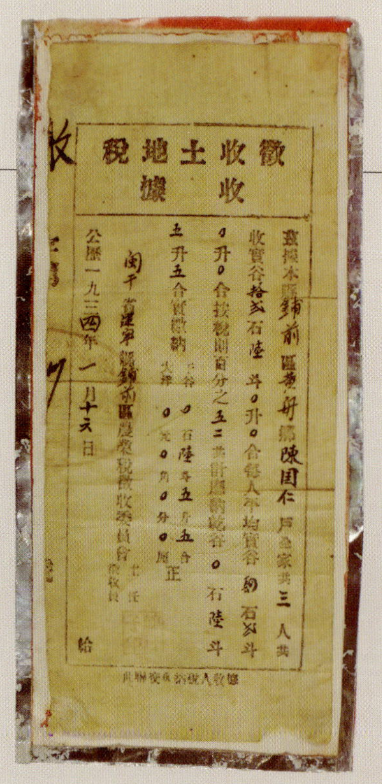
徵收土地税收據

闽赣省建宁县铺前区农业税征收委员会出具给陈国仁的征收土地税收据
1934 年 1 月 16 日　纵 17 厘米　横 8 厘米
建宁县中央苏区反“围剿”纪念馆　藏

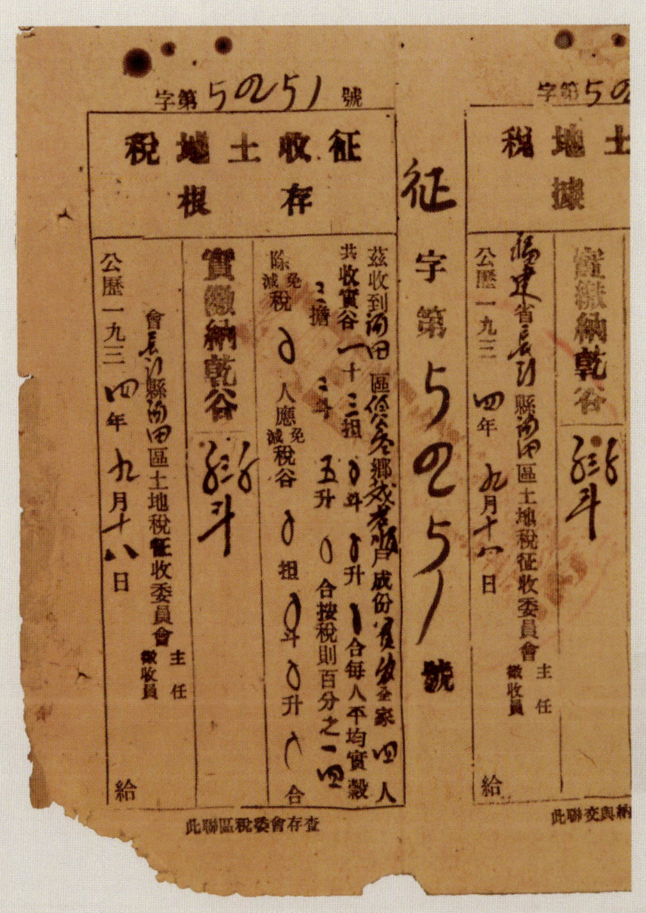

长汀县河田区土地税征收委员会出具给戴老顺的征收土地税收据、存根二联单
1934 年　纵 19 厘米　横 17 厘米
长汀县博物馆　藏

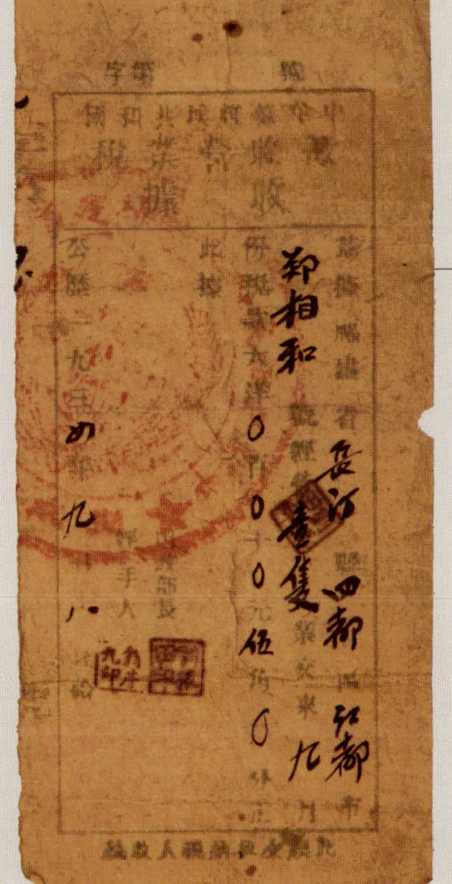

长汀县四都区红都乡郑相和的中华苏维埃共和国交纳营业税收据
1934 年 9 月 8 日　纵 19 厘米　横 9 厘米
长汀县博物馆　藏

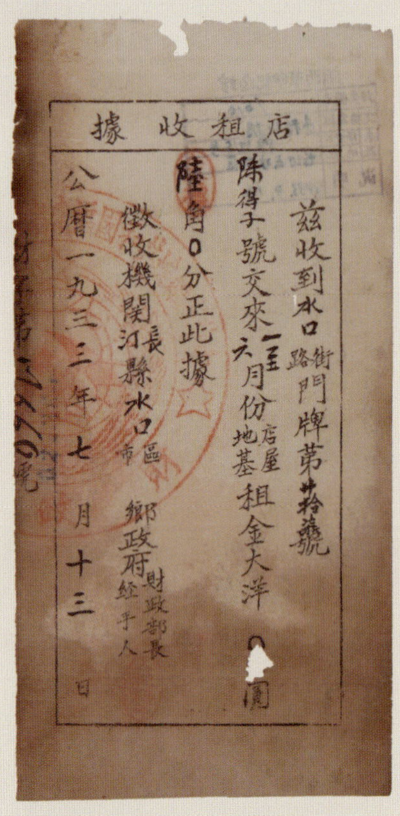
店租收據
茲收到水口路街門牌第　號
陳得子號交來一至六月份店屋地基租金大洋〇圓
陸角〇分正此據
徵收機關長汀縣水口區市鄉政府　財政部長　經手人
公曆一九三三年七月十三日

长汀县水口区苏维埃政府出具给陈得子的店租收据
1933 年 7 月 13 日　纵 17.8 厘米　横 9 厘米
古田会议纪念馆　藏

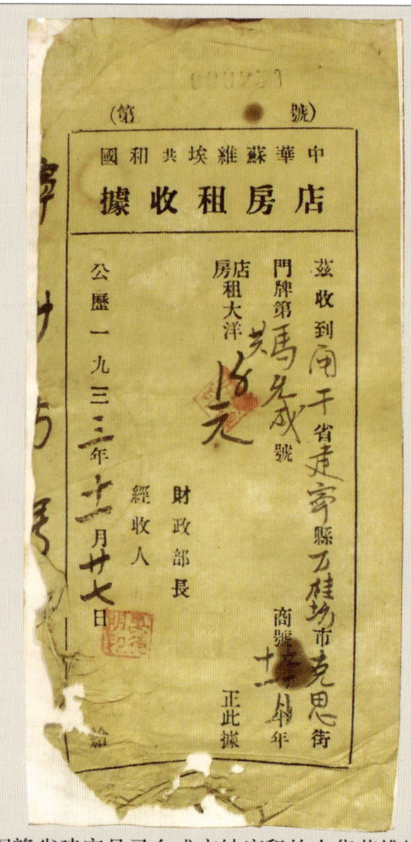
（第　號）
中華蘇維埃共和國
店房租收據
茲收到閩干省建寧縣　坊市克思街
門牌第馬允成號　商號　年
店房租大洋　正此據
財政部長
經收人
公曆一九三三年十一月廿七日　給

闽赣省建宁县马允成交纳店租的中华苏维埃共和国店房租收据
1933 年 11 月 27 日　纵 20 厘米　横 9 厘米
建宁县中央苏区反“围剿”纪念馆　藏

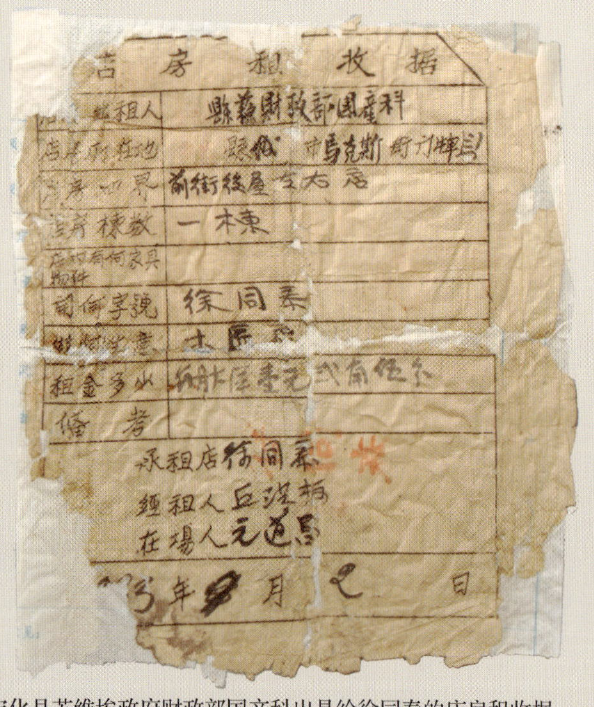
店房租收据

收租人	县苏财政部国产科
店房所在地	县城　市马克斯　街门牌
店房四界	前街後屋左右店
店房楝数	一栋
店内有何家具物件	
開何字號	徐同泰
做何生意	
租金多少	
備考	

承租店徐同泰
經租人
在場人
1933年9月2日

宁化县苏维埃政府财政部国产科出具给徐同泰的店房租收据
1933 年 9 月 2 日　纵 16 厘米　横 14.2 厘米
宁化县革命纪念馆　藏

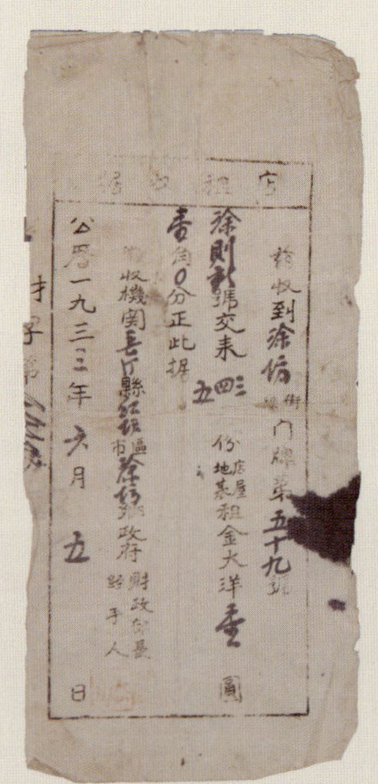
店租收據
茲收到涂信街門牌第五十九號
涂則新號交來　份店屋地基租金大洋壹圓
壹角〇分正此據
徵收機關長汀縣紅坊區涂坊鄉政府　財政部長　經手人
公曆一九三三年六月五日

长汀县红坊区涂坊乡苏维埃政府出具给涂则新的店租收据
1933 年 6 月 5 日　纵 18.8 厘米　横 8.7 厘米
古田会议纪念馆　藏

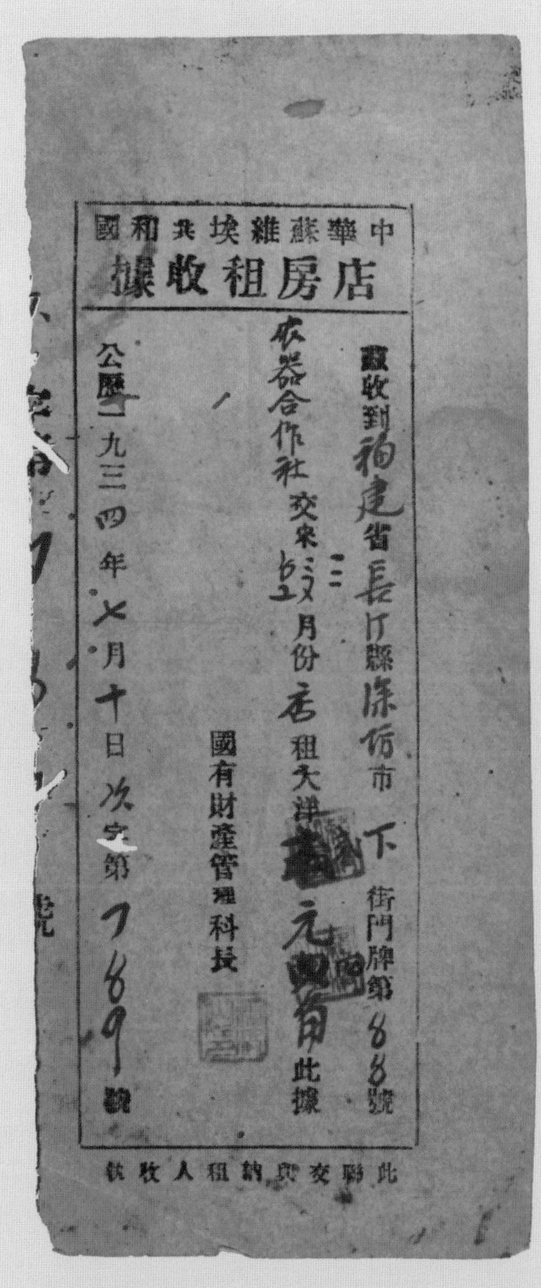

中華蘇維埃共和國
店房租收據

茲收到福建省長汀縣涂坊市下街門牌第88號
農器合作社交來[illegible]月份店租大洋[illegible]元[illegible]角此據
國有財產管理科長
公歷一九三四年七月十日次字第789號

此聯交與納租人收執

国有财产管理科出具给长汀县涂坊市农器合作社的中华苏维埃共和国店房租收据

1934 年 7 月 10 日　纵 19.5 厘米　横 8.5 厘米

长汀县博物馆　藏

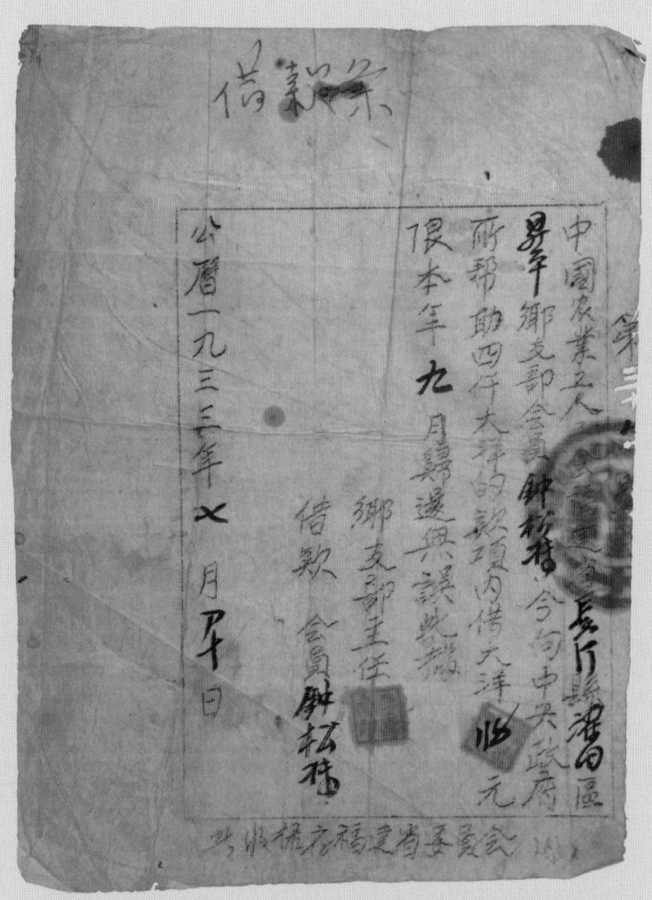

借款字

中國農業工人[illegible]長汀縣灌田區
昇平鄉支部會員鍾松妹，今向中央政府
所帮助四仟大洋的款項內借大洋[illegible]元
限本年九月歸還無誤此據
鄉支部主任
借款　會員鍾松妹
公曆一九三三年七月[illegible]日

中国农业工人工会长汀县灌田区升平乡支部会员钟松妹向中央政府专款中借大洋 118 元的借据

1933 年 7 月　纵 18.5 厘米　横 14.5 厘米

长汀县博物馆　藏

1929 年 7 月，中共闽西特委建立了与党中央联系的秘密交通线——闽西工农通讯社。1930 年，闽西交通总局在龙岩成立，总局长卢宝清，隶属闽西苏维埃政府文化建设委员会。同年 10 月，闽西交通总局发行闽西赤色邮票一套 2 枚，这是闽西苏区第一次发行的邮票。1932 年 3 月，福建省苏维埃政府成立，闽西交通总局改成为福建省总交通局。同年 5 月 1 日，中华苏维埃邮政总局成立，福建省总交通局改称为中华苏维埃福建省邮政管理局，并入中央邮政总局统一领导管理的体系。

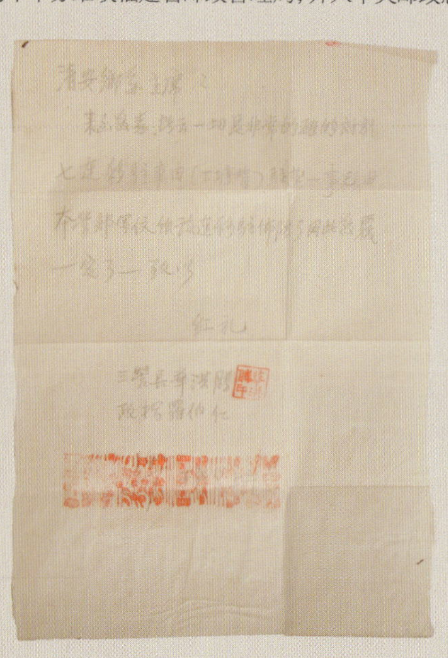

闽西交通总局四片赤色邮花实寄封（附信）

1931 年 7 月 14 日　信长 18.2 厘米　宽 25.3 厘米　信封长 7.8 厘米　宽 15 厘米

连城县新泉整训纪念馆　藏

红军战士提付“送交庐丰乡苏转蓝占丰同志启”实寄封

1930 年 4 月　纵 15.1 厘米　横 7.6 厘米

古田会议纪念馆　藏

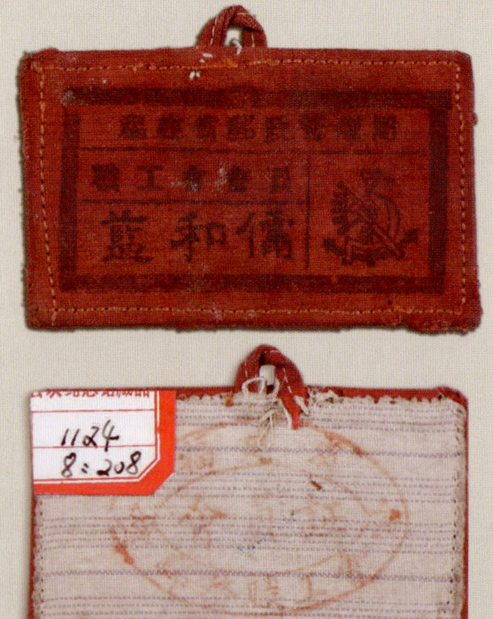

福建省邮政管理局职工会会员蓝和儒的胸章

1934 年　纵 4.4 厘米　横 7.3 厘米

古田会议纪念馆　藏

闽西交通总局赤色邮政棕黄色四片锤镰邮票
1930 年　纵 2.3 厘米　横 1.9 厘米
古田会议纪念馆　藏

闽西交通总局青色四片赤色邮花版票
1931 年　纵 13.5 厘米　横 18.8 厘米
龙岩博物馆　藏

中华苏维埃邮政壹分、贰分、叁分、壹角邮票
1932 年　纵 2.2 厘米 –2.8 厘米　横 3 厘米— 3.1 厘米
古田会议纪念馆　藏

福建各级苏维埃政府在党的领导下，采取了切实有力的措施，着力提高部队和工农文化教育水平。创办军政学校、随营学校等，培养政治、军事干部；创办列宁学校，兴办夜校、识字组等各种社会教育，开展群众性的扫盲识字活动。设立俱乐部、剧团等，组织工农群众特别是妇女儿童参加政治和文艺宣传活动。

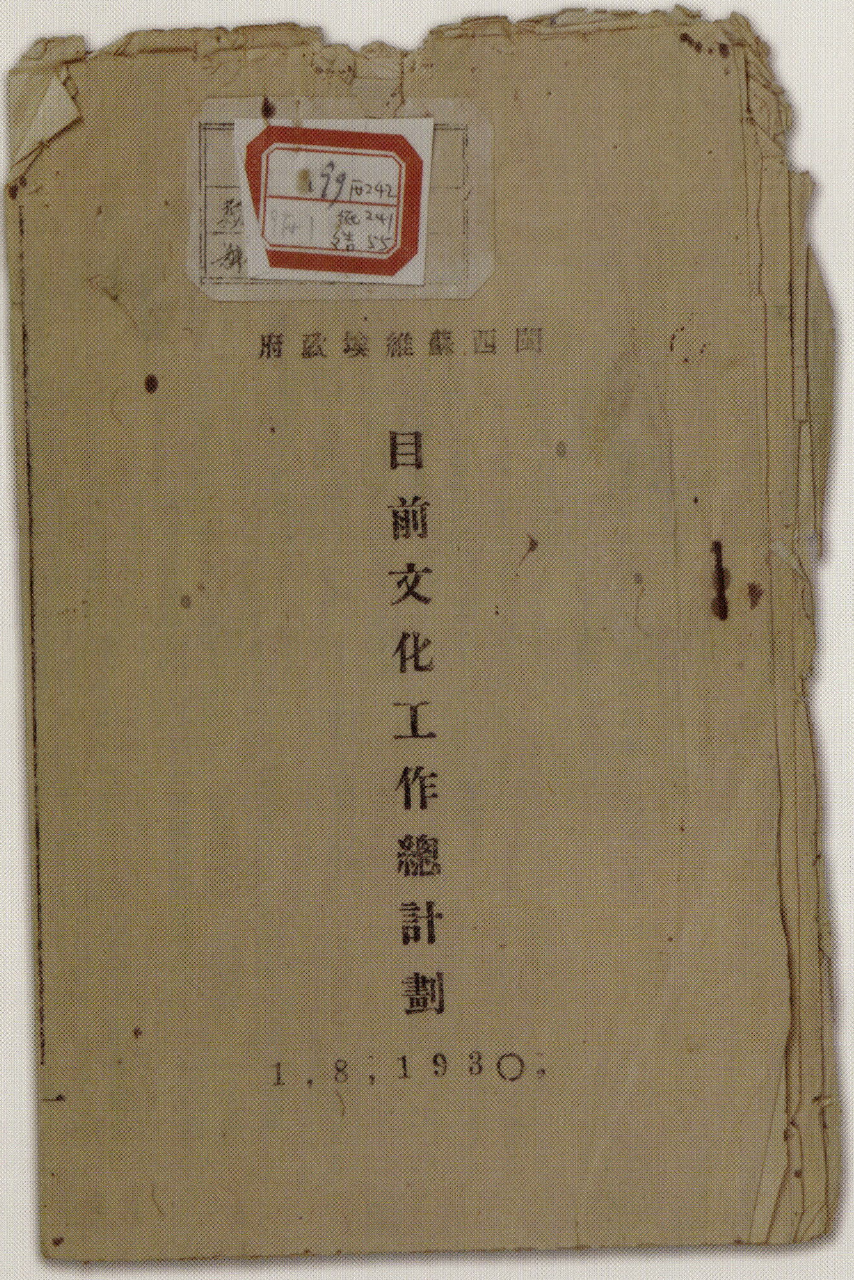

闽西苏维埃政府印发的《目前文化工作总计划》
1930 年 8 月 1 日　纵 20 厘米　横 13 厘米
福建博物院　藏

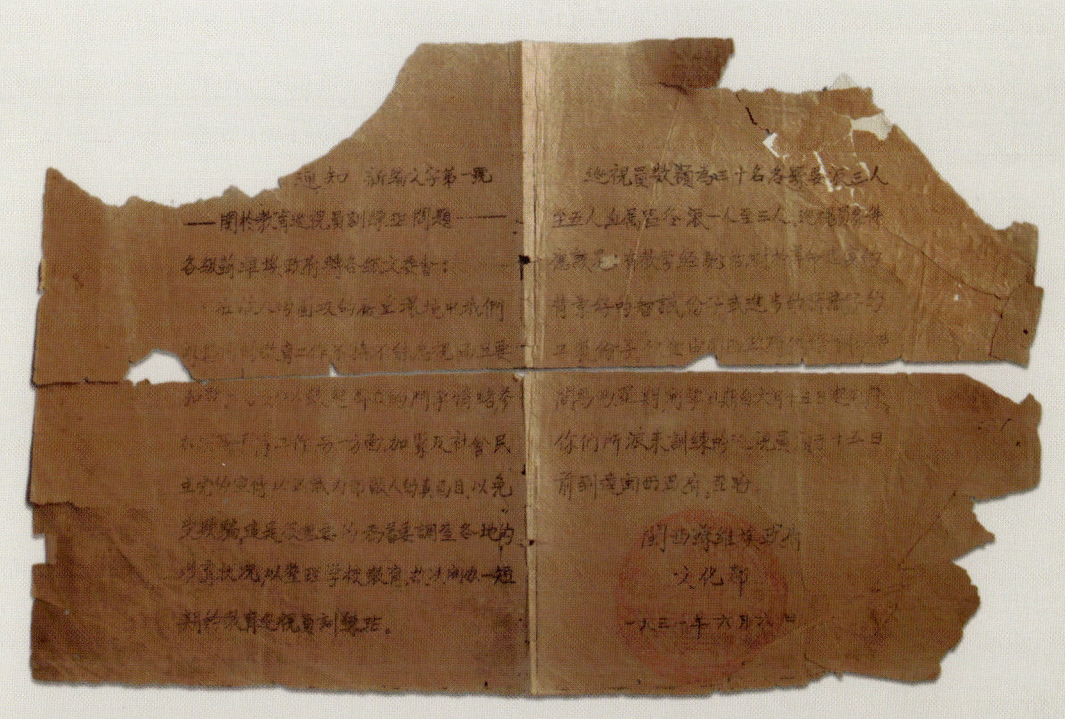

通知 新编文字第一号

——关于教育巡视员训练班问题——

各级苏维埃政府转各级文委会：

在[illegible]的新区域中我们[illegible]教育工作不够[illegible]加[illegible]以[illegible]门学[illegible]工作另一方面加紧反社会民主党[illegible]人物真面目，以免[illegible]调查各地的教育状况，以整理学校教育，并[illegible]一班新的教育巡视员训练班。

巡视员数额为三十名，各县要派三人至五人，直属区各派一人至三人，巡视员条件[illegible]有教学经验[illegible]的智识份子或进步的[illegible]

[illegible]你们所派来训练的巡视员须于十三日前到达闽西政府，至要。

闽西苏维埃政府
文化部
一九三一年六月六日

闽西苏维埃政府文化部印发的《关于教育巡视员训练班问题》通知

1931年6月6日　纵18厘米　横28.8厘米

连城县新泉整训纪念馆　藏

闽西苏维埃政府
文化委员会决议案

闽西苏维埃政府
文化部印

1931.4.29.

闽西苏维埃政府文化部印发的《闽西苏维埃政府文化委员会决议案》

1931年4月29日　纵17.3厘米　横13.2厘米

福建博物院　藏

上杭县苏维埃政府文化部印发的《上杭县各区文化委员会联席会决议》
1932 年　纵 19.3 厘米　横 13 厘米
福建博物院　藏

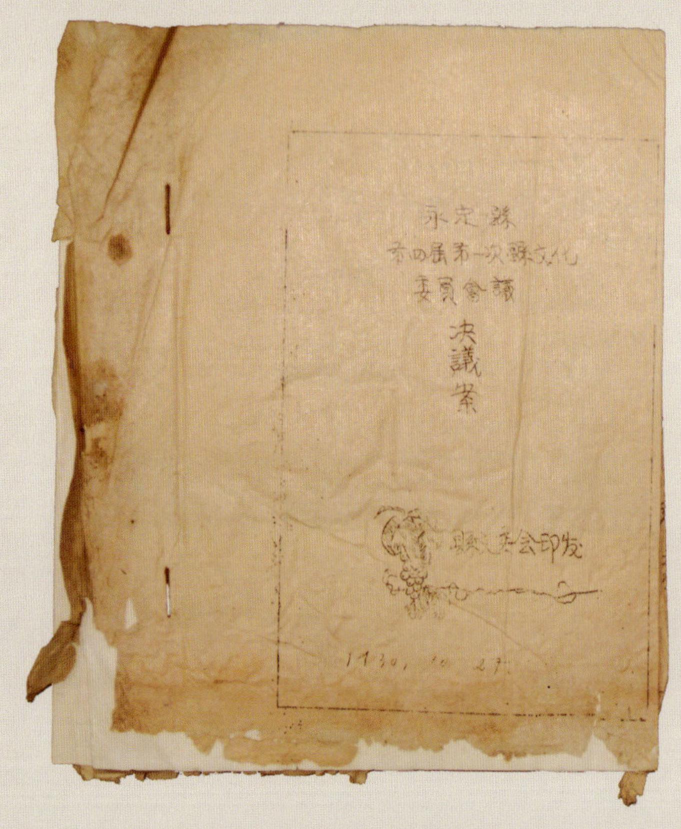

永定县文化委员会印发《永定县第四届第一次县文化委员会议决议案》
1930 年 10 月 27 日　纵 19 厘米　横 16 厘米
龙岩博物馆　藏

中华苏维埃中央军事政治学校印《中国工农红军军用号谱》

土地革命战争时期　纵 13.5 厘米　横 22 厘米

宁化县革命纪念馆　藏

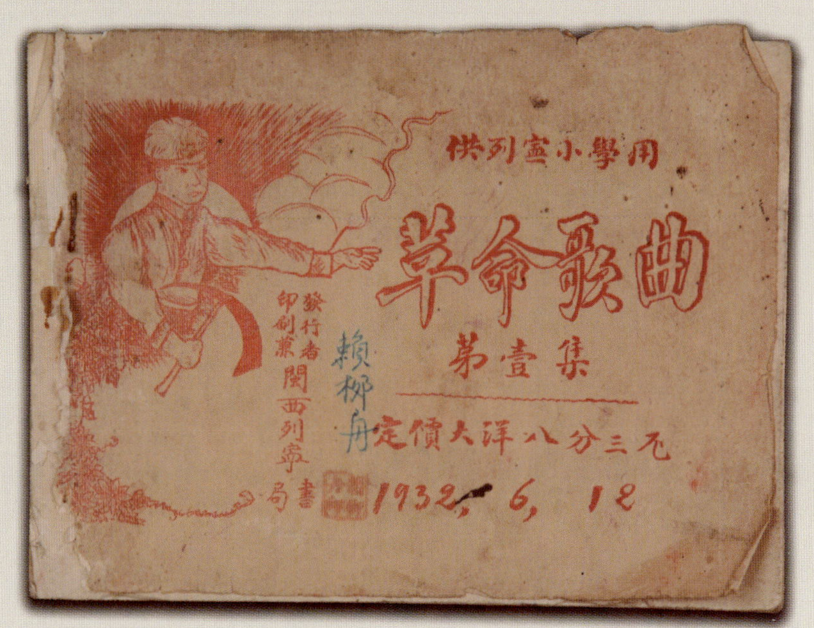

闽西列宁书局印发的《革命歌曲》第一集
1932 年 6 月 12 日　纵 12.5 厘米　横 17 厘米
古田会议纪念馆　藏

CY 特委出版剧本《红之芭》
1929 年 12 月 8 日　纵 16 厘米　横 13.7 厘米
上杭县博物馆　藏

福建省苏维埃剧团徽章
土地革命战争时期　横 4.8 厘米　斜边长 1.4 厘米
长汀县博物馆　藏

福建省苏维埃剧团徽章
土地革命战争时期　横 4.8 厘米　斜边长 1.4 厘米
长汀县博物馆　藏

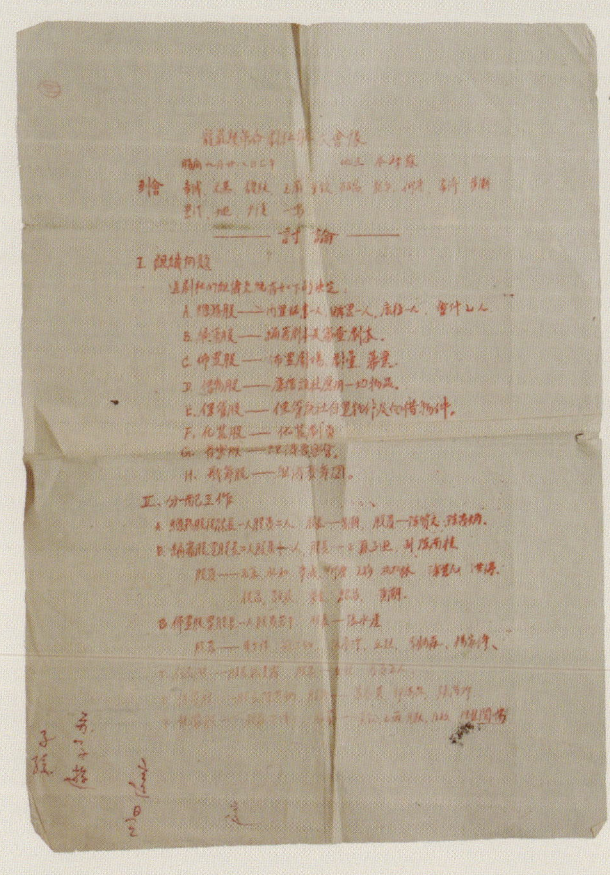

——讨论——
I. 组织问题
B. 编剧股——编写剧本及审查剧本。
C. 布置股——布置剧场、剧台、幕景。
E. 保管股——保管该社自置物件及借用物件。
F. 化装股——化装剧员
II. 分配工作

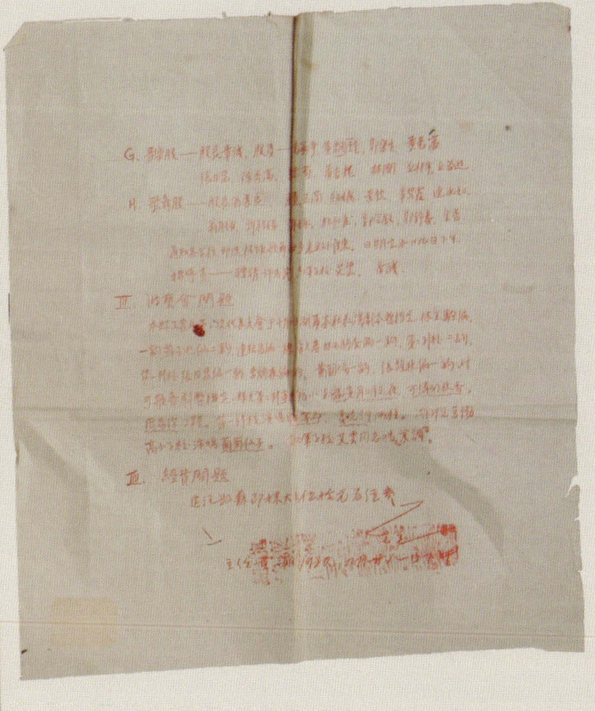

龙岩县革命剧社第一次会议纪要
1930 年 9 月 28 日　纵 32.5 厘米　横 29.5 厘米（右图）
纵 41.0 厘米　横 29.5 厘米（左图）
古田会议纪念馆　藏

厦门儿童剧团编印歌曲《越打越强》《夜莺曲》
抗日战争全面爆发时期　纵 18.6 厘米　横 28 厘米
福建博物院　藏

厦门儿童救亡剧团肩章
1937 年　纵 10.4 厘米　横 4 厘米
福建博物院　藏

1937 年 9 月 3 日，为适应抗日救亡的新形势，在中共厦门工委的领导下，以“鸽翼剧社”的部分小演员和中华小学的“绿苗文艺社”为基础，又吸收了部分爱国儿童，正式成立厦门儿童救亡剧团。

厦门儿童救国剧团徽章
1937 年　直径 5.2 厘米
福建博物院　藏

厦门青年战时服务团儿童救亡剧团证章
1938 年　直径 2.8 厘米
福建博物院　藏

1930 年初，根据中共闽西“一大”的决定，闽西苏维埃政府在龙岩创办了闽西红军学校。1930 年 5 月，学校改名为中国红军军官学校。为纪念革命先烈彭湃、杨殷，军校又改名为彭杨军事学校第三分校。1931 年春，学校迁往永定虎岗，改称为闽粤赣边区红军军事政治学校。同年 9 月，迁瑞金，与第一、三军团的随营学校合并，成立中央政治军事学校。

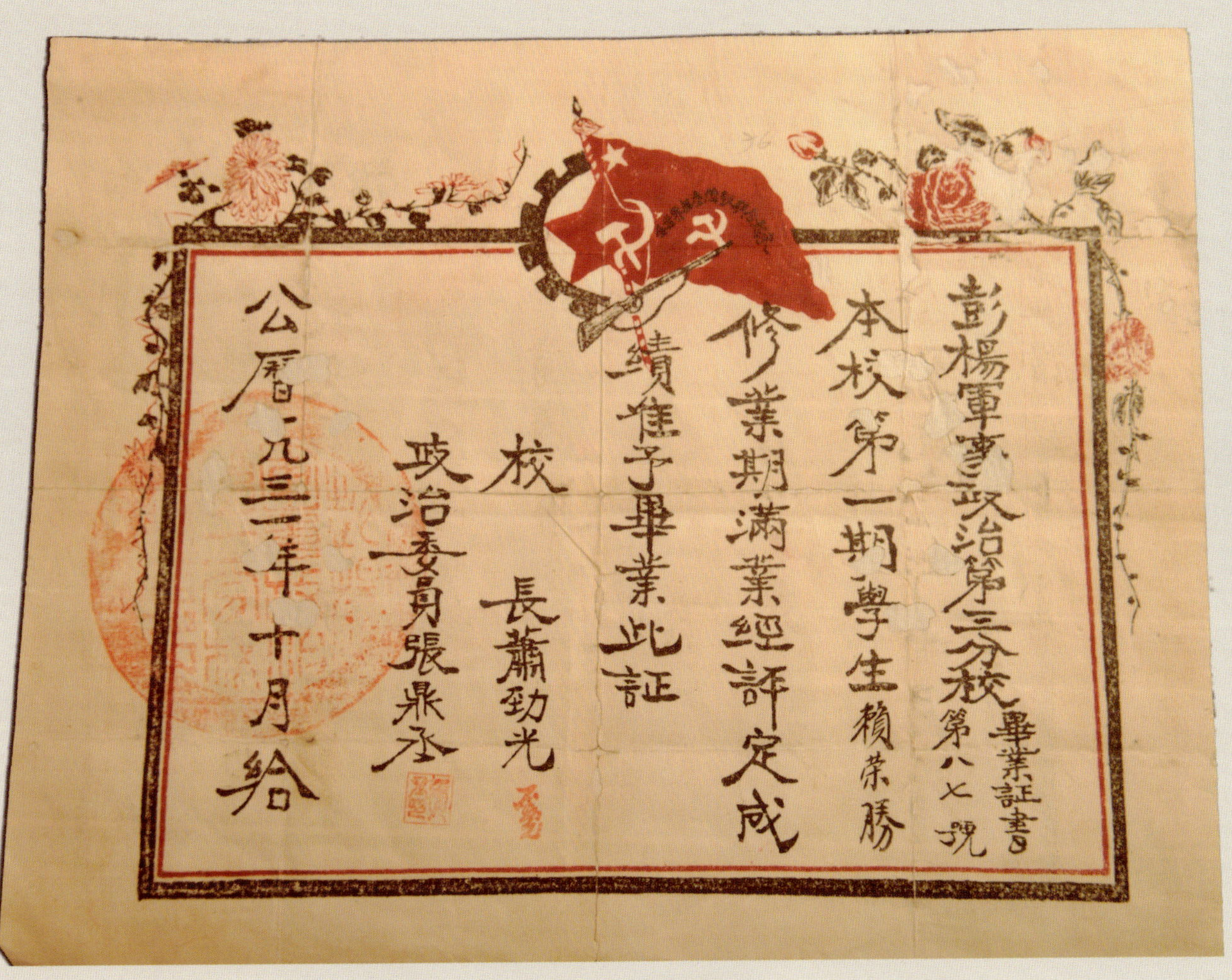

彭楊軍事政治第三分校畢業證書
第八七號
本校第一期學生賴荣勝
修業期滿業經評定成
績准予畢業此証
校　長蕭勁光
政治委員張鼎丞
公曆一九三一年十月給

彭杨军事政治第三分校颁发给赖荣胜的毕业证书
1931 年 10 月　纵 24 厘米　横 30 厘米
福建博物院　藏

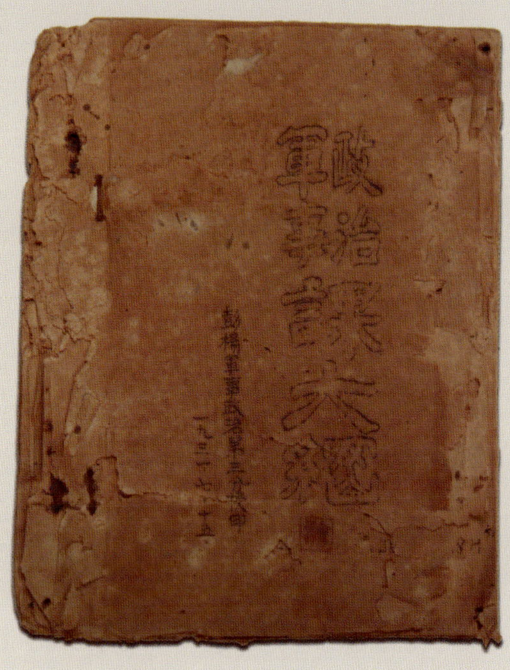

彭杨军事政治第三分校印《政治、军事课大纲》
1931 年 7 月 15 日　纵 17 厘米　横 14 厘米
连城县新泉整训纪念馆　藏

永定虎西彭杨军事政治第三分校使用的木桌
1931 年　长 180 厘米　宽 40.5 厘米　高 75.5 厘米
福建博物院　藏

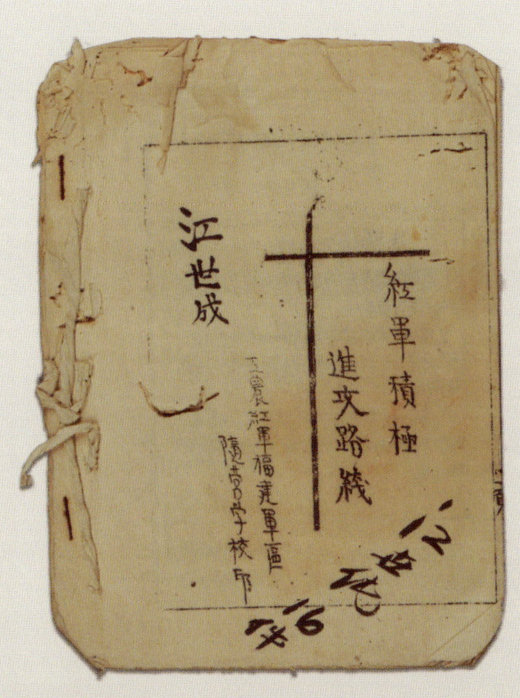

工农红军福建军区随营学校印《红军积极进攻路线》
1932 年　纵 18 厘米　横 13.5 厘米
福建博物院　藏

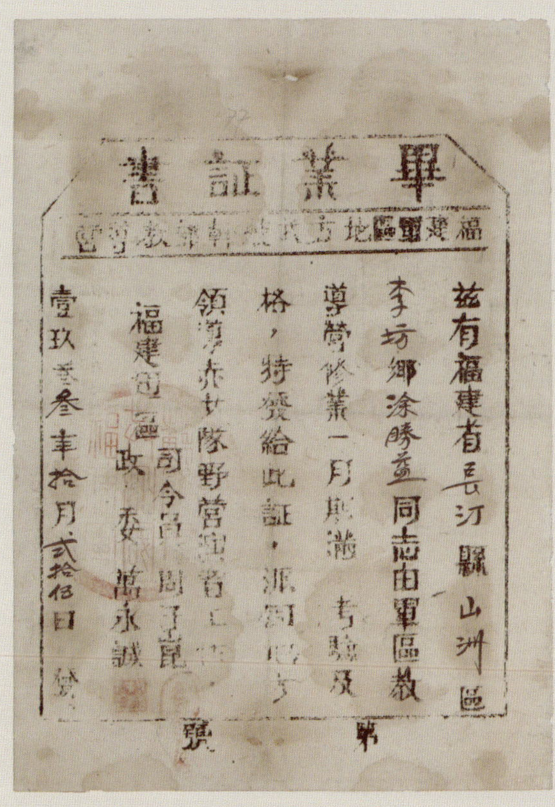

畢業証書

福建軍區地方武裝幹部教導營

茲有福建省長汀縣山洲區李坊鄉涂勝益同志由軍區教導營修業一月期滿，考驗及格，特發給此証，派回[illegible]領導赤少隊野營[illegible]

福建軍區 司令員 周子昆
政委 萬永誠

壹玖叁叁年拾月貳拾伍日 發

第 號

福建军区地方武装干部教导营颁发给长汀涂胜益的毕业证书
1933 年 10 月 25 日　纵 27.7 厘米　横 19.8 厘米
福建博物院　藏

红军学校学生田玉林的袖章
土地革命战争时期　周长 40 厘米　宽 17.5 厘米
福建博物院　藏

永定县湖雷乡第一劳动初级小学校红旗
土地革命战争时期　纵 66 厘米　横 71 厘米
福建博物院　藏

上杭西三区第一劳动高级小学学生林仰文的校徽
土地革命战争时期　边长 6 厘米
毛泽东才溪乡调查纪念馆　藏

“暑期平民学校筹备处”方印
土地革命战争时期　印面边长 3.4 厘米
福建博物院　藏

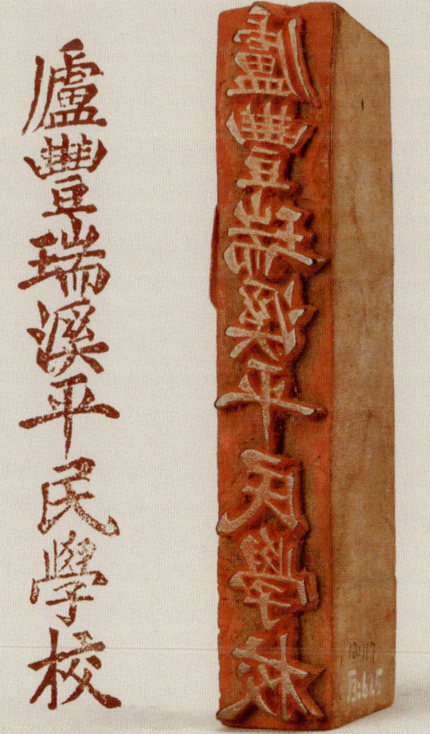

“庐丰瑞溪平民学校”长戳
土地革命战争时期　印面长 9 厘米　宽 1.6 厘米
福建博物院　藏

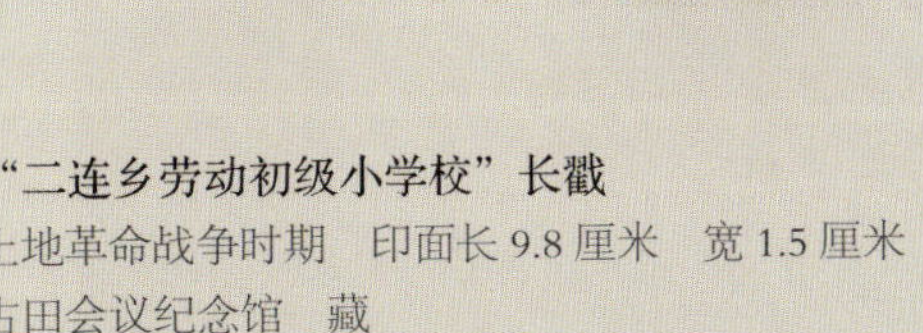

“二连乡劳动初级小学校”长戳
土地革命战争时期　印面长 9.8 厘米　宽 1.5 厘米
古田会议纪念馆　藏

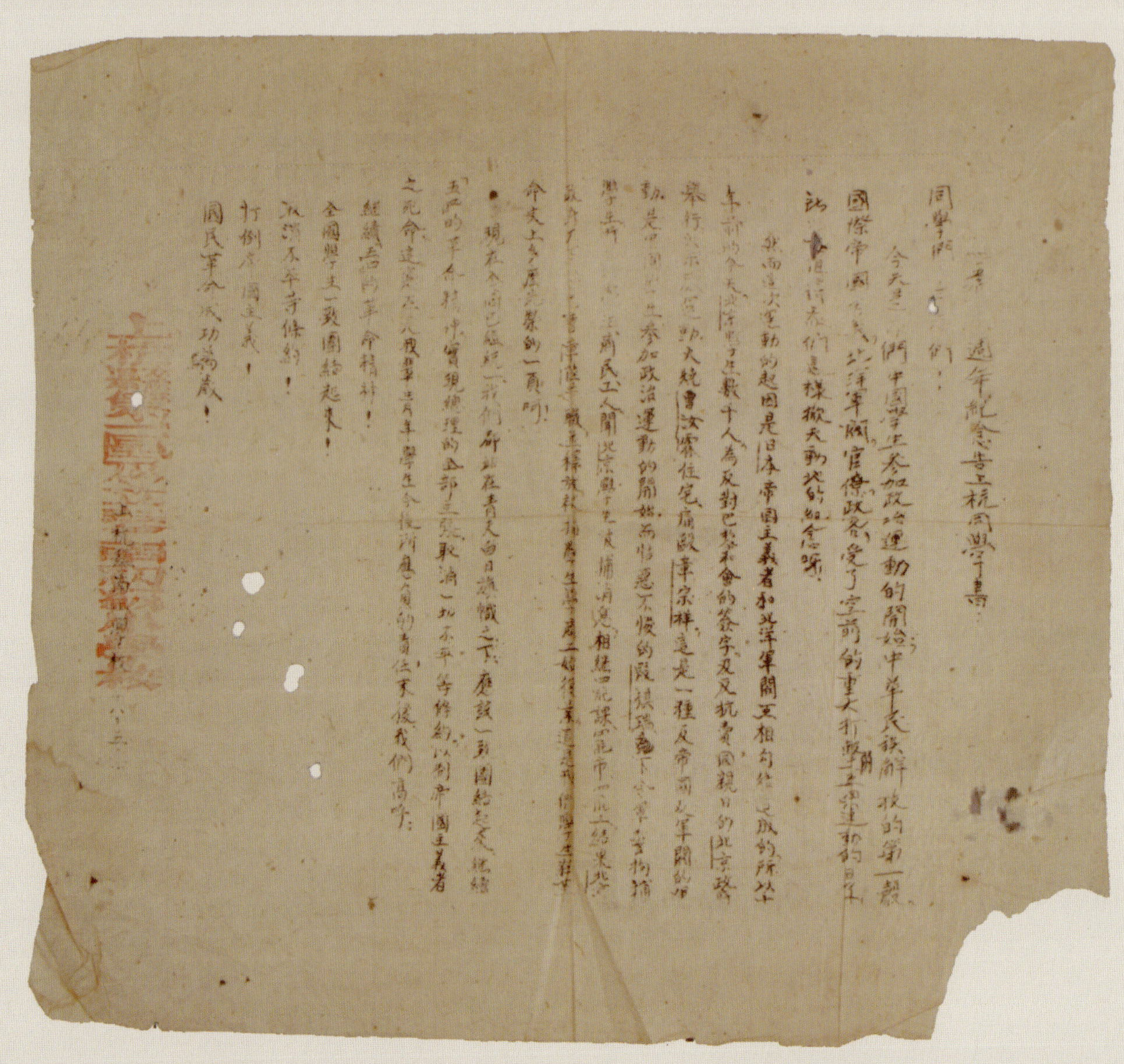

上杭县第一区琴南初级小学校印发的《五四运动10周年纪念告上杭同学书》布告
1929年5月4日　纵29厘米　横31.6厘米
上杭县博物馆　藏

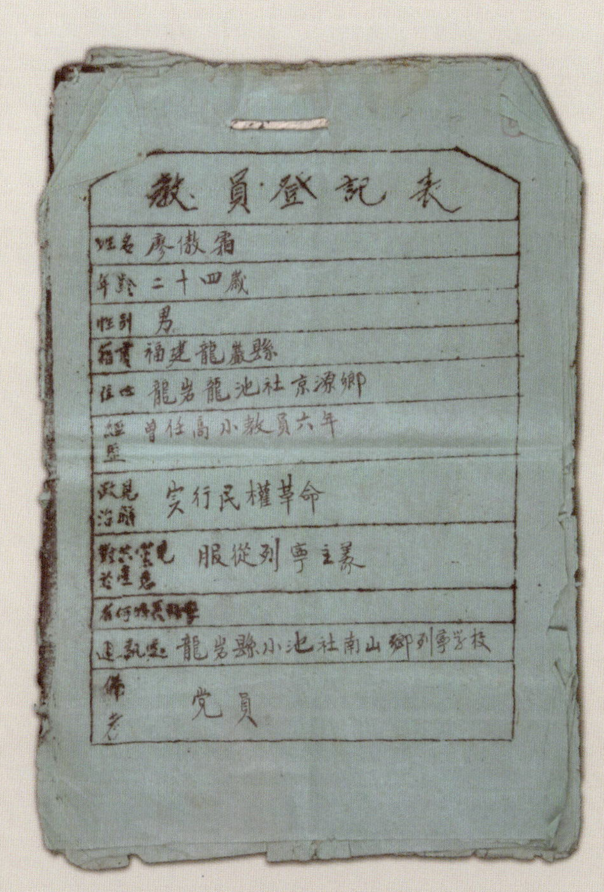

教員登記表

姓名	廖徽霜
年齡	二十四歲
性別	男
籍貫	福建龍巖縣
住址	龍岩龍池社京源鄉
經歷	曾任高小教員六年
政治見解	实行民權革命
[illegible]	服從列寧主義
[illegible]	
通訊處	龍岩縣小池社南山鄉列寧学校
備考	党員

龙岩县龙池区印制的《列宁学校教员登记表》
土地革命战争时期　纵 28 厘米　横 18.9 厘米
古田会议纪念馆　藏

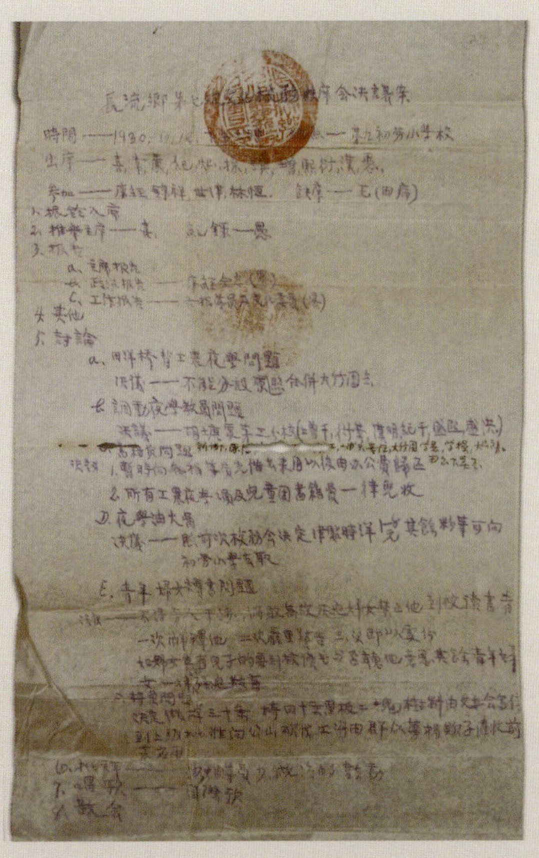

长流乡文化建设委员会印发的《长流乡第七次文化校务联席会决议案》
1930 年 10 月 12 日　纵 37 厘米　横 21 厘米
龙岩博物馆　藏

永定县苏维埃政府文化委员会印制《永定第十区各乡教育经费预算表》
1930 年 9 月 17 日　纵 38 厘米　横 29 厘米
龙岩博物馆　藏

福建省苏维埃政府文化部出版、闽西列宁书局印行的《共产儿童读本》第一册

1932 年　纵 18.5 厘米　横 12 厘米

福建博物院　藏

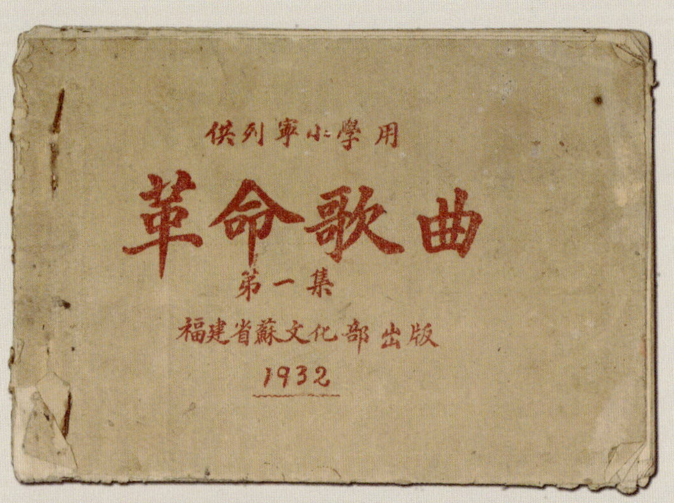

福建省苏文化部出版供列宁小学用的《革命歌曲》第一集

1932 年　纵 12.5 厘米　横 18 厘米

福建博物院　藏

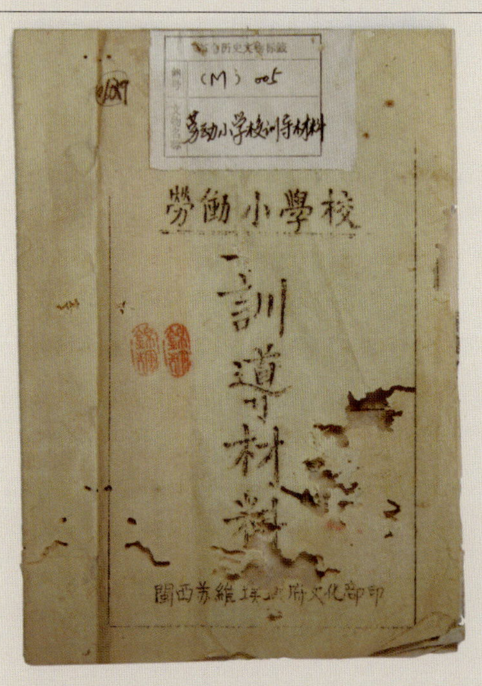

闽西苏维埃政府文化部印发的《劳动小学校训导材料》

1931 年 3 月 10 日　纵 17 厘米　横 12.5 厘米

连城县新泉整训纪念馆　藏

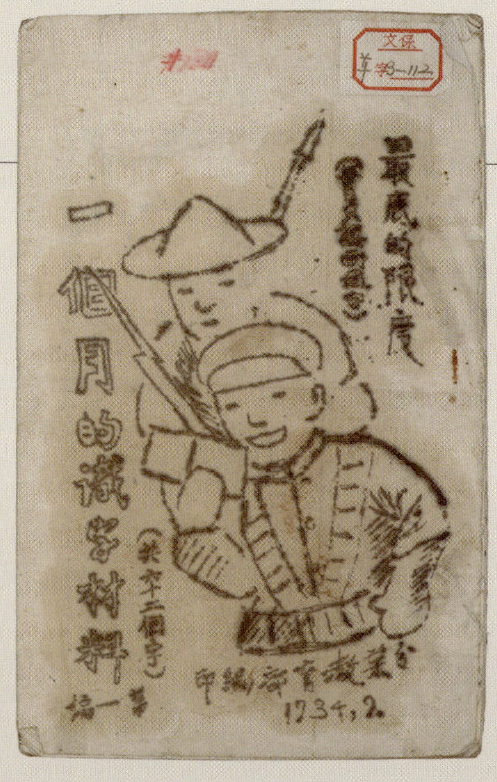

闽北分区苏维埃政府教育部编印的《一个月的识字材料》第一编

1934 年 2 月　纵 20 厘米　横 12.5 厘米

福建博物院　藏

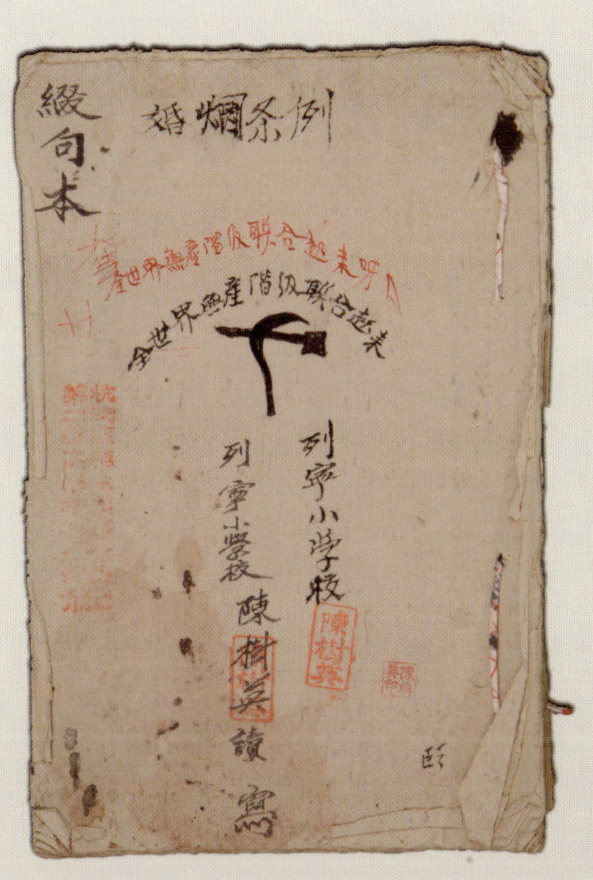

杭武县第二区列宁小学陈树英的读写《缀句本》
1931 年　纵 23 厘米　横 15.5 厘米
古田会议纪念馆　藏

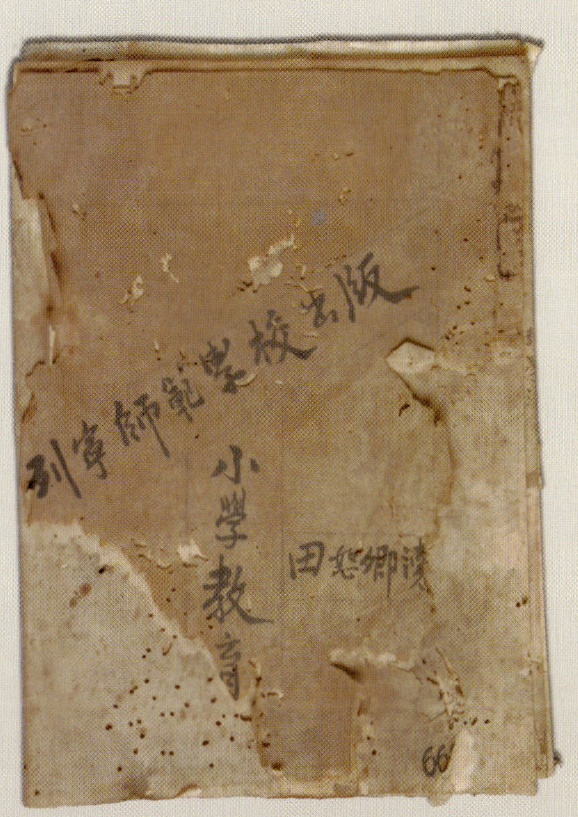

列宁师范学校出版的《小学教育》
土地革命战争时期　纵 21.2 厘米　横 16.2 厘米
上杭县博物馆　藏

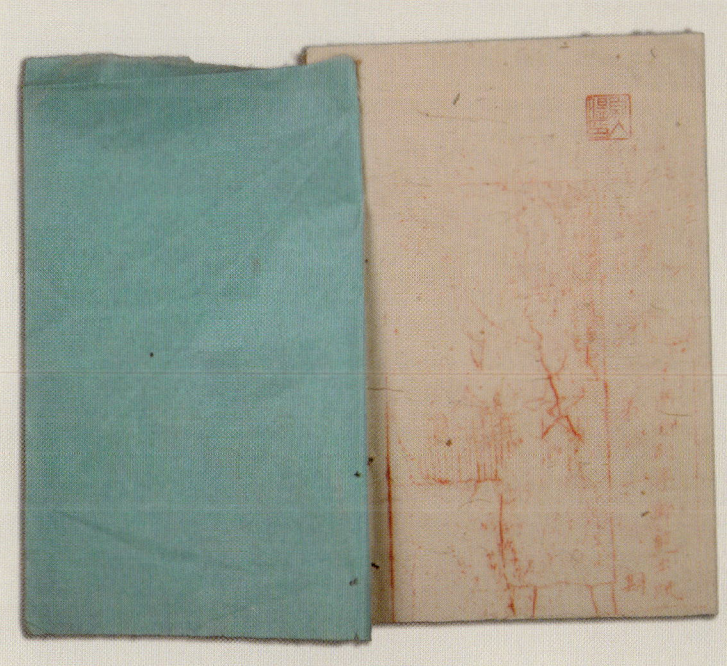

闽西列宁师范出版的《晨光》第一期
土地革命战争时期　纵 17.2 厘米　横 12 厘米
古田会议纪念馆　藏

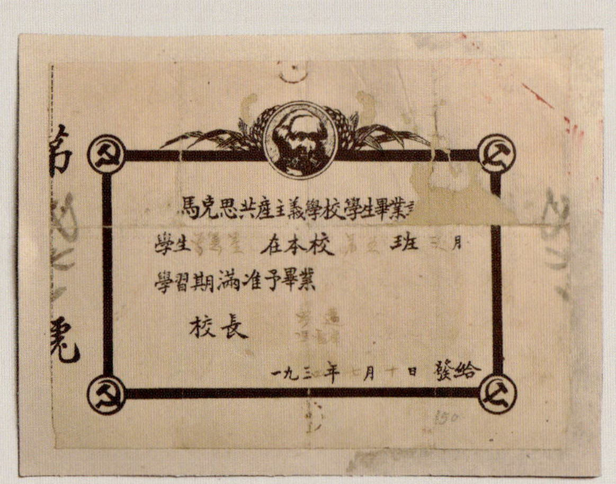
馬克思共産主義學校學生畢業證
學生 在本校 班 月
學習期滿准予畢業
校長
一九三 年 月 日 發給

马克思共产主义学校颁发给曾宪星的毕业证书
1934 年 7 月 10 日　纵 11.5 厘米　横 16 厘米
福建博物院　藏

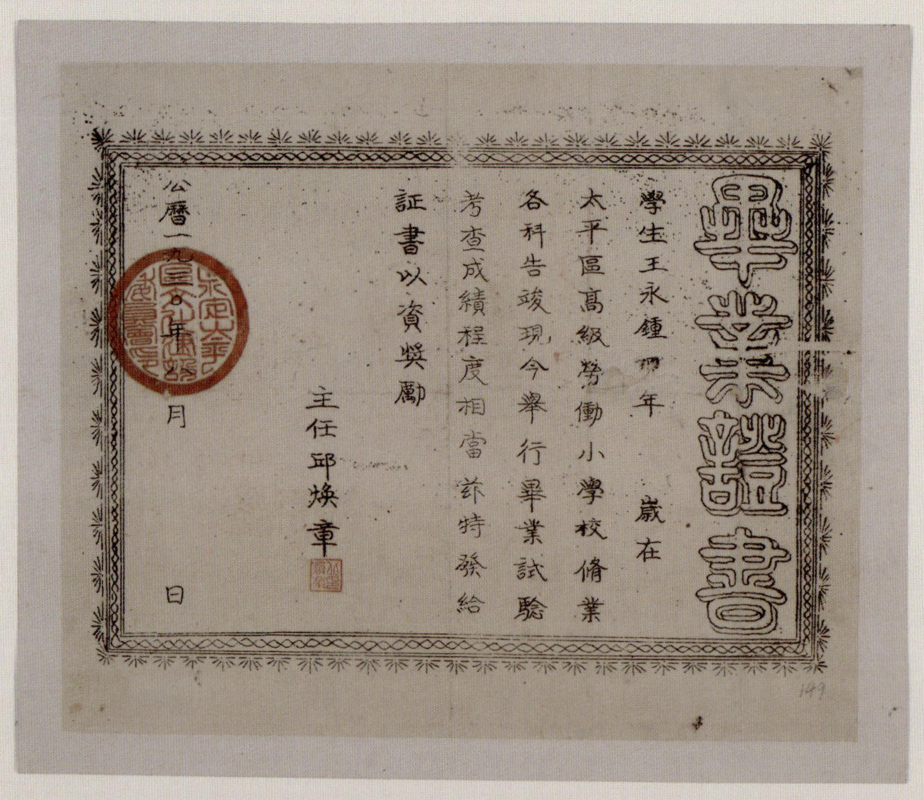
畢業證書
學生王永鍾 年 歲在
太平區高級勞働小學校修業
各科告竣現今舉行畢業試驗
考查成績程度相當茲特發給
証書以資獎勵
主任邱焕章
公曆一九 年 月 日

永定太平区文化建设委员会颁发给王永钟的太平区高级劳动小学毕业证书
1930 年 8 月　纵 27 厘米　横 33 厘米
福建博物院　藏

苏维埃政权建立后，各级党组织、政府十分重视卫生体育工作，在积极提倡讲卫生的同时，创办各级医疗机构，消灭疾病，努力改变穷山僻壤缺医少药的落后状态。设立体育领导机构，组织开展各项体育竞赛和群众性体育活动，增强人民体质。

大洋坝红军医院使用的竹镊
1929 年　长 18.5 厘米
上杭县博物馆　藏

“红军第九军七十五团后方医院”长戳
1930 年　印面长 8.7 厘米　宽 1.9 厘米
龙岩市永定区博物馆　藏

闽西红军医院使用的玻璃药瓶
1930 年　高 10.7 厘米
龙岩博物馆　藏

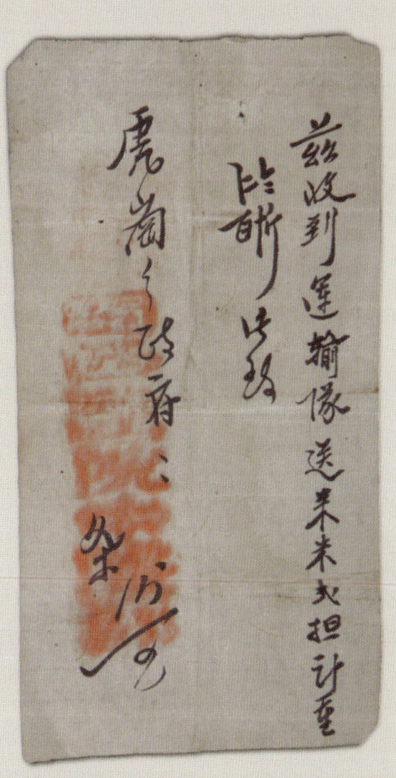

闽西医院中医部出具给虎岗乡苏维埃政府的交米收条
土地革命战争时期　纵 22.5 厘米　横 12.4 厘米
古田会议纪念馆　藏

福音医院使用的瓷药罐
1932 年　通高 7 厘米　底径 7.5 厘米
长汀县博物馆　藏

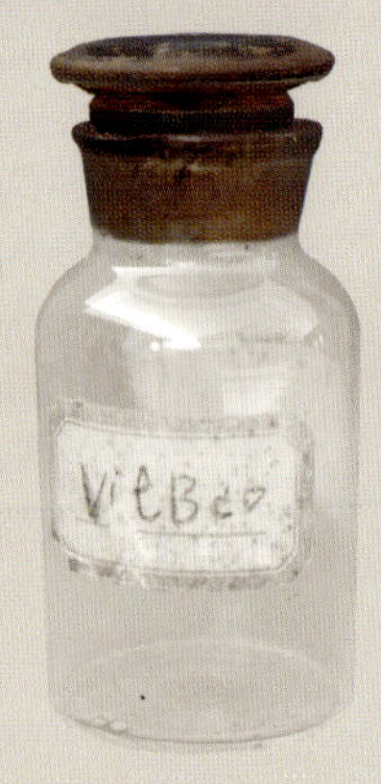

福音医院使用的药瓶
1932 年　通高 13.5 厘米　底径 6.5 厘米
长汀县博物馆　藏

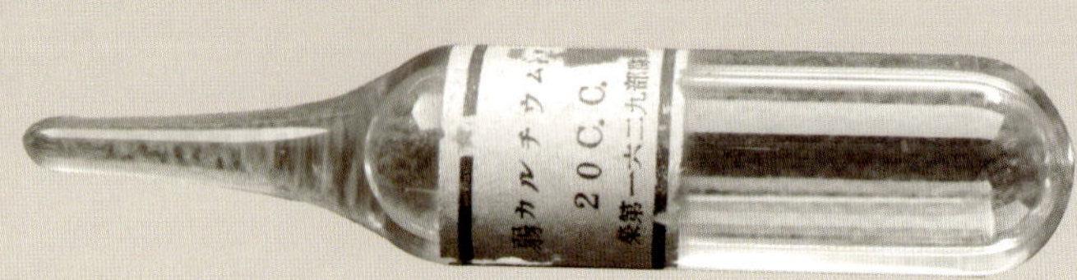

福音医院使用的进口药水针剂
土地革命战争时期　通长 11 厘米
长汀县博物馆　藏

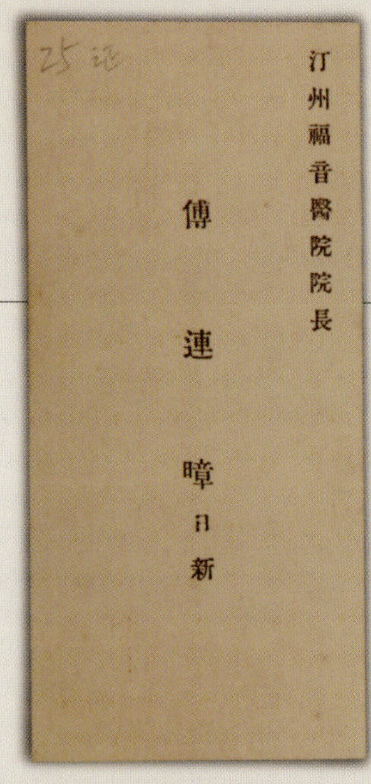

汀州福音醫院院長
傅連暲
日新

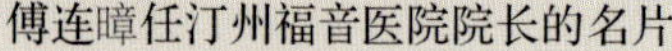

傅连暲任汀州福音医院院长的名片
土地革命战争时期　纵 11.5 厘米　横 5 厘米
长汀县博物馆　藏

福音医院，英国人创办的教会医院，1904 年始建，1908 年落成，原名“亚盛顿医馆”，1926 年改名福音医院，由傅连暲负责。1931 年福音医院成为中央苏区的红军医院。1933 年福音医院搬往瑞金，改名为“中央红色医院”，傅连暲同志为院长。

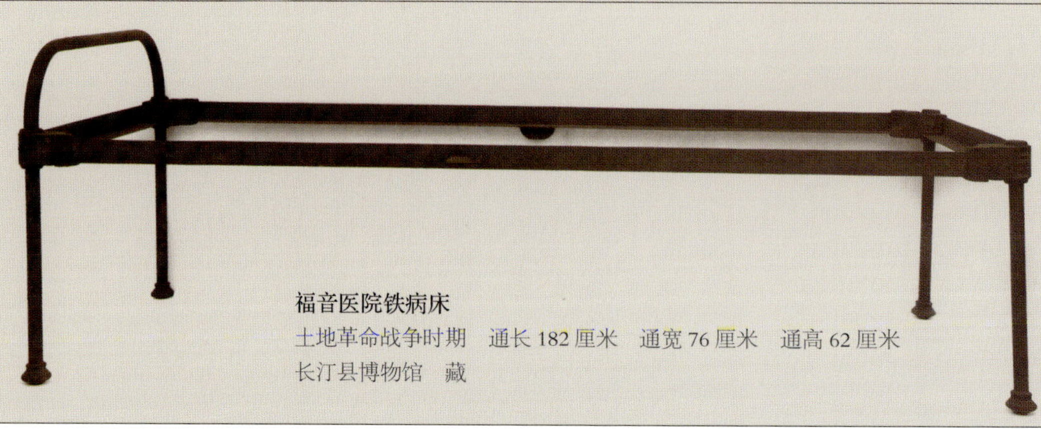

福音医院铁病床
土地革命战争时期　通长 182 厘米　通宽 76 厘米　通高 62 厘米
长汀县博物馆　藏

红军医院使用的戥子
1933 年　通长 28 厘米　通宽 6.4 厘米　通高 1.5 厘米
古田会议纪念馆　藏

红军医院外科使用的竹筒
1933 年　口径 11.2 厘米　高 15.7 厘米
古田会议纪念馆　藏

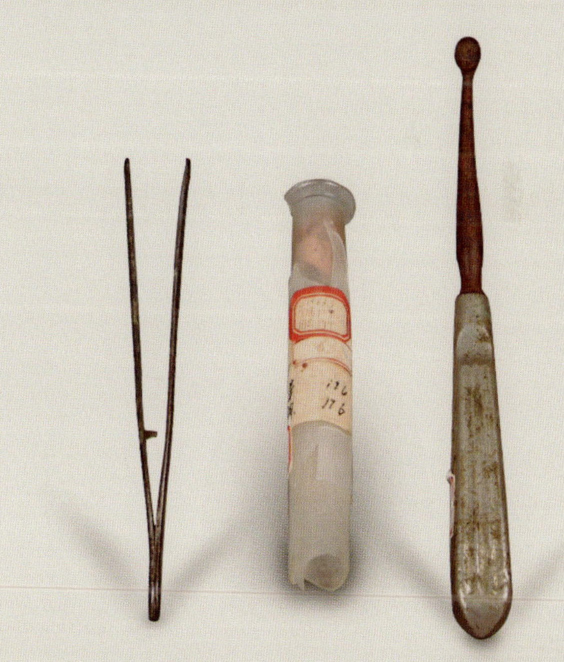

安南永后方医院使用的医疗器材之镊子、注射管、勺形器
1935 年　镊子通长 18 厘米　注射管通长 13.4 厘米
勺形器通长 13.2 厘米
福建博物院　藏

上杭县东五区苏维埃政府自由结婚证章
1932 年　纵 4 厘米　横 3.8 厘米
福建博物院　藏

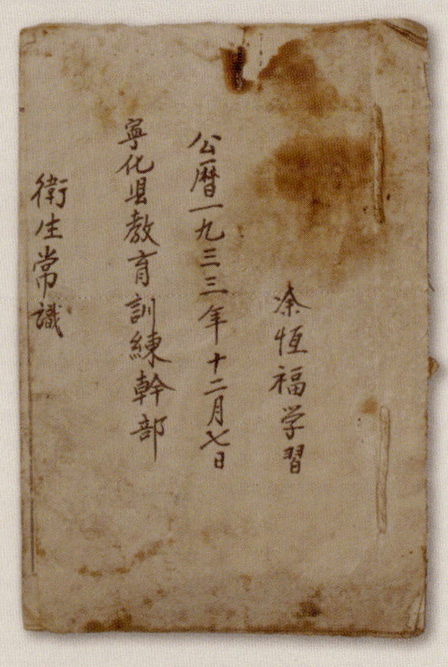

宁化县教育训练干部班教材《卫生常识》
1933 年 12 月　纵 19.8 厘米　横 13.5 厘米
宁化县革命纪念馆　藏

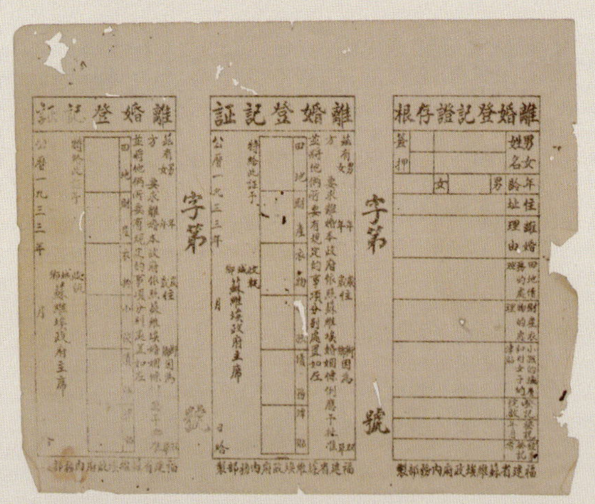

福建省苏维埃政府内务部印制的离婚登记证、存根三联单
1933 年　纵 18 厘米　横 22 厘米
福建博物院　藏

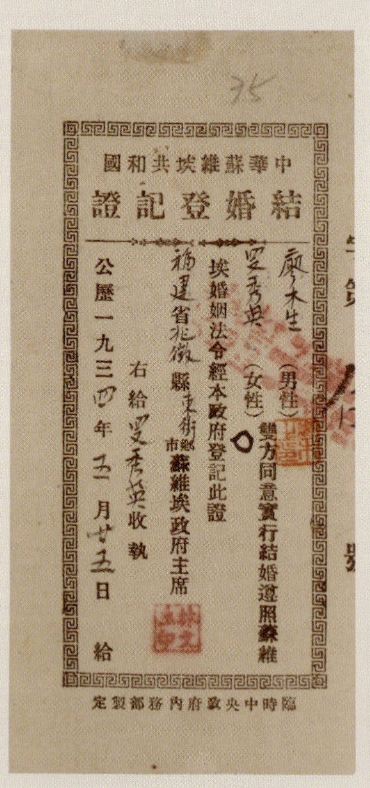

中華蘇維埃共和國
結婚登記證

廖木生（男性）罗秀英（女性）雙方同意實行結婚遵照蘇維埃婚姻法令經本政府登記此證

福建省兆徵縣東街鄉市蘇維埃政府主席

右給罗秀英收執

公曆一九三四年五月廿五日給

臨時中央政府內務部製定

福建省兆征县东街乡苏维埃政府颁发给廖木生和罗秀英的结婚登记证
1934 年 5 月　纵 17.7 厘米　横 8.5 厘米
福建博物院　藏

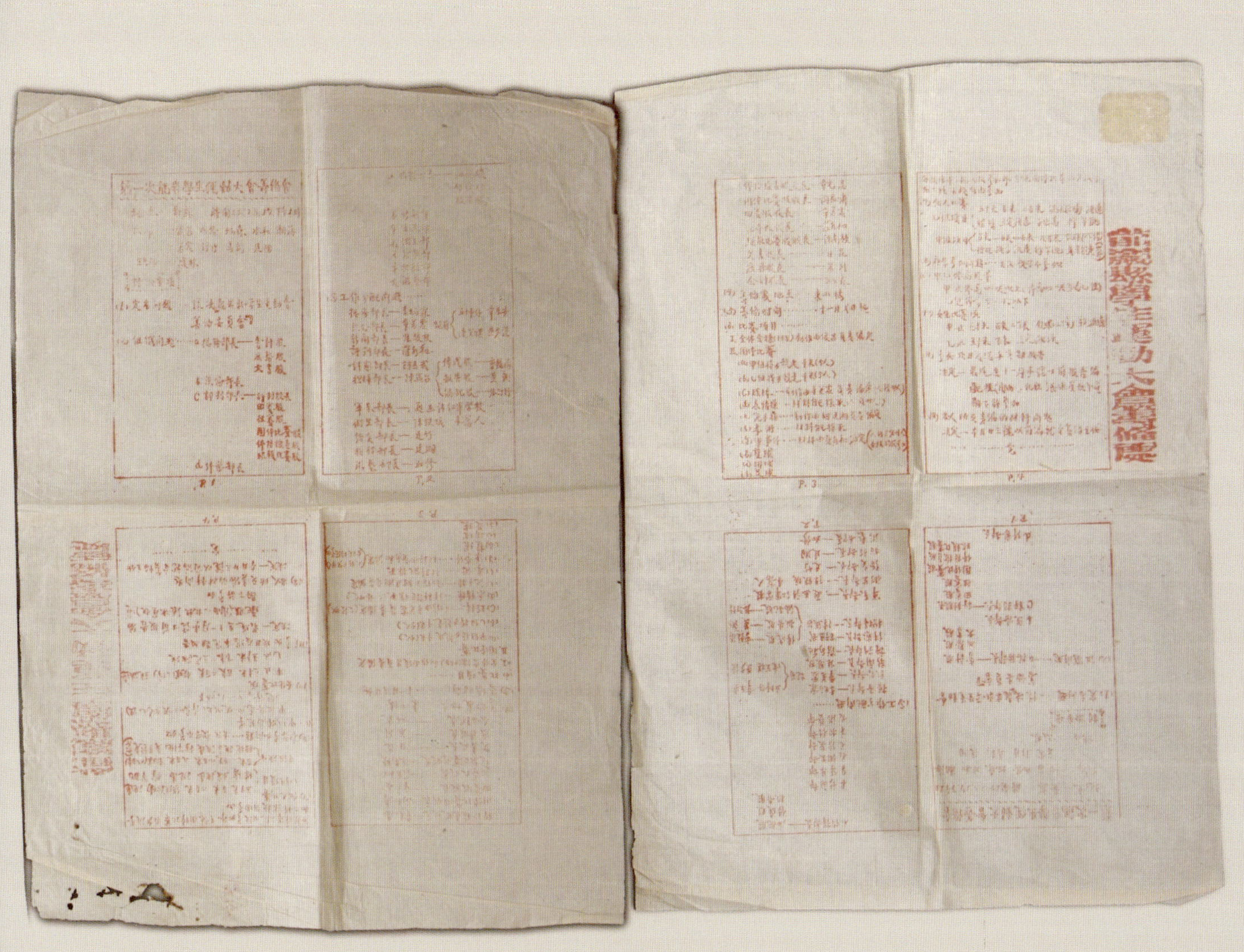

第一次龙岩学生运动大会筹备会纪要
1930 年 9 月 17 日　纵 41 厘米　横 29.8 厘米
古田会议纪念馆　藏

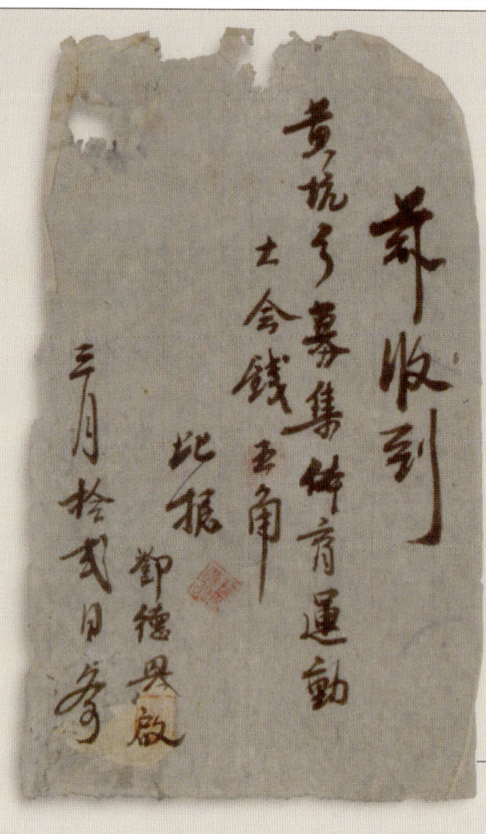

兹收到
黄坑乡募集体育運動
大会钱五角
此据
鄧德興啟
三月拾貳日

邓德兴出具的“黄坑乡募集体育运动大会钱五角”收据
土地革命战争时期　纵 19.8 厘米　横 12 厘米
上杭县博物馆　藏

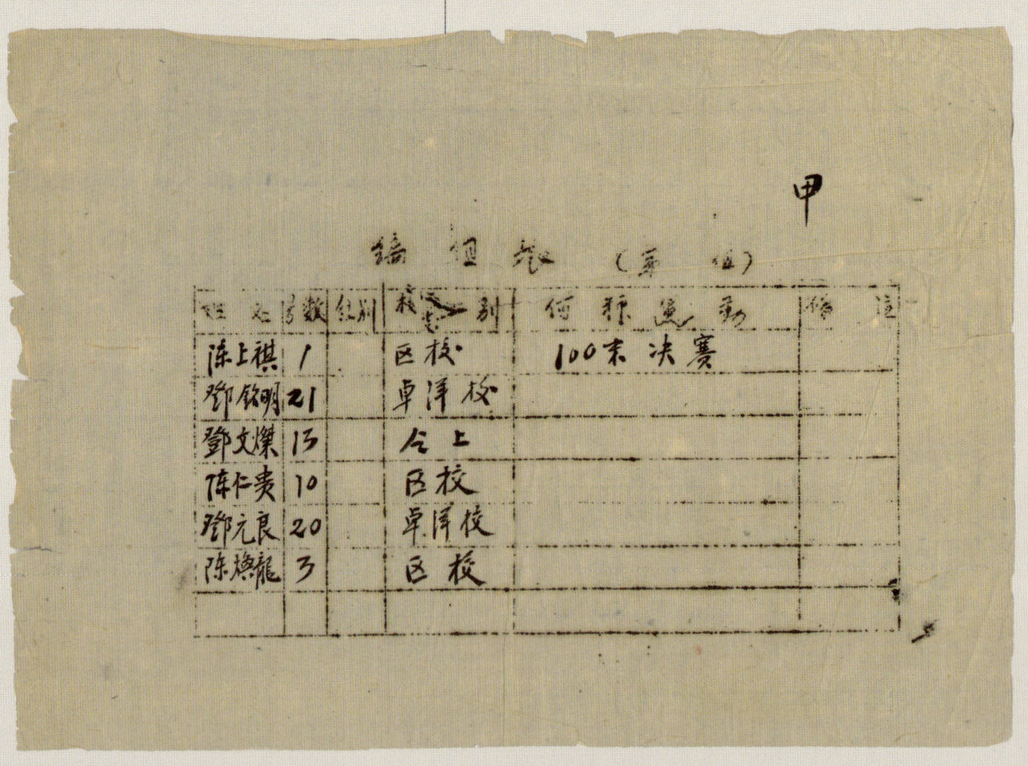

甲

編組表（男組）

姓名	号数	性别	校别	何种運動	備注
陈上祺	1		区校	100米决赛	
邓钦明	21		卓洋校		
邓文燦	13		仝上		
陈上贵	10		区校		
邓元良	20		卓洋校		
陈焕龍	3		区校		

龙池区运动会编组表
土地革命战争时期　纵 20.4 厘米　横 29.5 厘米
古田会议纪念馆　藏

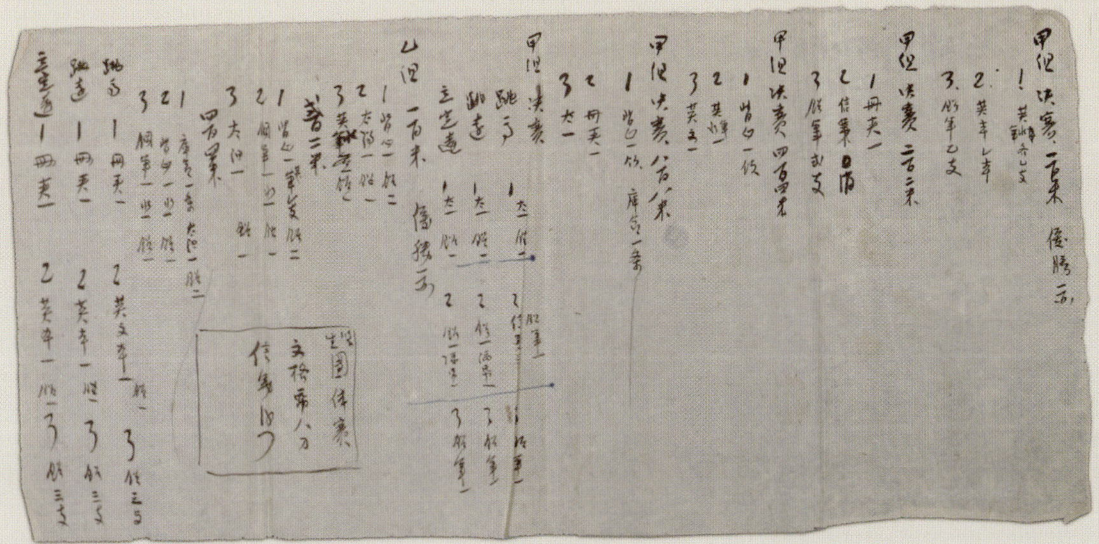

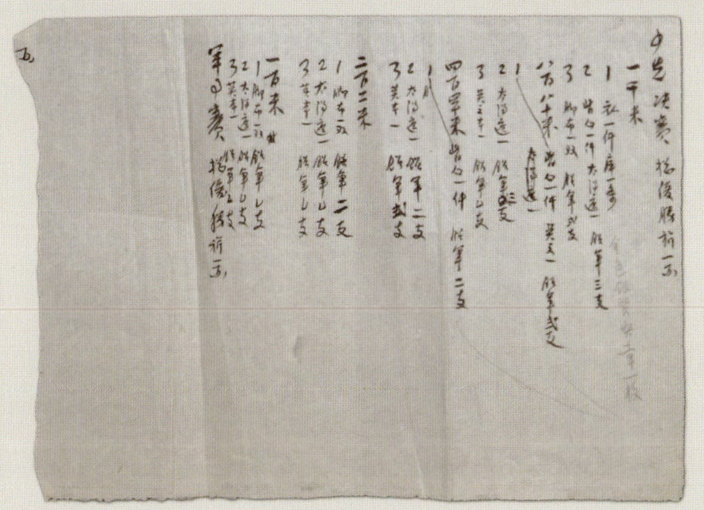

龙池区运动会决赛奖品登记表
土地革命战争时期　纵 23.6 厘米
古田会议纪念馆　藏

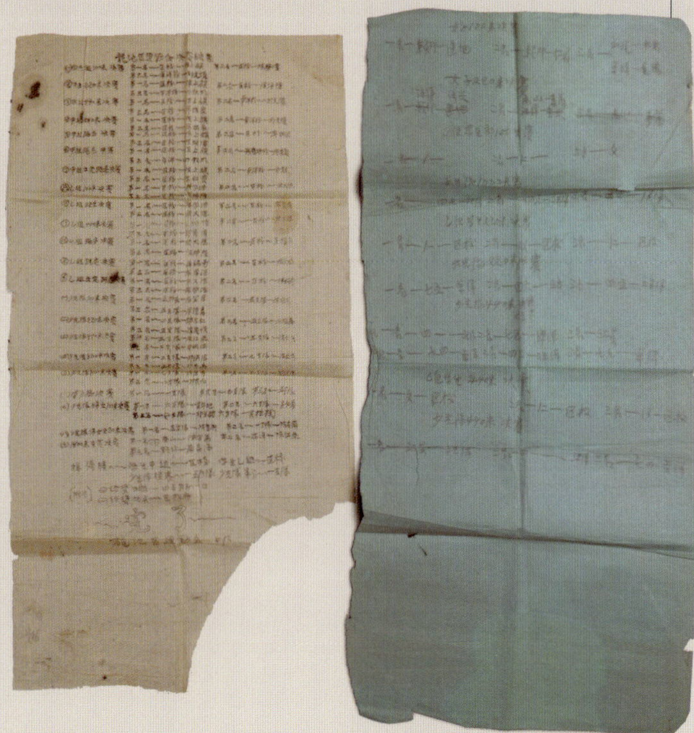

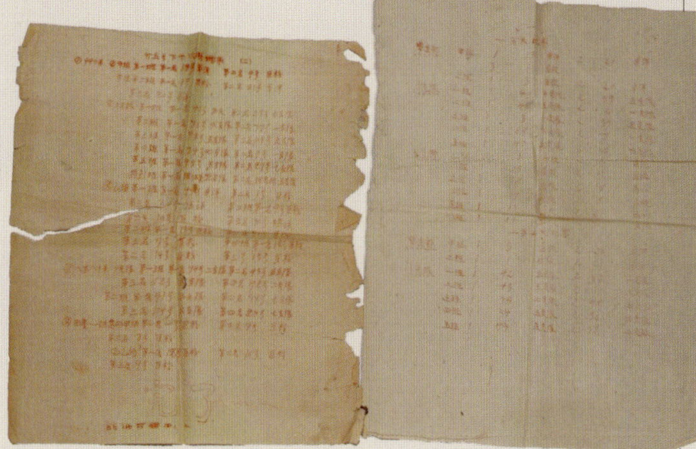

龙池区全区运动会决赛结果表

土地革命战争时期

纵 30.7 厘米　横 64.3 厘米（上图）

古田会议纪念馆　藏

红四军政治部赠第一次比赛大会奖章

土地革命战争时期　对角线长 5.2 厘米

福建博物院　藏

八一福建全省赤色运动大会的优胜者奖品
——工农红军福建军区政治部印《革命歌集》

1933 年　纵 12.5 厘米　横 18 厘米

长汀县博物馆　藏

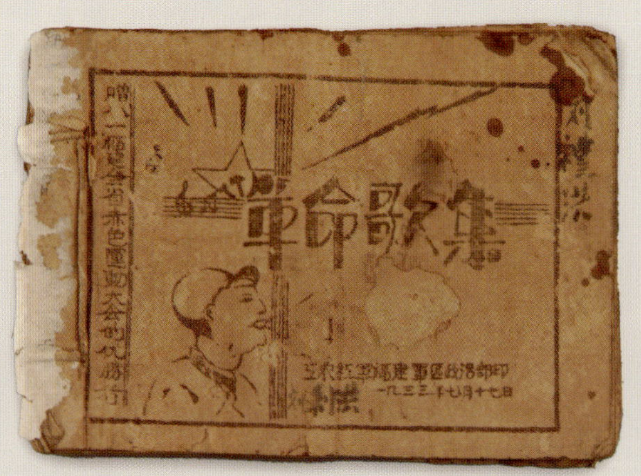

党组织十分重视宣传工作。苏维埃区域纷纷设立书局，出版适应工农群众、广大儿童学习需要的政治、文化、自然科学教科书、革命刊物和报纸，宣传党的方针、政策、革命任务，提高群众思想觉悟，激发了广大军民努力发展生产、踊跃参军支前的革命热情。

中共闽西特委驻苏家坡时使用的印刷机机架
1929 年　长 71 厘米　宽 67 厘米　高 92 厘米
古田会议纪念馆　藏

红军印刷厂使用的石印机
土地革命战争时期
通长 127 厘米　通宽 62 厘米　通高 105 厘米
长汀县博物馆　藏

闽西列宁书局奖给卓贤的印刷比赛甲等优胜奖章
1932 年 5 月 5 日　径长 6.2 厘米
毛泽东才溪乡调查纪念馆　藏

闽西列宁书局石印“世界革命导师马克斯”宣传画像

土地革命战争时期　纵 70 厘米　横 44.7 厘米

古田会议纪念馆　藏

闽西列宁书局石印“世界革命领袖列宁”宣传画像

土地革命战争时期　纵 70.5 厘米　横 44.5 厘米

古田会议纪念馆　藏

闽西苏维埃政府印刷馆印行的马克思先生遗像（右）、列宁先生遗像（左）
土地革命战争时期　纵 43 厘米　横 30 厘米
福建博物院　藏

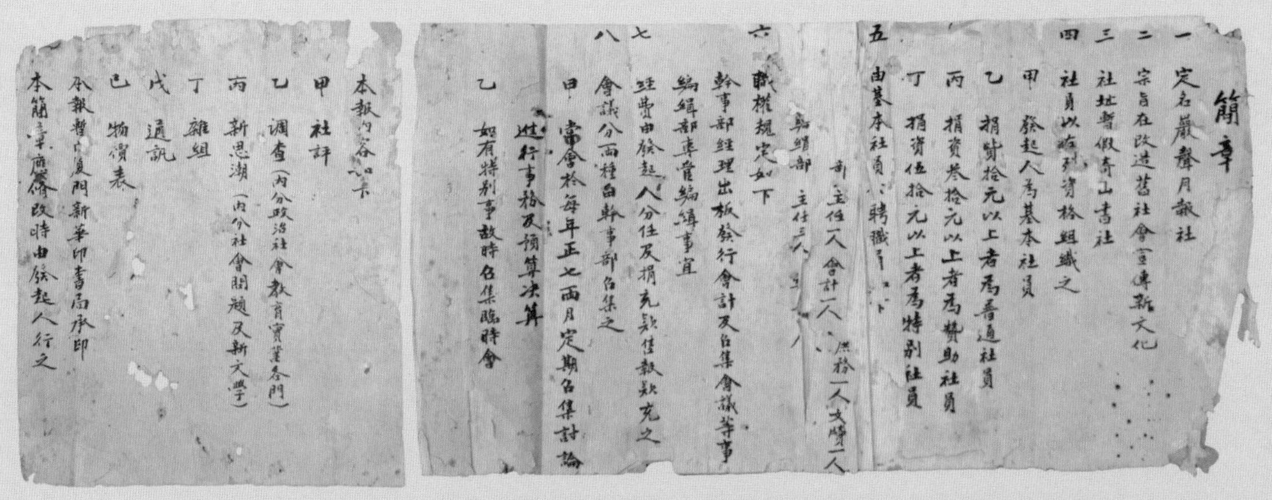

簡章

一 定名巖聲月報社
二 宗旨在改造舊社會宣傳新文化
三 社址暫假奇山書社
四 社員以將列資格組織之
甲 發起人為基本社員
乙 捐貲拾元以上者為普通社員
丙 捐資叁拾元以上者為贊助社員
丁 捐資伍拾元以上者為特別社員
五 由基本社員□聘職員□下
正主任一人 會計一人 庶務一人 文牘一人
編輯部 主任三人
六 職權規定如下
幹事部經理出板發行會計及召集會議等事
編緝部專管編緝事宜
七 經費由發起人分任及捐充款借款充之
八 會議分兩種由幹事部召集之
甲 常會於每年正七兩月定期召集討論進行事務及預算決算
乙 如有特別事故時召集臨時會
本報內容如下
甲 社評
乙 調查（內分政治社會教育實業各門）
丙 新思潮（內分社會問題及新文學）
丁 雜俎
戊 通訊
己 物價表
本報暫由廈門新華印書局承印
本簡章應修改時由發起人行之

《岩声》报创刊《简章》手稿
1923 年 8 月 1 日　纵 19 厘米　横 43 厘米
龙岩博物馆　藏

《岩声》报创刊《缘起》手稿
1923 年 8 月　纵 18.5 厘米　横 30 厘米
龙岩博物馆　藏

1921 年邓子恢、陈明等人在龙岩成立奇山书社，宣传新思想、传播新文化。1923 年 9 月，奇山书社创办《岩声》报，宣传新文化和传播马克思主义。

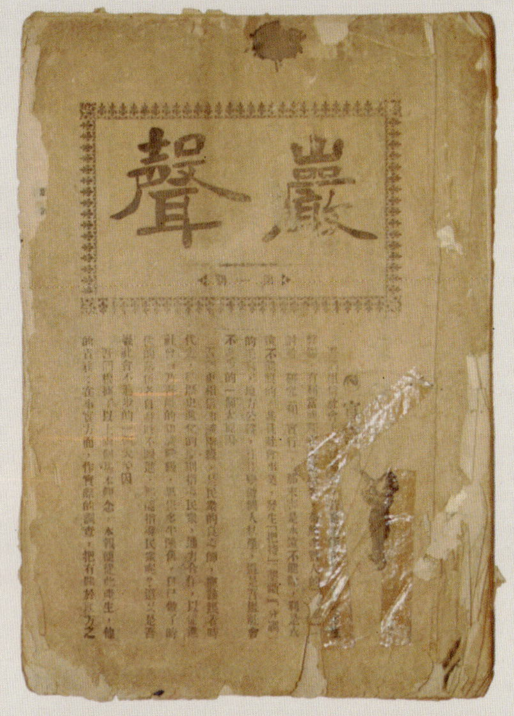

巖聲

第一期

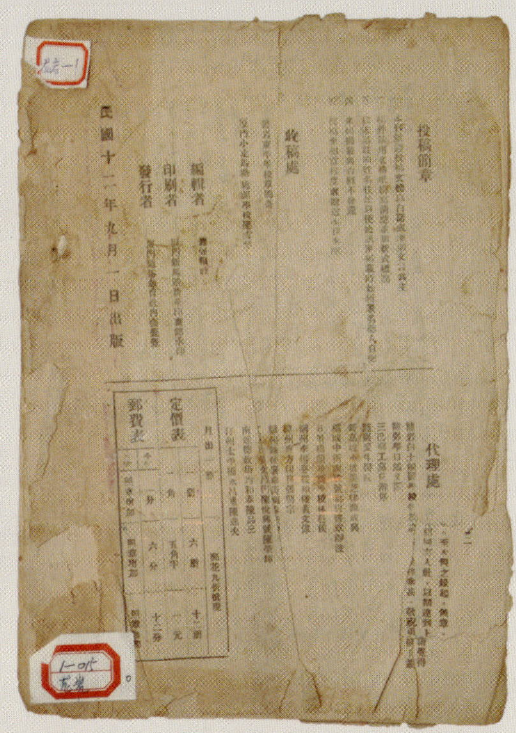

投稿簡章

收稿處

編輯者

印刷者

發行者

民國十二年九月一日出版

代理處

定價表

郵費表

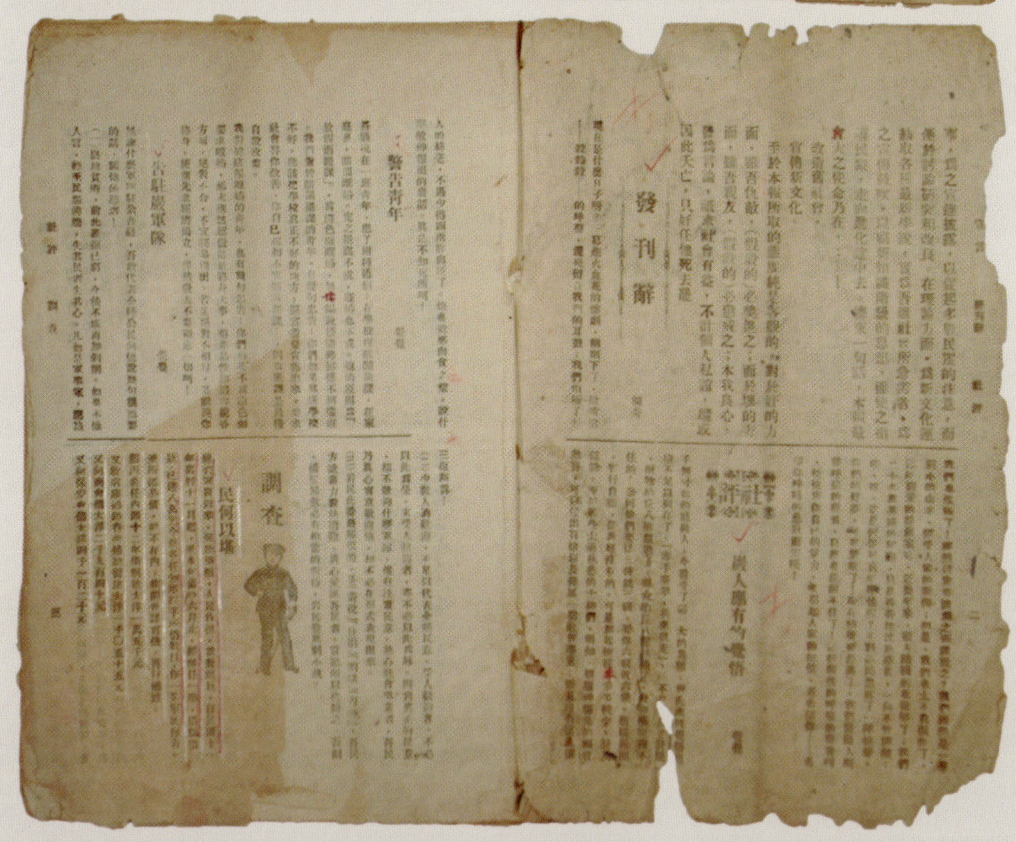

發刊辭

警告青年

告駐巖軍隊

調查

岩声报社出版的《岩声》第一期

1923 年 9 月 1 日　纵 26 厘米　横 19 厘米

龙岩博物馆　藏

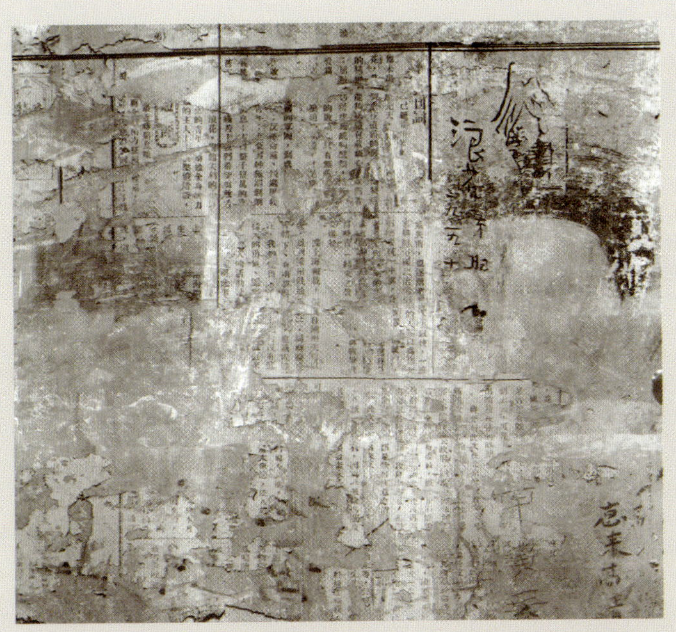

中国工农红军第四军政治部编印的《浪花》创刊号（局部）
1929 年 7 月 27 日　纵 39 厘米　横 56 厘米
古田会议纪念馆　藏

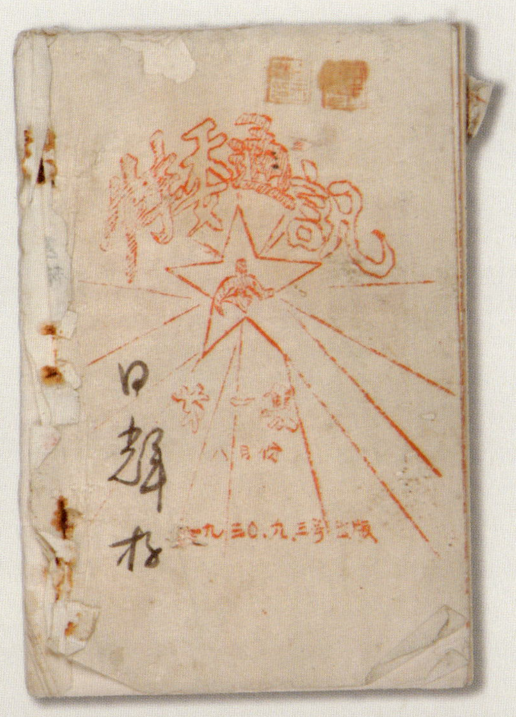

中共闽西特委出版的《特委通讯》第一集
1930 年 9 月 3 日　纵 12 厘米　横 17 厘米
古田会议纪念馆　藏

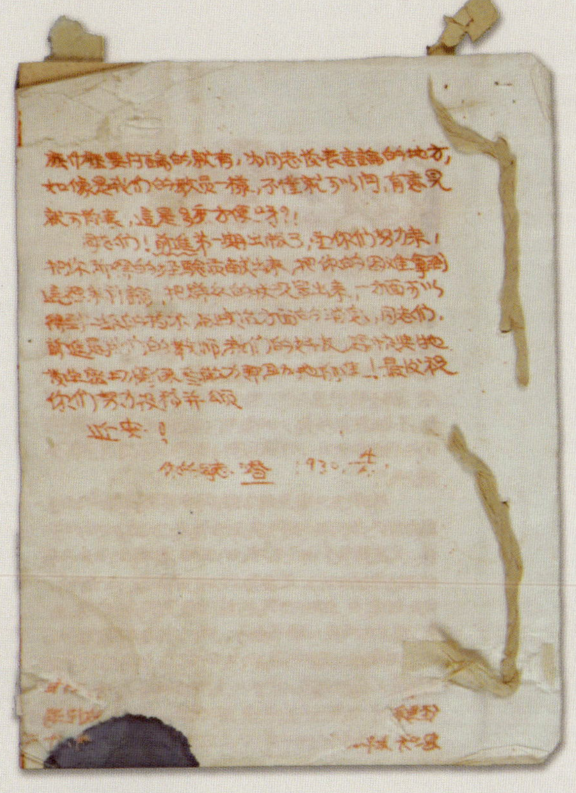

闽西特委宣传部出版的《前进》半月刊第一期
1930 年 5 月 4 日　纵 16.1 厘米　横 12.9 厘米
上杭县博物馆　藏

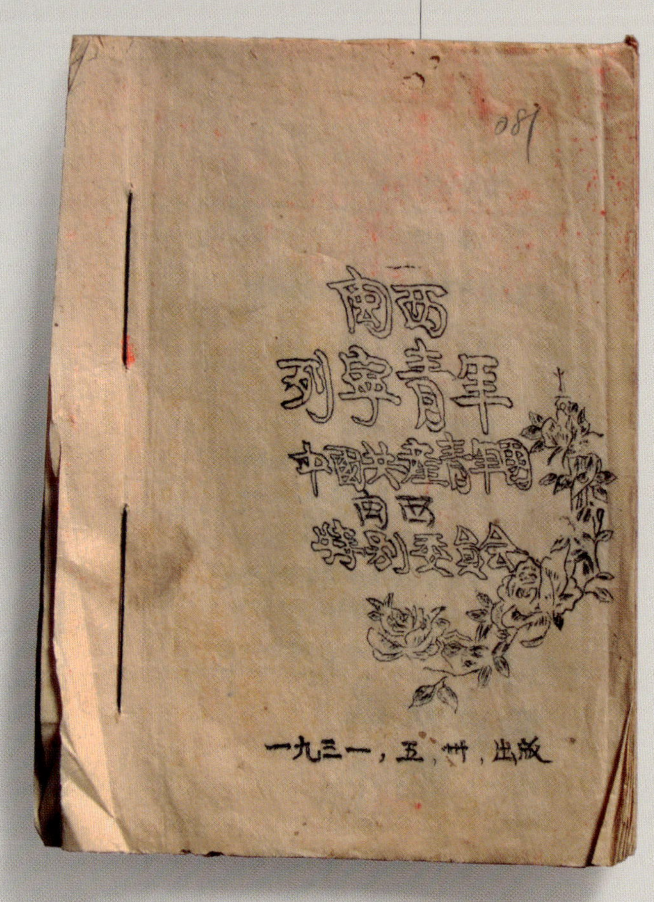

中国共产青年团闽西特别委员会出版的《闽西列宁青年》第六期
1931 年 5 月 30 日　纵 18 厘米　横 13.5 厘米
连城县新泉整训纪念馆　藏

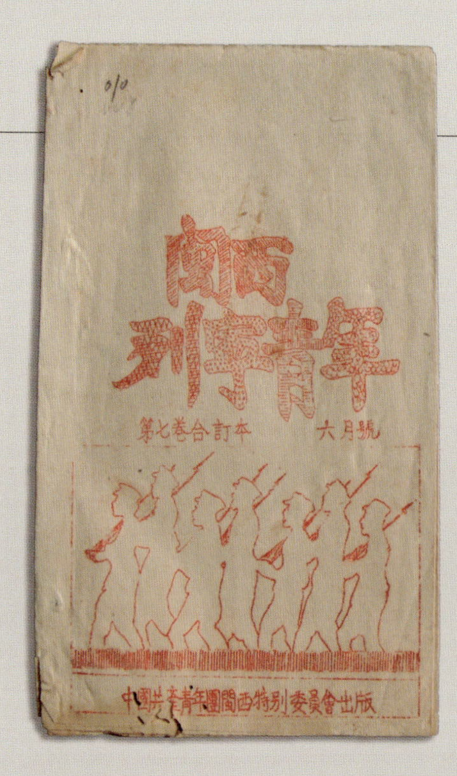

中国共产青年团闽西特别委员会出版的《闽西列宁青年》第七卷合订本
1930 年 9 月　纵 19 厘米　横 11.4 厘米
连城县新泉整训纪念馆　藏

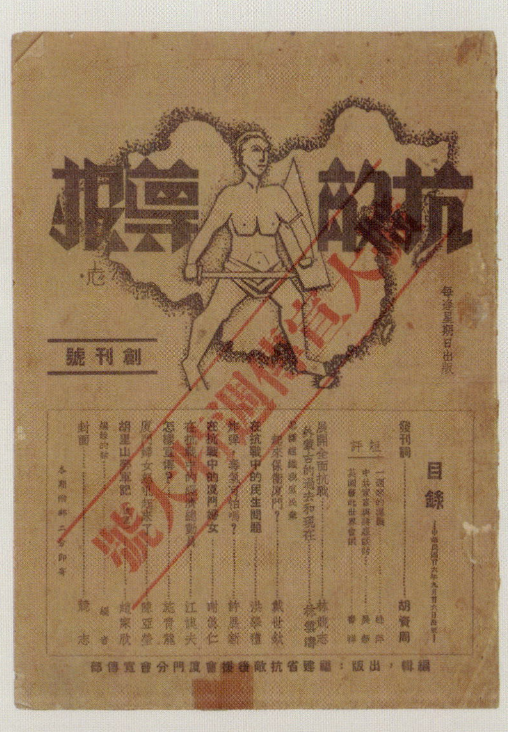
抗敌导报
创刊號
每逢星期日出版
目録

福建省抗敌后援会厦门分会宣传部出版的《抗敌导报》创刊号
1937 年　纵 26 厘米　横 19 厘米
福建博物院　藏

闽粤赣边省委出版的《前驱》第一卷第七期
1938 年 5 月 1 日　纵 26 厘米　横 19 厘米
龙岩博物馆　藏

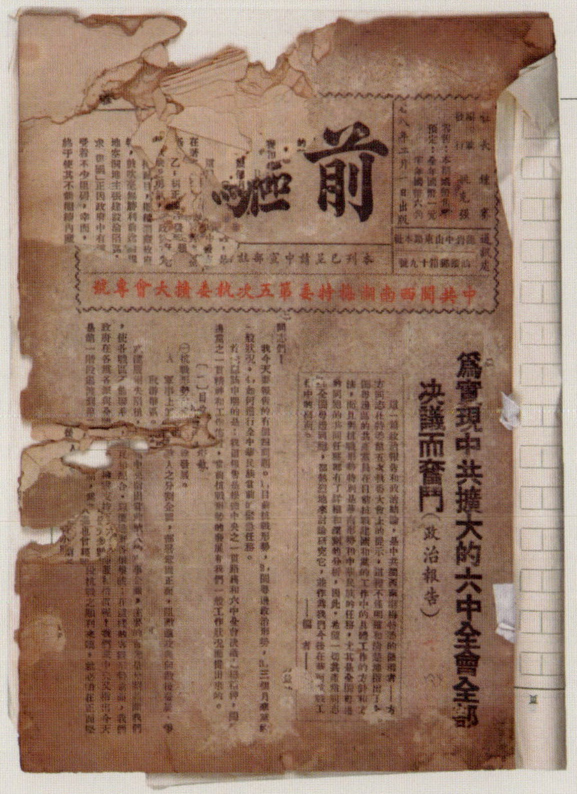
前驱
中共閩西南潮梅特委第五次執委擴大會專號
爲實現中共擴大的六中全會全部決議而奮鬥（政治報告）

中共闽西南潮梅特委出版的《前驱·中共闽西南潮梅特委第五次执委扩大会专号》
1939 年 2 月 1 日　纵 26.5 厘米　横 19 厘米
古田会议纪念馆　藏

闽西画报社出版的《画报》第四期
1930 年　纵 38.5 厘米　横 54 厘米
福建博物院　藏

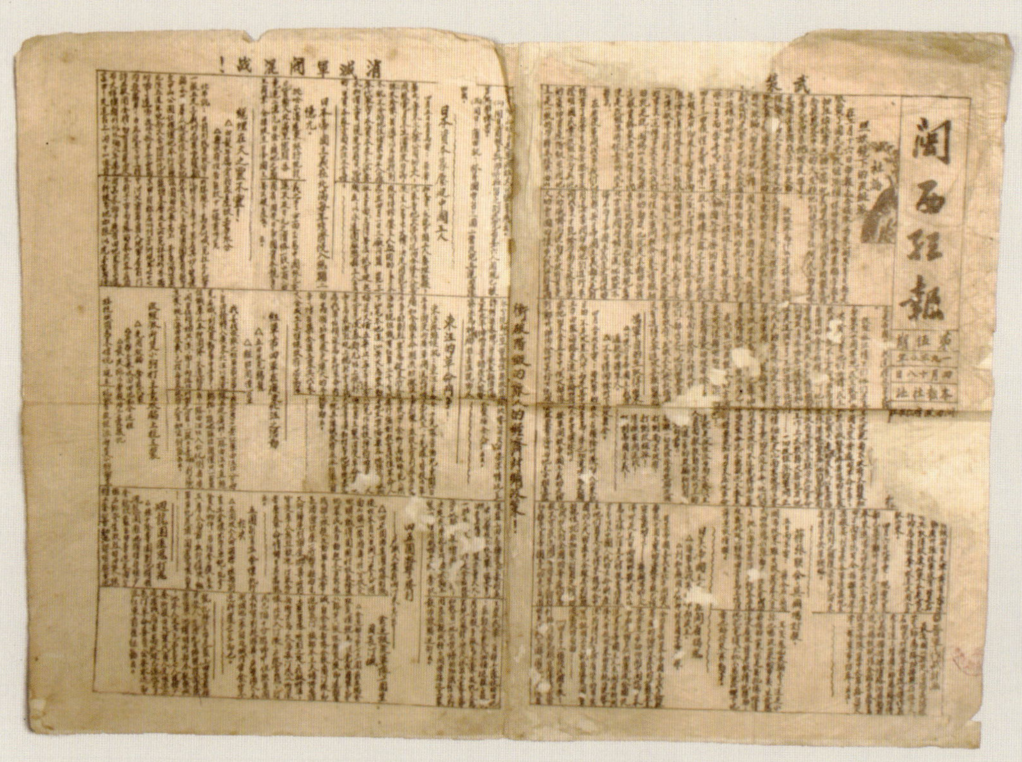

闽西政府红报社出版的《闽西红报》第五期
1930 年 4 月 18 日　纵 39 厘米　横 54.7 厘米
上杭县博物馆　藏

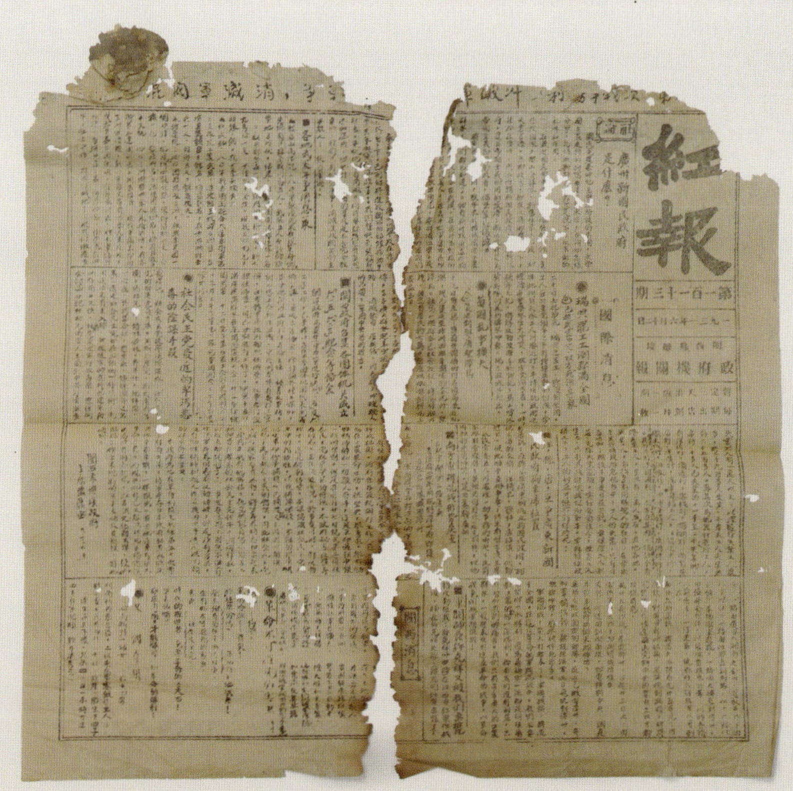
紅報
第一百一十三期

闽西苏维埃政府机关报《红报》第 113 期
1931 年　纵 32.4 厘米　横 38 厘米
中央苏区（闽西）历史博物馆　藏

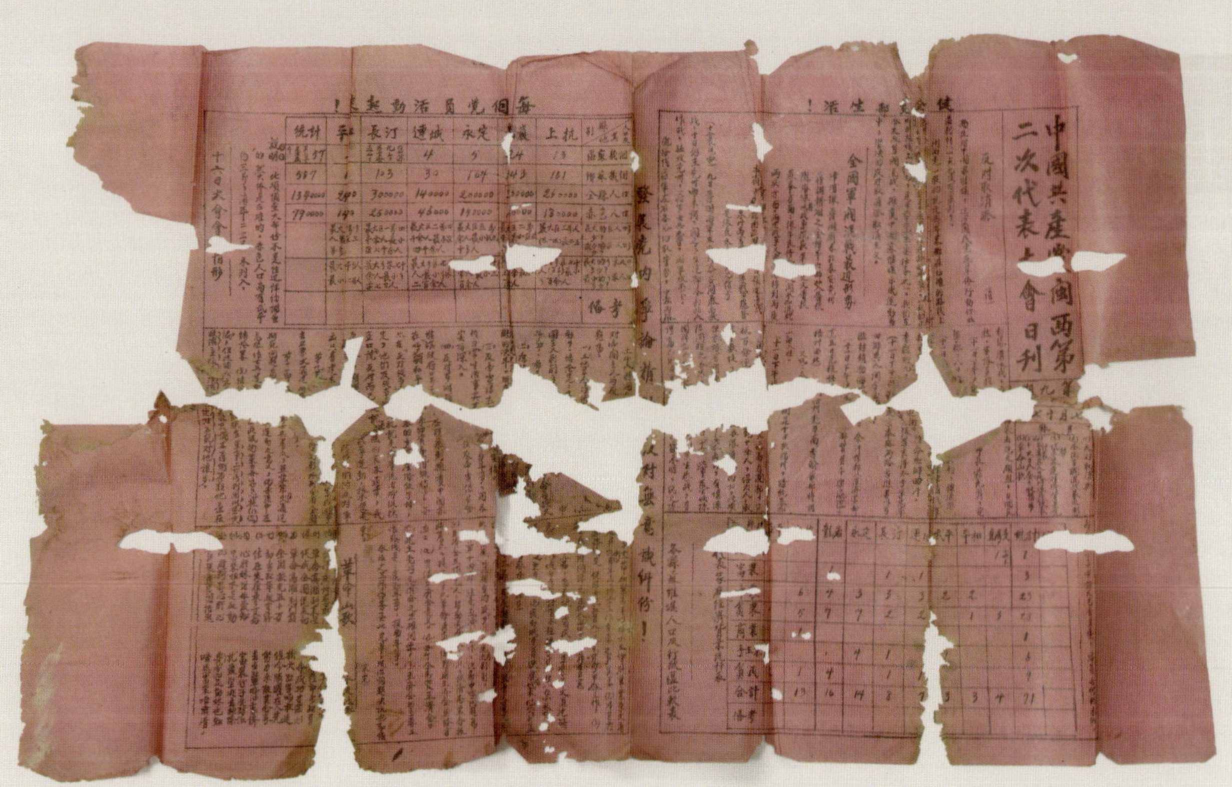
中國共產黨閩西第二次代表大會日刊
每個黨員活動起來
發展黨內

中国共产党闽西第二次代表大会《日刊》第九期
1930 年 7 月 17 日　纵 36 厘米　横 58 厘米
中央苏区（闽西）历史博物馆　藏

紅旗

中国共产党闽粤赣苏区特别委员会出版的《红旗》第一期
1931 年 1 月 21 日　纵 35 厘米　横 49.5 厘米
上杭县博物馆　藏

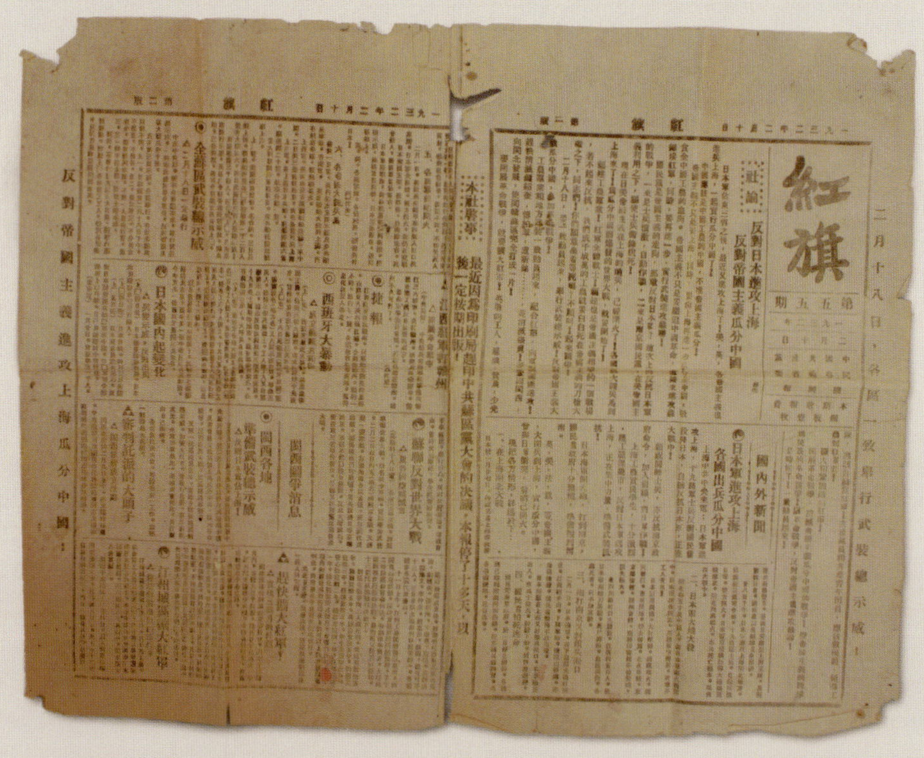
紅旗

反對帝國主義進攻上海瓜分中國！

二月十八日，全國一致舉行武裝總示威！

中国共产党闽粤赣省委机关报《红旗》第五五期第一、二版
1932 年 2 月 10 日　纵 39 厘米　横 51 厘米
毛泽东才溪乡调查纪念馆　藏

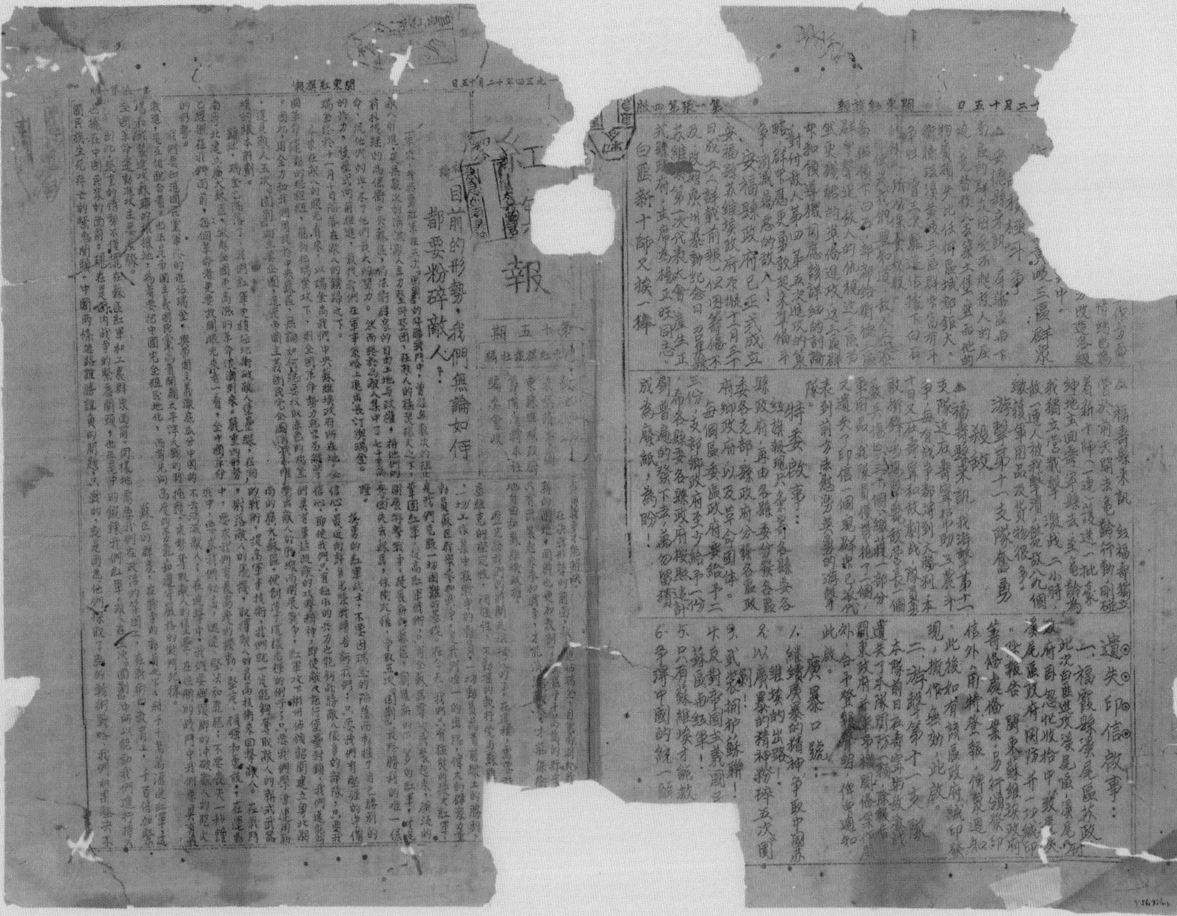

闽东红旗报社编印的《红旗报》第十五期

1934 年 12 月 15 日　纵 54 厘米　横 80 厘米

福建博物院　藏

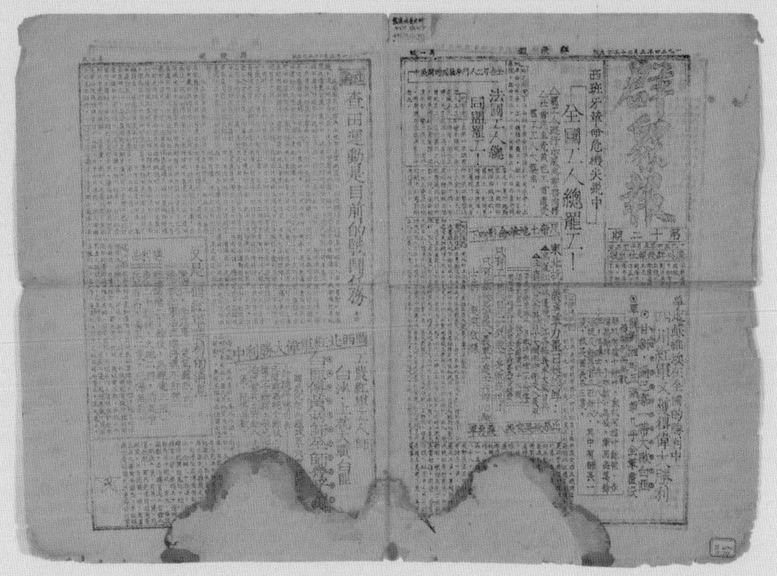

漳州群众报社出版的《群众报》第十二期

1934 年 5 月 23 日　纵 27 厘米　横 40 厘米

福建博物院　藏

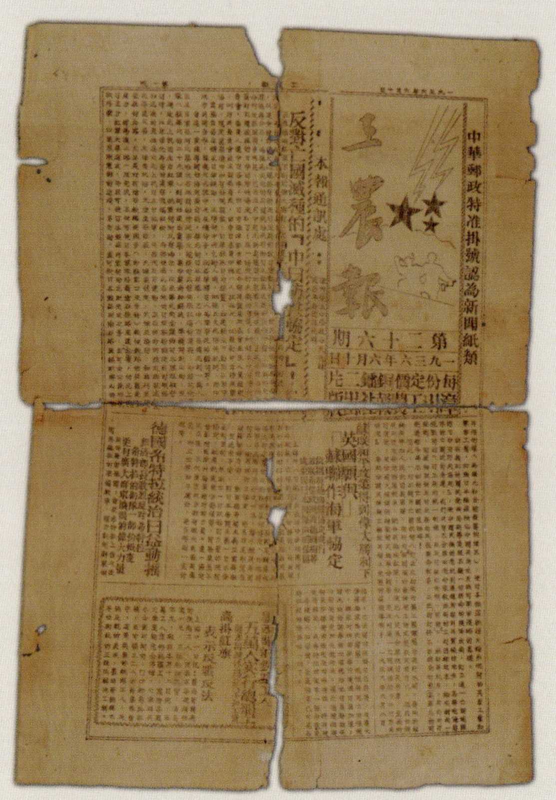

中華郵政特准掛號認為新聞紙類

工農報

第二十六期

漳州工农报社出版的《工农报》第二十六期
1936 年 6 月 10 日　纵 27 厘米　横 37 厘米
福建博物院　藏

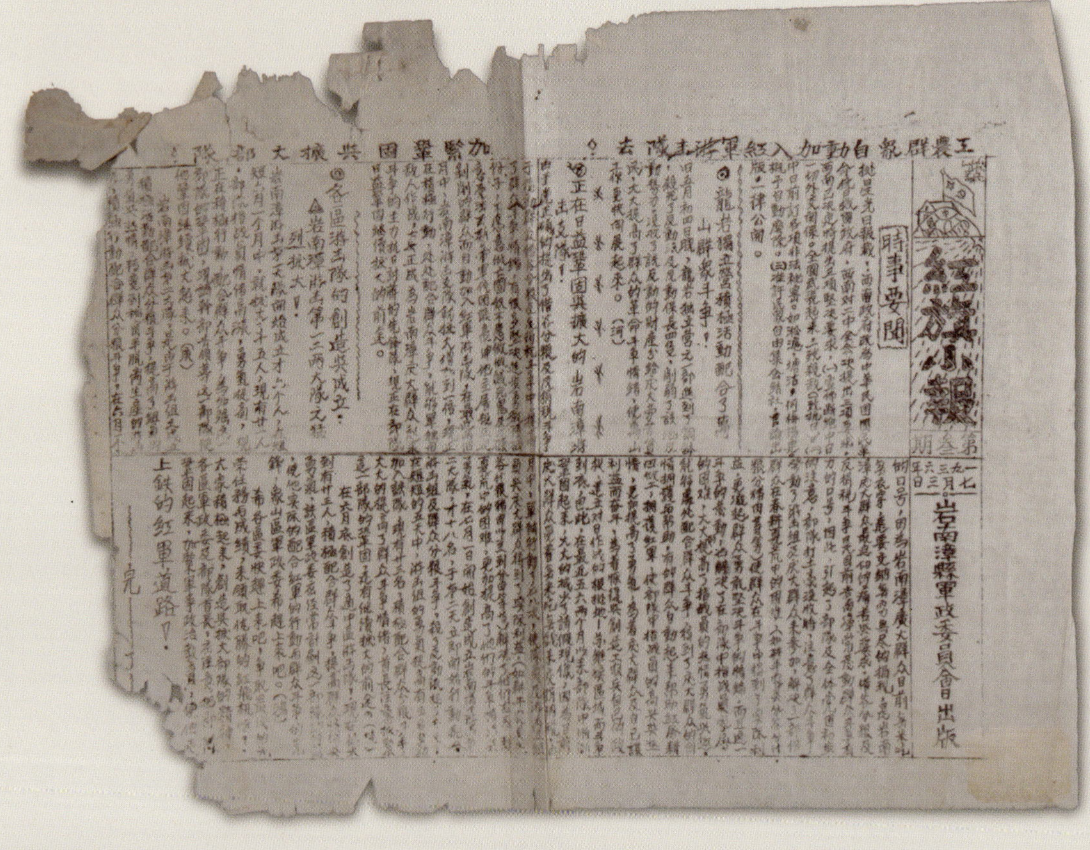

紅旗小報

時事要聞

岩南漳縣軍政委員會出版

上鉄的紅軍道路！

岩南漳县军政委员会出版的《红旗小报》第三期
1936 年 7 月 3 日　纵 26.5 厘米　横 34 厘米
古田会议纪念馆　藏

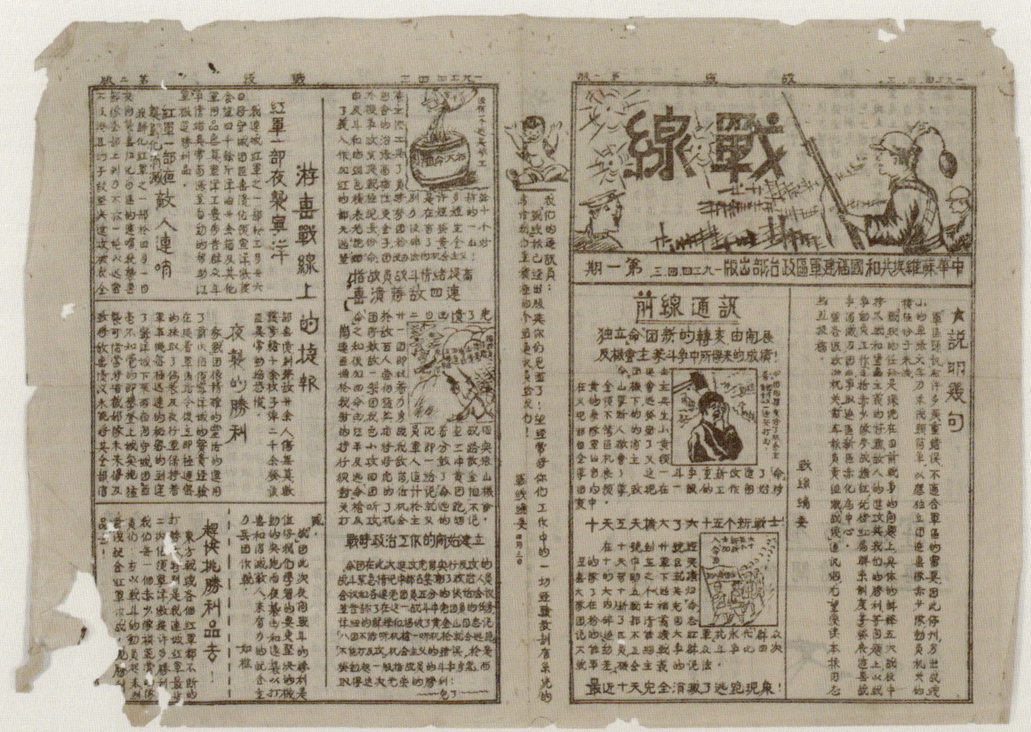

战線

中華蘇維埃共和國福建軍區政治部出版 第一期

游击戰線上的捷報

前線通訊

中华苏维埃共和国福建军区政治部出版的《战线》第一期

1934 年 4 月 3 日　纵 29.2 厘米　横 42.4 厘米

福建博物院　藏

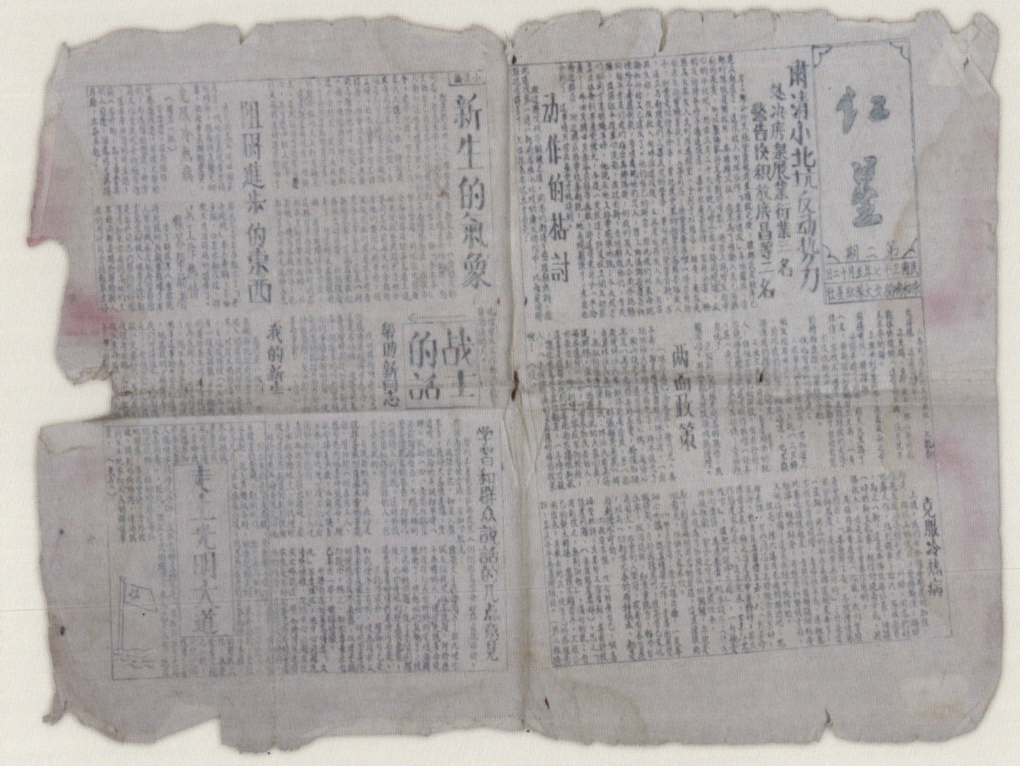

红星

第二期

新生的氣象

战士的話

动作的检讨

两面政策

永和埔独立大队红星社出版的《红星》第二期

1948 年 5 月 12 日　纵 37.5 厘米　横 50.5 厘米

古田会议纪念馆　藏

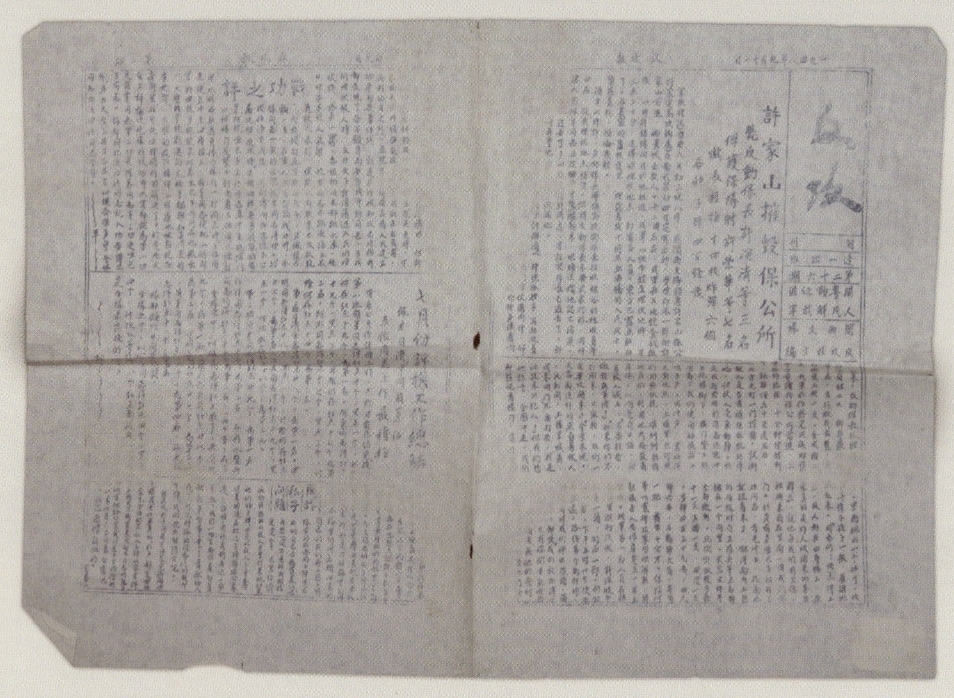

許家山摧毀保公所

闽粤赣边区人民解放军闽西支队反攻社主编的《反攻》旬刊第二十六期

1948 年 9 月 11 日　纵 32 厘米　横 45 厘米

古田会议纪念馆　藏

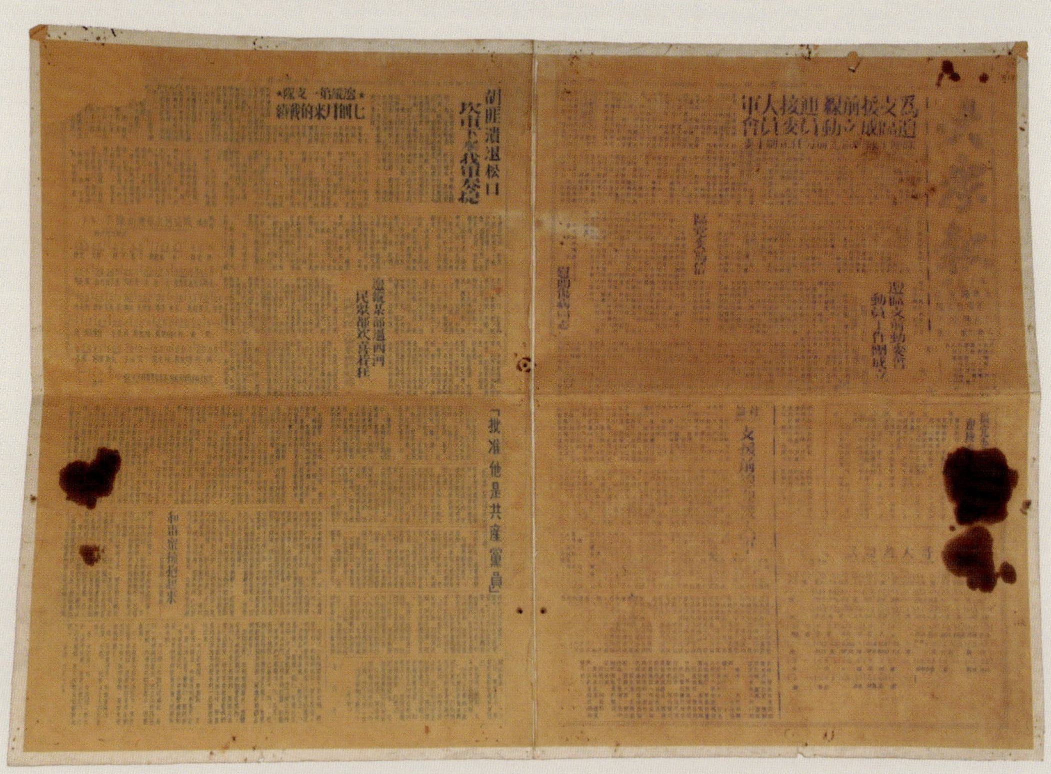

「批准他是共產黨員」

闽粤赣边区大众报社出版的《大众报》第十七期

1949 年　纵 49 厘米　横 71 厘米

福建博物院　藏

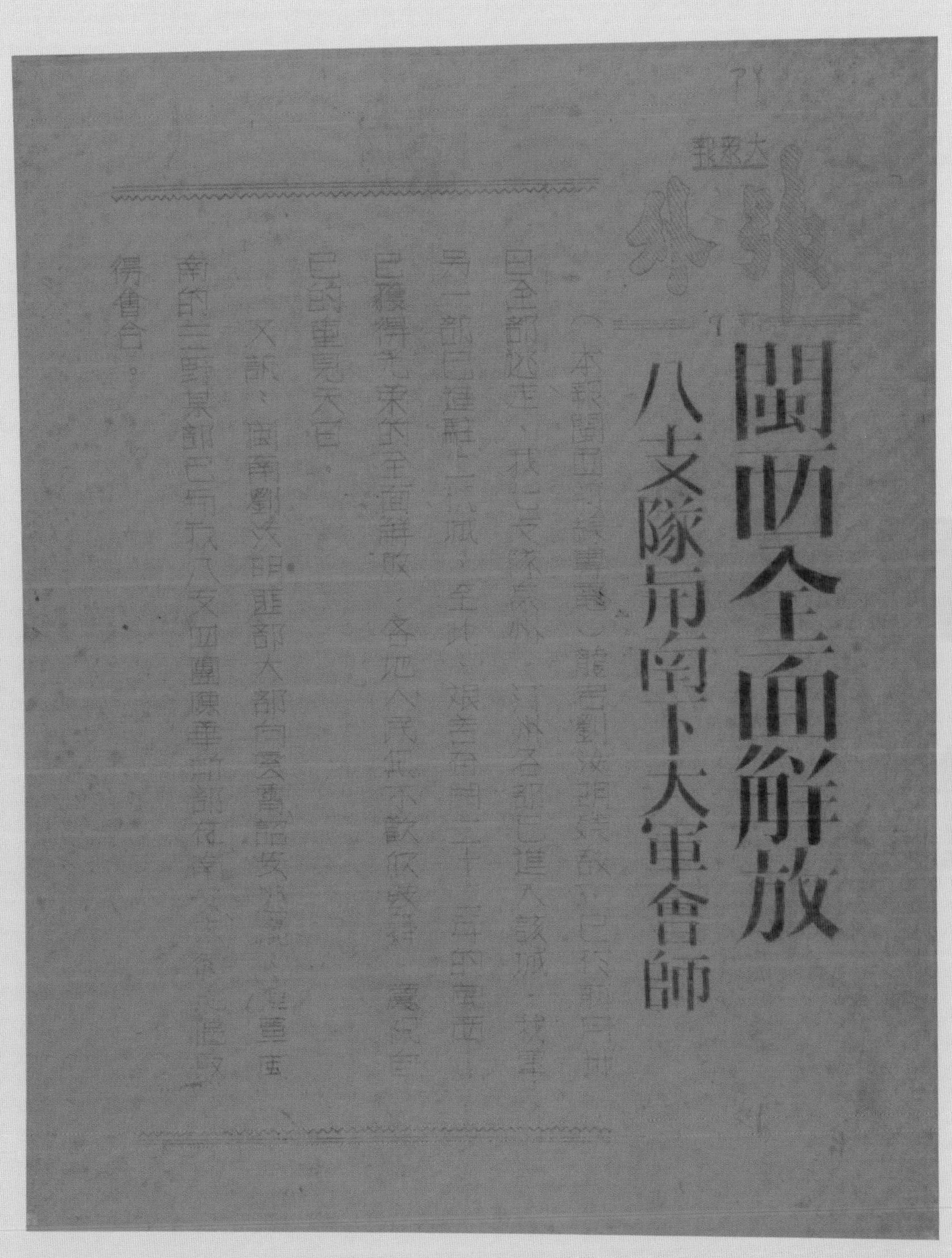

大眾報 號外

閩西全面解放

八支隊與南下大軍會師

（本報閩西消息）龍岩劉汝明殘敵已於前月卅日全部逃走，我七支隊及永、汀州各部已進入該城，我軍另一部已進駐上杭城，至此，[illegible]已獲得了未來全面解放，各地人民無不歡欣鼓舞，慶祝自己的重見天日。

又訊：閩南劉汝明匪部大部向[illegible]，[illegible]南的三野某部已與我八支隊[illegible]勝會合。

大众报刊出版的《闽西全面解放、八支队与南下大军会师》号外

1949 年　纵 31.7 厘米　横 25.3 厘米

福建博物院　藏

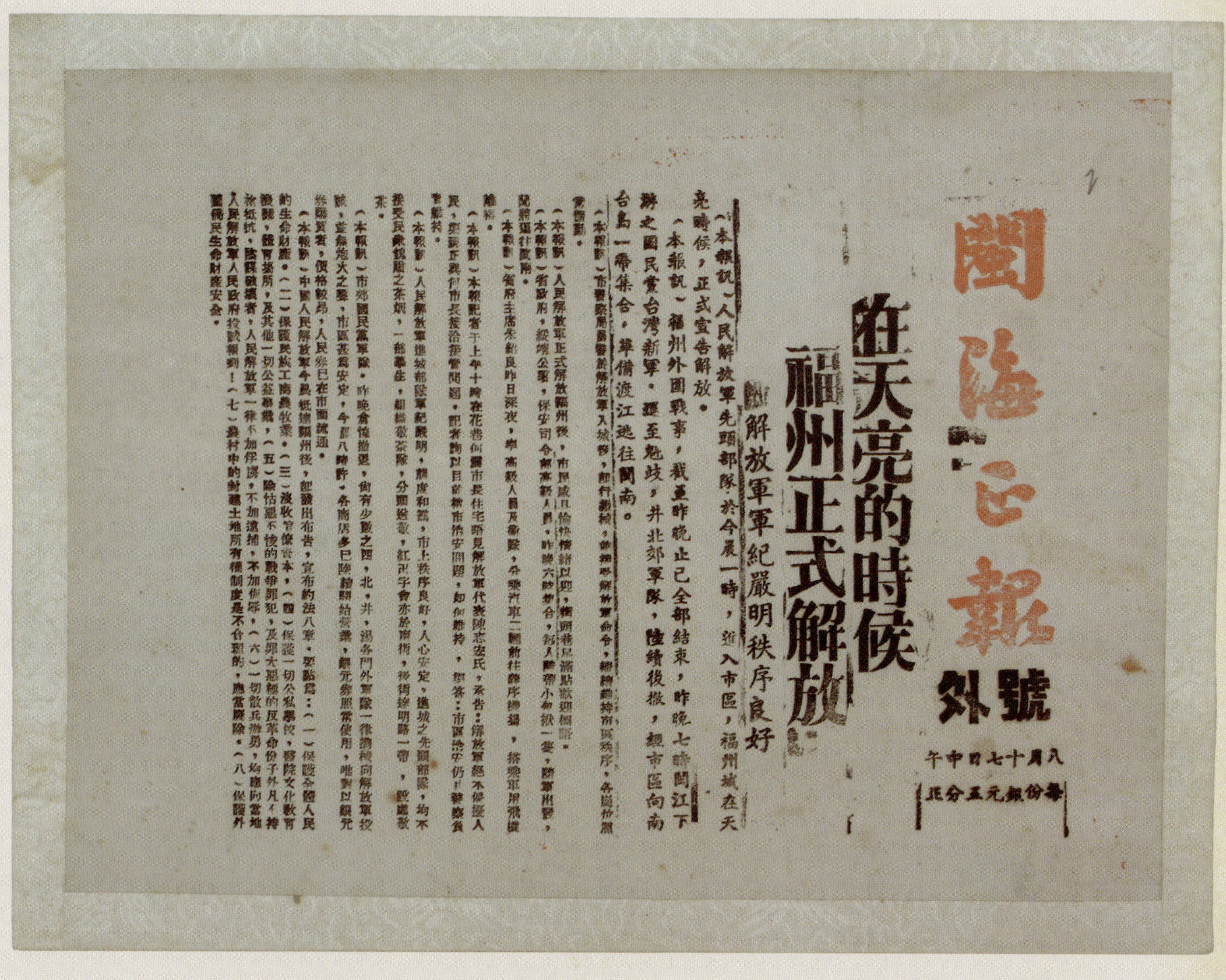

閩海正報 外號

八月十七日中午

每份銀元五分正

在天亮的時候 福州正式解放

解放軍軍紀嚴明秩序良好

（本報訊）人民解放軍先頭部隊，於今晨一時，進入市區，福州城在天亮時候，正式宣告解放。

（本報訊）福州外圍戰事，截至昨晚止已全部結束，昨晚七時閩江下游之國民黨台灣新軍，逃至魁歧，并北郊軍隊，陸續後撤，經市區向南台島一帶集合，準備渡江逃往閩南。

（本報訊）市警察局警察於解放軍入城後，即行[illegible]，奉解放軍命令，繼續維持市面秩序，各崗位照常值勤。

（本報訊）人民解放軍正式解放福州後，市民咸以愉快情緒以迎，街頭巷尾滿貼歡迎標語。

（本報訊）省政府，綏靖公署，保安司令部高級人員，昨晚六時麇合，每人攜帶小皮箱一隻，隨軍出發，聞將逃往廈門。

（本報訊）省府主席朱紹良昨日深夜，率高級人員及衛隊，分乘汽車二輛前往機場，搭乘軍用飛機離榕。

（本報訊）本報記者于上午十時在花巷何震市長住宅晤見解放軍代表陳志宏氏，承告：解放軍絕不侵擾人民，並請正義何市長接洽接管問題。記者詢以目前本市治安問題，如何維持，據答：市區治安仍由警察負責維持。

（本報訊）人民解放軍進城部隊軍紀嚴明，態度和藹，市上秩序良好，人心安定，進城之先頭部隊，均不接受民衆饋贈之茶烟，一部[illegible]，[illegible]救[illegible]隊，分頭慰勞，紅卍字會亦於南街，後街，[illegible]明路一帶，設處散茶。

（本報訊）市郊國民黨軍隊，昨晚倉惶撤退，尚有少數之西，北，井，湯各門外軍隊一律攜械向解放軍投誠，並無炮火之聲，市區甚爲安定，今晨八時許，各商店多已陸續開始營業，銀元券照常使用，唯對以銀元券購貨者，價格較昂，人民券已在市面流通。

（本報訊）中國人民解放軍今晨抵達福州後，即發出布告，宣布約法八章，要點爲：（一）保護全體人民的生命財產。（二）保護民族工商農牧業。（三）沒收官僚資本。（四）保護一切公私學校，醫院文化教育機關，體育場所，及其他一切公益事業。（五）除怙惡不悛的戰爭罪犯，及罪大惡極的反革命份子外凡不持械抵抗，[illegible]破壞者，人民解放軍一律不加俘虜，不加逮捕，不加侮辱。（六）一切散兵游勇，均應向當地人民解放軍人民政府投誠報到！（七）農村中的封建土地所有權制度是不合理的，應當廢除。（八）保護外僑民生命財產安全。

《闽海正报》号外

1949 年 8 月 17 日　纵 19.5 厘米　横 27 厘米

福建博物院　藏

三、党领导人民军队战斗在福建大地上

大革命失败后，中共福建组织按照党中央“八七”会议和党的“六大”精神，在农村特别是在闽西、闽北地区，广泛发动群众，进行武装暴动，建立地方工农武装。在党的领导和南昌起义部队、红四军、红十军、东路军、东方军和北上抗日先遣队等红军部队的帮助下，福建人民武装力量在对敌斗争中不断发展壮大，巩固与发展了闽西、闽北、闽南、闽赣和闽东等革命根据地。

中央主力红军出发长征后，福建各地游击队伍，在长达三年的艰苦岁月里，依靠广大人民群众，坚持独立自主地开展游击战争，保存了革命力量。闽西、闽南和闽东、闽北人民武装分别改编为新四军第二、三支队，开赴苏皖前线，走上抗日民族解放战场。

抗日战争全面爆发后，福建各地党组织积极发动群众，开展抗日民主救国运动，组织多支抗日游击队伍，直接打击入侵沿海地区的日军，巩固和壮大了队伍。同时，组建自卫武装，针锋相对地进行反顽斗争。

解放战争时期，福建党组织根据“两手准备”的方针，壮大游击队伍，为支援全国解放战争作准备。闽浙赣边区党组织陆续建立了闽浙赣游击纵队和各地、县游击队伍，开辟了南古瓯等一批游击根据地。闽粤赣边区党组织领导全区军民，以灵活机动的游击战术，粉碎了敌人的多次进攻，扩大了武装力量。1949 年，中国人民解放军闽粤赣边纵队和闽浙赣人民游击纵队先后成立，配合解放军南下大军解放福建。

1927年8月1日，周恩来、贺龙、叶挺、朱德、刘伯承领导南昌起义。9月5日，贺龙率领南昌起义部队二十军由江西瑞金开抵汀州，其余各部陆续入闽并占领上杭，部队在当地党组织的配合下，张贴标语布告，宣传中国共产党主张。周恩来、朱德会见罗明及闽西党组织的负责人，指出当前应领导人民开展武装斗争，实行土地革命。同时决定调拨一部分武器，以帮助闽西党组织开展武装斗争。

南昌起义军刷写的“革命者来”标语

1927年9月　通长130厘米　通宽40厘米

长汀县博物馆　藏

福建党组织根据"八七"会议确定的争取群众，武装起义，开展土地革命，建立苏维埃政权的方针，先后在龙岩县后田、平和县长乐、上杭县蛟洋、永定县及崇安县上梅等地区，发动了农民武装起义，建立人民武装，拉开了福建开展武装斗争和创建农村革命根据地的序幕。

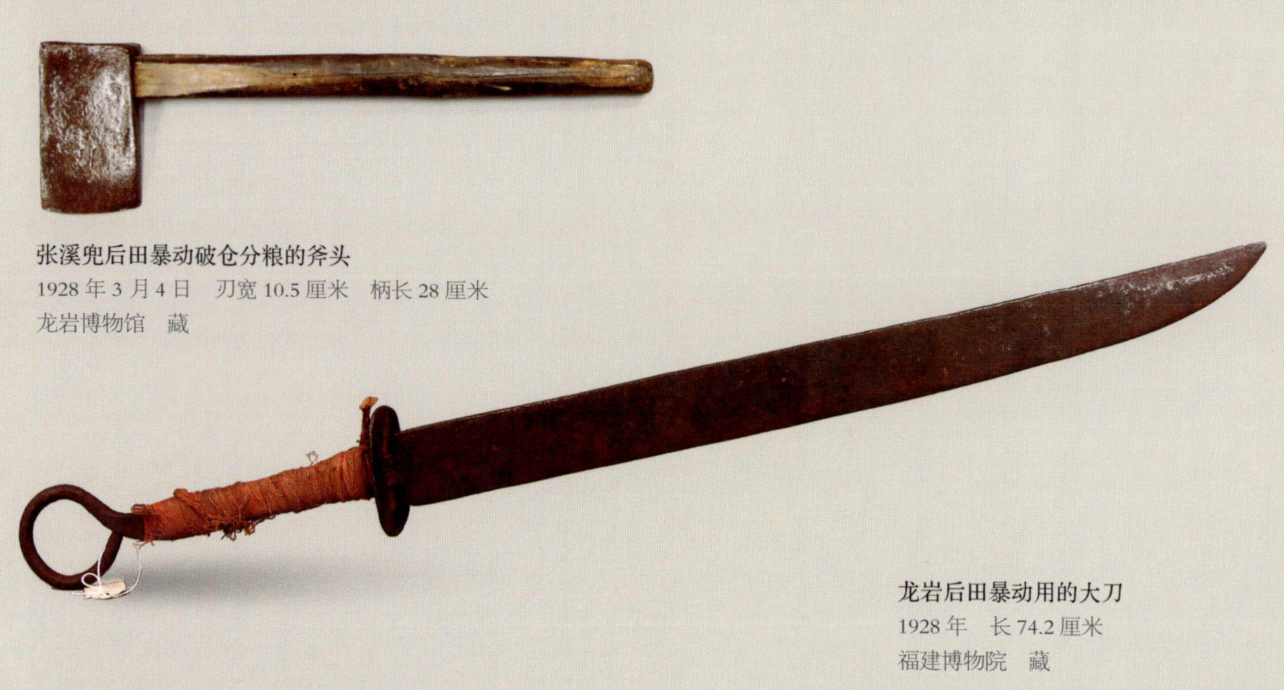

张溪兜后田暴动破仓分粮的斧头
1928 年 3 月 4 日　刃宽 10.5 厘米　柄长 28 厘米
龙岩博物馆　藏

龙岩后田暴动用的大刀
1928 年　长 74.2 厘米
福建博物院　藏

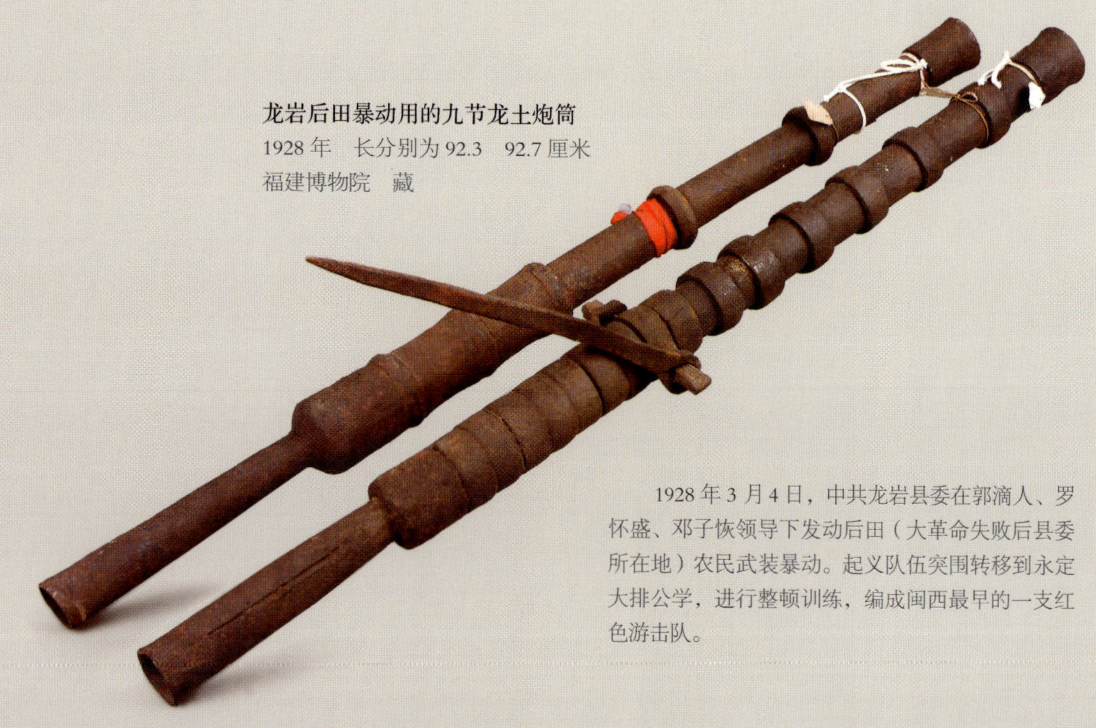

龙岩后田暴动用的九节龙土炮筒
1928 年　长分别为 92.3　92.7 厘米
福建博物院　藏

1928 年 3 月 4 日，中共龙岩县委在郭滴人、罗怀盛、邓子恢领导下发动后田（大革命失败后县委所在地）农民武装暴动。起义队伍突围转移到永定大排公学，进行整顿训练，编成闽西最早的一支红色游击队。

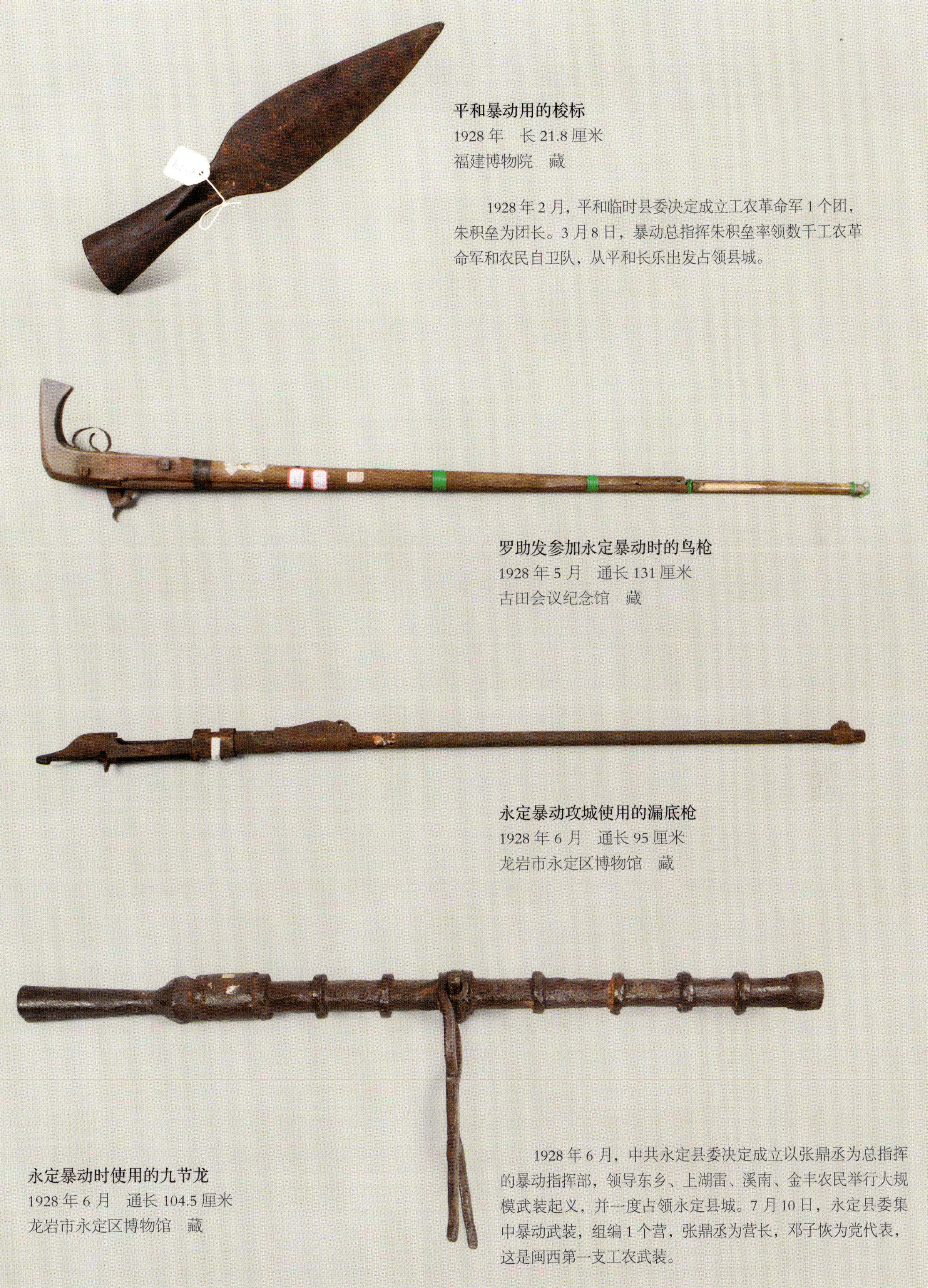

平和暴动用的梭标
1928 年　长 21.8 厘米
福建博物院　藏

1928 年 2 月，平和临时县委决定成立工农革命军 1 个团，朱积垒为团长。3 月 8 日，暴动总指挥朱积垒率领数千工农革命军和农民自卫队，从平和长乐出发占领县城。

罗助发参加永定暴动时的鸟枪
1928 年 5 月　通长 131 厘米
古田会议纪念馆　藏

永定暴动攻城使用的漏底枪
1928 年 6 月　通长 95 厘米
龙岩市永定区博物馆　藏

永定暴动时使用的九节龙
1928 年 6 月　通长 104.5 厘米
龙岩市永定区博物馆　藏

1928 年 6 月，中共永定县委决定成立以张鼎丞为总指挥的暴动指挥部，领导东乡、上湖雷、溪南、金丰农民举行大规模武装起义，并一度占领永定县城。7 月 10 日，永定县委集中暴动武装，组编 1 个营，张鼎丞为营长，邓子恢为党代表，这是闽西第一支工农武装。

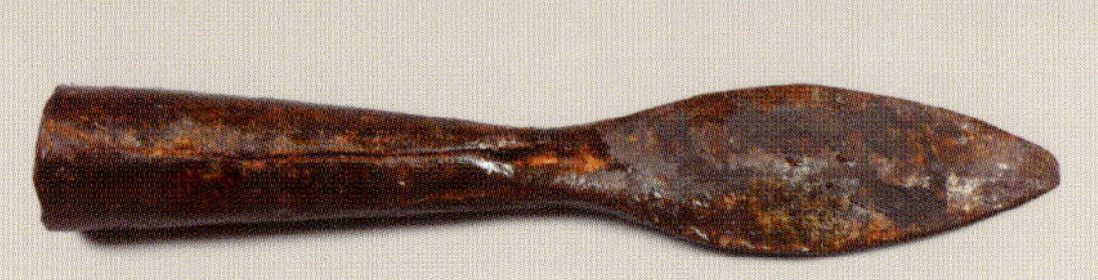

永定暴动攻城使用的梭标
1929 年　通长 22.8 厘米
龙岩市永定区博物馆　藏

永定暴动攻打永定城时发联络信号用的手电筒
1928 年　通长 17.5 厘米
龙岩市永定区博物馆　藏

金砂暴动用的白叶刀
1928 年　长分别为 40.2 厘米、38.7 厘米
福建博物院　藏

张春山参加永定金砂暴动用的鸟枪
1928 年　长 123 厘米
福建博物院　藏

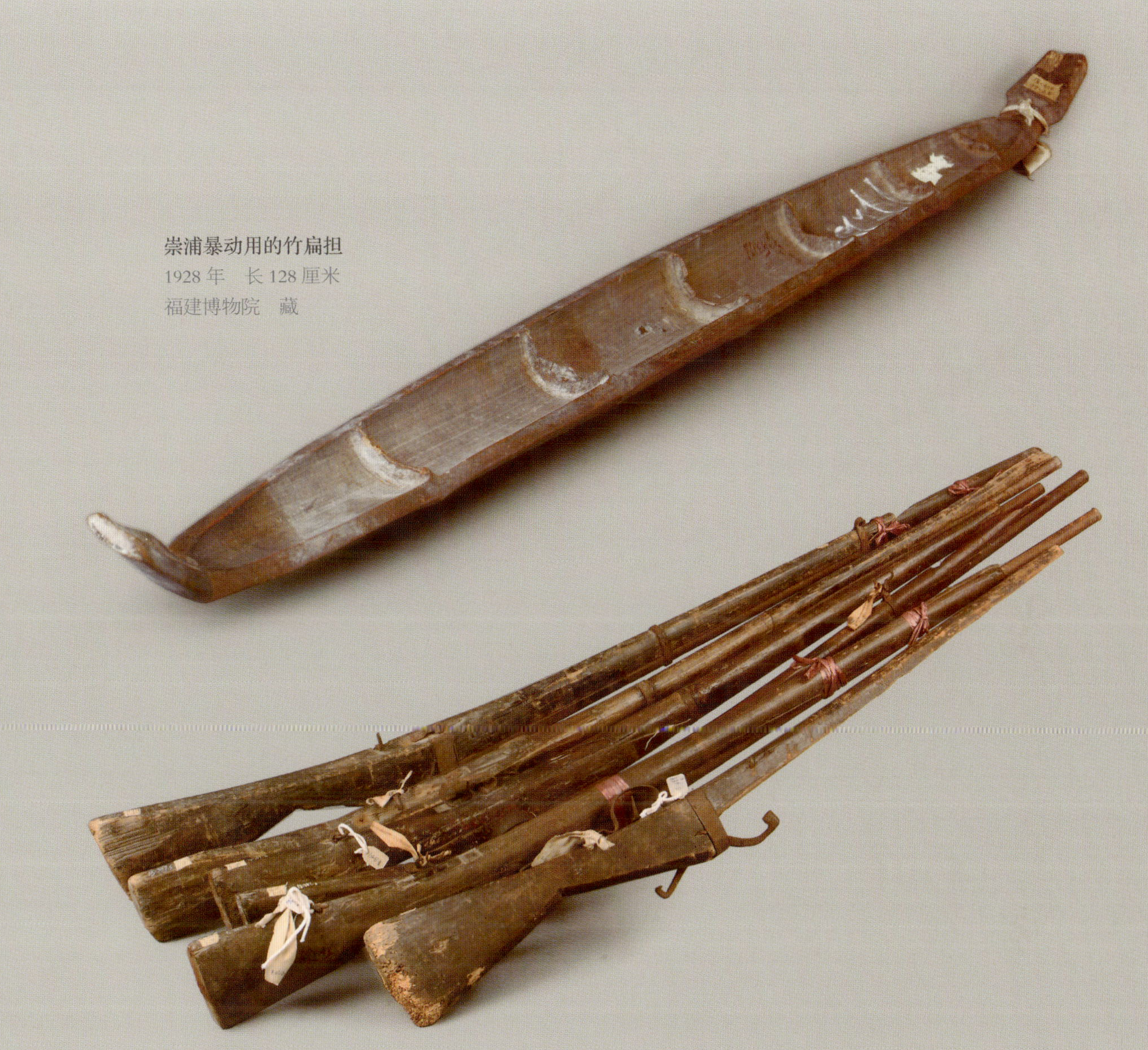

崇浦暴动用的竹扁担
1928 年　长 128 厘米
福建博物院　藏

崇浦暴动用的鸟枪
土地革命战争时期　通长分别为 124.3 厘米、122 厘米、108.7 厘米、114.6 厘米、111 厘米、90.8 厘米
福建博物院　藏

1928 年 4 月，福建省委常委兼福州市委书记陈昭礼到达崇安，决定将各乡农民协会组织整顿改名为“民众会”。9 月 28 日，崇安县委书记徐履峻领导数十名武装民众会员，捣毁日本洋商上海松木厂。10 月 2 日在上梅召开民众大会。陈耿、安少亮率领北路农军，徐福元率领西路农军，左诗赞率领浦城西乡农军纷纷响应。10 月 31 日，暴动总指挥徐履峻牺牲，剩余部队由陈耿、徐福元领导转移山区开展游击斗争。

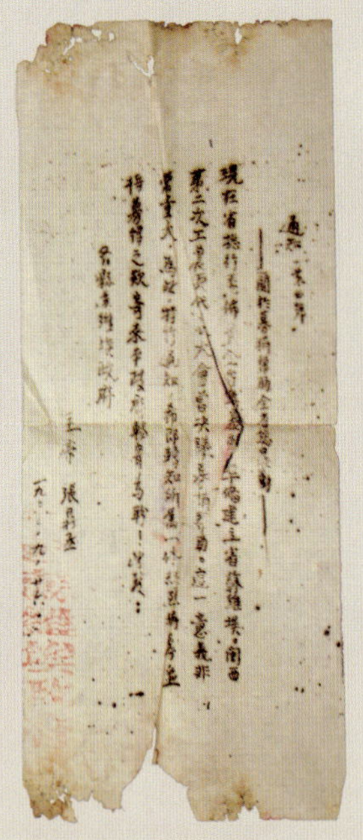

闽西苏维埃政府印发给各县苏维埃政府的《关于募捐帮助全省总暴动的通知》（第四号）
1930 年 9 月 26 日　纵 30 厘米　横 12 厘米
龙岩博物馆　藏

武平县小澜暴动使用过的鸟铳
1929 年　通长 106.5 厘米
武平县博物馆　藏

福里区小村乡暴动队红旗
1929 年　纵 72 厘米　横 92 厘米
漳平市博物馆　藏

1933年10月20日，福安甘棠周围数十个村庄的红带会在中共党组织的领导下，里应外合，取得暴动的胜利。暴动队伍整编为闽东工农游击队第五支队。

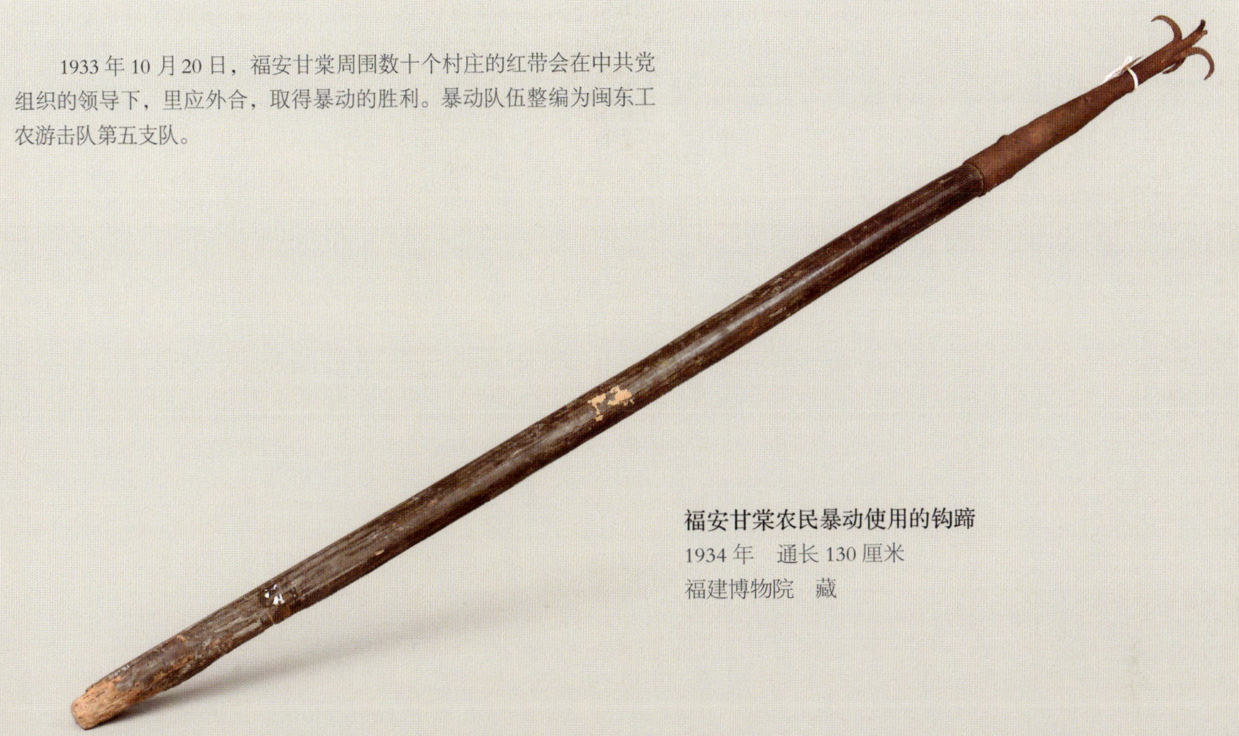

福安甘棠农民暴动使用的钩蹄
1934年　通长130厘米
福建博物院　藏

连江透堡农民暴动领导人杨尔菖同志的油印机箱
1934年　长52.5厘米　宽37厘米　高12厘米
福建博物院　藏

红军第四军司令部布告
1929年1月 纵34厘米 横47.5厘米
古田会议纪念馆 藏

红军第四军司令部布告

红军宗旨，民权革命，赣西一军，声威远震。
此番计划，分兵前进，官佐兵夫，服从命令。
平买平卖，事实为证，乱烧乱杀，在所必禁。
全国各地，压迫太甚，工人农人，十分苦痛。
土豪劣绅，横行乡镇，重息重租，人人怨愤。
白军士兵，饥寒交并，小资产者，税捐极重。
洋货越多，国货受困，帝国主义，哪个不恨。
国民匪党，完全反动，口是心非，不能过硬。
蒋桂冯阎，同床异梦，冲突已起，军阀倒运。
饭可充饥，药能医病，共党主张，极为公正。
地主田地，农民收种，债不要还，租不要送。
增加工钱，老板担任，八时工作，恰好相称。
军队待遇，亟须改订，发给田地，士兵有份。
敌方官兵，准其投顺，以前行为，可以不问。
累进税法，最为适用，苛税苛捐，扫除干净。
城市商人，积铢累寸，只要服从，馀皆不论。
对待外人，必须严峻，工厂银行，没收归并。
外资外债，概不承认，外兵外舰，不准入境。
打倒列强，人人高兴，打倒军阀，除恶务尽。
统一中华，举国称庆，满蒙回藏，章程自定。
国民政府，一群恶棍，合力铲除，肃清乱政。
全国工农，风发雷奋，夺取政权，为期日近。
革命成功，尽在民众，布告四方，大家起劲。

军　长　朱　德
党代表　毛泽东
公历一千九百二十九年一月

1928年5月4日，毛泽东率领的秋收起义部队与朱德、陈毅领导的部分南昌起义部队和湘南起义部队在井冈山会合编成立工农革命军第四军。朱德任军长，毛泽东任党代表，王尔琢任参谋长，辖十、十一师。同年5月25日，改称红军第四军，取消师的番号，改为团的建制。1929年3月，红四军首次由赣入闽，取得长岭寨战斗胜利，解放了长汀县城，帮助地方建立党组织和红色政权，开展土地革命。红四军在长汀进行整编，将团改建为一、二、三纵队并统一着装。1930年6月，红四军编入红一军团，辖十师、十一师和十二师。

红四军在长汀首次统一的全套军装

1929 年 3 月　帽围 75 厘米　衣长 64 厘米　裤长 64 厘米　织巾袋长 137 厘米

古田会议纪念馆　藏

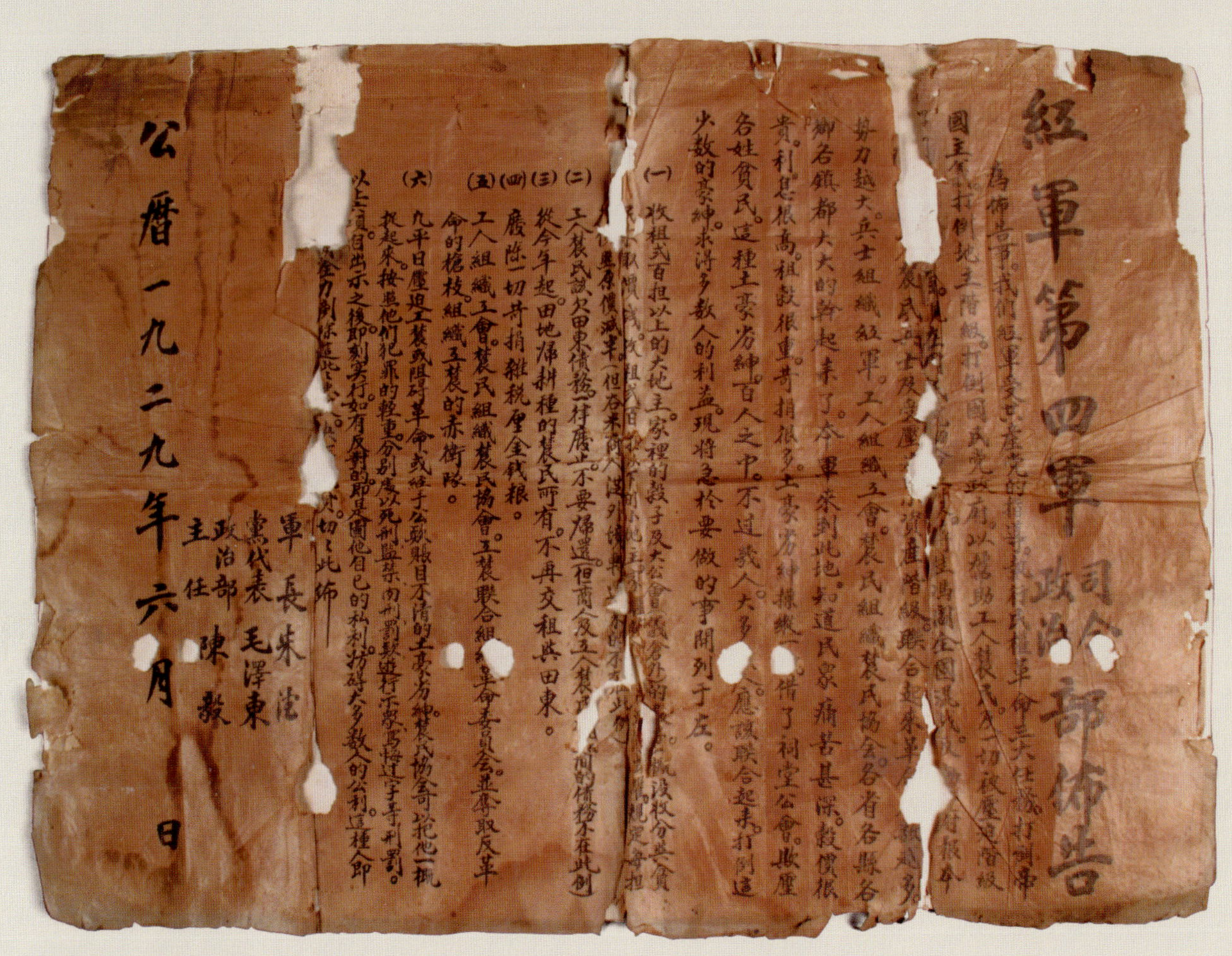

紅軍第四軍司令部政治部佈告

為佈告事。我們紅軍受共產黨的[illegible]担任革命主大任務。打倒帝國主義。打倒地主階級。打倒國民黨政府。以幫助工人農民一切被壓迫階級[illegible]

[illegible]農民兵士及受壓[illegible]階級聯合起來[illegible]努力趁大兵士組織紅軍。工人組織工會。農民組織農民協会。各省各縣各鄉各鎮都大大的幹起来了。今軍來到此地。知道民衆痛苦甚深。穀價很貴。利息很高。租穀很重。苛捐很多。土豪劣紳操縱一[illegible]借了祠堂公會。壓[illegible]各姓貧民。這種土豪劣紳百人之中。不过几人。大多[illegible]人。應該聯合起来打倒這少數的豪紳。求得多数人的利益。现将急於要做的事開列于左。

(一)收租弍百担以上的大地主。家裡的穀子及大公會[illegible]沒收分給貧[illegible]

[illegible]原價減半。(但谷米商人[illegible])

(二)工人農民欠田東債務一律廢止。不要歸還。(但商人及工人農民[illegible]間的債務不在此例)

(三)從今年起。田地歸耕種的農民所有。不再交租與田東。

(四)廢除一切苛捐雜稅厘金錢粮。

(五)工人組織工會。農民組織農民協會。工農聯合組織革命委員会。並奪取反革命的槍枝。組織工農的赤衛隊。

(六)凡平日壓迫工農或阻碍革命或經手公款賬目不清的土豪劣紳。農民協会可以把他一概拟起来。按照他们犯罪的輕重。分别處以死刑監禁肉刑罰款遊行示衆寫悔过字等刑罰。

以上各項自出示之後即刻实行。如有反對的即是[illegible]图他自己的私利。妨碍大多数人的公利。這種人即[illegible]全力剷除[illegible]切切此佈

軍長 朱德
黨代表 毛澤東
政治部主任 陳毅

公曆一九二九年六月　日

红军第四军司令部政治部布告

1929 年 6 月　纵 44.2 厘米　横 66.7 厘米

上杭县博物馆　藏

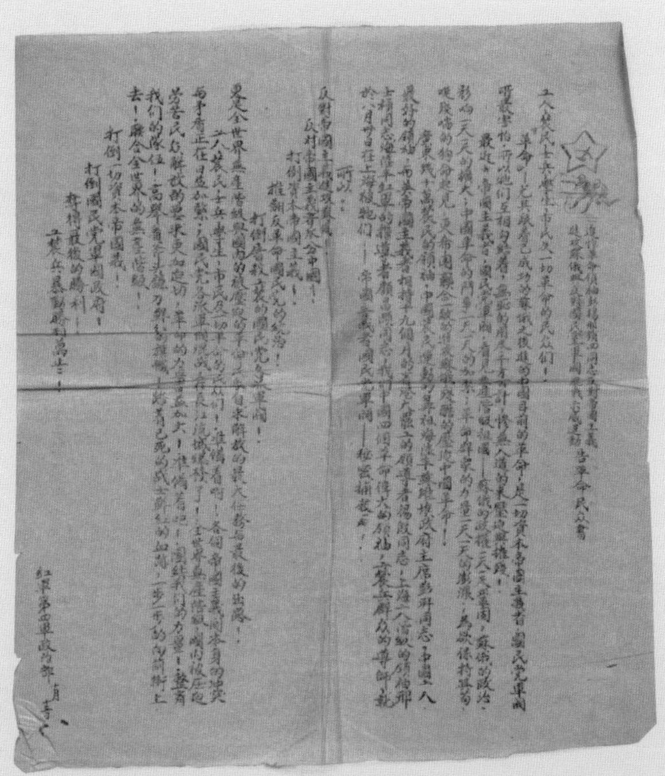

红军第四军政治部印《追悼革命领袖彭杨邢颜四同志反对帝国主义进攻苏俄与反对国民党军阀混战示威运动告革命民众书》布告

1929 年 10 月 13 日　纵 31 厘米　横 27.5 厘米

上杭县博物馆　藏

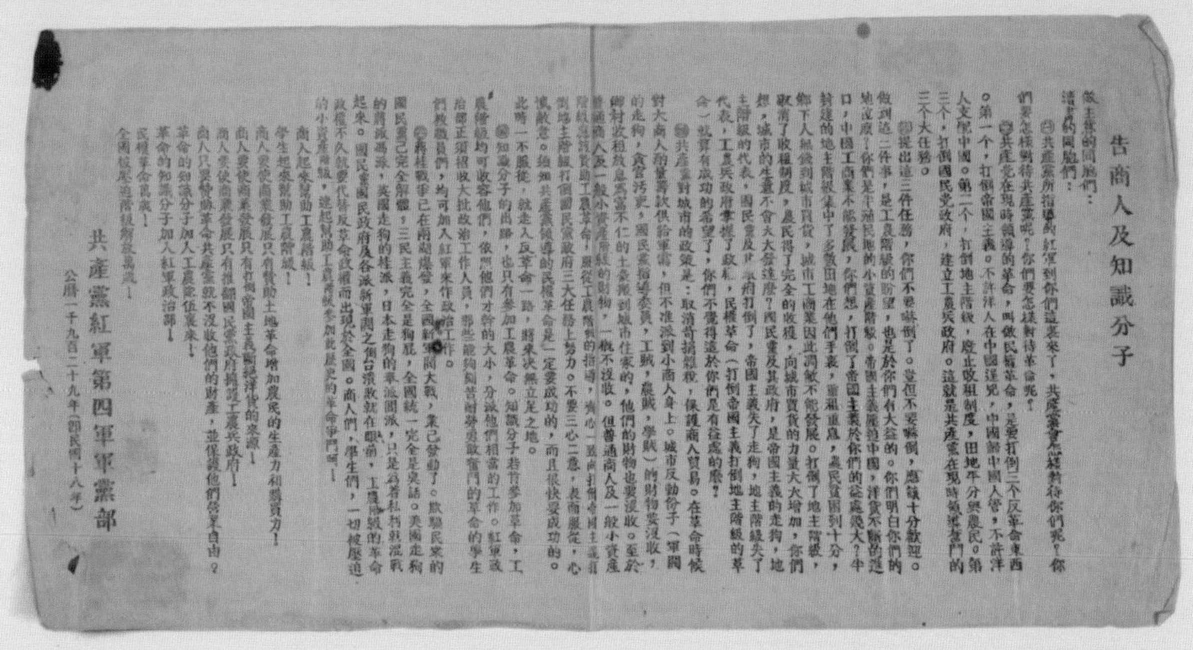

告商人及知識分子

做主人的同胞們：

讀書的同胞們：

㊀共產黨所指導的紅軍到你們這裏來了，共產黨會怎樣對待你們呢？你們要怎樣對待共產黨呢？你們要怎樣對待革命呢？

㊁共產党在現時領導的革命，叫做民權革命，是要打倒三個反革命東西。第一个，打倒帝國主義。不許洋人在中國逞兇，中國歸中國人管，不許洋人支配中國。第二个，打倒地主階級，廢止收租制度，田地平分與農民。第三个，打倒國民党政府，建立工農兵政府。這就是共產黨在現時領導我們的三个大任務。

㊂提出這三件任務，你們不要嚇倒了。豈但不要嚇倒，應該十分歡迎。做到這三件事，是工農階級的盼望，也是於你們有大益的。你們明白你們的地位麼？你們是半殖民地的小資產階級。帝國主義壓迫中國，洋貨不斷的運口，中國工商業不能發展，你們想，打倒了帝國主義於你們的益處幾大？中封建的地主階級集中了多數田地在他們手裏，重租重息，農民貧困到十分，鄉下人無錢到城市買貨，城市工商業因此凋敝不能發展。打倒了地主階級，取消了收租制度，農民得了完全的收穫，向城市買貨的力量大大增加，你們想，城市的生意不會大大發達麼？國民黨及其政府，是帝國主義的走狗，地主階級的代表，國民黨及其政府打倒了，帝國主義失了走狗，地主階級失了代表，工農兵政府掌握了政權，民權革命（打倒帝國主義打倒地主階級的革命）就算有成功的希望了，你們不覺得這於你們是有益處的麼？

㊃共產黨對城市的政策是：取消苛捐雜稅，保護商人貿易。在革命時候對大商人酌量籌款供給軍需，但不准派到小商人身上。城市反動份子（軍閥的走狗，貪官污吏，國民黨指導委員，工賊，農賊，學賊）的財物要沒收，鄉村收租放息為富不仁的土豪搬到城市住家的，他們的財物也要沒收。至於普通商人及一般小資產階級的財物，一概不沒收。但普通商人及一般小資產階級須努力贊助工農革命，服從工農階級的指導，專心一意向打倒帝國主義打倒地主階級打倒國民黨政府三大任務上努力。不要三心二意，表面服從，心懷敵意。須知共產黨領導的民權革命是一定要成功的，而且很快要成功的。此時一不服從，就走入反革命一路，將來決無立足之地。

㊄知識分子的出路，也只有參加工農革命。知識分子若肯參加革命，工農階級均可收容他們，依照他們才幹的大小，分派他們相當的工作。紅軍政治部正須招收大批政治工作人員，那些能夠刻苦耐勞勇敢奮鬥的革命的學生們教職員們，均可加入紅軍來作政治工作。

㊅蔣桂戰爭已在兩湖爆發，全國新軍閥大戰，業已發動了。欺騙民眾的國民黨已完全解體，三民主義完全是狗屁，全國統一完全是笑話。美國走狗的蔣派馮派，英國走狗的桂派，日本走狗的奉派閻派，只是為著私利就混戰起來。國民黨國民政府及各派新軍閥之倒台滾蛋就在眼前，工農階級的革命政權不久就要代替反革命政權而出現於全國。商人們，學生們，一切被壓迫的小資產階級，速起幫助工農階級參加此歷史的革命爭鬥啊！

商人起來幫助工農階級！

學生起來幫助工農階級！

商人要使商業發展只有幫助土地革命增加農民的生產力和購買力！

商人要使商業發展只有打倒帝國主義斷絕洋貨的來源！

商人要使商業發展只有推翻國民黨政府擁護工農兵政府！

商人只要贊助革命共產黨就不沒收他們的財產，並保護他們營業自由！

革命的知識分子加入工農隊伍裏來！

革命的知識分子加入紅軍政治部！

民權革命萬歲！

全國被壓迫階級解放萬歲！

共產黨紅軍第四軍軍黨部

公曆一千九百二十九年（即民國十八年）

共产党红军第四军军党部印发的《告商人及知识分子》布告

1929 年　纵 20 厘米　横 38 厘米

上杭县博物馆　藏

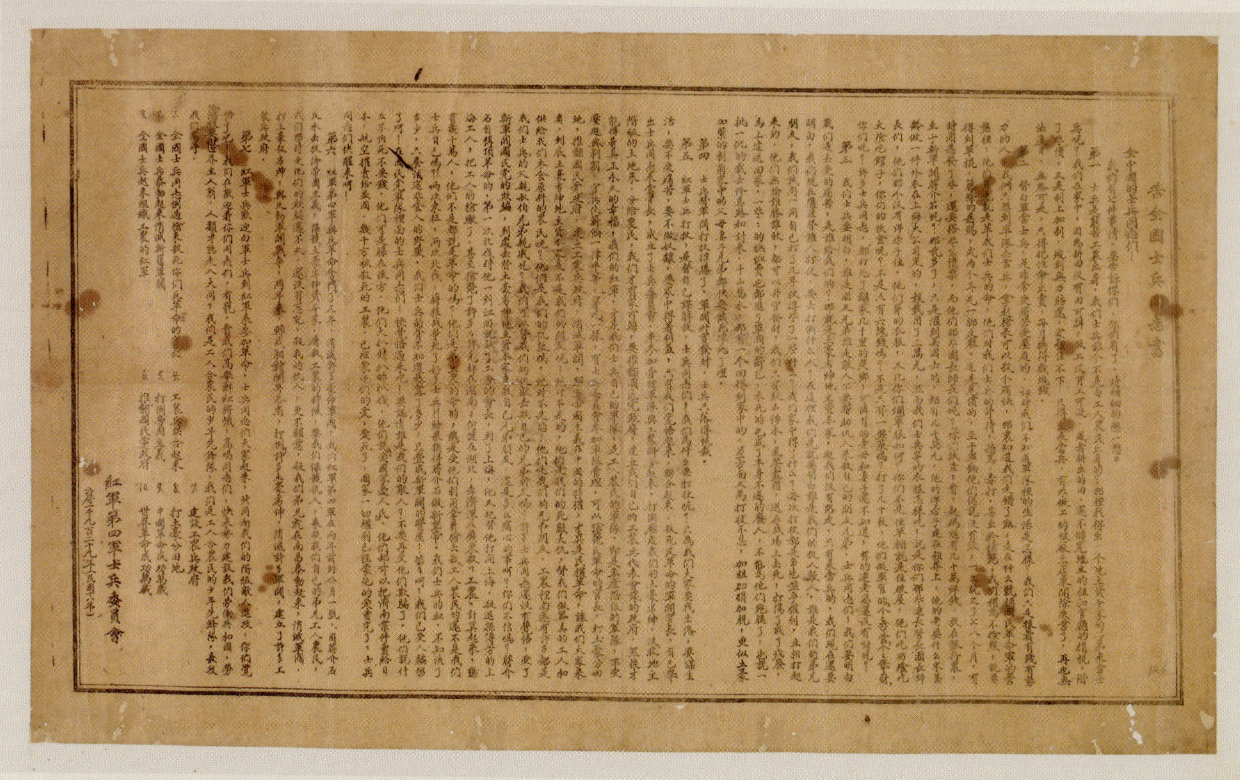
告全國士兵同志書

紅軍第四軍士兵委員會

红四军士兵委员会印发的《告全国士兵同志书》布告
1929 年　纵 36.5 厘米　横 62 厘米
福建博物院　藏

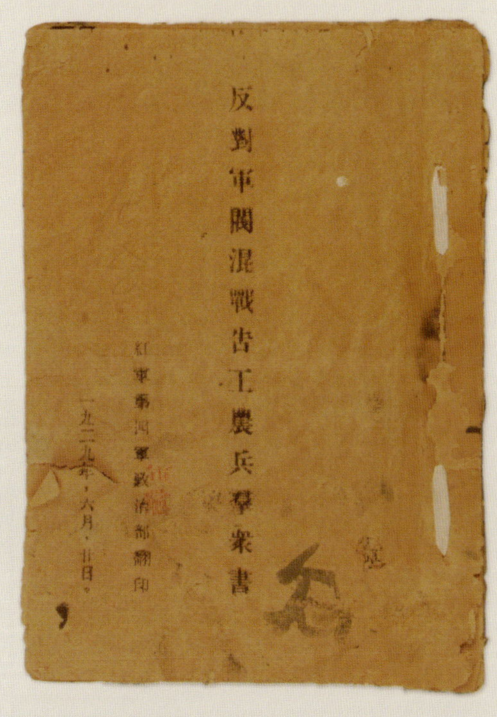
反對軍閥混戰告工農兵羣衆書

紅軍第四軍政治部翻印

一九二九年六月廿日

红四军政治部翻印的《反对军阀混战告工农兵群众书》
1929 年 6 月 20 日　纵 18.2 厘米　横 13.2 厘米
福建博物院　藏

红四军士兵会墨书标语“焚毁田契借约”条石
1929 年 8 月　长 20 厘米　宽 20 厘米　高 88 厘米
古田会议纪念馆　藏

墙板诗全文：

我们是红军第四军第三纵队第三支队第八大队士兵，驻扎在此数十天，多蒙蛟洋列位同志恩泽招待我们，比兄弟手足更好得多。

我是赣南宁都住，真正革命到这路。
军长下令要包围，一心打倒陈国辉。
走上马路连冲锋，反贼尽死江河中。
我军得胜希望大，陈贼全部都失败。
心在革命不在家，谁知龙岩带了花。
我伤非小不相当，副官吩咐到后方。
总要共产到成功，我辈青年把田分。

红四军战士姜立生墨书于蛟洋红军医院墙板上的七言诗
1929 年　纵 73.5 厘米　横 100.8 厘米
古田会议纪念馆　藏

毛泽东在新泉整训时使用过的瓷油灯
1929 年 12 月　通高 19 厘米　底径 9 厘米
古田会议纪念馆　藏

毛泽东在新泉整训时使用过的蝉形石砚（附木盒）
1929 年 12 月　通长 30 厘米　通宽 16 厘米　通高 3 厘米
古田会议纪念馆　藏

毛泽东在新泉整训时使用过的竹笔筒
1929 年 12 月　口径 8 厘米　底径 8 厘米　高 12 厘米
古田会议纪念馆　藏

1929 年 12 月 3 日，根据中央指示和红四军前委汀州扩大会议精神，红四军在新泉对部队进行政治、军事训练和整顿，为第九次党代表大会的召开作初步的准备。

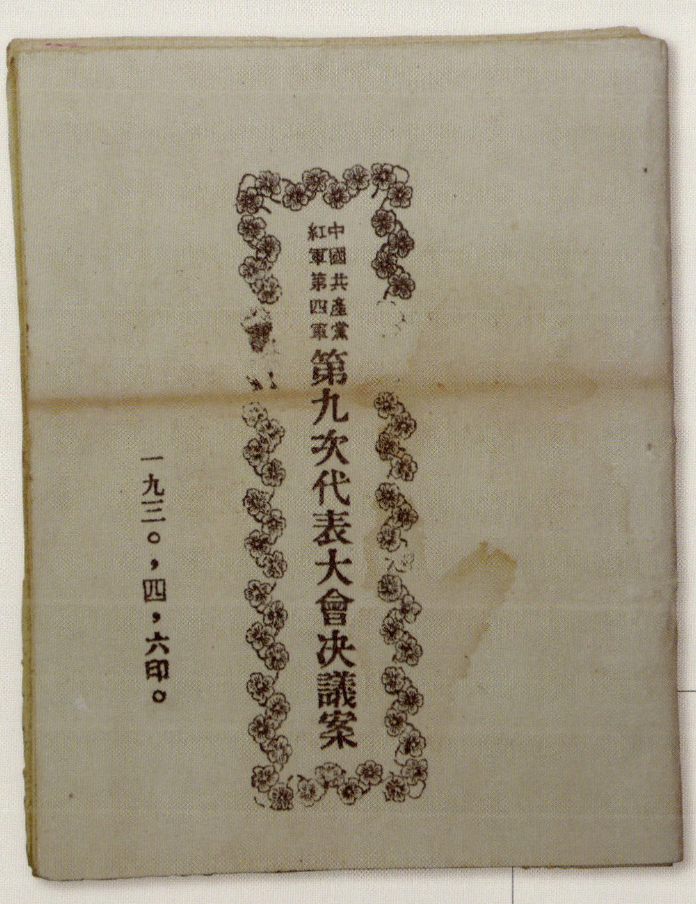

《中国共产党红军第四军第九次代表大会决议案》
1930 年 4 月 6 日　纵 15 厘米　横 12 厘米
上杭县博物馆　藏

1929 年 12 月底，毛泽东、朱德、陈毅在上杭县古田领导召开了红四军党的第九次代表大会（即“古田会议”）。会议通过了毛泽东起草《中国共产党红军第四军第九次代表大会决议案》，选举了新的前委，毛泽东为前委书记。

朱德在古田使用过的钢制裁纸刀
1929 年　柄长 8.5 厘米　刀长 19.5 厘米
古田会议纪念馆　藏

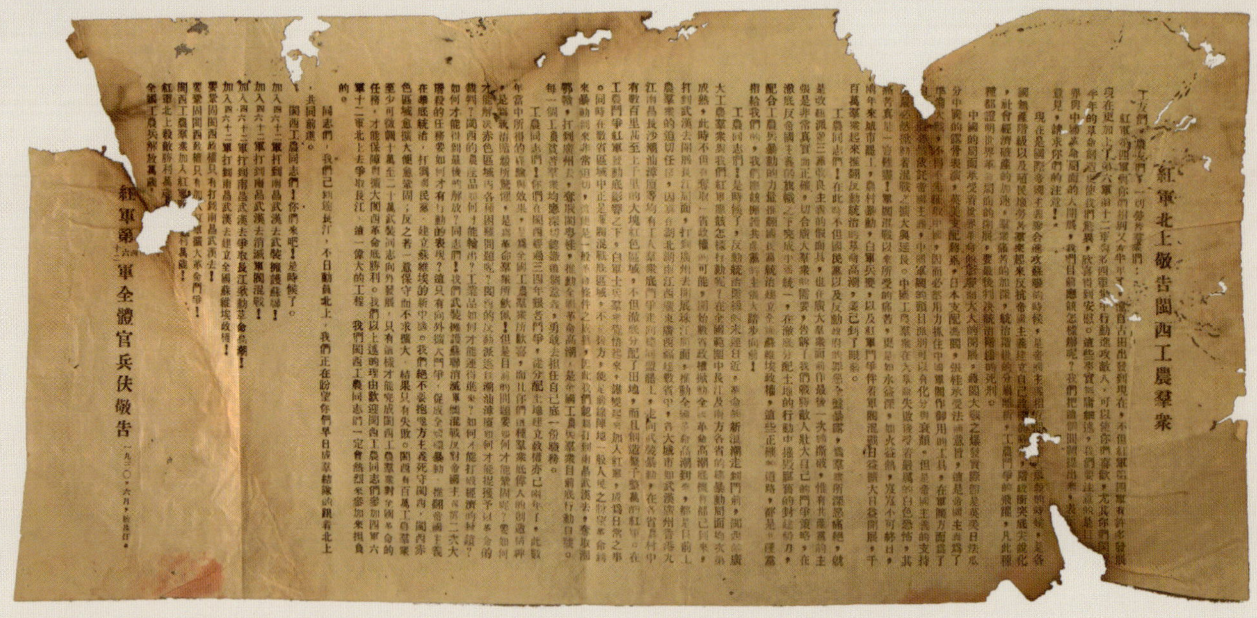

紅軍北上敬告閩西工農羣衆

紅軍第四、六、十二軍全體官兵伕敬告

红军第四、六、十二军印发的《红军北上敬告闽西工农群众》布告

1930 年 6 月　纵 23.5 厘米　横 50.5 厘米

长汀县博物馆　藏

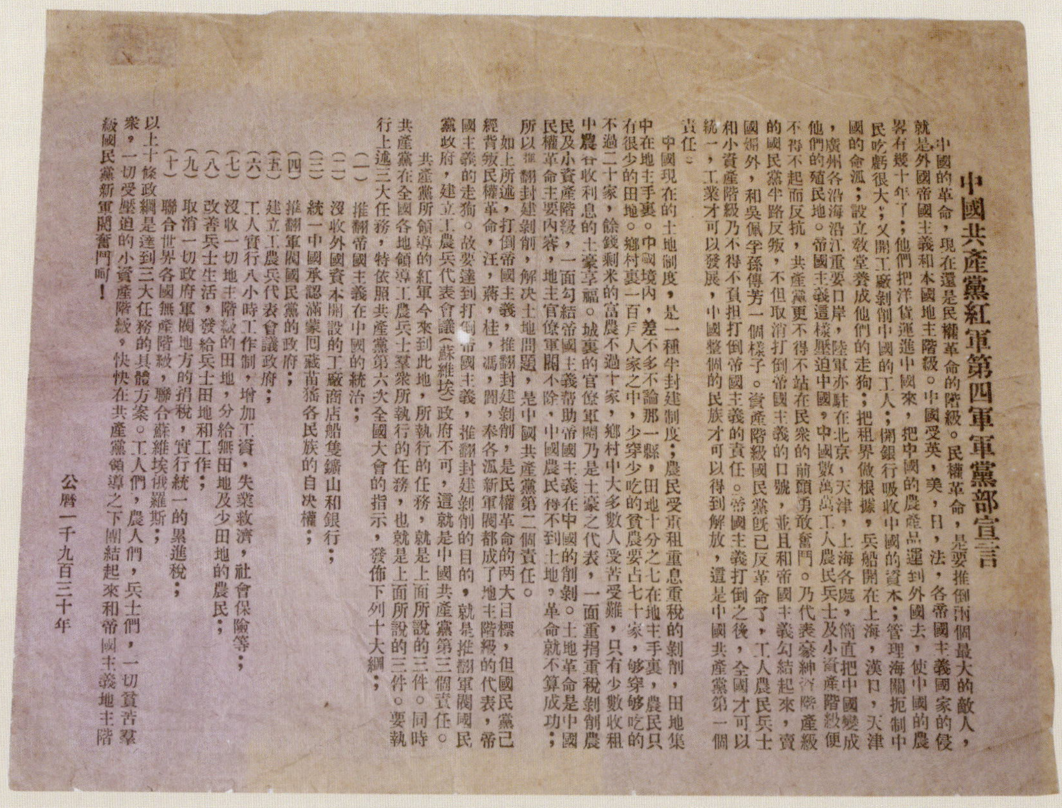

中國共產黨紅軍第四軍軍黨部宣言

中國的革命，現在還是民權革命的階級。民權革命，是要推倒兩個最大的敵人，就是外國帝國主義和本國地主階級。中國受英，美，日，法，各帝國主義國家的侵略有幾十年了；他們把洋貨運進中國來，把中國的農產品運到外國去，使中國的農民吃虧很大；又開工廠剝削中國的工人；開銀行吸收中國的資本；管理海關扼制中國的命脈；設立教堂養成他們的走狗；把租界做根據，兵船開在上海，漢口，天津，廣州各沿海沿江重要口岸，陸軍亦駐在北京，天津，上海各處，簡直把中國變成他們的殖民地。帝國主義這樣壓迫中國，中國數萬萬工人農民兵士及小資產階級便不得不起而反抗，共產黨更不得不站在民衆的前頭勇敢奮鬥。乃代表豪紳資產階級的國民黨半路反叛，不但取消打倒帝國主義的口號，並且和帝國主義勾結起來，賣國媚外，和吳佩孚孫傳芳一個樣子。資產階級國民黨既已反革命了，工人農民兵士和小資產階級乃不得不負担打倒帝國主義的責任。帝國主義打倒之後，全國才可以統一，工業才可以發展，中國整個的民族才可以得到解放，這是中國共產黨第一個責任。

中國現在的土地制度，是一種半封建制度；農民受重租重息重稅的剝削，田地集中在地主手裏。中國境內，差不多不論那一縣，田地十分之七在地主手裏，農民只有很少的田地。鄉村裏一百戶人家之中，少穿少吃的貧農要占七十家，够穿够吃的中農不過二十家，餘錢剩米的富農不過十家，鄉村中大多數人受苦受難，只有少數收租谷收利息的土豪享福。城裏的官僚軍閥乃是土豪之代表，一面重捐重稅剝削農民及小資產階級，一面勾結帝國主義幫助帝國主義在中國的削剝。土地革命是中國民權革命主要內容，地主官僚軍閥不除，中國農民得不到土地，革命就不算成功；所以推翻封建剝削，解决土地問題，是中國共產黨第二個責任。

如上所述，打倒帝國主義，推翻封建剝削，是民權革命的兩大目標，但國民黨已經背叛民權革命，汪，蔣，桂，馮，閻，奉各派新軍閥都成了地主階級的代表，帝國主義的走狗。故要達到打倒帝國主義，推翻封建剝削的目的，就是推翻軍閥國民黨政府，建立工農兵代表會議(蘇維埃)政府不可，這就是中國共產黨第三個責任。

共產黨所領導的紅軍今來到此地，所執行的任務，就是上面所說的三件。同時共產黨在全國各地領導工農兵士羣衆所執行的任務，也就是上面所說的三件。要執行上述三大任務，特依照共產黨第六次全國大會的指示，發佈下列十大綱；

(一)推翻帝國主義在中國的統治；

(二)沒收外國資本開設的工廠商店船隻鑛山和銀行；

(三)統一中國承認滿蒙回藏苗猺各民族的自决權；

(四)推翻軍閥國民黨的政府；

(五)建立工農兵代表會議政府；

(六)工人實行八小時工作制，增加工資，失業救濟，社會保險等；

(七)沒收一切地主階級的田地，分給無田地及少田地的農民；

(八)改善兵士生活，發給兵士田地和工作；

(九)取消一切政府軍閥地方的捐稅，實行統一的累進稅；

(十)聯合世界各國無產階級，聯合蘇維埃俄羅斯；

以上十條政綱是達到三大任務的具體方案。工人們，農人們，兵士們，一切貧苦羣衆，一切受壓迫的小資產階級，快快在共產黨領導之下團結起來和帝國主義地主階級國民黨新軍閥奮鬥呵！

公曆一千九百三十年

《中国共产党红军第四军军党部宣言》布告

1930 年　纵 22.1 厘米　横 29 厘米

武平县博物馆　藏

红军第四军第十师政治部颁给漳州战役支前有功人员的奖章
1932 年　通长 5.3 厘米　通宽 3.7 厘米
长汀县博物馆　藏

红军第四军汀漳龙联合赤卫队大队部士兵的袖章
土地革命战争时期　周长 41 厘米　宽 16 厘米
福建博物院　藏

1932 年 3 月，苏区中央局和中革军委接受毛泽东建议，命令由红军第一军团和第五军团组成的东路军进军福建，打击福建的敌军和由广东进犯闽西的粤军，巩固闽西苏区和筹措经费。3 月下旬，中华苏维埃共和国临时中央政府主席毛泽东率领东路军入闽。4 月 19 日，红军主力突破敌主阵地十字岭，向漳州市区推进。20 日，占领漳州。红军入漳后，一面筹款，一面发动群众、协助地方党组织恢复发展党团组织和群众团体。闽南工农游击队第一支队在配合红军的行动中，也获得了很大的发展。闽西各地群众纷纷组织担架队、运输队、救护队、慰劳队踊跃投入支前工作。5 月 28 日，中央红军在完成东征漳州的任务后撤离，返回中央苏区。

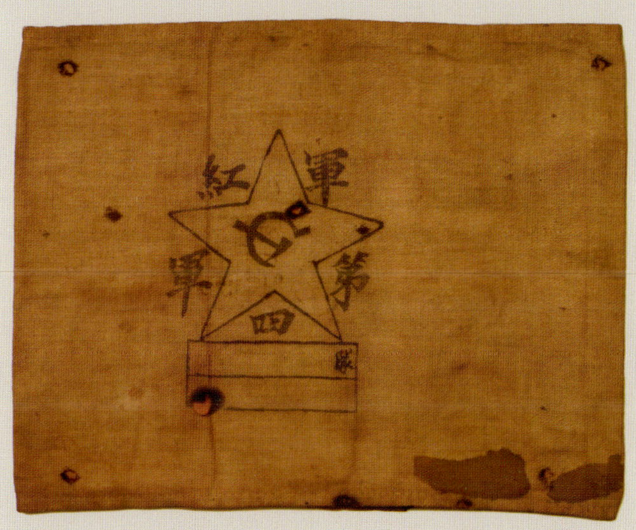

红四军攻打漳州时的袖章
1932 年 4 月　周长 40.6 厘米　宽 15.7 厘米
毛主席率领红军攻克漳州纪念馆　藏

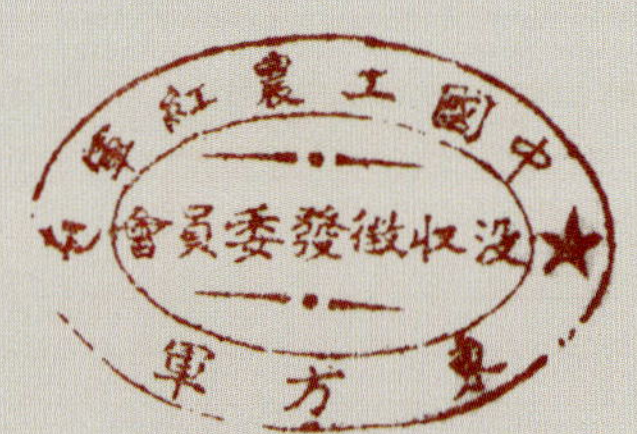

“中国工农红军东方军没收征发委员会”椭圆印

1933 年　印面直径最长 5.6 厘米

古田会议纪念馆　藏

1933 年 7 月 1 日，中革军委命令以红三军团的红四师、红五师和红十九师，组成东方军，开入闽西作战。同时命令闽西红军主力第三十四师和宁清归军分区、闽赣军区部分武装归东方军指挥。7 月 2 日，东方军在彭德怀、滕代远率领下由江西插进福建，在闽西北、闽中地区屡战屡捷，消灭了大量的敌人，恢复和开辟了新苏区，建立了各级临时革命政权，取得了东征的胜利。

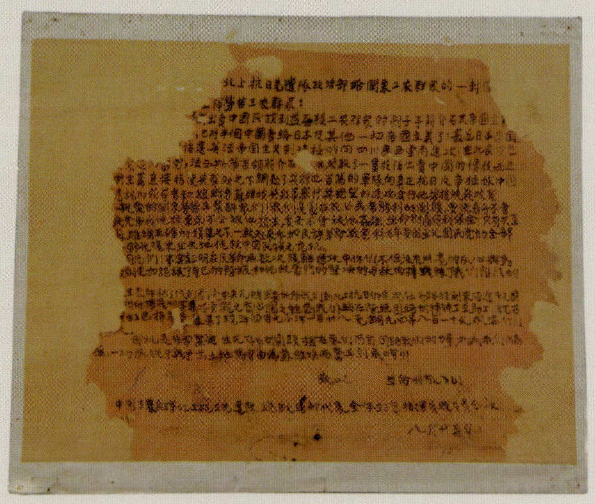

红军北上抗日先遣队政治部给闽东工农群众的一封信

1934 年 8 月 23 日　纵 19.5 厘米　横 22 厘米

福建博物馆　藏

1934 年 7 月，红七军团根据中央命令，组成中国工农红军北上抗日先遣队，在寻淮洲、乐少华、粟裕、刘英的带领下，从中央苏区瑞金出发北上抗日。北上抗日先遣队先后攻克大田县城，占领水口、大湖等地，威逼福州。同年 8 月 14 日，攻占罗源县城，进入闽东苏区，与闽东红军主力会师后，继续挥师北上。11 月初，抗日先遣队转入闽浙赣革命根据地与红十军会合，奉命编为第十军团，原红七军团缩编为十九师。留在闽东的北上抗日先遣队部分红军与闽东红军主力在宁德县支提寺合编成立中国工农红军闽东独立师。

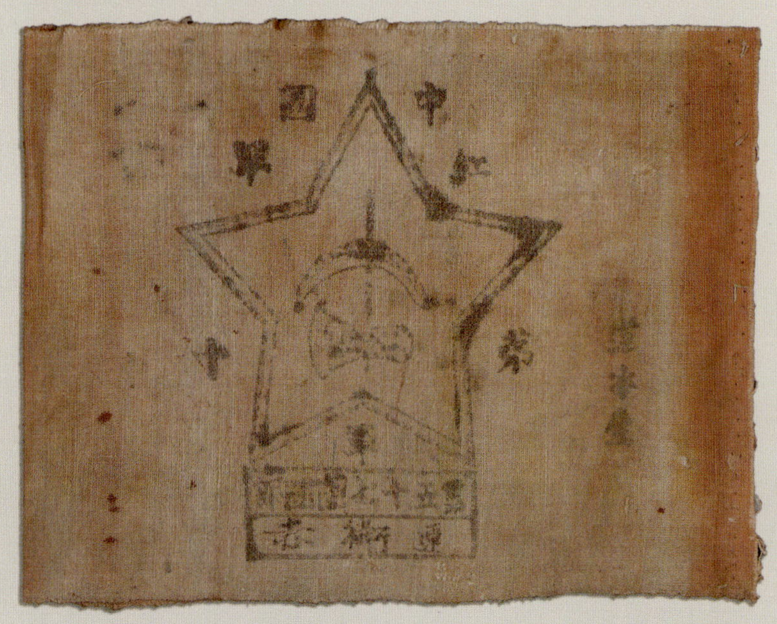

中国红军第十军第五十七团赤卫连范水生的袖章

土地革命战争时期　周长 42 厘米　宽 15.6 厘米

福建博物院　藏

1930 年，红十军在江西成立。同年 10 月，闽北红军独立团与教导团主力 1000 多人离开闽北苏区，开往赣东北，加入红十军，编为独立师。1931 年 4 月始，红十军两次进入闽北，对巩固和发展闽北革命根据地作出贡献。

红军第四军第四纵队第七支队二十一大队士兵邹永成的袖章

1929 年　周长 41 厘米　宽 16 厘米

福建博物院　藏

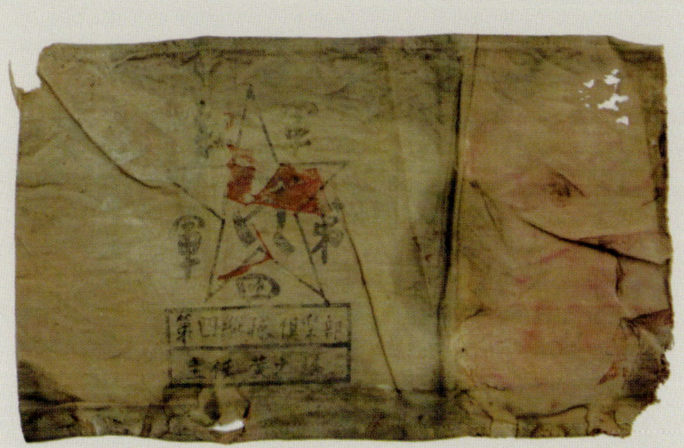

红军第四军第四纵队俱乐部主任黄少读的袖章

1929 年　周长 33 厘米　宽 14.5 厘米

龙岩博物馆　藏

红四军第四纵队第八支队宣传员赠华的袖章

1929 年　周长 41.2 厘米　宽 16 厘米

龙岩市永定区博物馆　藏

1928 年 7 月，闽西暴动队伍组成闽西工农红军第七军十九师，辖五十五、五十六、五十七三个团。1929 年 6 月，根据红四军前委决定，红七军第十九师扩编而成红四军第四纵队，纵队长傅柏翠，主要负责闽西防务。下辖三个支队，第七支队由蛟洋暴动的武装整编的红五十九团和连南队、长汀、永定等游击队组成；第八支队由永定、龙岩及上杭等地游击组成；第十二支队由长汀等地赤卫队组成。

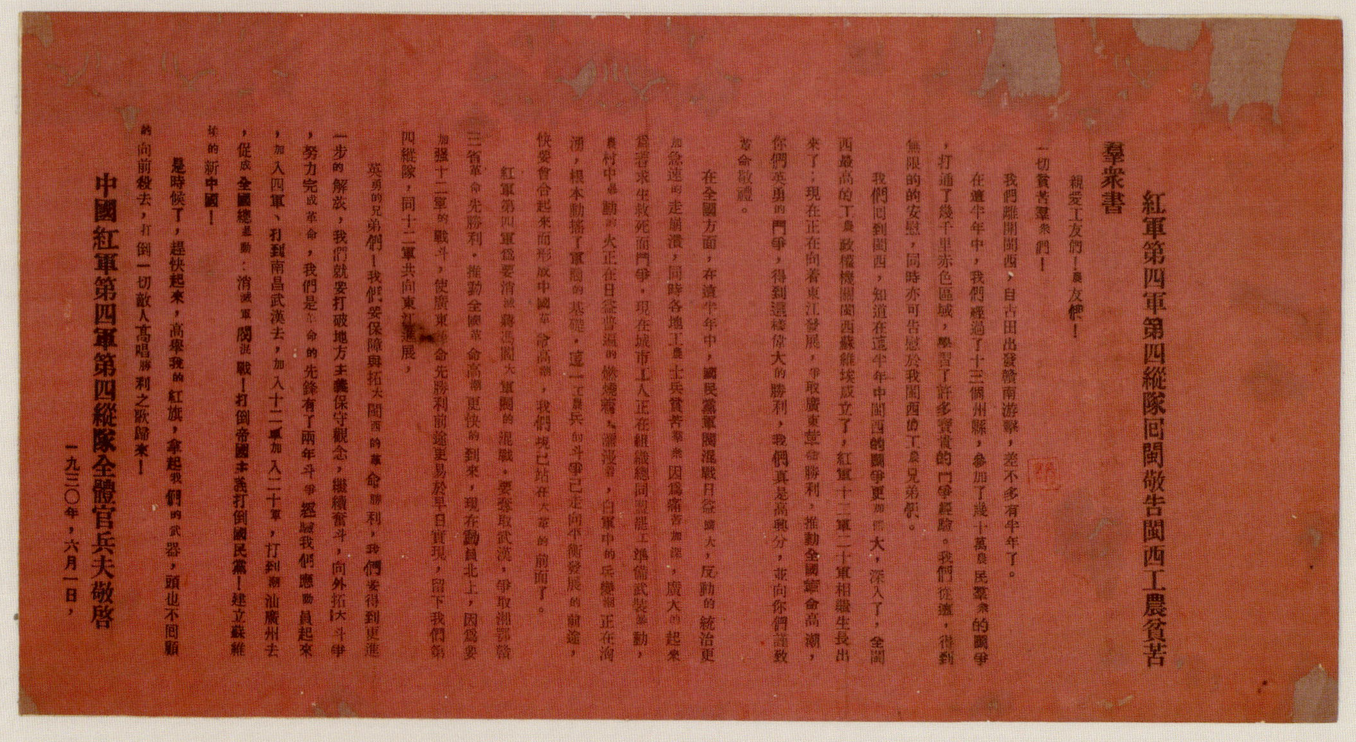

紅軍第四軍第四縱隊回閩敬告閩西工農貧苦群衆書

親愛工友們！農友們！

一切貧苦群衆們！

我們離開閩西，自古田出發贛南游擊，差不多有半年了。在這半年中，我們經過了十三個州縣，參加了幾十萬農民群衆的鬭爭，打通了幾千里赤色區域，學習了許多寶貴的鬥爭經驗。我們從遠，得到無限的的安慰，同時亦可告慰於我閩西的工農兄弟們。

我們回到閩西，知道在這半年中閩西的鬭爭更加擴大，深入了，全閩西最高的工農政權機關閩西蘇維埃成立了，紅軍十二軍二十軍相繼生長出來了；現在正在向着東江發展，爭取廣東革命勝利，推動全國革命高潮，你們英勇的鬥爭，得到這樣偉大的勝利，我們真是高興萬分，並向你們謹致革命敬禮。

在全國方面，在這半年中，國民黨軍閥混戰月益擴大，反動的統治更加急速的走崩潰，同時各地工農士兵貧苦群衆因為痛苦加深，廣大的起來奮着求生救死而鬥爭，現在城市工人正在組織總同盟罷工準備武裝暴動，農村中暴動的火正在日益普遍的燃燒着，瀰漫着，白軍中的兵變潮正在洶湧，根本動搖了軍閥的基礎，這一工農兵的斗爭已走向不衡發展的前途，快要會合起來而形成中國革命高潮，我們現已站在大革命的前面了。

紅軍第四軍為要消滅蔣馮閻大軍閥的混戰，要奪取武漢，爭取湘鄂贛三省革命先勝利，推動全國革命高潮更快的到來，現在動員北上，因為要加強十二軍的戰斗，使廣東革命先勝利前途更易於早日實現，留下我們第四縱隊，同十二軍共向東江進展，

英勇的兄弟們！我們要保障與拓大閩西的革命勝利，我們要得到更進一步的解放，我們就要打破地方主義保守觀念，繼續奮斗，向外拓大斗爭，努力完成革命，我們是革命的先鋒有了兩年斗爭經驗我們應動員起來，加入四軍、打到南昌武漢去，加入十二軍加入二十軍，打到潮汕廣州去，促成全國總暴動：消滅軍閥混戰！打倒帝國主義打倒國民黨！建立蘇維埃的新中國！

是時候了，趕快起來，高舉我的紅旗，拿起我們的武器，頭也不回顧的向前殺去，打倒一切敵人高唱勝利之歌歸來！

中國紅軍第四軍第四縱隊全體官兵夫敬啓

一九三〇年，六月一日，

《红军第四军第四纵队回闽敬告闽西工农贫苦群众书》布告

1930 年 6 月 1 日　纵 21 厘米　横 40 厘米

福建博物院　藏

红军第九军第七十四团第一营一连勤务兵丁昌园的袖章
1930 年　周长 40 厘米　宽 15.6 厘米
古田会议纪念馆　藏

1930 年 3 月，闽西第一次工农兵代表大会决定将闽西各县赤卫队编制为正规红军，番号为中国红军第九军。下辖一、二、三、四、五、六团，分别由龙岩赤卫队、上杭东路赤卫队、永定赤卫团、连城赤卫团、长汀赤卫团和上杭北路赤卫队编成。

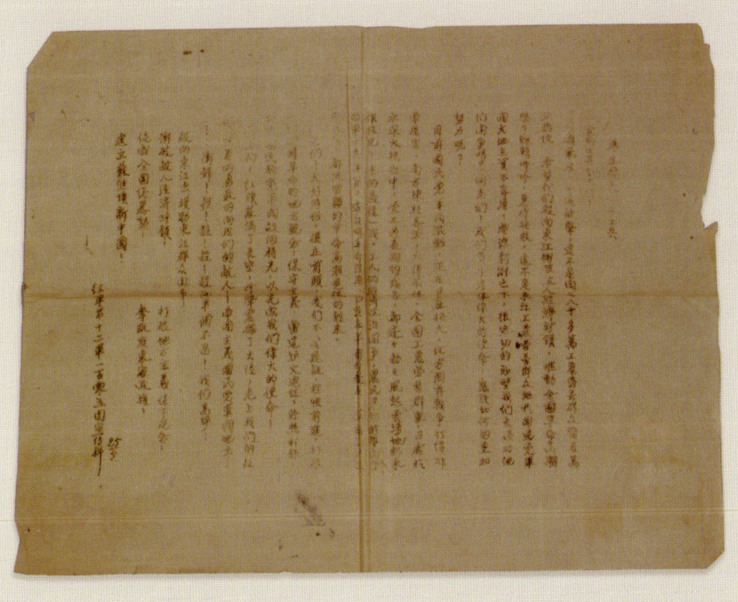

红军第十二军一百零五团宣传科印发的《为出发东江告士兵》布告
1930 年 5 月 25 日　纵 29 厘米　横 38 厘米
上杭县博物馆　藏

1930 年 5 月，为统一红军编制，中共中央决定将红九军改称红十二军，军长邓毅刚，政委高静山、邓子恢，扩编为三个纵队。同年 6 月，红十二军编入红一军团，所辖三个纵队改为三十四、三十五、三十六师，军长伍中豪、政委谭震林。

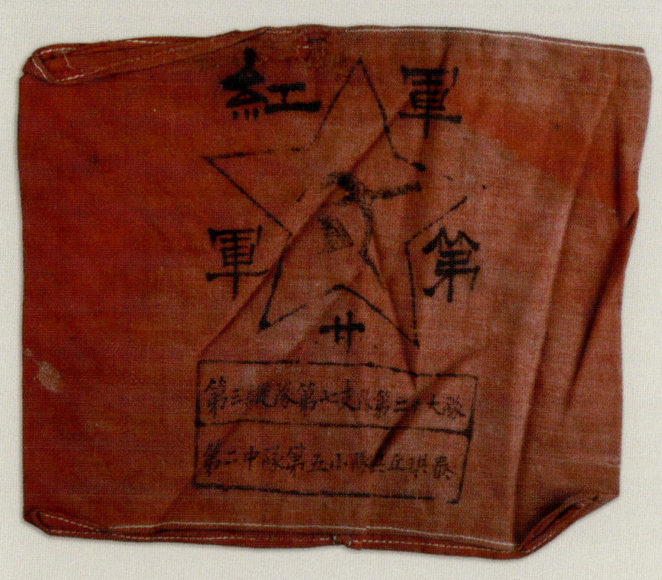

红军第二十军第三纵队第七支队第二十大队第二中队第五小队丘洪泰的袖章
1930 年　周长 40 厘米　宽 40 厘米
古田会议纪念馆　藏

1930 年 5 月，红十二军奉命出击东江以后，闽西苏维埃政府又将闽西地方武装整编为红二十军，军长胡少海，政委黄甦。下辖第一、二、三、四、五纵队，分别由龙岩、上杭、永定、连城、长汀的地方武装组成。

红军二十一军第二纵队辎重队公差口利爵的袖章
1930 年　周长 38 厘米　宽 17.8 厘米
福建博物院　藏

红军二十一军第二纵队第五支队部宣传员廖桐盛的袖章
1930 年　周长 37.6 厘米　宽 17.6 厘米
古田会议纪念馆　藏

1930 年 6 月，红十二军编入红一军团后，由闽西苏维埃政府建议、红四军前委决定由红四军第四纵队一部和红二十军第一纵队组建红二十一军。军长胡少海，政委邓子恢。下辖第一、二、三、四、五纵队。

1930 年 11 月，闽西总行委和红二十一军召开联席会议，决定将红二十一军第一、二纵队和红二十军第二、三纵队合编为新十二军，军长贺沉洋（代）、左权，政委施简，下辖第一、二、三团。1931 年 10 月，红十二军三十四、三十五师被编入红三、四军后，第三十六师在长汀和新十二军会师后，合编为红一军团十二军。新十二军改称三十四师。军长罗炳辉，政委谭震林。

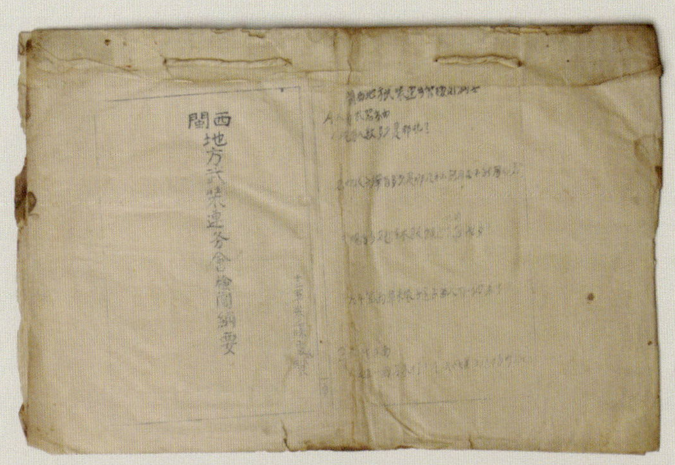
閩西地方武裝連務會檢閱綱要

十二军参谋处代制的《闽西地方武装连务会检阅纲要》
土地革命战争时期　纵 19.8 厘米　横 30.6 厘米
宁化县革命纪念馆　藏

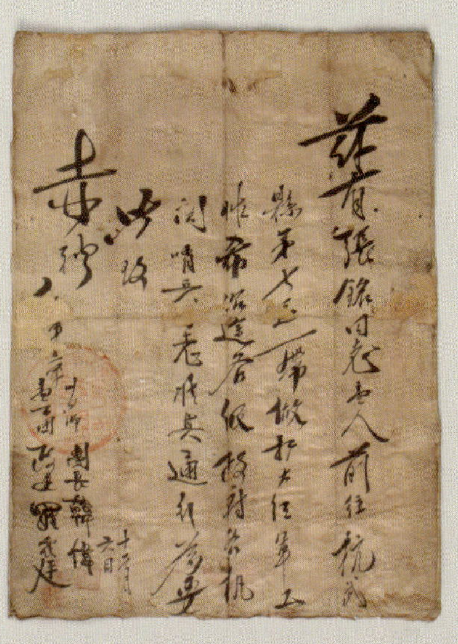

红军十二军三十四师一百团为张铭赴杭武县第七区做扩大红军工作出具的通行介绍信
1931 年 12 月 6 日　纵 30 厘米　横 22.5 厘米
上杭县博物馆　藏

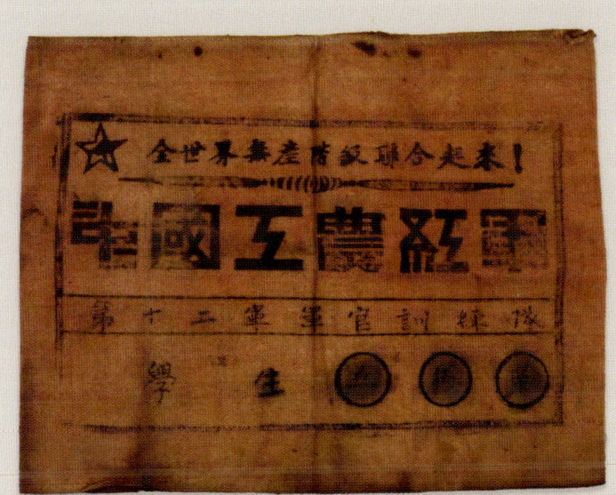

中国工农红军第十二军军官训练队学生丘德荣的袖章
土地革命战争时期　周长 42 厘米　宽 15.7 厘米
上杭县博物馆　藏

中国工农红军第十二军三十五师一百零四团团部传令兵副班长许南先的袖章
土地革命战争时期　周长 40.6 厘米　宽 15.5 厘米
福建博物院　藏

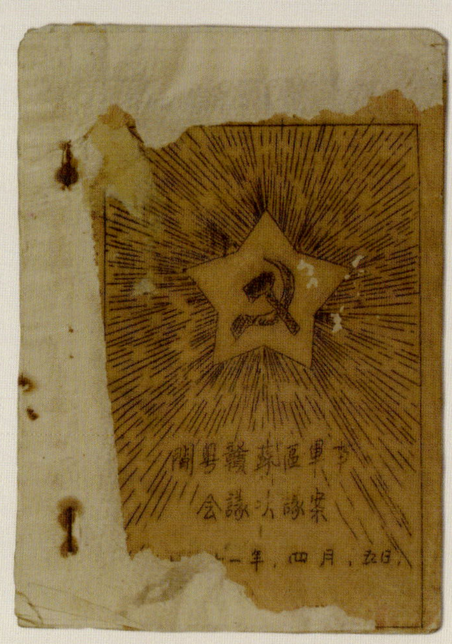

《闽粤赣苏区军事会议决议案》
1931 年 4 月 5 日　纵 16.3 厘米　横 11.8 厘米
福建博物院　藏

1930 年 9 月，闽西总行委和红二十一军委联席会议，决定成立闽西革命军事委员会。同年底，改称闽粤赣边革命军事委员会。1931 年春，闽粤赣边革命军事委员会改称闽粤赣省委军事委员会。同年 5 月，改为闽粤赣省军区，肖劲光任参谋长兼政治部主任。

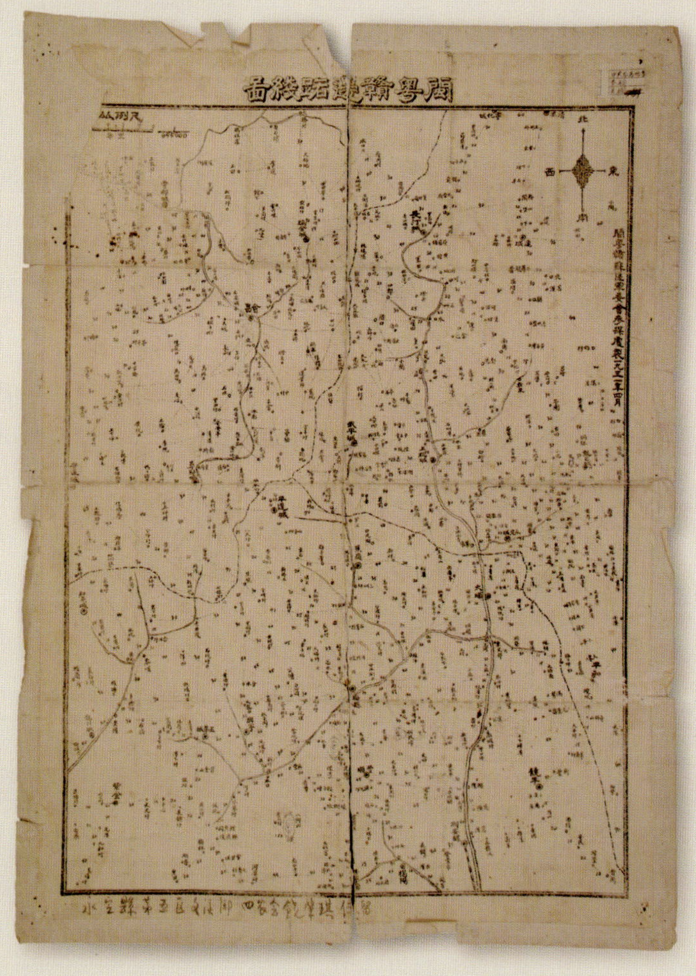

闽粤赣苏区军委会参谋处制《闽粤赣边路线图》
1931 年 4 月　纵 55 厘米　横 40 厘米
古田会议纪念馆　藏

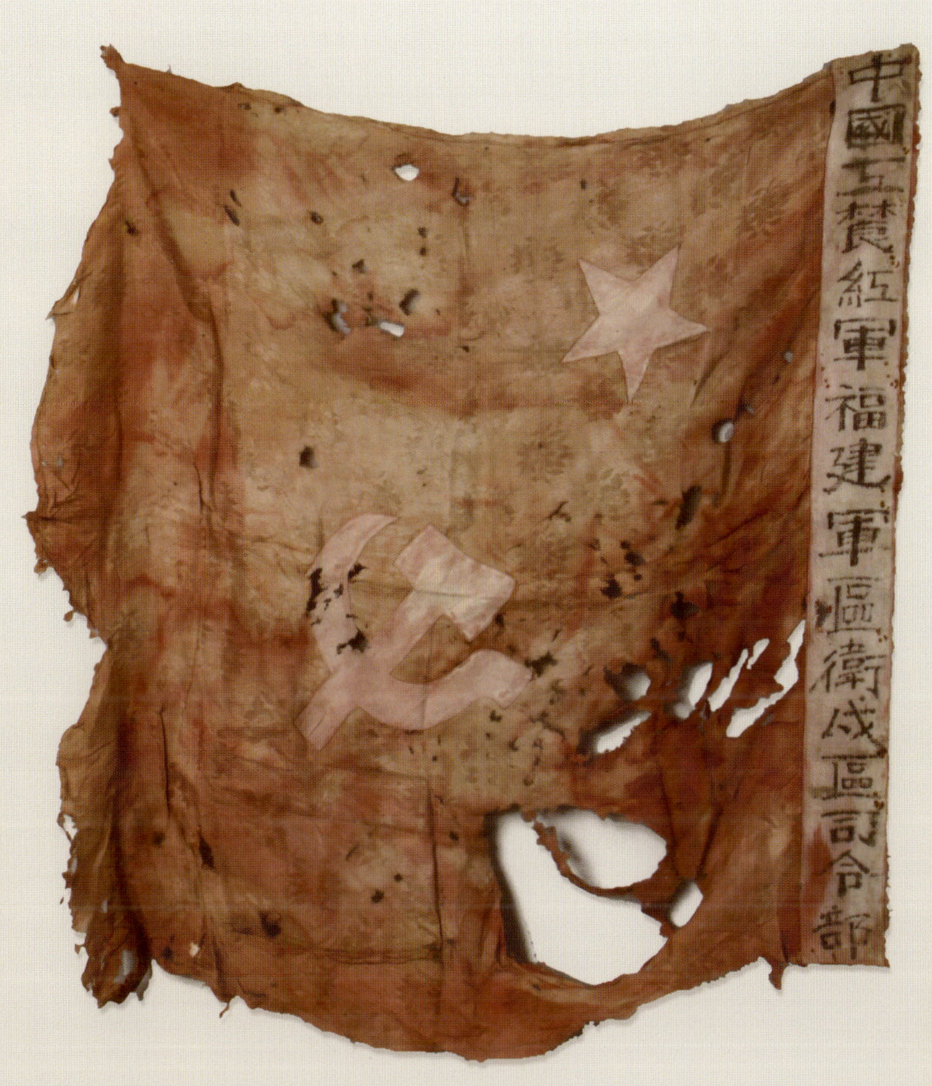

中国工农红军福建军区卫戍区司令部红旗

1932 年　纵 97 厘米　横 103 厘米

上杭县博物馆　藏

1932 年 2 月 9 日，在长汀十里铺成立中国工农红军福建军区指挥部，统一指挥红十二军和岩永杭、汀清连、宁清归三个军分区（分别又称第一、二、三军分区）的独立第八、九、十师以及宁化、清流、归化的独立团。后来，闽西红军独立第七师（1931 年，由上杭、长汀独立团组成，以替补新十二军，作为闽西地方主力武装，师长陈树湘）被编入红十二军，独立第八、九、十师合编成红军第十九军。司令员先后为罗炳辉、周子昆、叶剑英、龙腾云，政委谭震林、万永诚。1935 年 4 月，福建省军区余部在长汀遭围困，司令员龙腾云、政委万永诚牺牲，省军区机关全部被破坏。

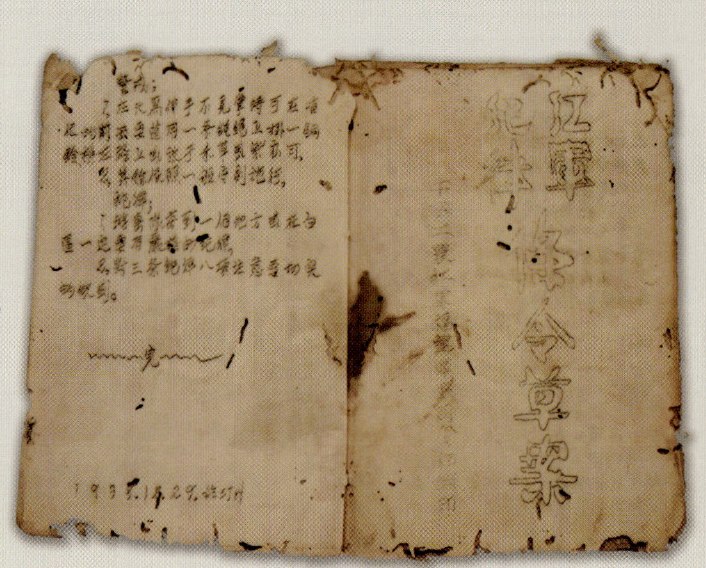

中国工农红军福建军区司令部编印的《红军纪律条令草案》

1933 年 12 月 29 日　纵 16.2 厘米　横 12.9 厘米

长汀县博物馆　藏

福建军区授予中坊村的扩大红军奖旗

1933 年　纵 82 厘米　横 101 厘米

福建博物院　藏

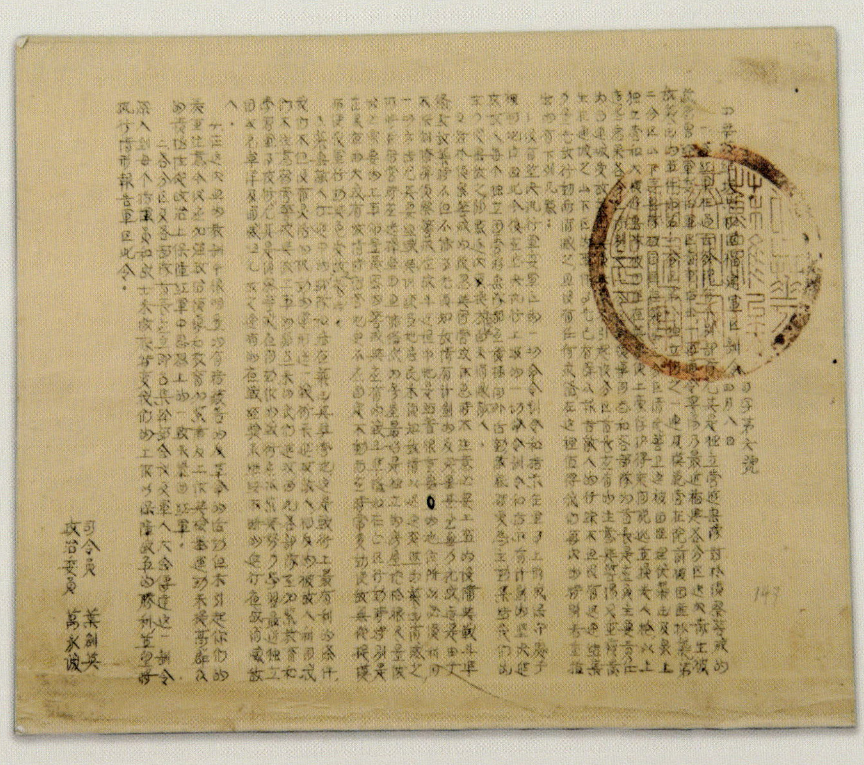

中华苏维埃共和国福建军区提高警惕的训令（司字第六号）
1934 年 4 月 8 日　纵 23 厘米　横 28 厘米
福建博物院　藏

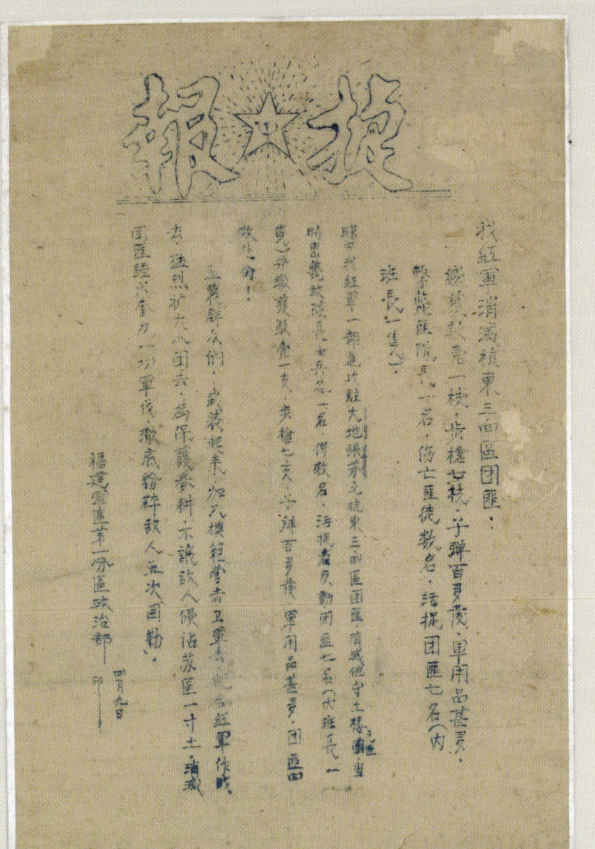

捷報

我紅軍消滅杭東三四區团匪：
繳獲駁殼一枝，步槍七枝，子彈百多發，軍用品甚多，擊斃匪隊長一名，傷亡匪徒数名，活捉团匪七名（内班長一隻）。
昨日我紅軍一部進攻駐大地[illegible]之杭東三四區团匪，消滅他守土樓，當時當場擊斃團長一名，俘数名，活捉反動团匪七名（內班長一[illegible]），并繳獲駁殼一支，步槍七支，子彈百多發，軍用品甚多，团匪四散逃命！
工農群众們，武裝起來，加入模範营、赤卫軍和紅軍作戰去，猛烈扩大八团去，為保護春耕，不讓敌人侵佔蘇區一寸土，消滅团匪經[illegible]全力一切軍代，徹底粉碎敌人五次"圍勦"。
福建軍區第一分區政治部印
四月九日

福建军区第一分区政治部印发的《红军消灭杭东三、四区团匪》的捷报
1934 年 4 月 9 日　纵 37.5 厘米　横 25 厘米
福建博物院　藏

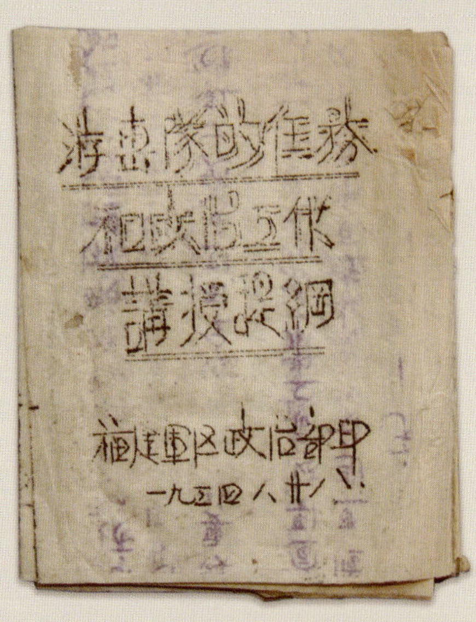

福建军区政治部编印的《游击队的任务和政治工作讲授提纲》
1934 年 8 月 28 日　纵 9.5 厘米　横 7.8 厘米
中央苏区（闽西）历史博物馆　藏

中国工农红军福建军区总指挥部电话排报务员孔庆喜的胸章
土地革命战争时期　直径 5.5 厘米
长汀县博物馆　藏

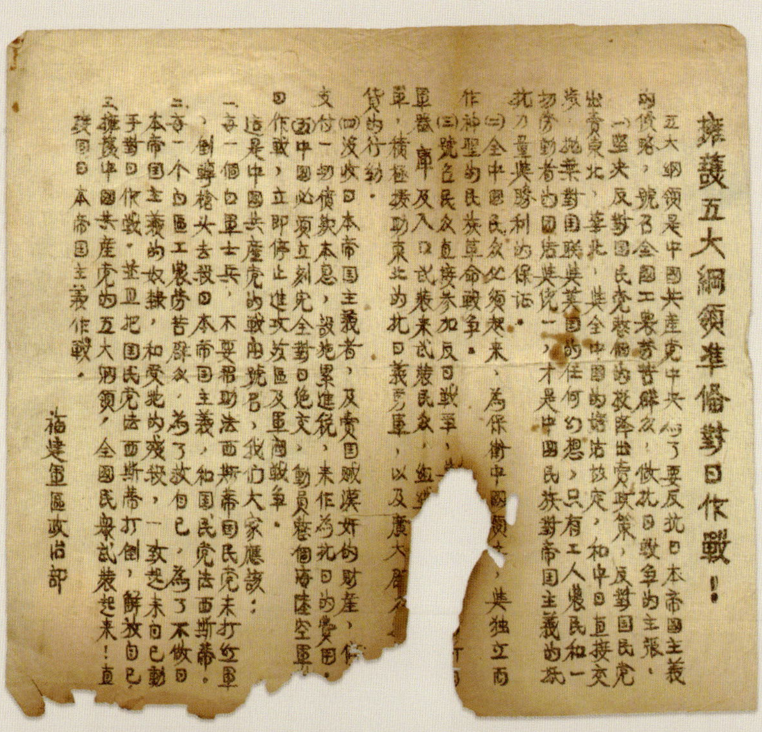

福建军区政治部印发的《拥护五大纲领准备对日作战》传单
1934 年　纵 16.5 厘米　横 18 厘米
中央苏区（闽西）历史博物馆　藏

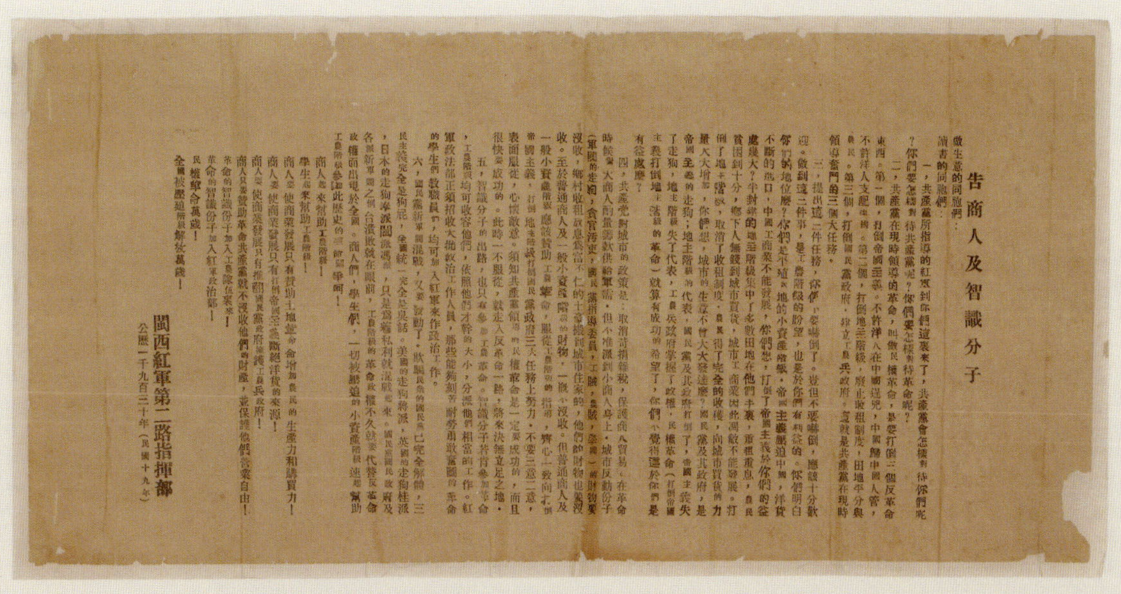

告商人及智識分子

做生意的同胞們：
讀書的同胞們：

一，共產黨所指導的紅軍到你們這裏來了，共產黨會怎樣對待你們呢？你們要怎樣對待共產黨呢？你們要怎樣對待革命呢？

二，共產黨在現時領導的革命，叫做民權革命，是要打倒三個反革命東西。第一個，打倒帝國主義。不許洋人在中國逞兇，中國歸中國人管，不許洋人支配中國。第二個，打倒地主階級，廢止收租制度，田地平分與農民。第三個，打倒國民黨政府，建立工農兵政府。這就是共產黨在現時領導奮鬥的三個大任務。

三，提出這三件任務，你們不要嚇倒了。豈但不要嚇倒，應該十分歡迎。做到這三件事，是工農階級的盼望，也是於你們有利益的。你們明白你們的地位麼？你們是不是處於小資產階級。帝國主義壓迫中國，洋貨不斷的進口，中國工商業不能發展，你們想，打倒了帝國主義於你們的益處幾大？半封建的地主階級集中了多數田地在他們手裏，重租重息，農民貧困到十分，鄉下人無錢到城市買貨，城市工商業因此凋敝不能發展。打倒了地主階級，取消了收租制度，農民得了完全的收穫，向城市買貨的力量大大增加，你們想，城市的生意不會大大發達麼？國民黨及其政府，是帝國主義的走狗，地主階級的代表，國民黨及其政府打倒了，帝國主義失了走狗，地主階級失了代表，工農兵政府掌握了政權，民權革命（打倒帝國主義打倒地主階級的革命）就算有成功的希望了，你們不覺得還於你們是有益處麼？

四，共產黨對城市的政策是：取消苛捐雜稅，保護商人貿易。在革命時候對大商人酌量籌款供給軍需，但不准派到小商人身上。城市反動份子（軍閥的走狗，貪官污吏，國民黨指導委員，工賊，農賊，惡商）的財物要沒收，鄉村收租放息為富不仁的土豪搬到城市住家的，他們的財物也要沒收。至於普通商人及一般小資產階級的財物，一概不沒收。但普通商人及一般小資產階級應該贊助工農革命，服從工農階級的指導，齊心一致向打倒帝國主義，打倒地主階級打倒國民黨政府三大任務上努力。不要三心二意，表面服從，心懷敵意。須知共產黨領導的民權革命是一定要成功的，而且很快要成功的。此時一不服從，就走入反革命一路，將來決無立足之地。

五，智識分子的出路，也只有參加工農革命。知識分子若肯參加革命，工農階級均可收容他們，依照他們才幹的大小，分派他們相當的工作。紅軍政法部正須招收大批政治工作人員，那些能夠刻苦耐勞而致富圖的革命的學生們教職員們，均可加入紅軍來作政治工作。

六，國民黨新軍閥混戰，又要發動了。欺騙民衆的國民黨已完全解體，三民主義完全是狗屁，全國統一完全是鬼話。美國的走狗蔣派，英國的走狗桂派，日本的走狗奉派閻派馮派，只是爲着私利就混戰起來。國民黨國民政府及各派新軍閥之倒台潰敗就在眼前，工農階級的革命政權不久就要代替反革命政權而出現於全國。商人們，學生們，一切被壓迫的小資產階級速起幫助工農階級參加此歷史的空前鬥爭啊！

商人起來幫助工農階級！
學生起來幫助工農階級！
商人要使商業發展只有贊助土地革命增加農民的生產力和購買力！
商人要使商業發展只有打倒帝國主義斷絕洋貨的來源！
商人要使商業發展只有推翻國民黨政府擁護工農兵政府！
商人只要贊助革命共產黨就不沒收他們的財產，並保護他們營業自由！
革命的智識份子加入工農隊伍來！
革命的智識份子加入紅軍政治部！
民權革命萬歲！
全國被壓迫階級解放萬歲！

閩西紅軍第二路指揮部
公歷一千九百三十年（民國十九年）

闽西红军第二路指挥部印发的《告商人及智（知）识分子书》布告
1930 年　纵 21.5 厘米　横 40.5 厘米
福建博物院　藏

闽西红军第一支队的袖章
土地革命战争时期　周长 44 厘米　宽 15 厘米
连城县新泉整训纪念馆　藏

“闽西红军游击军第三支队印”圆印
土地革命战争时期　印面直径 5.8 厘米
福建博物院　藏

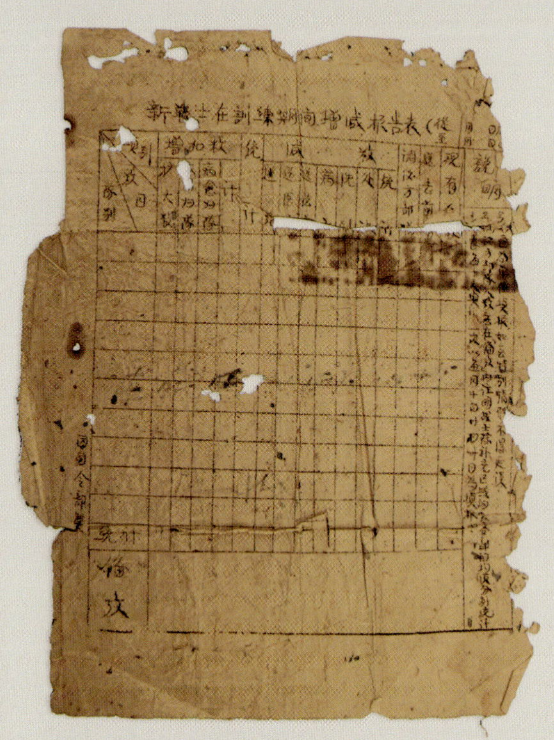

福建补充团新战士在训练期间增减报告表

土地革命战争时期　纵 23 厘米　横 18 厘米

长汀县博物馆　藏

中国工农红军永定县红色警卫第二连卢鼎洪的袖章

土地革命战争时期　周长 40.6 厘米　宽 16 厘米

龙岩市永定区博物馆　藏

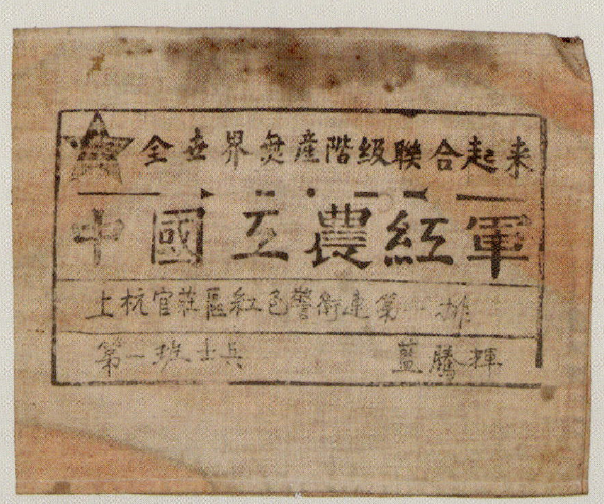

中国工农红军上杭官庄区红色警卫连第一排第一班士兵蓝腾辉的袖章

土地革命战争时期　周长 42 厘米　宽 16.5 厘米

福建博物院　藏

河田区模范营第一营营部政委刘金财的胸章

土地革命战争时期　纵 4.7 厘米　横 7.5 厘米

长汀县博物馆　藏

龙岩赤卫队第八大队第五中队第一班长林胜辉的袖章
1930 年　周长 41 厘米　宽 15.7 厘米
漳平市博物馆　藏

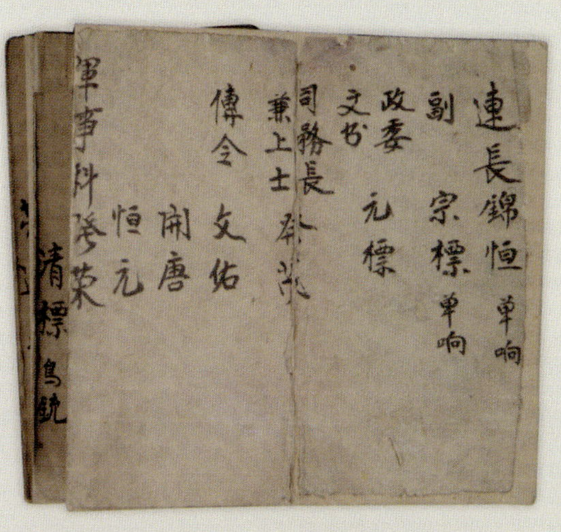

通贤乡赤卫连名册
土地革命战争时期　纵 9.5 厘米　横 115 厘米
上杭县博物馆　藏

汀连四区五乡第二大队第六中队十六小队赤卫军得松章的袖章
1930 年—1931 年　周长 47 厘米　宽 16 厘米
长汀县博物馆　藏

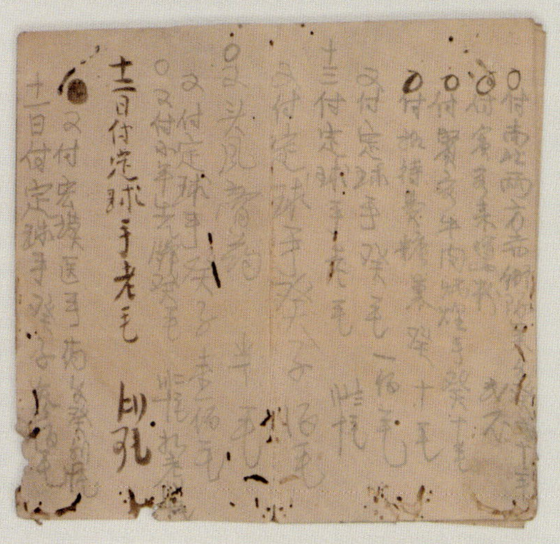

湖雷赤卫队伙食记账薄
1929 年　纵 6 厘米　横 12 厘米
龙岩市永定区博物馆　藏

漳平南洋乡北寮村赤卫队袖章符号印
1930 年　印面最长 11.5 厘米　宽 8.2 厘米
漳平市博物馆　藏

漳平拱桥高山赤卫队使用的军号
1930 年　高 41.5 厘米
漳平市博物馆　藏

成上区坡下乡第三分队红军赤卫队的袖章
土地革命战争时期　周长 44 厘米　宽 21 厘米
长汀县博物馆　藏

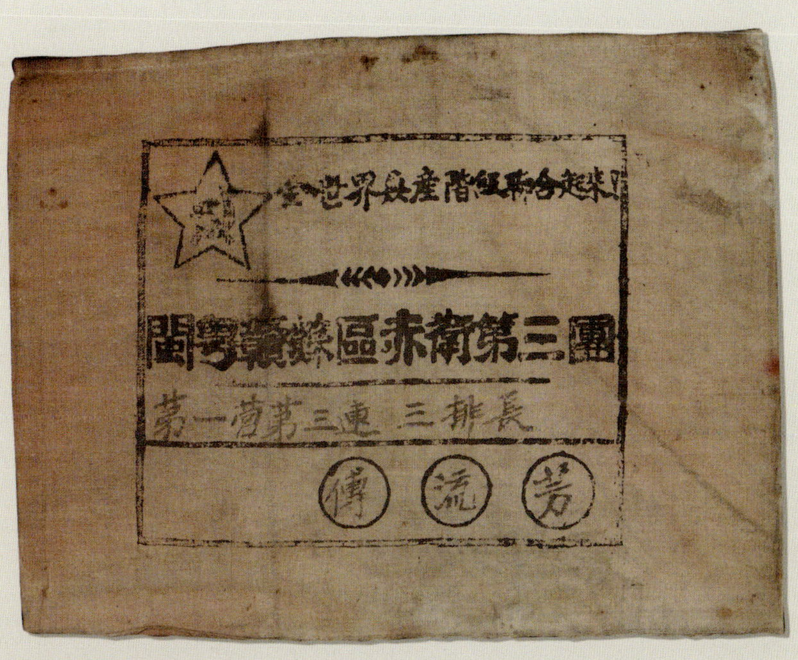

闽粤赣苏区赤卫第三团第一营第三连三排长傅流芳的袖章

土地革命战争时期　周长 42.4 厘米　宽 15.3 厘米

福建博物院　藏

“连城北区罗坊赤卫队”长戳

土地革命战争时期　印面长 8.6 厘米　宽 2 厘米

连城县新泉整训纪念馆　藏

“龙岩赤卫队”印模

1930 年　印面长 12.3 厘米　宽 10 厘米

福建博物院　藏

上杭縣赤衛隊第一週科目表

星次	科目	細目	動作之規定	口令	注意事項
1.	操槍法	1.持槍 2.托槍 3.舉槍	1.持槍立正及稍息 2.托槍上下各四動 3.舉槍上下二	1.立正—稍息 2.托槍—下槍 3.舉槍—下槍	1.槍之位置 2.兩肘須緊貼兩膀 3.槍身須豎直
2.	裝退子彈	1.裝子彈 2.退子彈	1.裝子彈十三動 2.退子彈十三動	1.裝子彈 2.退子彈	注重迅速確實 應做多次
3.	立射姿勢	1.預備放 2.停放	1.預備放分三四動 2.停放亦分三四動	1.預備—放 2.停放	預備放第一動須用手指將槍押下並將手腕伸直又第三動須保持槍口與右眼同高
4.	跪射姿勢	1.跪下預備放 2.停放	1.跪下預備放分三動 2.停放亦分三動	1.跪下預備—放 2.停放	1.跪下時須兩腳立保與兩膝須互成直角 2.立起時須將重心移于右膝
5.	臥射姿勢	1.臥倒預備放 2.停放	1.臥射預備放分五動 2.停放亦分五動	1.臥倒預備—放 2.停放	臥倒第五動須注意將身體成三十度斜角
6.	仰射姿勢	1.仰臥預備放 2.停放	1.仰臥預射分四動 2.停放亦四動	1.仰臥預備—放 2.停放	仰臥第二動時須注意將槍托貼於腰際

附記

1.因各隊訓練已久故訂定新的操槍法迅速度由輕的快
2.此表中之口令有—此符號者即有預令
3.官長中如有不明瞭者可來參謀處研究

上杭县赤卫队训练第一周科目表

土地革命战争时期　纵 27.8 厘米　横 33 厘米

上杭县博物馆　藏

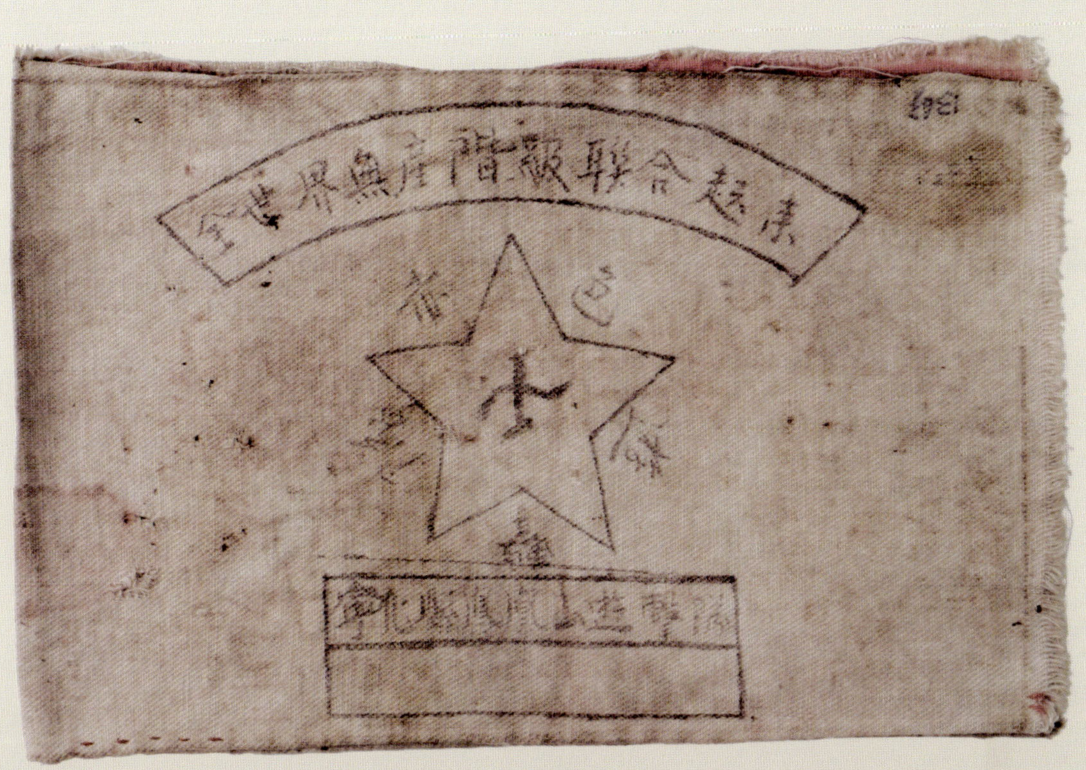

宁化县凤凰山赤色游击队的袖章

土地革命战争时期　周长 42 厘米　宽 13 厘米

宁化县革命纪念馆　藏

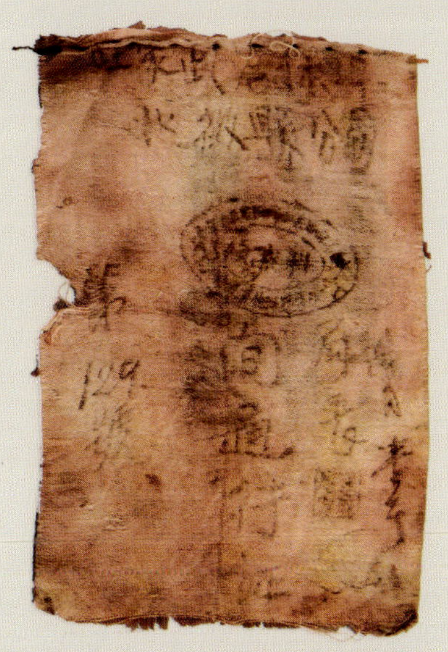

国家政治保卫局兆征县分局通行证第 129 号

1933 年—1934 年　纵 14.5 厘米　横 9.5 厘米

长汀县博物馆　藏

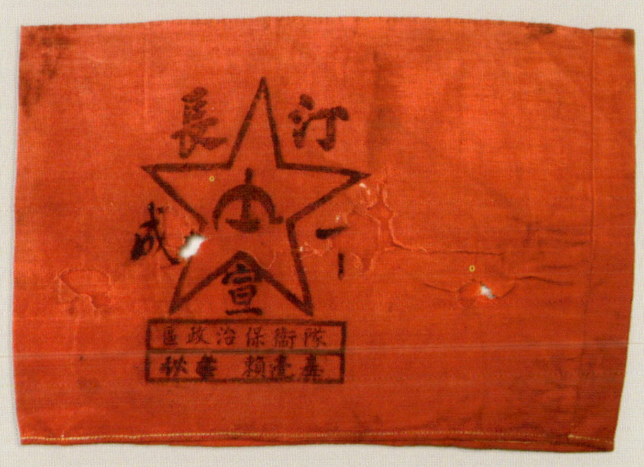

长汀宣（城乡）成下区政治保卫队秘书赖亮星的袖章

土地革命战争时期　周长 50 厘米　宽 16 厘米

长汀县博物馆　藏

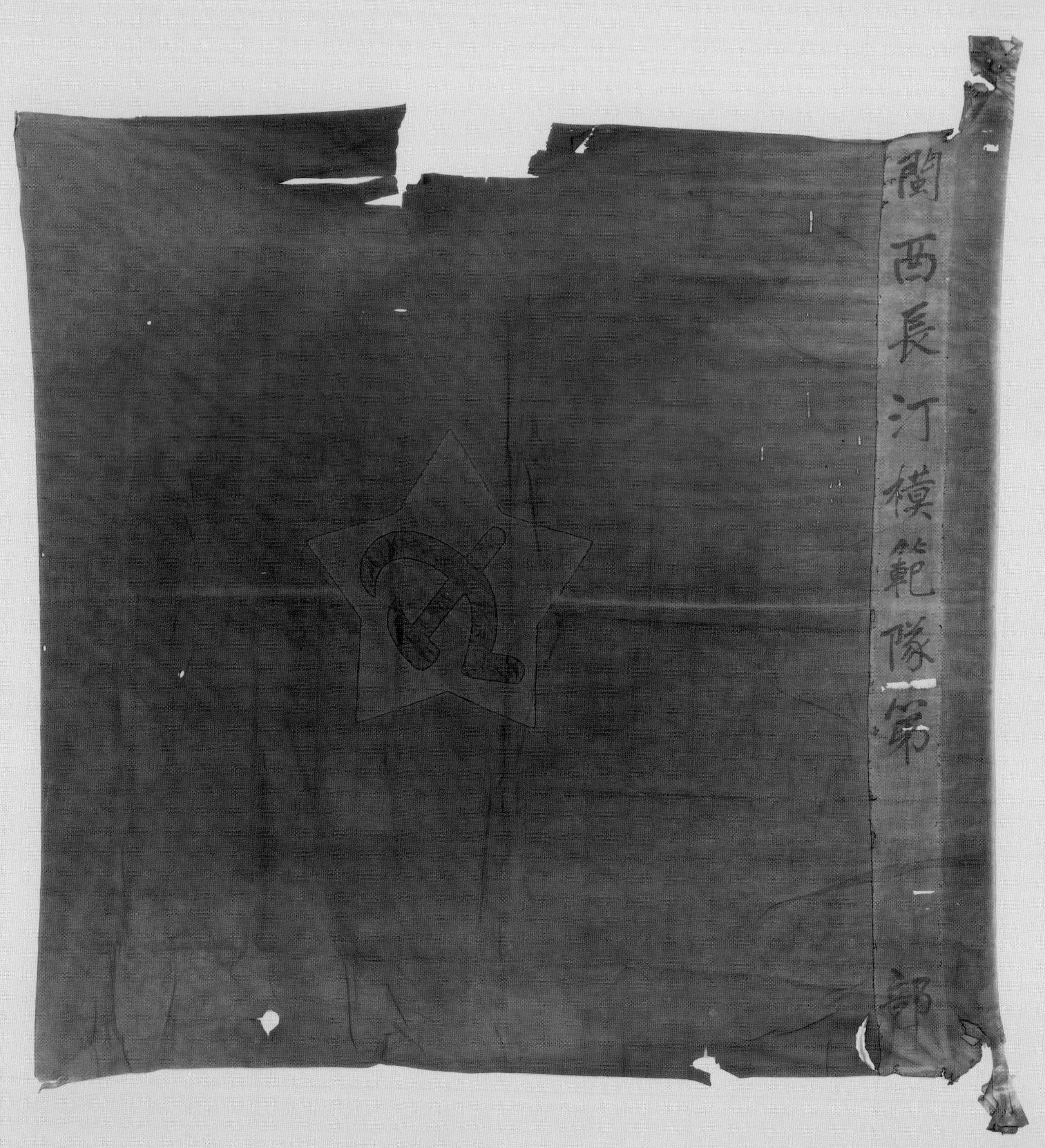

闽西长汀模范队红旗

土地革命战争时期　纵 131 厘米　横 138 厘米

福建博物院　藏

溪南区工人纠察队一大队第一中队长曾宪坤的袖章
土地革命战争时期　周长 42 厘米　宽 15.7 厘米
古田会议纪念馆　藏

崇安县民众队袖章
1928 年　周长 42 厘米　宽 16 厘米
闽北革命历史纪念馆　藏

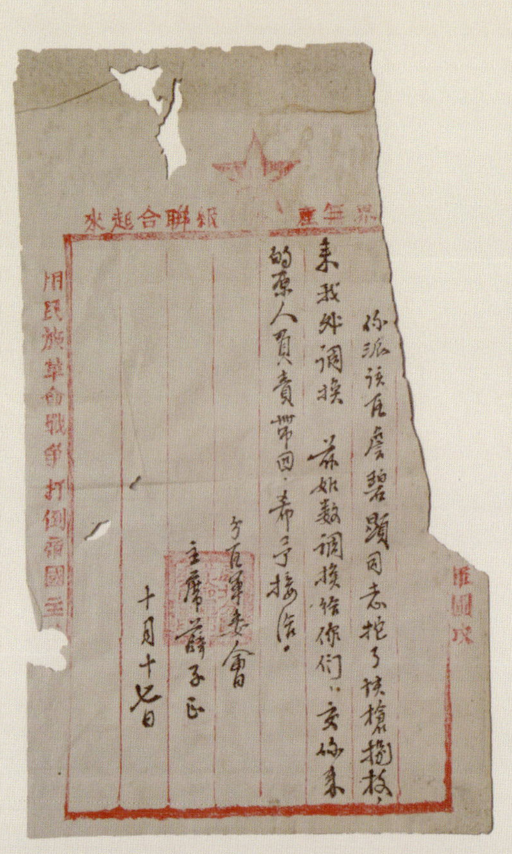

闽北分区革命军事委员会薛子正关于调换枪支的亲笔接洽信
1932 年　纵 27.2 厘米　横 16.8 厘米
闽北革命历史纪念馆　藏

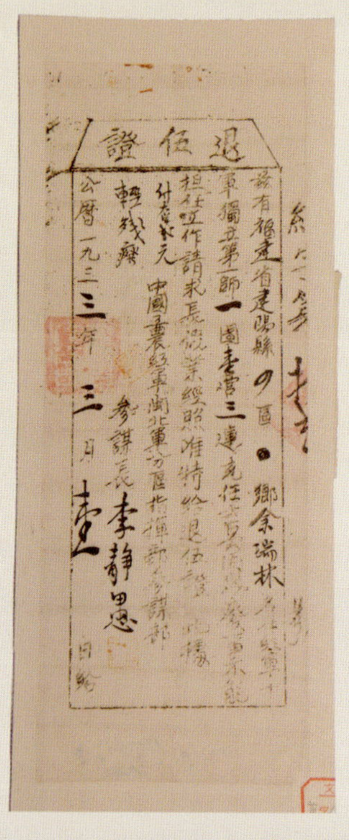

中国工农红军闽北军分区指挥部参谋部发给红十军独立第一师一团一营三连士兵余瑞林的退伍证
1933 年 3 月 1 日　纵 24.7 厘米　横 9.4 厘米
福建博物院　藏

1931 年 1 月，闽北独立团 300 多人在团长谢春餞、政委邹琦带领下重回崇安坑口。根据赣东北特委指示，成立闽北分区委的同时成立闽北分区军事委员会，统一指挥、领导闽北苏区武装。下辖闽北红军独立团、闽北军政教导大队、邵光独立团等，主席邹琦，参谋长李克敌。1932 年 11 月，在崇安大安召开闽北第三次工农兵代表大会，成立中国工农红军闽北军分区，取代闽北分区军事委员会。薛子正任总指挥，黄道任政委。1933 年 6 月，闽北军分区划归闽赣省军区领导。

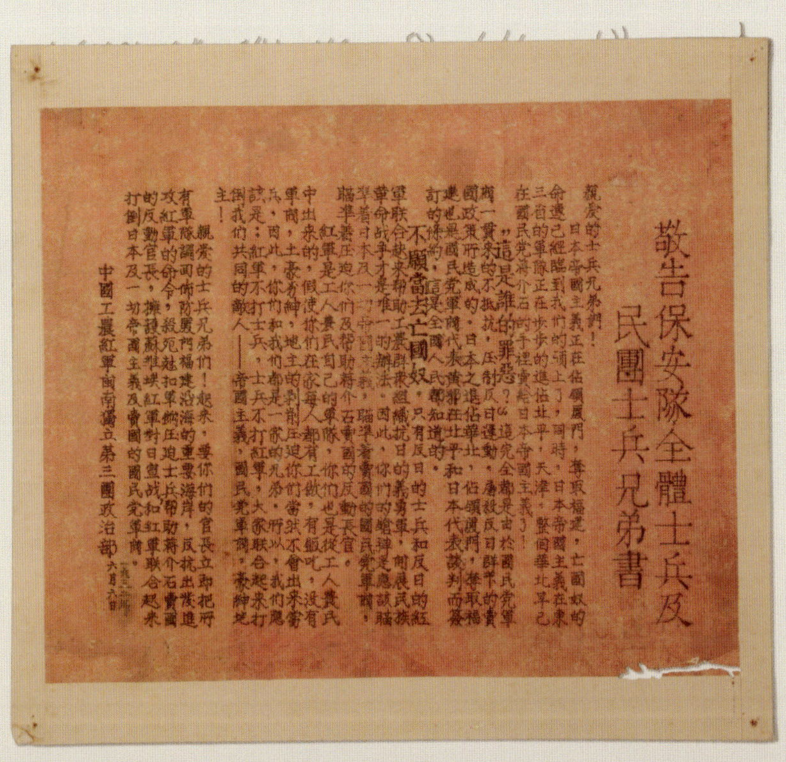

敬告保安隊全體士兵及民團士兵兄弟書

親愛的士兵兄弟們！

中國工農紅軍閩南獨立第三團政治部 六月六日

中国工农红军闽南独立第三团政治部印发的《敬告保安队全体士兵及民团士兵兄弟书》布告

1932 年 6 月 6 日　纵 19 厘米　横 24 厘米

毛主席率领红军攻克漳州纪念馆　藏

1932 年 5 月，闽南工农红军游击队扩编成中国工农红军闽南独立第三团，团长冯翼飞、政委王占春。6 月，冯翼飞、王占春牺牲，红三团遭重创。1933 年 1 月，整编为独立红三团并发展壮大。1936 年 6 月，改称中国人民红军闽南抗日第三支队。1937 年 7 月 16 日“漳浦事件”后，卢胜、王胜等脱险后到漳浦清泉岩，将剩余的武装人员整编，重建了闽南独立第三团。同年 10 月，红三团改名为闽南人民抗日义勇军第三支队。1938 年 1 月，第三支队大部由卢胜带领前往闽西，被编入新四军第二支队第四团，余下部分作为闽粤边特委机关基干武装，在闽粤边坚持斗争。

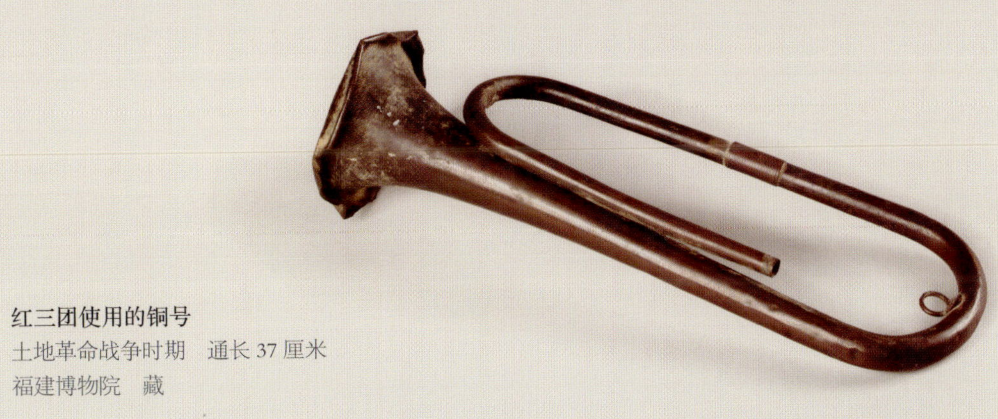

红三团使用的铜号

土地革命战争时期　通长 37 厘米

福建博物院　藏

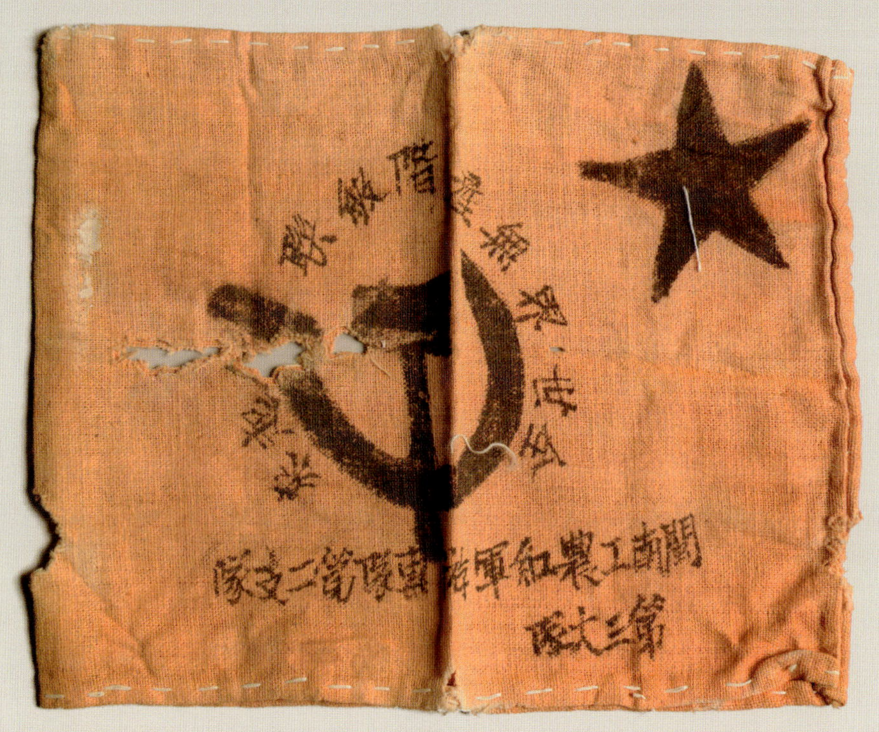

闽南工农红军游击队第二支队第三大队袖章

1932 年　周长 38 厘米　宽 15 厘米

福建博物院　藏

1932 年 5 月，中国工农红军闽南游击队第二支队成立，下设 3 个大队，支队长陈凤伍。1933 年“青云楼”事件后，支队领导人大部分遇难。1934 年 1 月，厦门中心市委派红三团团长尹林平到安南永地区，任红二支队支队长，队伍迅速发展，下设 4 个大队。1935 年 1 月，红二支队改称抗日义勇军闽南军区第二支队。

闽南工农游击队第二支队部的袖章

土地革命战争时期　周长 32 厘米　宽 14 厘米

福建博物院　藏

闽南芸溪区工农赤卫队第三大队第一中队第三小队队员易科的袖章

土地革命战争时期　周长 42 厘米　宽 15.5 厘米

福建博物院　藏

松毛岭战役遗址出土的子弹与子弹夹

1934 年　子弹分别长 7.5 厘米、8.3 厘米、8.2 厘米、3.5 厘米

子弹夹长 5.5 厘米 宽 4.9 厘米　长 5.4 厘米 宽 5 厘米

长汀县博物馆　藏

1933 年 9 月 24 日—29 日，红九军团、红二十四师和福建军区地方武装在松毛岭与国民党东路军血战一星期，终因弹尽粮绝，被迫撤退。

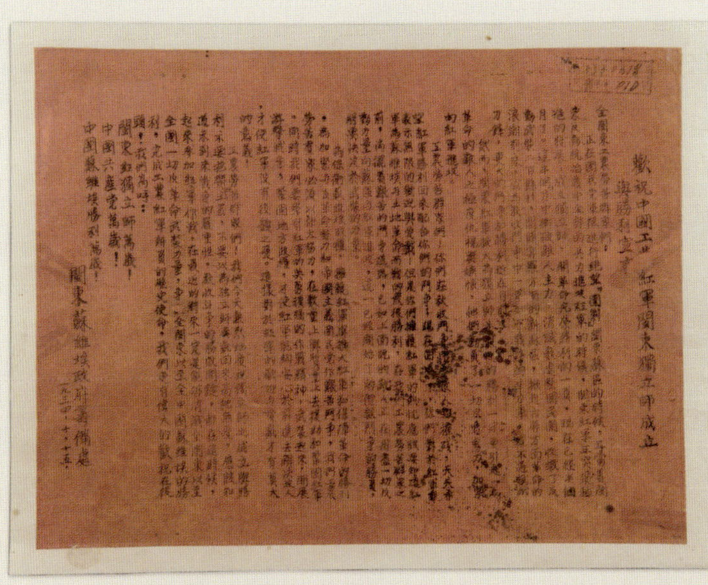
欢祝中国工农红军闽东独立师成立与胜利宣言

闽东苏维埃政府筹备处

闽东苏维埃政府筹备处印发的《欢祝中国工农红军闽东独立师成立与胜利宣言》布告
1934 年 10 月 15 日　纵 26.5 厘米　横 35 厘米
福建博物院　藏

1934 年 1 月，闽东工农游击第十三总队 (1933 年 10 月由闽东工农第九、十三支队合编) 扩建为闽东工农红军独立第十三团。同年 2 月，闽东工农红军第一支队和第五支队合编成闽东工农红军第二独立团。9 月，中共闽东临时特委决定将红独立二团、红独立十三团以及北上抗日先遣队留下的部分人枪，合并成立了中国工农红军闽东独立师，下辖 3 个团、2 个独立营和 1 个特务连。1935 年 1 月，因国民党军队围攻，闽东独立师受挫，撤离苏区，转入游击战。1937 年 2 月，闽东特委通令改中国工农红军闽东独立师为中国人民红军闽东独立师。1938 年 2 月，闽东独立师整编为新四军第三支队第六团，在团长叶飞的带领下，开赴抗日前线。

“闽东北工农游击第四支队部”长戳
土地革命战争时期　印面长 19.5 厘米　宽 2.7 厘米
福建博物院　藏

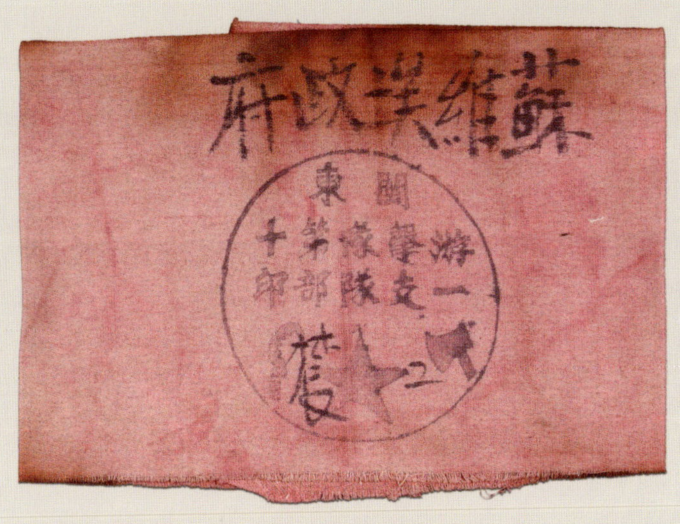

苏维埃政府闽东游击队第十一支队部的袖章
土地革命战争时期　周长 38.4 厘米　宽 13 厘米
福建博物院　藏

“中国共产党闽中工农赤卫队缄”长戳

土地革命战争时期 印面长 10.3 厘米 宽 2.3 厘米

福建博物院 藏

“闽寿东区农民赤卫队第一总队部印”椭圆印

土地革命战争时期 印面直径最长 4.9 厘米

福建博物院 藏

连江第七区上宫南洋乡苏维埃赤卫队林元利的证章

土地革命战争时期 纵 4.5 厘米 横 7.5 厘米

福建博物院 藏

汀瑞边游击队使用过的竹口杯
1937 年　高 8.5 厘米　口径 9 厘米
长汀县博物馆　藏

汀瑞边游击队使用过的水壶
1937 年　通长 18 厘米　通宽 11 厘米
长汀县博物馆　藏

汀瑞边游击队使用过的铁锅
1937 年　高 7.3 厘米　口径 21 厘米
长汀县博物馆　藏

1937 年 1 月，瑞金地区活动的瑞金、武阳和汀瑞 3 支游击队会合，成立汀瑞边游击队。同年 9 月，闽西南军政委员会对其建立了领导关系。12 月，汀瑞边游击队改名为汀瑞边抗日游击支队，支队长钟德胜。1938 年，编入新四军第二支队第三团二营。

汀瑞边游击队使用过的棕衣
1937 年　通长 90 厘米　通宽 114 厘米
长汀县博物馆　藏

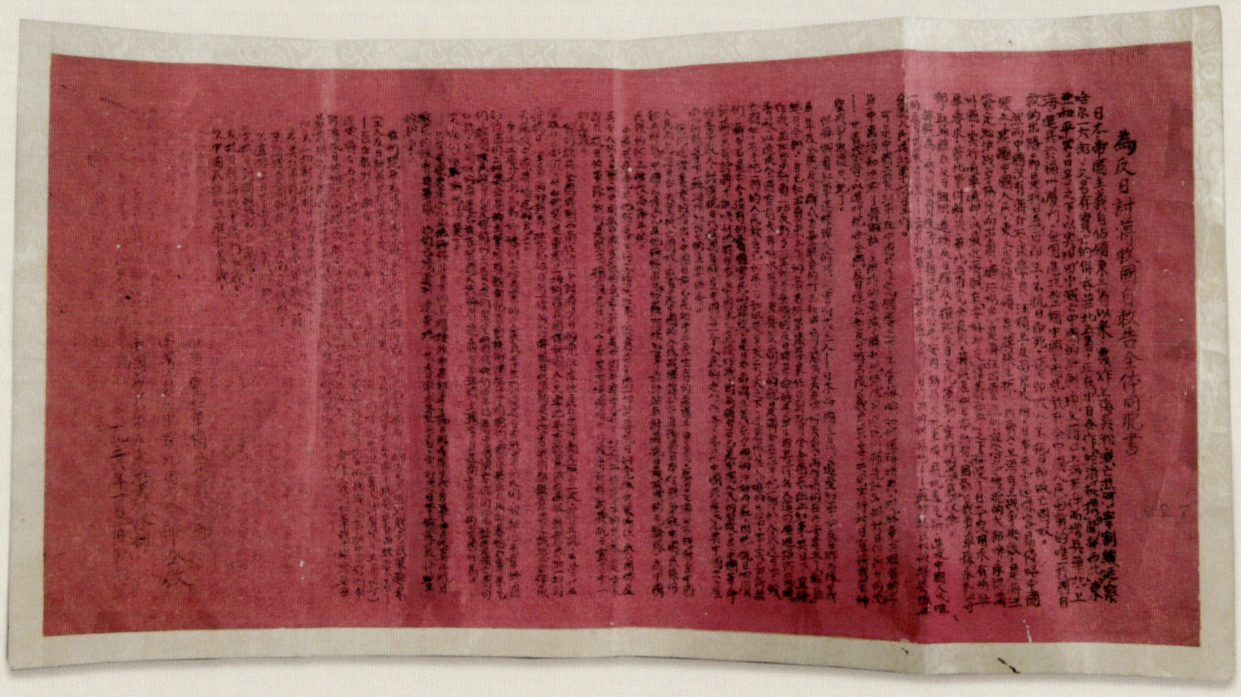

中国工农红军独八团司令部、中国工农红军独九团司令部、中国工农红军永东游击司令部《为反日讨蒋救国自救告全体同胞书》布告

1936 年 1 月 1 日　纵 23 厘米　横 46.7 厘米

福建博物院　藏

红八团使用的电话机

三年游击战争时期　通高 24 厘米　通宽 22.7 厘米

福建博物院　藏

1934 年 4 月，根据中革军委命令，以太拔独立团为基础组建中国工农红军独立第八团和以连城地方武装与汀连独立营编成的中国工农红军独立第九团分别挺进敌后漳龙公路两侧和龙、连、宁等地区，开展游击战争，分散敌人兵力，打破国民党对中央苏区的第五次“围剿”。为加强对这两支部队的领导，中革军委派邱织云任红八团政委，方方任红九团政委。1935 年 3 月，红八团与红九团在永定下洋会师。张鼎丞召开红八、九团的领导干部会议，成立了以张鼎丞为主席的闽西军政委员会，并提出红九团主力以永和埔为中心，积极向南发展；红八团以龙岩为中心，巩固和发展岩永靖和岩南漳游击根据地，并相继向南发展的建议。

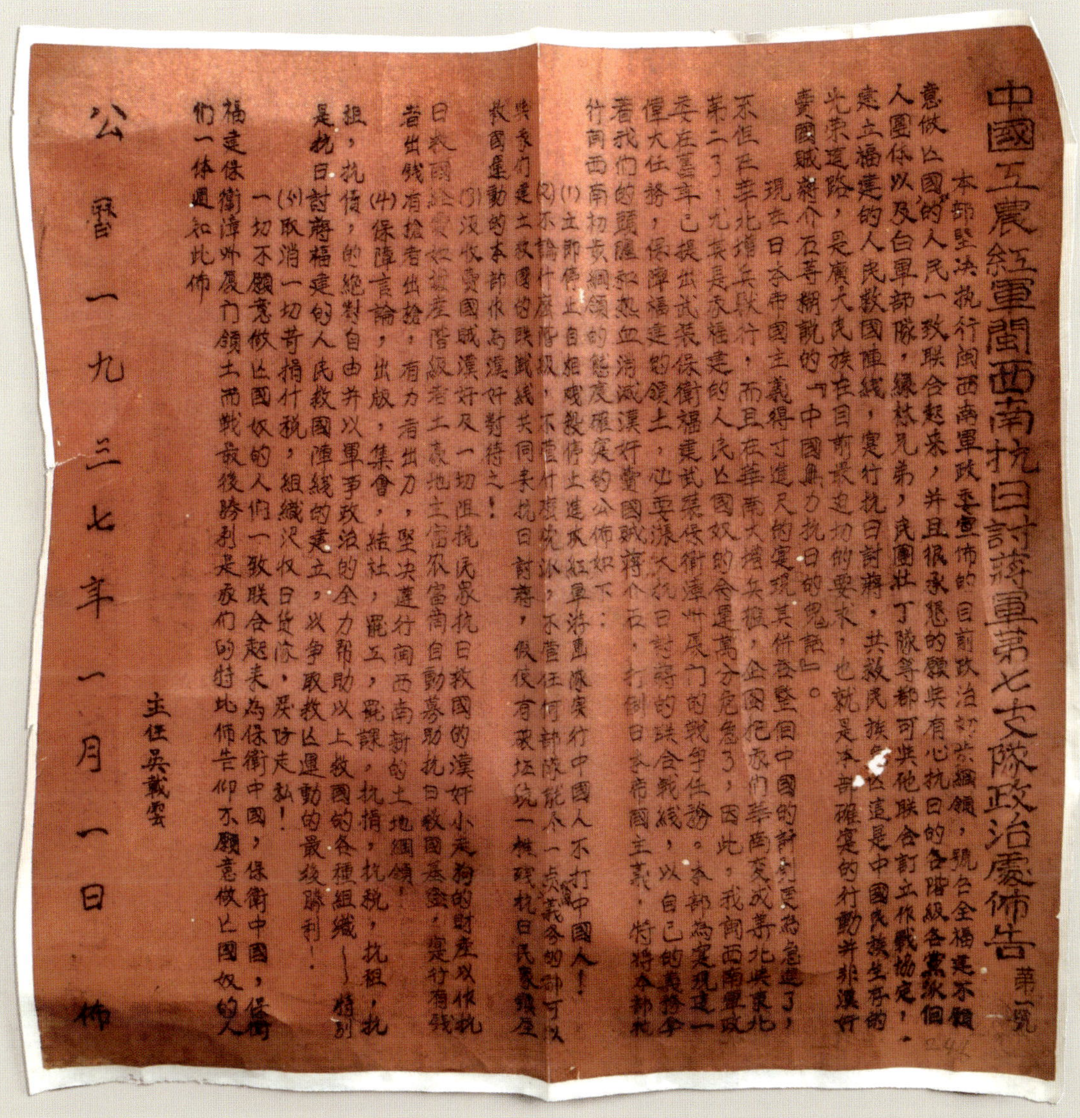

中國工農紅軍閩西南抗日討蔣軍第七支隊政治處佈告 第一號

本部堅決執行閩西南軍政委員會宣佈的目前政治新綱領，號召全福建不願意做亡國奴的人民一致聯合起來，并且很誠懇的歡迎有心抗日的各階級各黨派個人團体以及白軍部隊，綠林兄弟，民團壯丁隊等都可與他聯合訂立作戰協定，一建立福建的人民救國陣綫，實行抗日討蔣，共救民族危亡。這是中國民族生存的光榮道路，是廣大民族在目前最迫切的要求，也就是本部確定的行動并非漢奸賣國賊蔣介石等糊說的「中國無力抗日的鬼話」。

現在日本帝國主義得寸進尺的實現其併吞整個中國的計劃更為急進了，不但在華北增兵駐扎，而且在華南大增兵艦，企圖把我們華南變成華北與東北第二了，尤其是我福建的人民亡國奴的命運萬分危急了，因此，我閩西南軍政委在舊年已提出武裝保衛福建武裝保衛漳州廈門的戰爭任務。本部為實現這一偉大任務，保障福建的領土，必要擴大抗日討蔣的聯合戰綫，以自己的義務拿着我們的頭顱和熱血消滅漢奸賣國賊蔣介石，打倒日本帝國主義，特將本部執行閩西南初步綱領的態度確實的公佈如下：

(1)立即停止自相殘殺停止進攻紅軍游擊隊實行中國人不打中國人！

(2)不論什麼階級，不管什麼黨派，不管任何部隊能本一点民族義務的都可以與我們建立救國的民族戰綫共同來抗日討蔣，假使有敢堅持一樣殘殺抗日民衆鎮壓救國運動的本部即以為漢奸對待之！

(3)沒收賣國賊漢奸及一切阻撓民衆抗日救國的漢奸小走狗的財產以作抗日救國經費，如地產階級及土豪地主富農富商自動募助抗日救國基金，實行有錢者出錢有槍者出槍，有力者出力，堅決實行閩西南新的土地綱領！

(4)保障言論，出版，集會，結社，罷工，罷課，抗捐，抗稅，抗租，抗債，的絕對自由并以軍事政治的全力幫助以上救國的各種組織——特別是抗日討蔣福建的人民救國陣綫的建立，以爭取救亡運動的最後勝利！

(5)取消一切苛捐什稅，組織沒收日貨隊，嚴防走私！

一切不願意做亡國奴的人們一致聯合起來為保衛中國，保衛中國，保衛福建保衛漳州廈門領土而戰最後勝利是我們的特此佈告仰不願意做亡國奴的人們一体週知此佈

主任 吳戴雲

公曆一九三七年一月一日 佈

中国工农红军闽西南抗日讨蒋军第七支队政治处布告（第一号）
1937 年 1 月 1 日　纵 33.8 厘米　横 34.7 厘米
福建博物院　藏

1935 年 4 月，闽西南军政委员会将其领导的游击武装整编为 4 个作战区，也称军分区。1936 年 1 月，在上杭双髻山召开会议，为了适应新形势的发展，会议对闽西南武装力量作了新的部署，决定将闽西南游击队改称为中国工农红军闽西南抗日讨蒋军，把闽西南 4 个军分区合并为 3 个作战区。其中，第一作战区由红九团第二营和明光独立营组成，下辖一、四支队；第二作战区由红九团第一、三营和永东游击队组成，下辖五、七支队；第三作战区由红八团和龙岩游击队组成，下辖二、三支队。

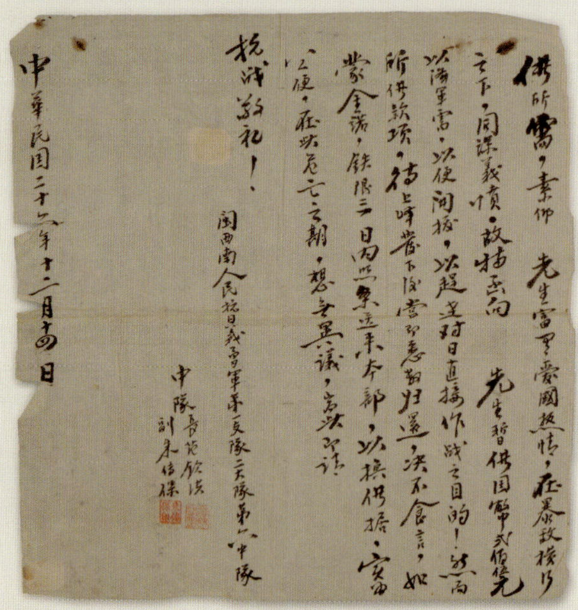

闽西南人民抗日义勇军第一支队二大队第六中队的借款字据

1937 年 12 月 14 日　纵 29 厘米　横 30 厘米

福建博物院　藏

1936 年 10 月，方方与罗忠毅率领第一支队由龙岩东进，与张鼎丞、邓子恢、谭震林等会合，随之在金丰大山开会，商定将闽西南部队改为中国工农红军闽西南抗日讨蒋军一、二纵队。其中第一纵队下辖一、二、三支队，第二纵队下辖四、五、七支队。

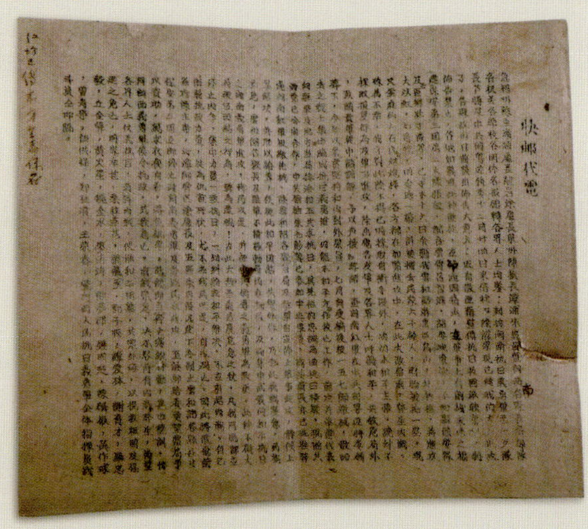

快邮代电

闽西人民抗日义勇军给伪福建省主席及各界人士的“快邮代电”

1937 年 12 月　纵 24.1 厘米　横 29.6 厘米

福建博物院　藏

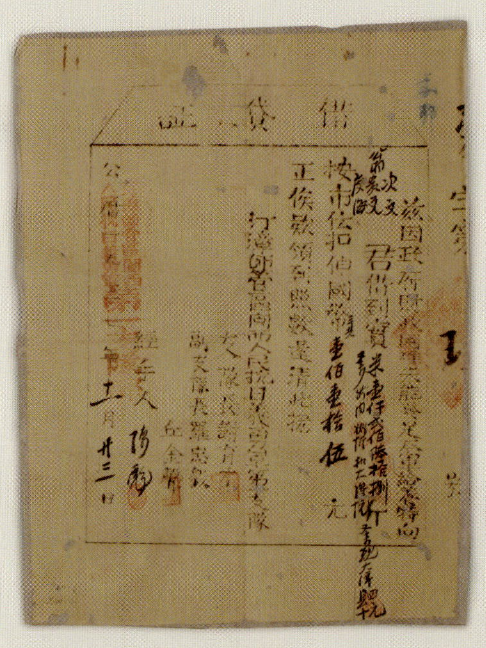

借貸證

汀漳师管区闽西人民抗日义勇军第一支队出具给翁次文等三人的借款收据

1937 年 11 月 23 日　纵 25 厘米　横 19 厘米

福建博物院　藏

1937 年 8 月 20 日，中国工农红军闽西南抗日讨蒋纵队一、二、三、七支队及龙岩、上杭、岩连宁、岩南漳县游击队集中于龙岩白沙，第四、五支队及永定、永东、永埔等县的游击队集中于平和小芦溪，两支队伍改编为闽西人民抗日义勇军第一支队。

闽南工农抗日义勇军战斗员的袖章
三年游击战争时期　周长 36 厘米　宽 15 厘米
福建博物院　藏

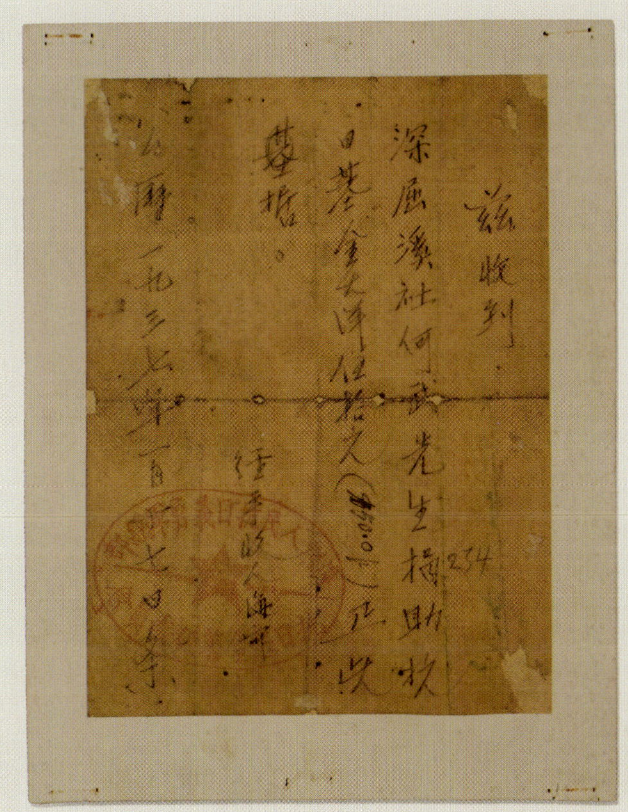
茲收到
深屈溪社何武先生捐助抗
日基金大洋伍拾元正此
據。
經手收人海平
公曆一九三七年一月十七日

漳州人民抗日义勇军总部抗日基金筹委会出具给深屈溪社何武的捐款收据
1937 年 1 月 17 日　纵 16.5 厘米　横 15.6 厘米
福建博物院　藏

1936 年 7 月，为了统一领导靖和浦的抗日义勇军，在平和县邦寮成立漳州人民抗日义勇军总指挥部。

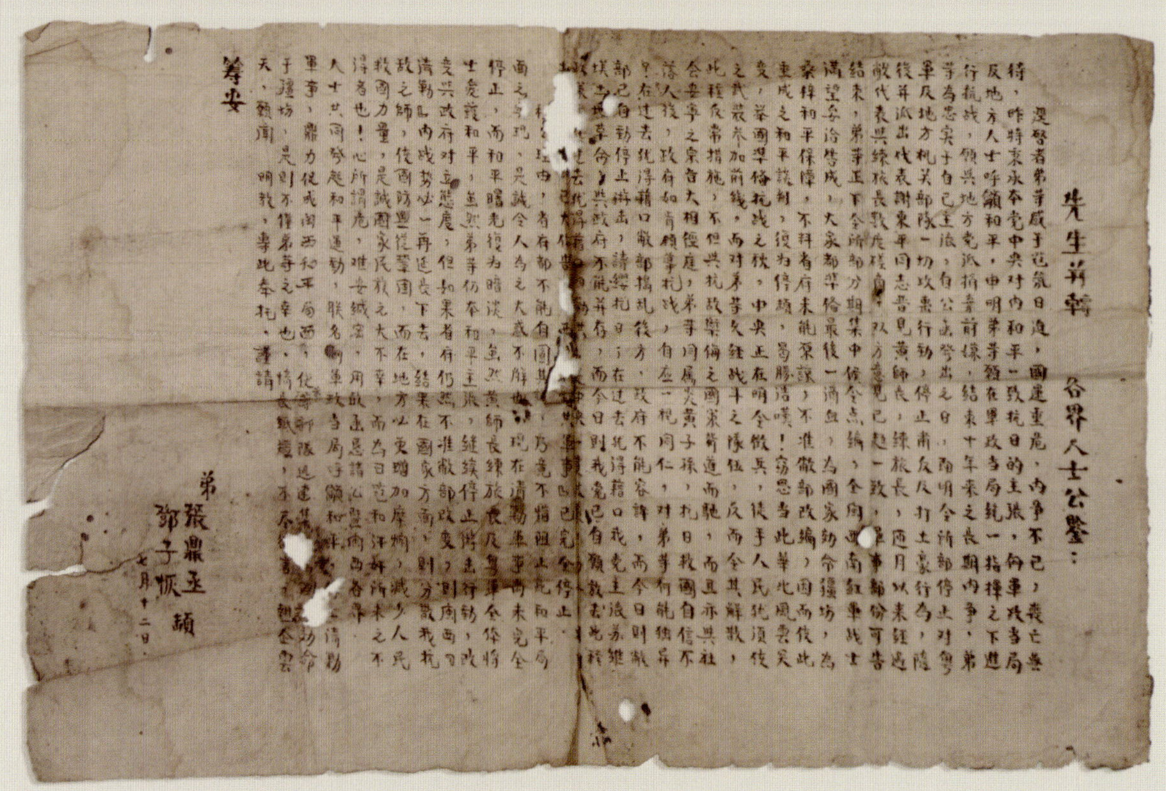

张鼎丞、邓子恢发表的《先生并转　各界人士公鉴》公开信

1937 年 7 月 12 日　纵 24 厘米　横 36 厘米

龙岩博物馆　藏

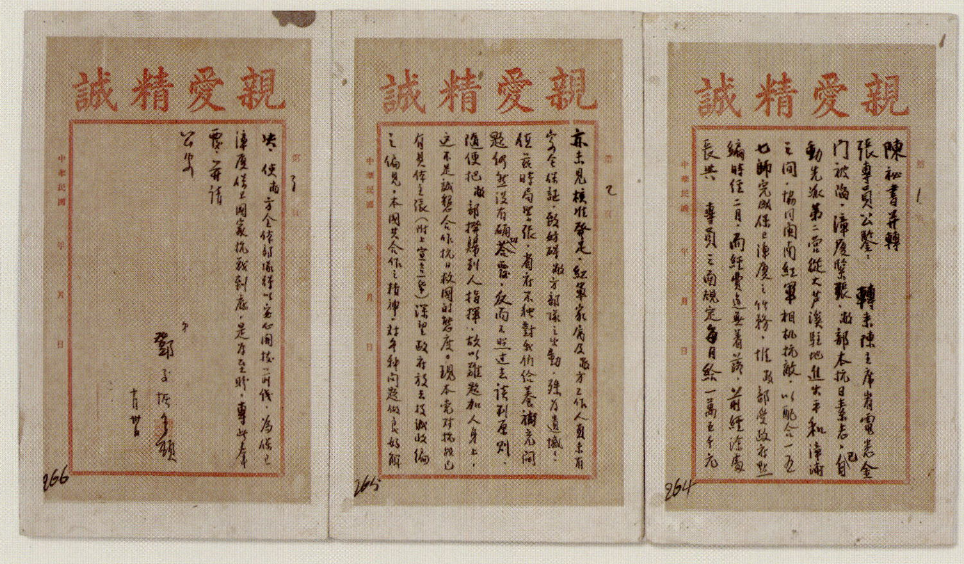

邓子恢致国民党专员张策安要求增加拨款经费的亲笔信

1937 年 10 月 30 日　纵 18 厘米　横 29.8 厘米

福建博物院　藏

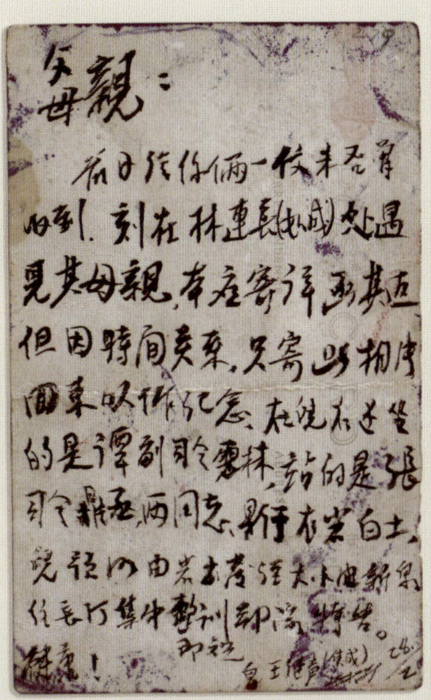

父母親：
前日給你倆一信未否寄
收到。剛在林連長(和成)处遇
見其母親，本應寄信函其返
但因時間要來，只寄此相片
回來以作紀念。右邊不遠坐
的是譚副司令震林，站的是張
司令鼎丞两同志，影于龍岩白土。
兒現在由岩去蘇皖大小地新四
軍長行集中整訓部隊學習。
即祝
敬禮！
兒王德彥(集成) 26/2

谭震林、张鼎丞、王集成在龙岩白土的合影（背面附王集成给父母的信）

1938 年 2 月 28 日　纵 13.8 厘米　横 8.8 厘米

毛泽东才溪乡调查纪念馆　藏

1938 年 1 月，张鼎丞、邓子恢、谭震林率闽西抗日义勇军一支队抵达龙岩白土集中，闽粤边的红三团和闽赣边汀瑞游击队也相继会合。奉新四军军部命令，正式调整了干部，成立第二支队司令部。司令员张鼎丞、副司令员谭震林，（4 月后为粟裕），参谋长罗忠毅，政治部主任王集成。下设第三、四团，第三团由闽西等红军游击队 1400 多人组成，第四团由闽南、闽西和闽赣边红军游击队 1300 多人组成。1938 年 2 月 27 日，在白土镇广场举行抗日誓师大会。1938 年 3 月 1 日，第二支队开赴安徽歙县岩寺。

刘永生同志（右二）红军出师抗日时于龙岩白土镇合影

1938 年　纵 11.3 厘米　横 8.2 厘米

福建博物院　藏

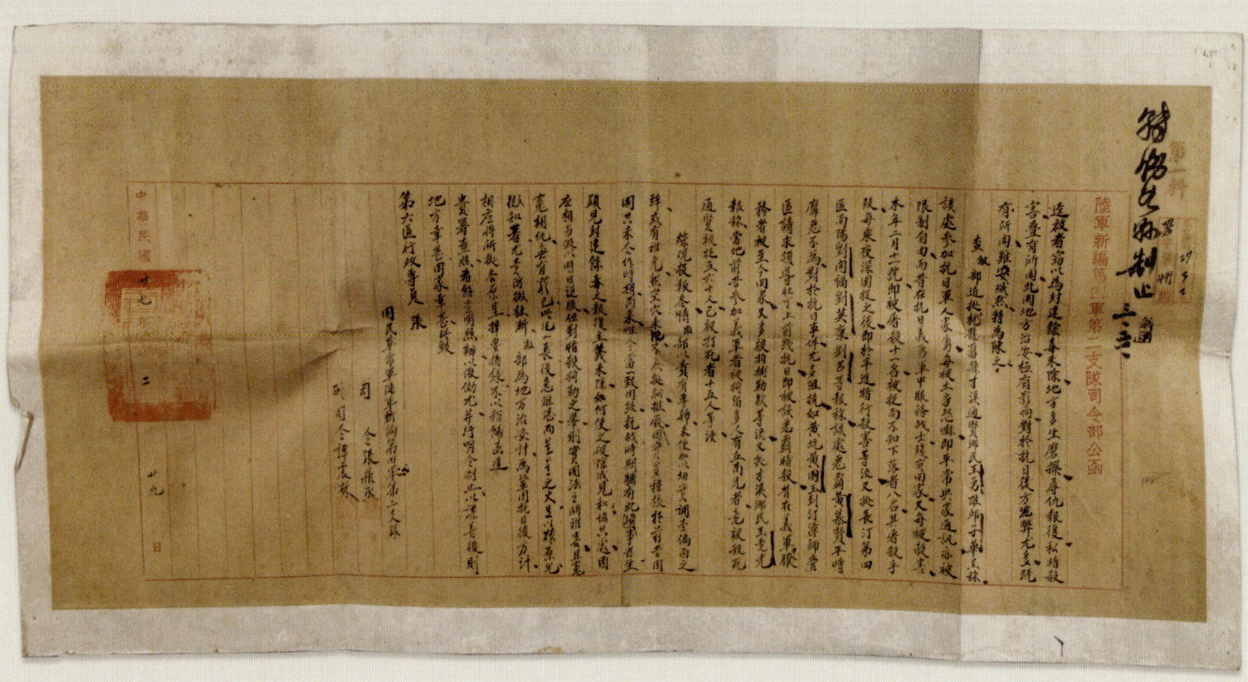

陆军新编第四军第二支队司令部公函

新四军第二支队司令部给国民党第六区张专员的公函
1938 年 2 月 29 日　纵 29.5 厘米　横 64.5 厘米
福建博物院　藏

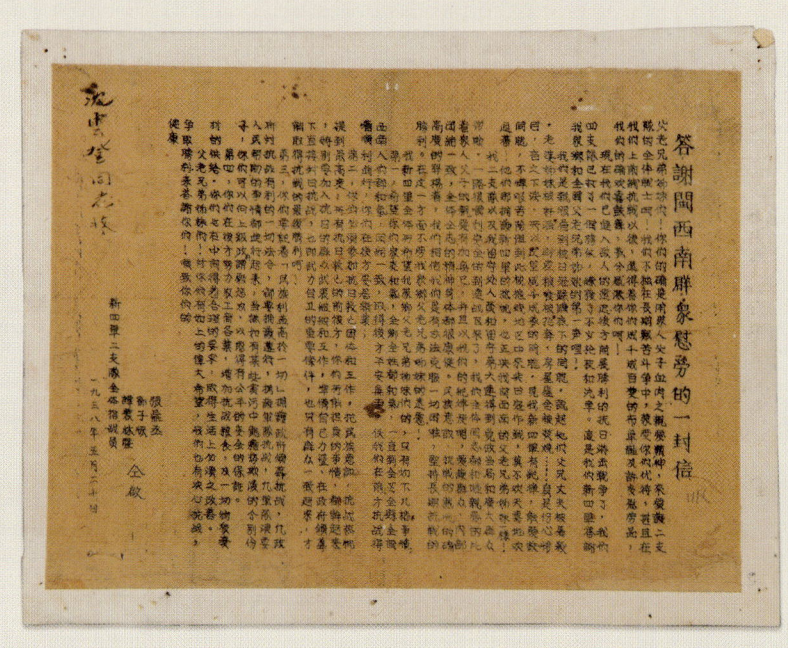

答谢闽西南群众慰劳的一封信

张鼎丞、邓子恢、谭震林暨新四军二支队全体指战员答谢闽西南群众慰劳的一封信
1938 年 5 月 20 日　纵 18.5 厘米　横 24.6 厘米
福建博物院　藏

“陆军新编第四军龙岩办事处关防”长方印

1938 年　印面长 7.3 厘米　宽 5.8 厘米

福建博物院　藏

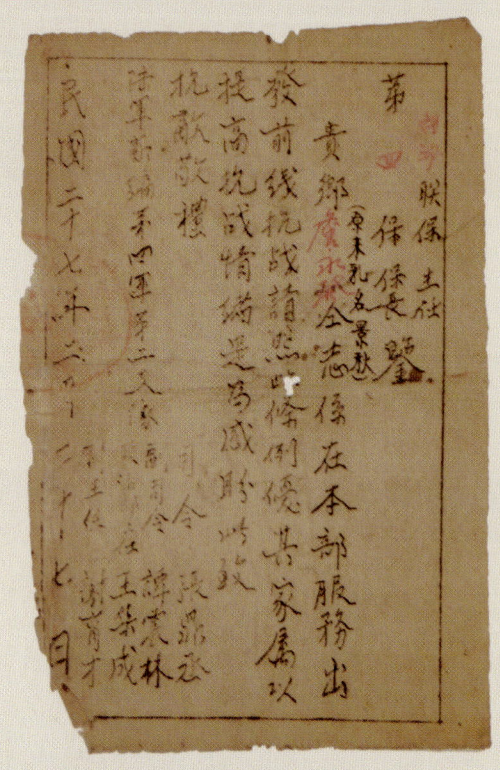

白沙第四聯保主任
保保長 鑒

貴鄉詹永發（[illegible]）同志係在本部服務出發前綫抗戰，請照優待條例優其家屬，以提高抗戰情緒，是爲感盼，此致
抗敵敬禮

陸軍新編第四軍第二支隊 司令 張鼎丞 副司令 譚震林 政治部主任 王集成 副主任 謝育才

民國二十七年二月二十七日

陆军新编第四军二支队出具给白沙联保主任及第四保保长要求优待战士詹永发家属的公函

1938 年 2 月 27 日　纵 14.5 厘米　横 10 厘米

龙岩博物馆　藏

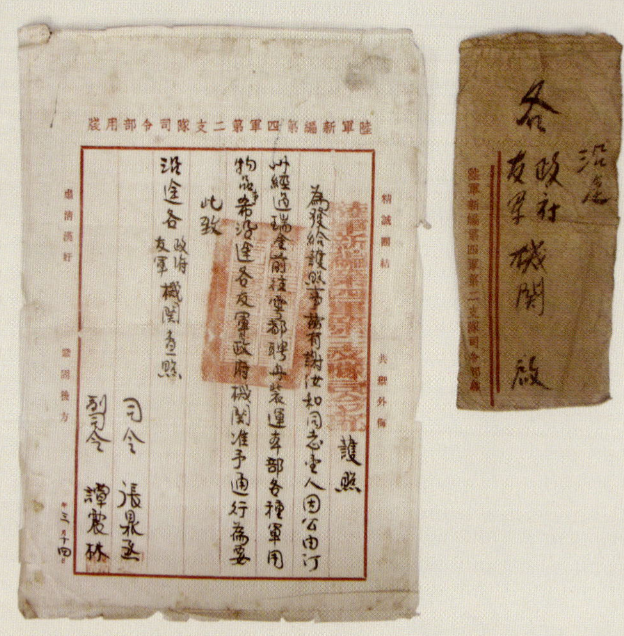

陸軍新編第四軍第二支隊司令部用箋

精誠團結　共禦外侮

肅清漢奸　鞏固後方

護照

爲發給護照事：茲有謝汝和同志壹人因公由汀州經過瑞金前往雩都聘安裝運本部各種軍用物品，希沿途各友軍政府機關准予通行爲要。此致

沿途各政府友軍機關查照

司令 張鼎丞

副司令 譚震林

三月十四日

沿途各政府友軍機關 啟

陸軍新編第四軍第二支隊司令部緘

新四军二支队司令部颁发给谢汝和由汀州经瑞金前往雩都的因公护照

1938 年 3 月 14 日　纸纵 38 厘米　横 23 厘米

封纵 22 厘米　横 10 厘米

长汀县博物馆　藏

新四军第二支队政治部宣传员的“抗敌”胸章

1938 年　纵 6.2 厘米　横 9 厘米

福建博物院　藏

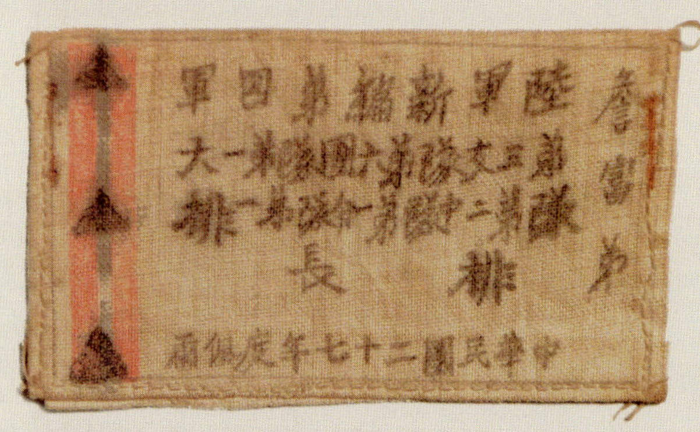

陆军新编第四军第三支队第六团队第一大队第二中队第一分队第一排排长詹富弟的胸章

1938 年　纵 5.5 厘米　横 9 厘米

福建博物院　藏

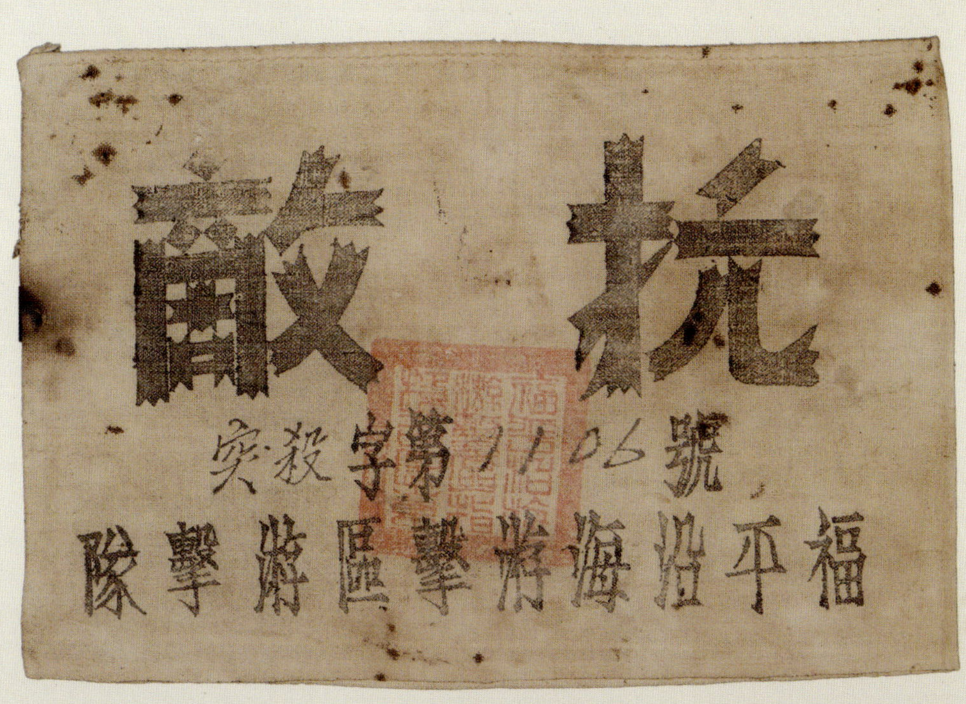

福平沿海游击区游击队“抗敌”袖章
1941 年　周长 32 厘米　宽 10.5 厘米
福建博物院　藏

长乐县游击总队部颁发的丙等荣誉奖章
1941 年　通长 8.7 厘米
福建博物院　藏

长乐县游击总队，1941 年 5 月成立，对内称抗日游击总队，共产党员刘润世为总队长。同年 6 月、7 月，福清、平潭、莆田各支游击队相继加入，从而形成一支具有合法地位的抗日武装队伍。

赤石暴动遗址出土的子弹片
1942 年　长 2.8 厘米—3 厘米　宽 1 厘米—1.1 厘米
福建博物院　藏

1942 年 6 月 17 日，国民党当局将囚禁在上饶集中营的 700 名新四军同志向闽北转移，第六中队 80 多位同志在秘密党支部的领导下胜利举行了赤石暴动。其中一部分突围人员与上饶茅家岭暴动突围的新四军将士集中至上饶禹溪，组成一支抗日游击队。

王涛支队使用的手雷
1944 年　长 12 厘米　最宽 2 厘米
上杭县博物馆　藏

1944 年 10 月，为加强人民武装力量，中共闽粤边委决定将闽南武装经济工作总队和闽西经济工作分队合并，为纪念 3 年前牺牲的闽西特委书记王涛，将这支部队命名为王涛支队，支队长刘永生。支队初设 3 个班，1945 年扩编为 4 个大队。同年 6 月，设司令部，支队正副职领导人改称司令员、副司令员。

1947 年 6 月 18 日，闽粤赣边区工委召开执委扩大会，决定将工委主力部队命名为闽粤赣边人民解放军总队，各地委武装为支队。同年 8 月 1 日，闽南支队在乌山成立，支队长李仲先，政委卢叨。

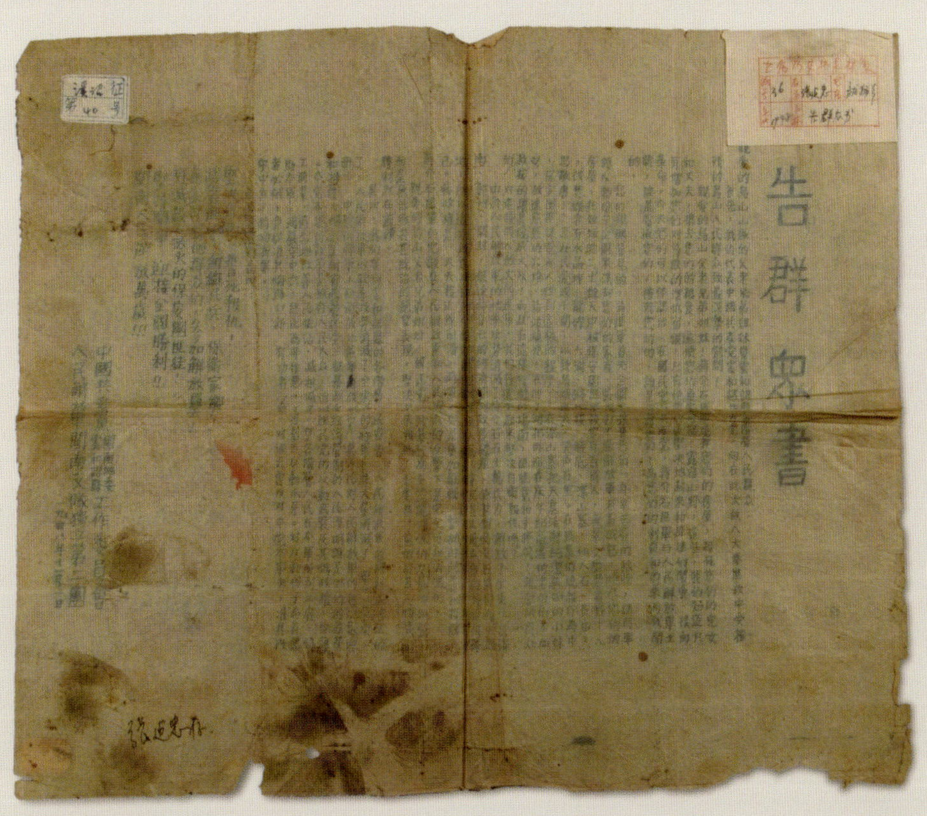
告群衆書

中共闽南地委、云和诏县工委、人民解放军闽南支队独立第二团印发的《告群众书》布告

1948 年 11 月 1 日　纵 31 厘米　横 36.7 厘米

福建博物院　藏

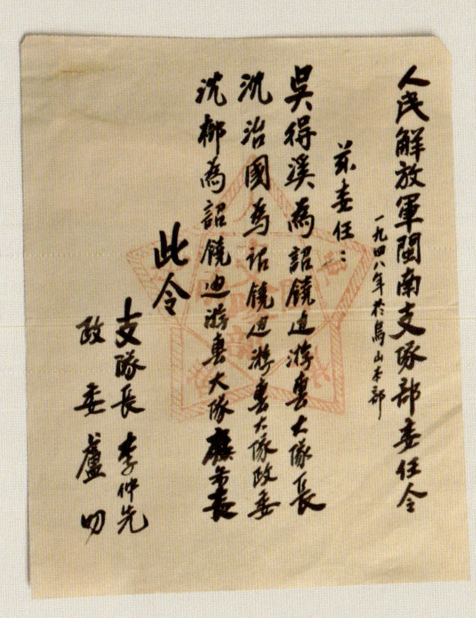
人民解放軍閩南支隊部委任令
一九四八年於烏山本部
茲委任：
吳得溪為詔饒邊游擊大隊長
沈治國為詔饒邊游擊大隊政委
沈[illegible]為詔饒邊游擊大隊[illegible]長
此令
支隊長 李仲先
政委 盧叨

人民解放军闽南支队部委任令

1948 年　纵 21.5 厘米　横 17.7 厘米

福建博物院　藏

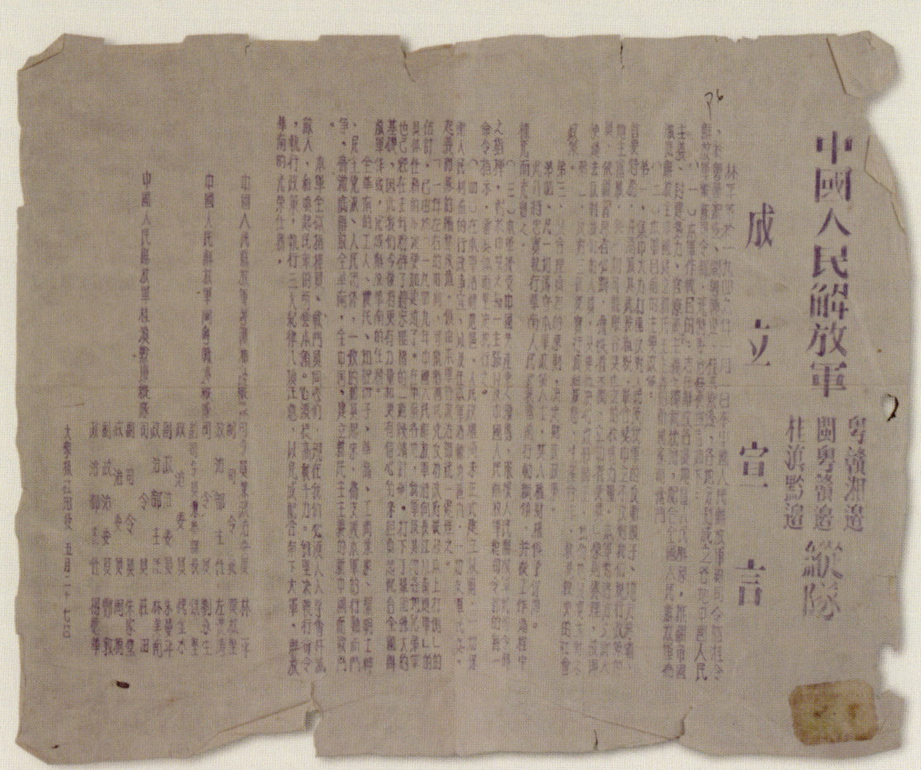

中國人民解放軍 粵贛湘邊 閩粵贛邊 桂滇黔邊 縱隊

成立宣言

大众报社团印发的《中国人民解放军粤赣湘边、闽粤赣边、桂滇黔边纵队成立宣言》布告

1949 年 5 月 27 日　纵 29.6 厘米　横 37.5 厘米

古田会议纪念馆　藏

1949 年 1 月 29 日，奉中国人民解放军总部命令，原闽粤赣边人民解放军总队改称为中国人民解放军闽粤赣边区纵队，下辖第一、二、四、七、八支队。其中第一、二、四支队分别由粤东、潮汕、潮澄饶支队改编，第七支队由闽西支队（1948 年 8 月在永定成立，支队长蓝汉华，政委林映雪）改编，第八支队由闽南支队改编。司令员刘永生，政委魏金水。

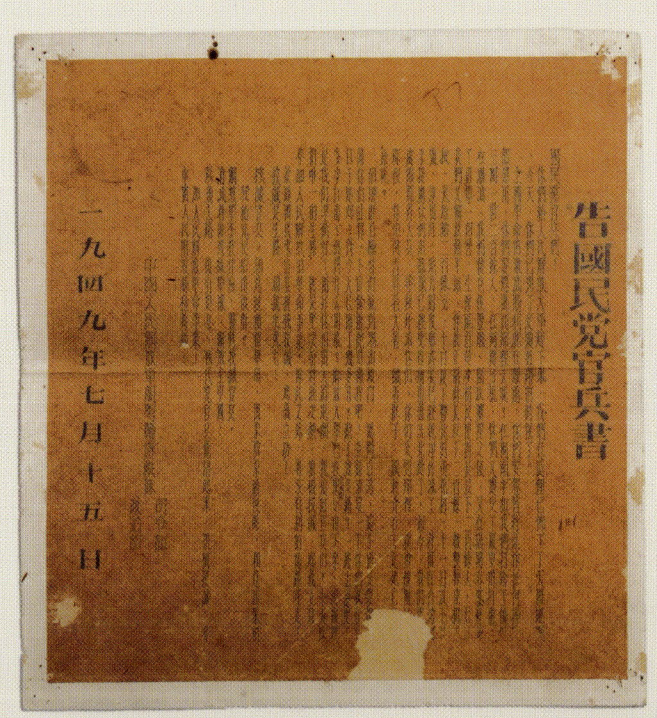

告國民党官兵書

一九四九年七月十五日

中国人民解放军闽粤赣边纵司令部政治部印发的《告国民党官兵书》布告

1949 年 7 月 15 日　纵 27 厘米　横 25 厘米

福建博物院　藏

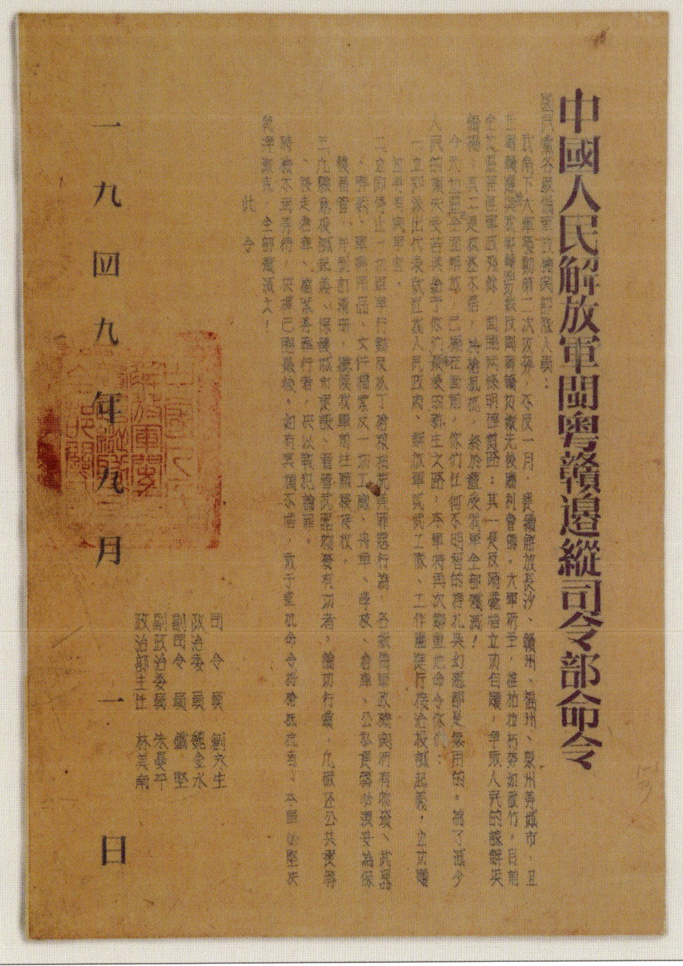

中國人民解放軍閩粵贛邊縱司令部命令

司令員　劉永生
政治委員　魏金水
副司令員　鐵堅
副政治委員　朱曼平
政治部主任　林美南

一九四九年九月一日

《中国人民解放军闽粤赣边纵司令部命令》布告

1949 年 9 月 1 日　纵 36.5 厘米　横 27 厘米

福建博物院　藏

“中国人民解放军闽粤赣边纵队第七支队关防”长方形印

1949 年　印面长 8.6 厘米　宽 7.5 厘米

古田会议纪念馆　藏

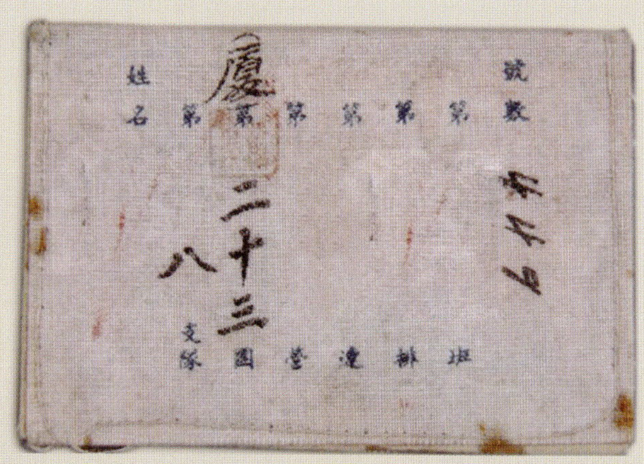

闽粤赣边纵队第八支队第二十三团臂章

1949 年　纵 5.6 厘米　横 8.5 厘米

古田会议纪念馆　藏

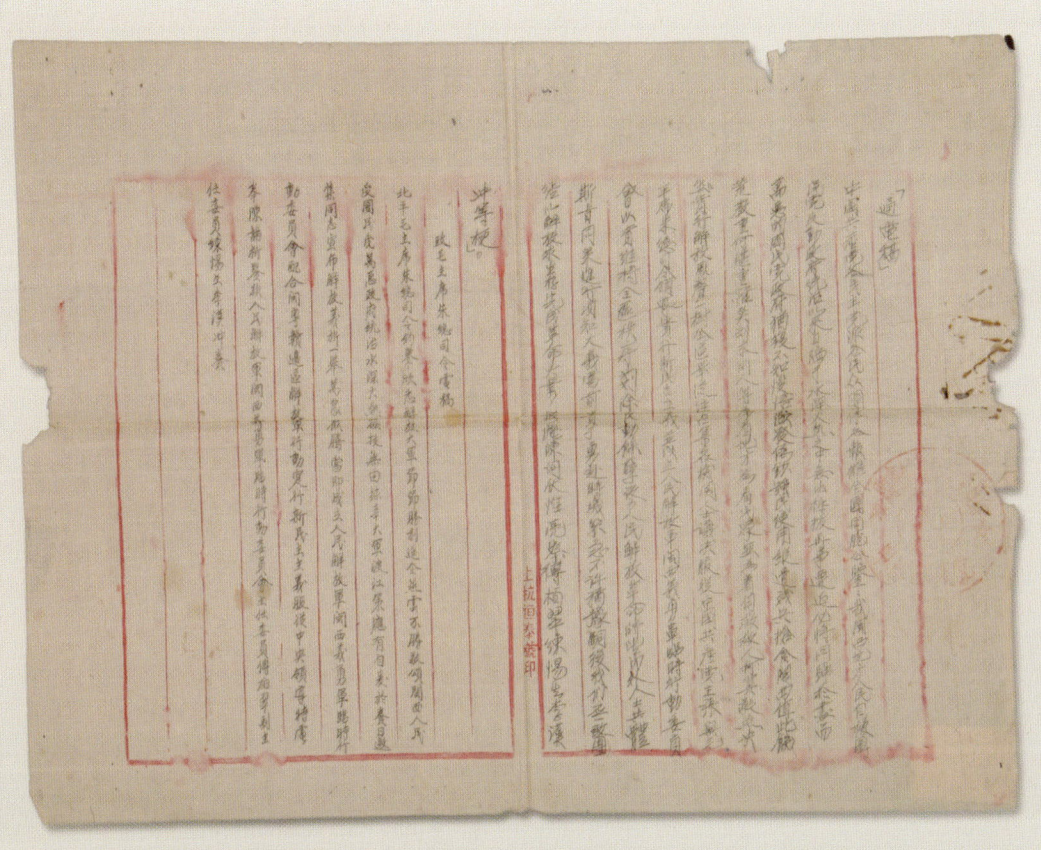

中国人民解放军闽西义勇军临时行动委员会傅柏翠、练惕生、李汉冲为闽西起义所发的《通电稿·致毛主席朱总司令电稿》手稿

1949 年　纵 27 厘米　横 34 厘米

古田会议纪念馆　藏

1949 年 5 月，闽粤赣边纵主力解放了粤东大片地区，开始向闽西进军，促使国民党龙岩专员李汉冲和练惕生、傅柏翠率部起义，成立闽西义勇军临时行动委员会，接受闽粤赣边区纵队领导。

人民解放軍閩西義勇軍臨時行動委員會行動綱領

(一)行動目標

1.團結民主革命力量，參加人民解放運動。
2.推翻國民黨反動統治。
3.建立各黨派聯合政權。
4.解除農工大衆痛苦。

(二)行動事項

1.宣佈脫離國民黨反動政府統治，易幟起義。
2.成立本委員會及縣分會鄉鎮支會，接收原區縣鄉鎮各級政府機構。
3.成立義勇軍司令部，每縣成立一支隊，暫以縣名爲支隊名，武裝統一編組，縣鄉鎮不得保留。
4.接受中國共產黨領導與人民解放軍切取聯繫。
5.吸收新派青年參加工作，修明政治，清除貪污。
6.扶植工商，團結商人，解放婦女，號召各鄉及婦女團體組織。
7.繼續實施土地改革，實係耕者有其田，本年起不償債，不納租。
8.整理各縣合理捐稅，清理各縣賦谷糧谷，廢除苛雜。

(三)標語與口號

1.歡迎來參加人民解放運動。
2.接受中國共產黨主張。
3.配合人民解放軍行動。
4.扶植農工。
5.實行新民主主義。
6.取消徵兵制度。
7.拒用蔣頭金圓券。
8.實行土地改革。
9.打倒豪門資本。
10.剷除封建勢力
11.截擊蔣系敗殘軍隊歡迎換槍反正。
12.嚴懲反動派捕戰犯。
13.反對美帝國主義[illegible]。
14.擁護毛主席。
15.人民解放萬歲。

註：本綱領業于本年六月十六日以義勇字第三一三号佈告在案 止

《人民解放军闽西义勇军临时行动委员会行动纲领》布告

1949 年　纵 18.4 厘米　横 17.1 厘米

古田会议纪念馆　藏

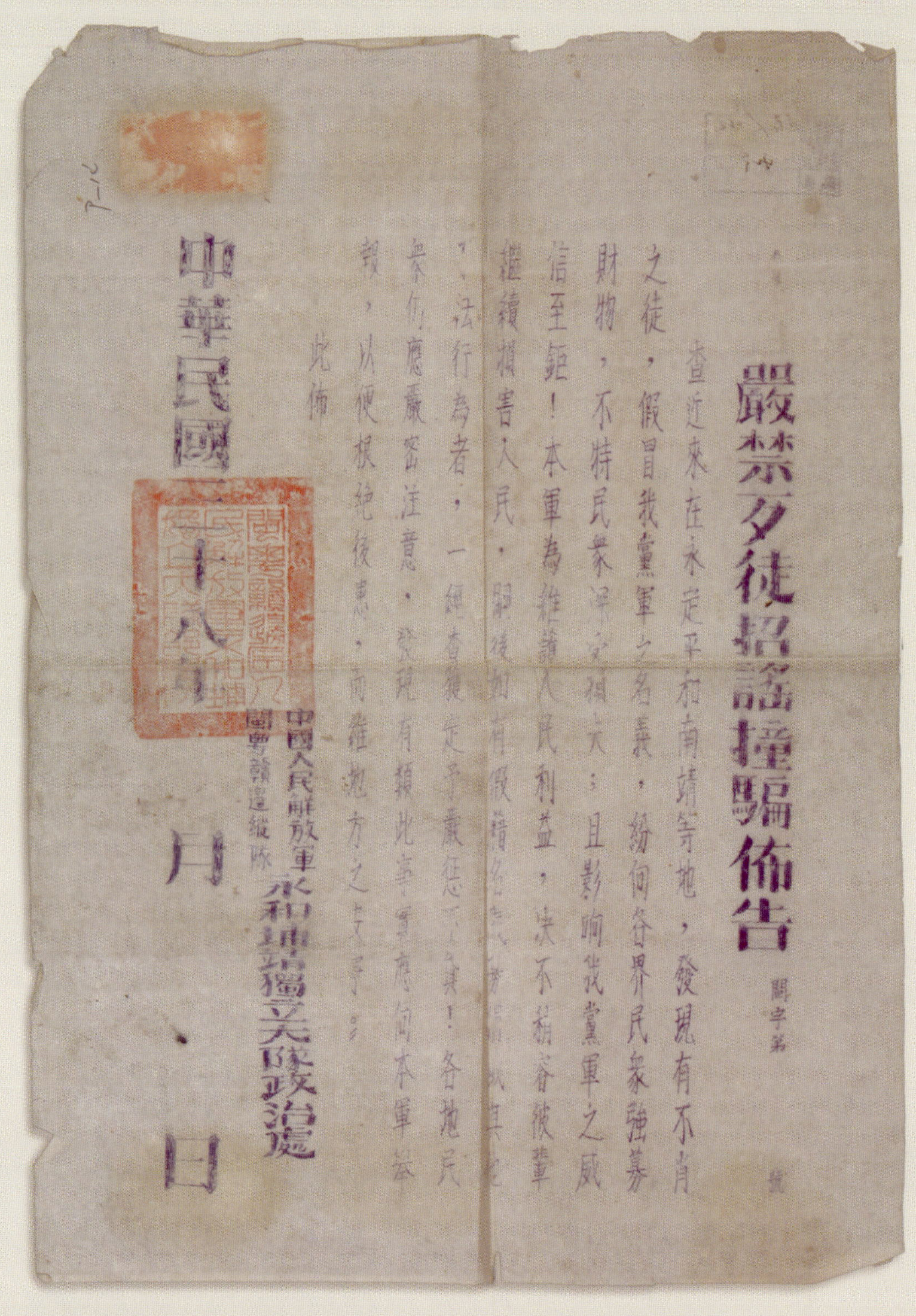

嚴禁歹徒招謠撞騙佈告

闢字第　號

查近來在永定平和南靖等地，發現有不肖之徒，假冒我黨軍之名義，紛向各界民衆強募財物，不特民衆深受損失；且影响我黨軍之威信至鉅！本軍為維護人民利益，決不稍容彼輩繼續損害人民，嗣後如有假藉名義[illegible]不法行為者，一經查獲定予嚴懲不貸！各地民衆們應嚴密注意，發現有類此事實應向本軍密報，以便根絕後患，而維地方之安寧。

此佈

中國人民解放軍閩粵贛邊縱隊永和埔靖獨立大隊政治處

中華民國三十八年　月　日

中国人民解放军闽粤赣边纵队永和埔靖独立大队政治处印发的《严禁歹徒招谣撞骗布告》

1949 年　纵 41 厘米　横 29.3 厘米

古田会议纪念馆　藏

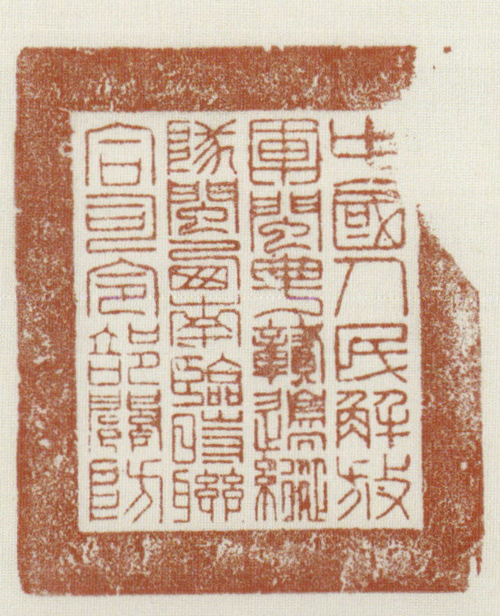

“中国人民解放军闽粤赣边纵队闽西南临时联合司令部关防”长方印

1949 年　印面长 8.4 厘米　宽 7 厘米

福建博物院　藏

1949 年 6 月 3 日，闽粤赣边区党委和边区纵队为了统一指挥闽西南的武装力量，决定成立中国人民解放军闽粤赣边纵队闽西南临时联合司令部。下辖闽粤赣边纵第七、八支队及其所属各团，边纵独立第一、三、五、七团，各县游击队、独立团和由闽西起义部队整编组成的闽西义勇军。司令员丘锦才，政委范元辉。

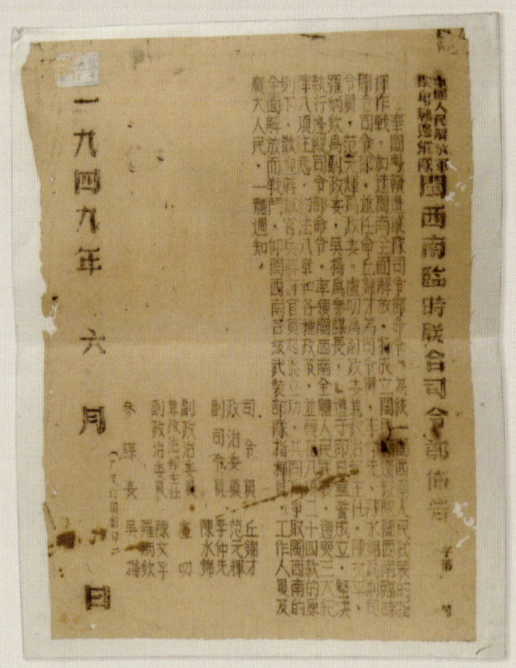
中国人民解放军闽粤赣边纵队闽西南临时联合司令部布告

一九四九年六月 日

中国人民解放军闽粤赣边纵队闽西南临时联合司令部布告

1949 年 6 月　纵 35.5 厘米　横 25.7 厘米

福建博物院　藏

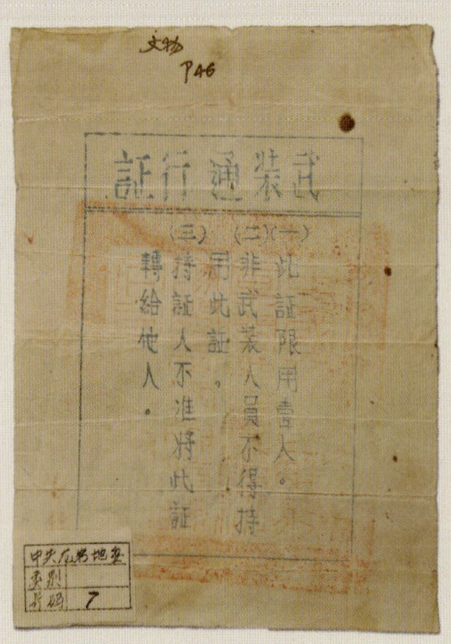
武装通行证

（一）此证限用会人。

（二）非武装人员不得持用此证，

（三）持证人不准将此证转给他人。

中国人民解放军闽粤赣边纵队闽西南临时联合司令部印制的武装通行证

1949 年　纵 13.5 厘米　横 9.7 厘米

福建博物院　藏

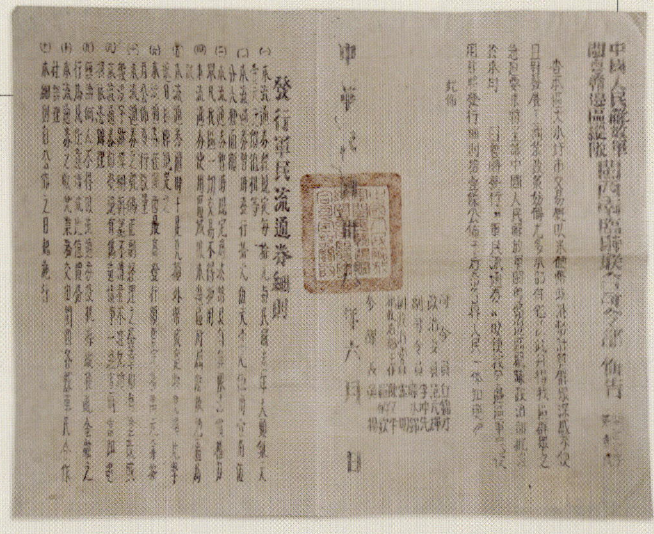
中国人民解放军闽粤赣边纵队闽西南临时联合司令部布告

发行军民流通券细则

中华民国　年六月　日

中国人民解放军闽粤赣边区纵队闽西南临时联合司令部发布《中国人民解放军闽粤赣边区纵队闽西南临时联合司令部布告闽西财字第壹号》及《发行军民流通券细则》

1949 年 6 月　纵 35.7 厘米　横 46.3 厘米

古田会议纪念馆　藏

“中国人民解放军闽粤赣边纵闽西南临时联合司令部秘书处”椭圆印

解放战争时期　印面直径最长 5.4 厘米　最短 3.5 厘米

古田会议纪念馆　藏

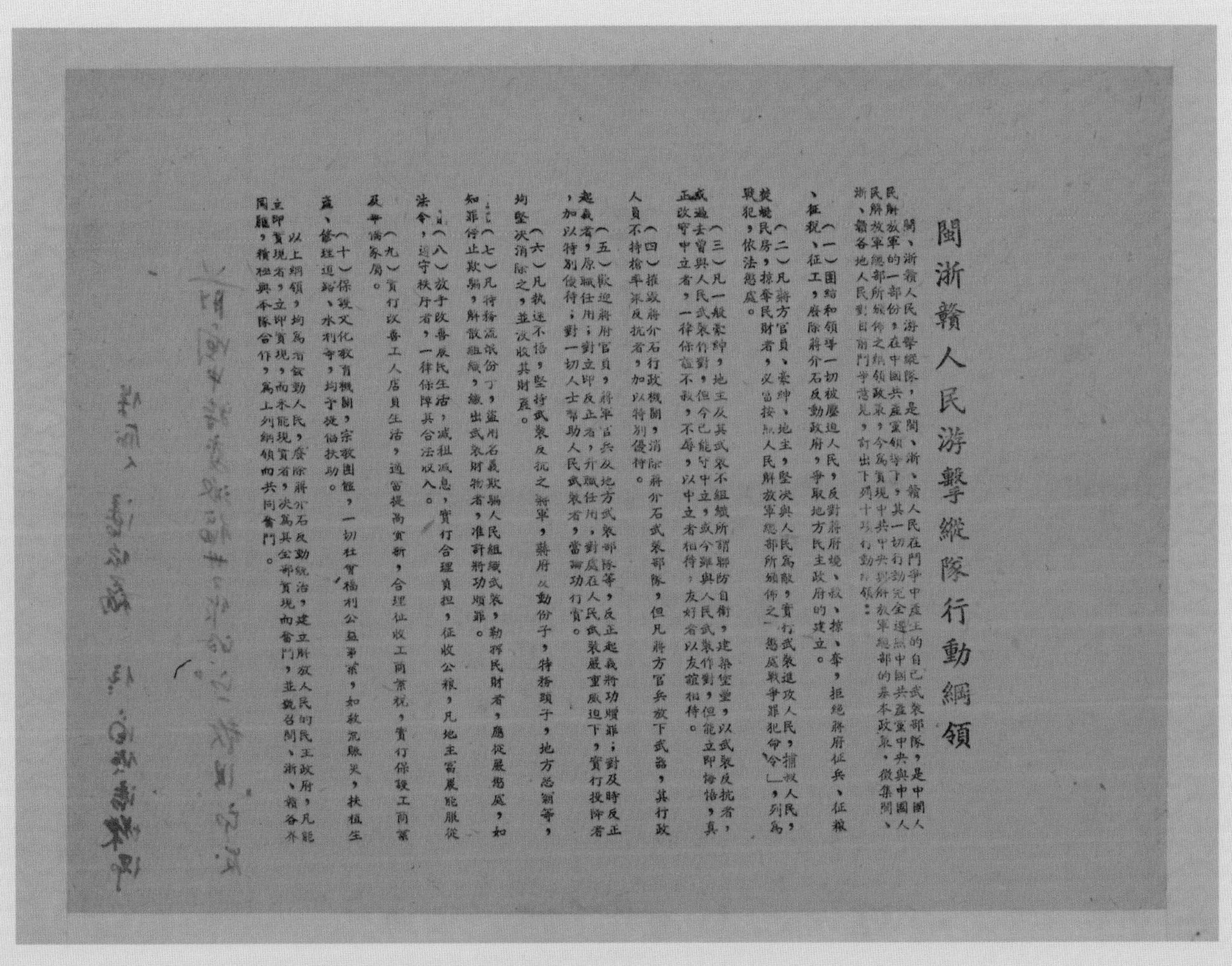

閩浙贛人民游擊縱隊行動綱領

閩、浙、贛人民游擊縱隊，是閩、浙、贛人民在鬥爭中產生的自己武裝部隊，是中國人民解放軍的一部份，在中國共產黨領導下，其一切行動完全遵照中國共產黨中央與中國人民解放軍總部所頒佈之綱領政策，今為實現中共中央與解放軍總部的基本政策，徵集閩、浙、贛各地人民對目前鬥爭意見，訂出下列十項行動綱領：

（一）團結和領導一切被壓迫人民，反對蔣府燒、殺、搶、奪，拒絕蔣府征兵、征糧、征稅、征工，廢除蔣介石反動政府，爭取地方民主政府的建立。

（二）凡蔣方官員、豪紳、地主，堅決與人民為敵，實行武裝進攻人民，捕殺人民，焚燬民房，掠奪民財者，必當按照人民解放軍總部所頒佈之「懲處戰爭罪犯命令」，列為戰犯，依法懲處。

（三）凡一般豪紳，地主及其武裝不組織所謂聯防自衛，建築堡壘，以武裝反抗者，過去曾與人民武裝作對，但今已能守中立，或今雖與人民武裝作對，但能立即悔悟，真正改守中立者，一律從寬不殺，不辱，以中立者相待；友好者以友誼相待。

（四）推翻蔣介石行政機關，消除蔣介石武裝部隊，但凡蔣方官兵放下武器，其行政人員不持槍率眾反抗者，加以特別優待。

（五）歡迎蔣府官員，蔣軍官兵及地方武裝部隊等，反正起義將功贖罪；對及時反正起義者，原職任用；對立即反正者，升職任用，對處在人民武裝嚴重威迫下，實行投降者，加以特別優待；對一切人士幫助人民武裝者，當論功行賞。

（六）凡執迷不悟，堅持武裝反抗之蔣軍，蔣府反動份子，特務頭子，地方惡霸等，均堅決消除之，並沒收其財產。

（七）凡特務流氓份子，盜用名義欺騙人民組織武裝，勒索民財者，應從嚴懲處，如知罪停止欺騙，解散組織，繳出武裝財物者，准許將功贖罪。

（八）放手改善農民生活，減租減息，實行合理負擔，征收公糧，凡地主富農能服從法令，遵守秩序者，一律保障其合法收入。

（九）實行改善工人店員生活，適當提高實薪，合理征收工商業稅，實行保護工商業及[illegible]備家屬。

（十）保護文化教育機關，宗教團體，一切社會福利公益事業，如救荒賑災，扶植生產、修理道路、水利等，均予援助扶助。

以上綱領，均為目前勤勞人民，廢除蔣介石反動統治，建立解放人民的民主政府，凡能立即實現者，立即實現，而未能實現者，決為其全部實現而奮鬥，並號召閩、浙、贛各界同胞，積極與本隊合作，為上列綱領而共同奮鬥。

《闽浙赣人民游击纵队行动纲领》布告
1949 年　纵 19 厘米　横 25.5 厘米
福建博物院　藏

1949年1月8日，闽浙赣省委为了统一指挥全区的武装力量，给中共华东局报告，要求给予闽浙赣地区武装组织公开番号，并经华东军区报中央军委。1月22日，中央军委电复闽浙赣省委，同意给予纵队名誉，具体番号报华东军区排定或冠以地名，并报军委备案。闽浙赣省委将闽东北地委领导的闽浙赣游击纵队和闽浙边地委领导的部分队伍合编成3个支队和1个教导队，作为指挥机关的直属部队。2月，闽浙赣省委机关向江西转移途中宣布纵队成立。

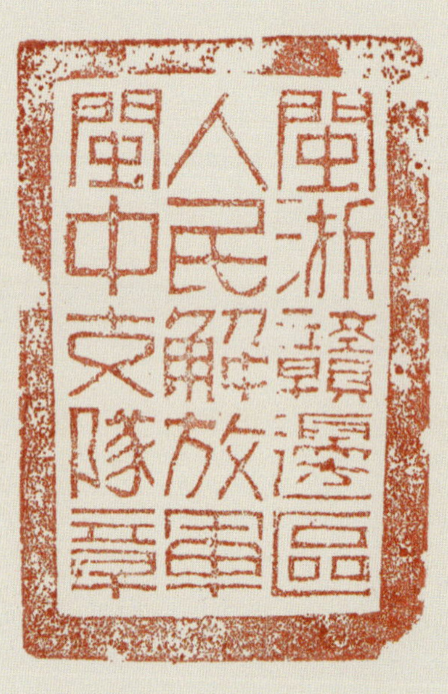

“闽浙赣边区人民解放军闽中支队章”长方印
1949 年　印面长 8.6 厘米　宽 5.8 厘米
福建博物院　藏

1945 年 8 月，闽中特委游击队改称闽中游击队，队长兼政委黄国璋。1947 年 2 月，地委决定将游击队集中成立军分区，司令兼政委黄国璋，副司令陈亨源，副政委林汝楠。4 月，军分区撤销，成立闽中游击队（也称戴云纵队）。1949 年 2 月改为闽浙赣人民游击纵队闽中支队，司令兼政委黄国璋。

闽浙赣人民游击纵队闽中支队泉州团队部使用的警报机
1949 年　通高 12.5 厘米　通长 27 厘米
福建博物院　藏

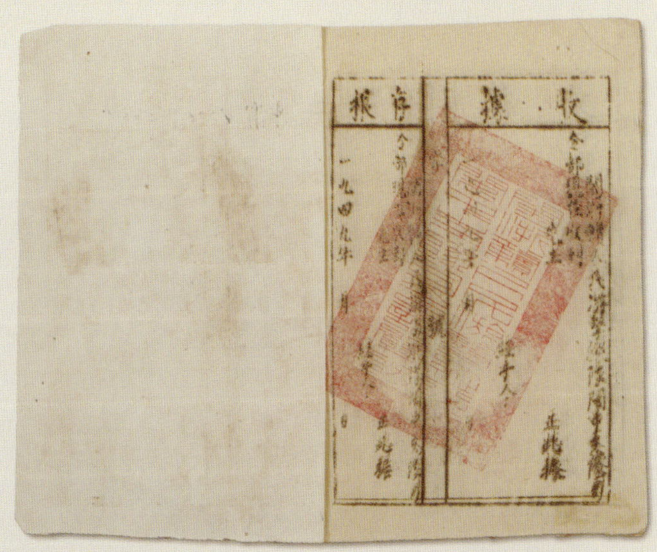

闽浙赣人民游击纵队闽中支队司令部印制的收据薄
1949 年　纵 17 厘米　横 12.3 厘米
福建博物院　藏

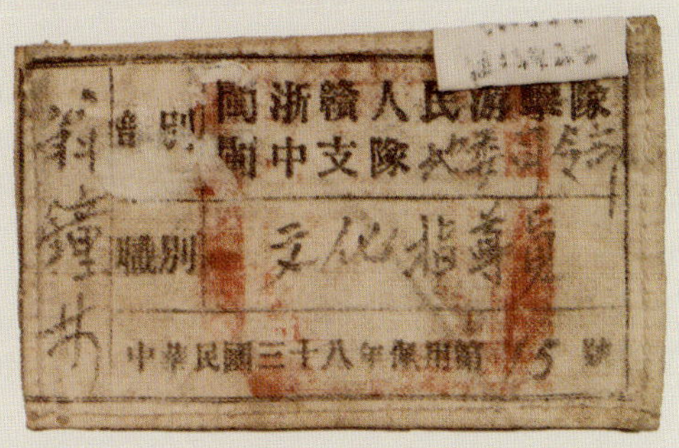

翁钟林的闽中人民游击队胸章
1949 年　纵 4 厘米　横 7 厘米
福建博物院　藏

“安溪人民游击大队关防”长方印
解放战争时期　印面长 8.3 厘米　宽 5.7 厘米
福建博物院　藏

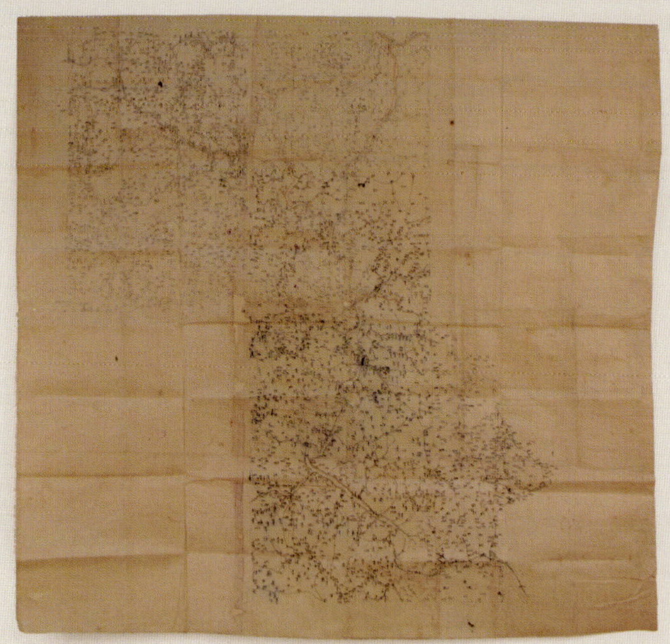

江作宇绘制的南古瓯地区军用地图
解放战争时期　纵 79.9 厘米　横 86.4 厘米
闽东革命纪念馆　藏

“闽东北人民游击队”胸章
解放战争时期　纵 4.9 厘米　横 8.8 厘米
闽东革命纪念馆　藏

1947 年，闽浙赣区党委在古田澄洋举行了武装暴动，成立了闽浙赣游击纵队，下辖第一、二支队。同年 5 月，闽浙赣游击纵队第二支队与南古瓯工委建立的武装合并成立南古瓯游击大队。6 月，第一支队归省委军事部长阮英平指挥，闽东北地委在屏南梅花重建了闽东北游击大队。

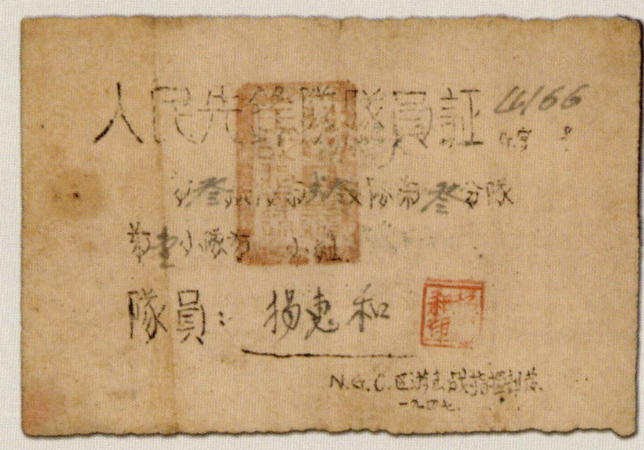

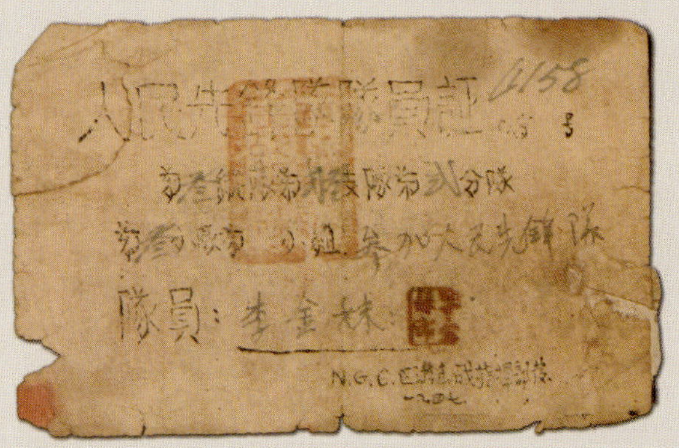

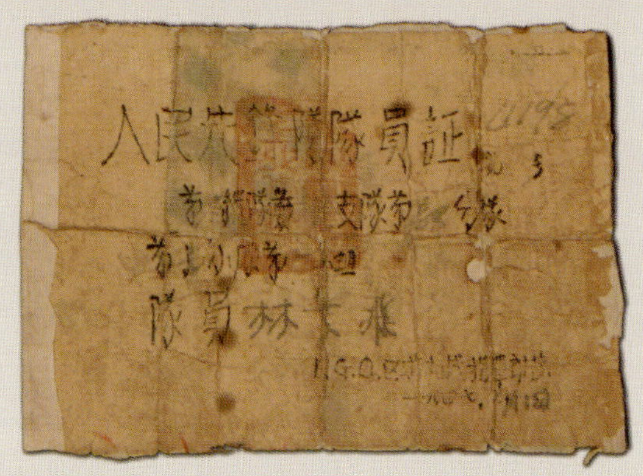

南古瓯人民先锋队队员证
1947 年　纵 8 厘米　横 12.8 厘米
闽东革命纪念馆　藏

在党的领导下，福建人民革命队伍始终坚持“三大纪律，八项注意”，和人民群众建立了血肉相连的军民关系。革命需要什么，他们就提供什么，要粮有粮，要人有人，为革命的胜利提供了坚强的保障。

朱德赠给郭景云的步枪
1929 年　长 125 厘米
福建博物院　藏

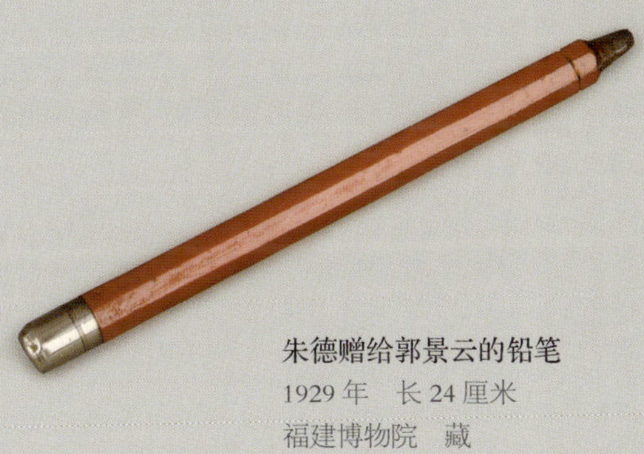

朱德赠给郭景云的铅笔
1929 年　长 24 厘米
福建博物院　藏

1929 年 7 月，为应对国民党对闽西苏区发动的第一次军事“会剿”，红四军前委决定将第一、四纵队留在闽西，与地方武装配合，相机打击敌人；第二、三纵队向宁洋、漳平方向出击，打到敌人外线，调动与牵制敌人。同年 8 月，朱德率领二、三纵队先后占领宁洋、漳平，然后向大田、永春方向进军。二、三纵队在永春福鼎、一都休整时，官兵患病较多，当地医师郭景云精心照料、治愈 60 余名红军伤病员。朱德军长将自己用过的一支枪和铅笔赠送给郭景云，以表达对郭景云的谢意。

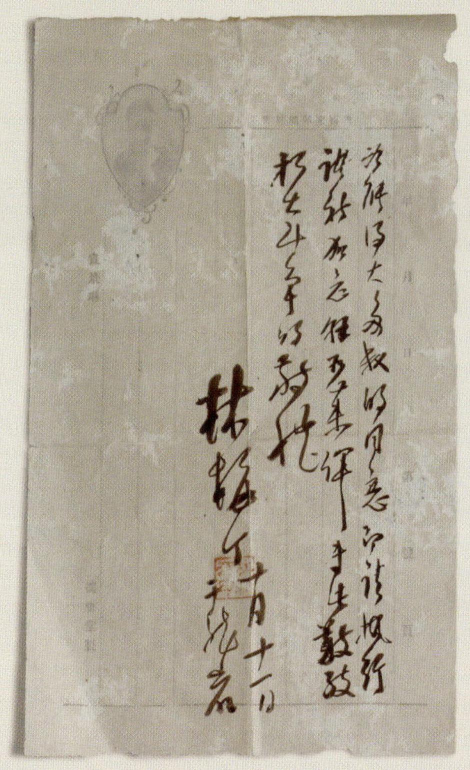

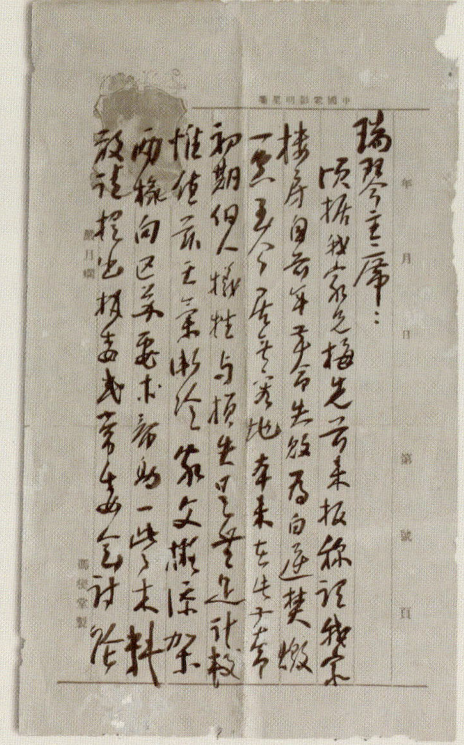

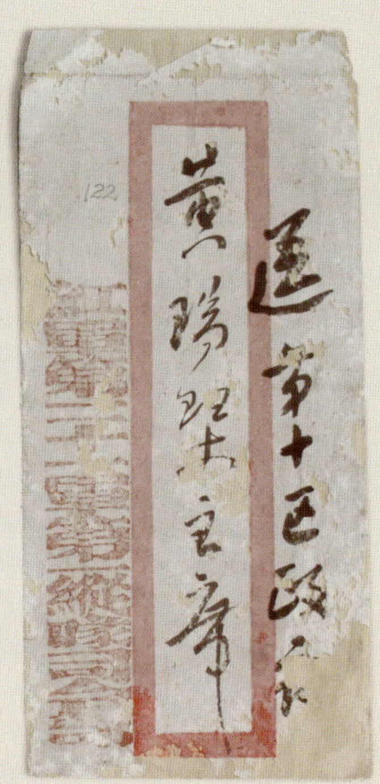

林梅汀致第十区苏维埃政府瑞琴主席请求批木材修老家房子的信（附信封）

1930 年 10 月 11 日　信纸纵 21.5 厘米　横 13 厘米　信封纵 18 厘米　横 9 厘米

龙岩市永定县博物馆　藏

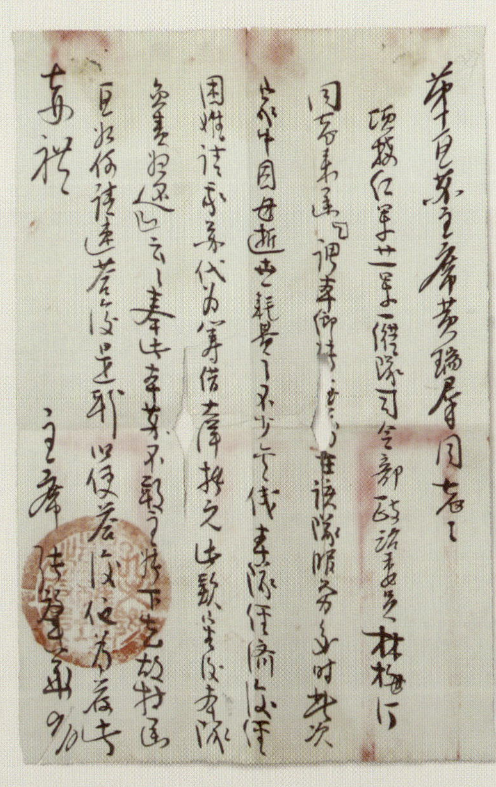

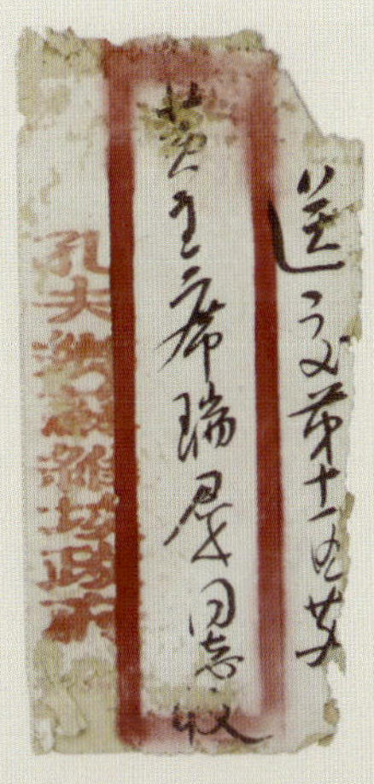

孔夫乡苏维埃政府主席张肇华致第十区苏维埃政府主席黄瑞群关于二十一军纵队政委林梅汀要求给困难军属补助的信（附信封）
1930 年 10 月 9 日　信纵 26 厘米　横 17 厘米　封纵 15 厘米　横 7 厘米
龙岩博物馆　藏

红五军团战士赠送给林长成的手电筒、马灯
1932 年　手电筒长 17 厘米　马灯通高 43 厘米
毛泽东才溪乡调查纪念馆　藏

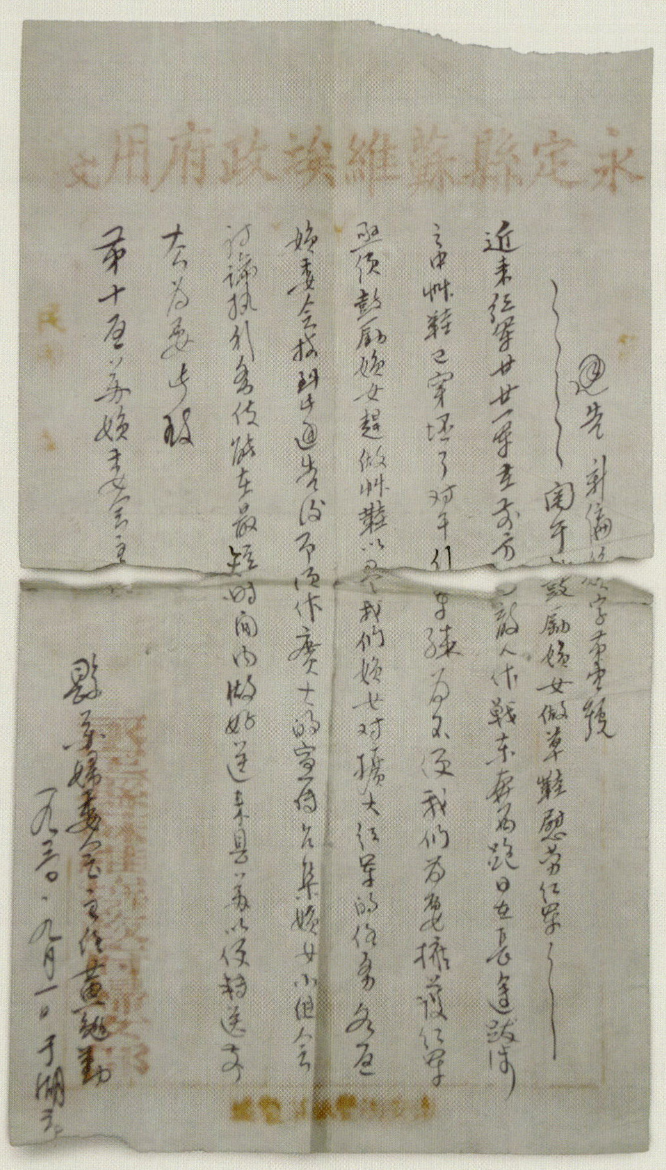

永定县苏维埃政府妇女部《关于鼓励妇女做草鞋慰劳红军》的通告（新编妇字第一号）

1930 年 9 月 1 日　纵 27 厘米　横 16 厘米

龙岩博物馆　藏

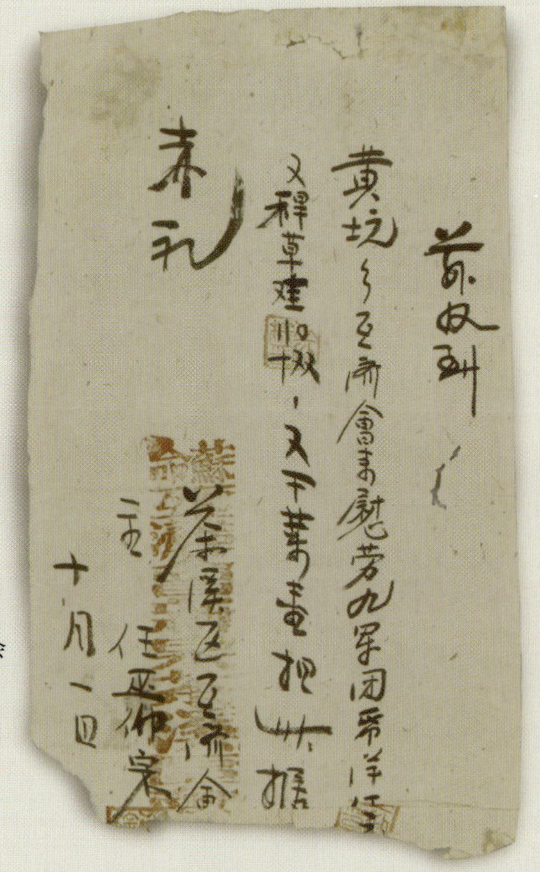

苏区革命互济会新泉茶溪区委员会出具给黄坑乡互济会慰劳九军团草鞋、干菜的收据

土地革命战争时期　纵 18 厘米　横 11 厘米

上杭县博物馆　藏

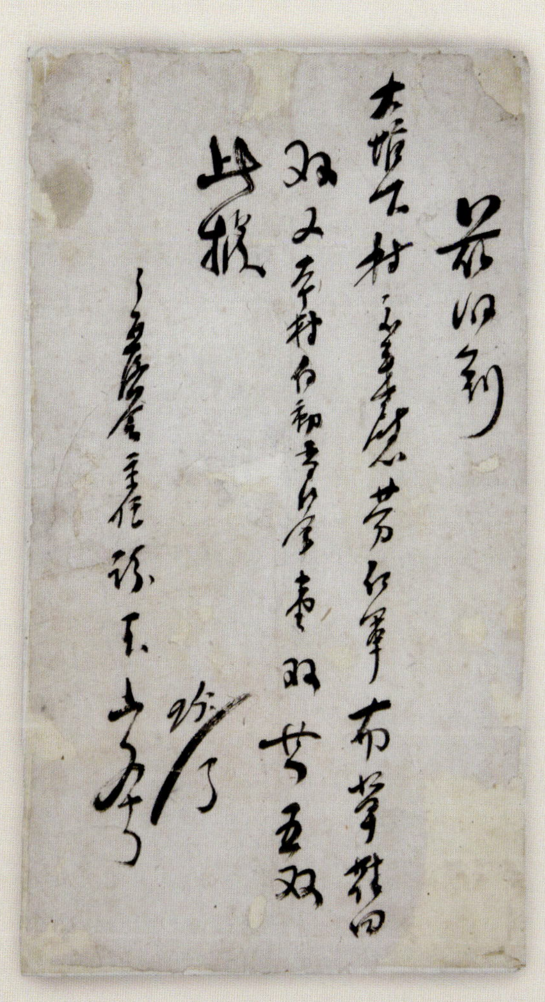

乡互济会出具给大塘下等村上交慰劳红军布草鞋的收据

土地革命战争时期　纵 25.5 厘米　横 14 厘米

古田会议纪念馆　藏

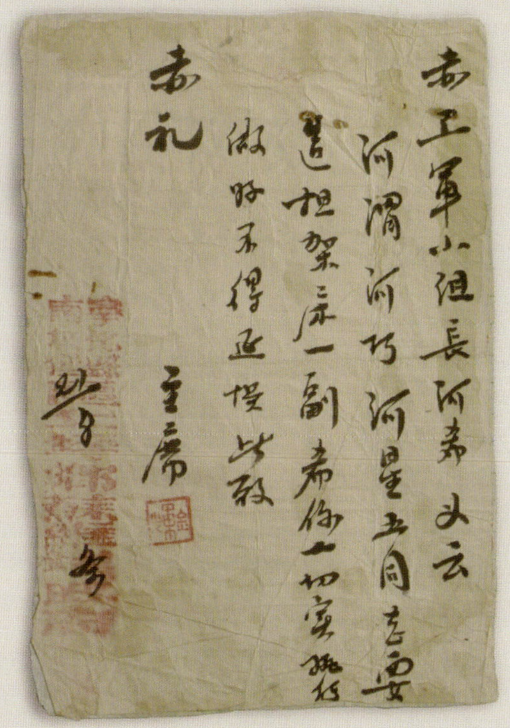

宁化县南城堡区上坪乡苏维埃政府要求赤卫军小组长何希等五人制作担架床的通知

土地革命战争时期　纵 16.9 厘米　横 11.8 厘米

宁化县革命纪念馆　藏

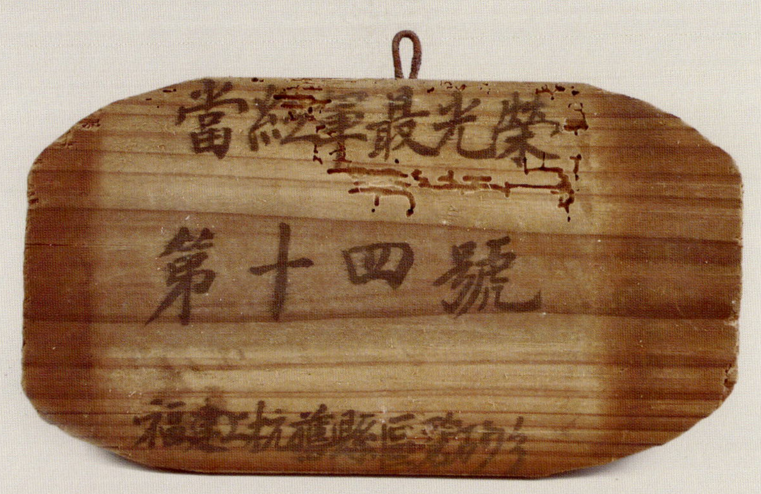

福建上杭旧县区碧砂乡赠“第十四号”红军家属“当红军最光荣”门牌

1929 年　长 22 厘米　宽 11 厘米

上杭县博物馆　藏

才溪区赠“第一千零四十五号”红军家属的“当红军最光荣”门牌

1932 年　长 18.7 厘米　宽 11 厘米

毛泽东才溪乡调查纪念馆　藏

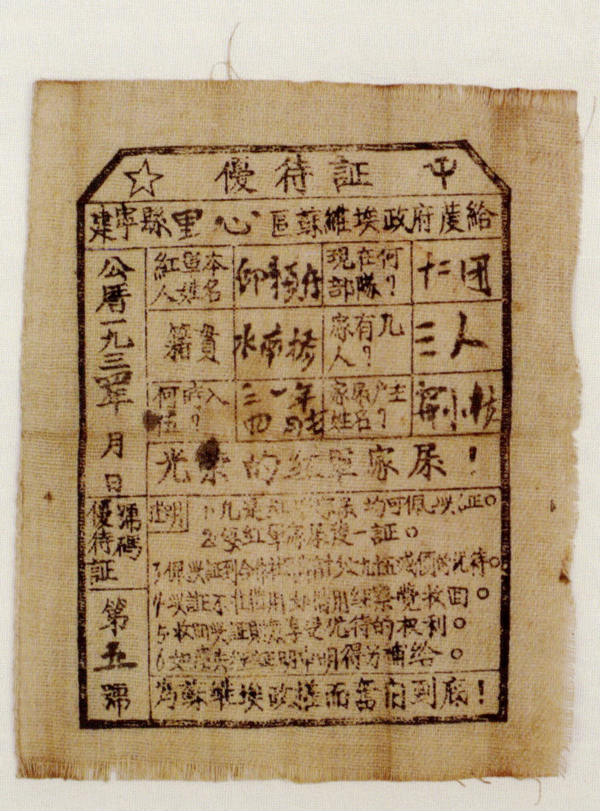

建宁县里心区苏维埃政府发给邱赖仔的红军家属优待证

1934 年 4 月　纵 13.5 厘米　横 11 厘米

建宁县中央苏区反“围剿”纪念馆　藏

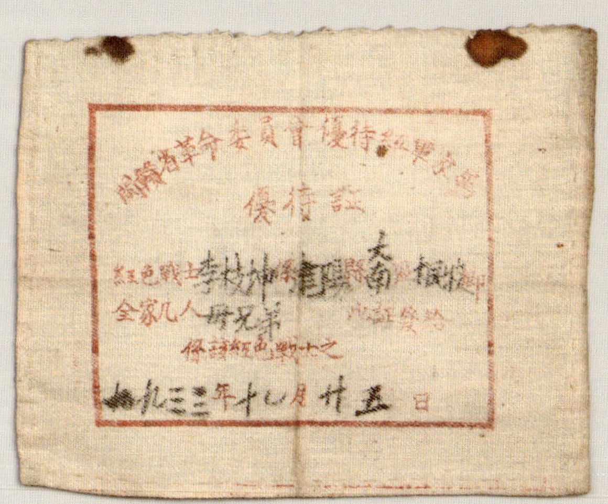

闽赣省革命委员会颁发给建阳县枫牧乡李枝坤的红军家属优待证

1933 年　纵 11.3 厘米　横 14.3 厘米

福建博物院　藏

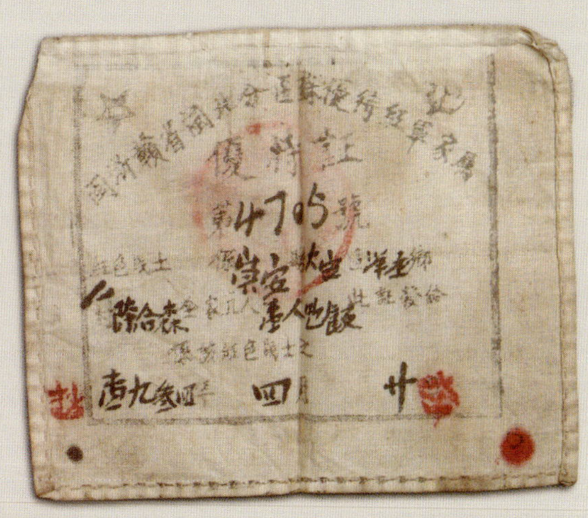

闽浙赣闽北分区颁发给崇安县大安区洋龙乡陈合森的红军家属优待证

1934 年 4 月 20 日　纵 10.5 厘米　横 13 厘米

福建博物院　藏

上杭才溪区拥护红军委员会赠给丘子明的优待红军家属买货证章
1932 年　长 6 厘米　宽 4.6 厘米
毛泽东才溪乡调查纪念馆　藏

长汀县扩大红军中获得的铝制杯奖品
1931 年　口径 5.5 厘米　高 2.5 厘米
古田会议纪念馆　藏

新桥区委区苏颁发的扩红优胜五星奖章
土地革命战争时期　对角线长 5.5 厘米
长汀县博物馆 藏

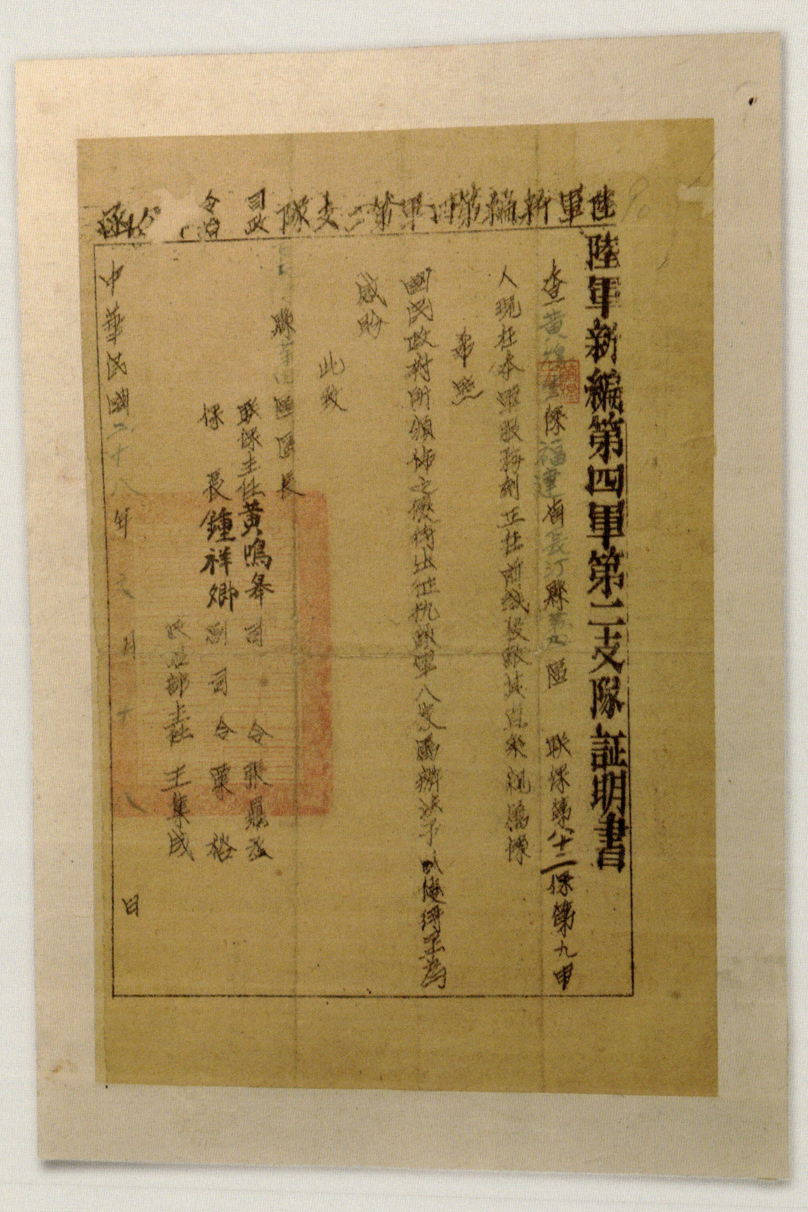

陸軍新編第四軍第二支隊司令部政治部

陸軍新編第四軍第二支隊證明書

查黃煌生係福建省長汀縣第四區 聯保第十二保第九甲
人現在本軍服務刻正在前綫殺敵其家屬應得
享受
國民政府所頒佈之優待出征抗敵軍人家屬辦法予以優待爲
感盼
此致
長汀縣第四區區長
聯保主任黃鳴鑾
保長鍾祥卿
司令 張鼎丞
副司令 粟裕
政治部主任 王集成
中華民國二十八年六月十八日

新四军第二支队司令部政治部给长汀县第四区区长等人要求优待战士黄煌生家属的证明书

1939 年 6 月 18 日　纵 25.5 厘米　横 17.2 厘米

福建博物院　藏

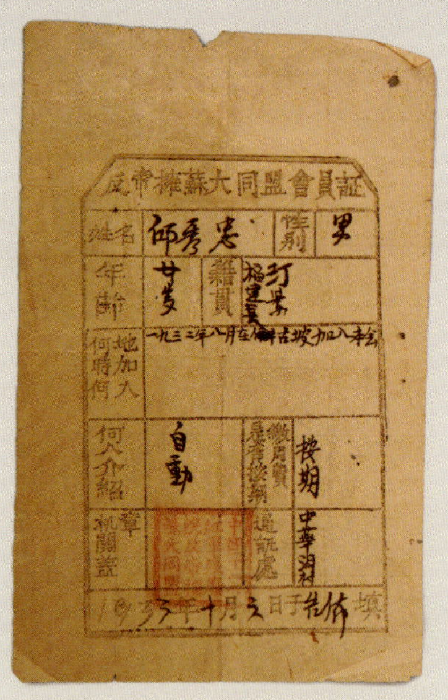

反帝拥苏大同盟会员证			
姓名	邱秀忠	性别	男
年龄	廿岁	籍贯	福建长汀
何时何地加入	一九三二年八月		
何人介绍	自动	缴月费是否按期	按期
机关盖章		通讯处	中华

1933年十月六日 填

长汀县邱秀忠的反帝拥苏大同盟会员证
1933 年 10 月 6 日　纵 11.5 厘米　横 18 厘米
长汀县博物馆　藏

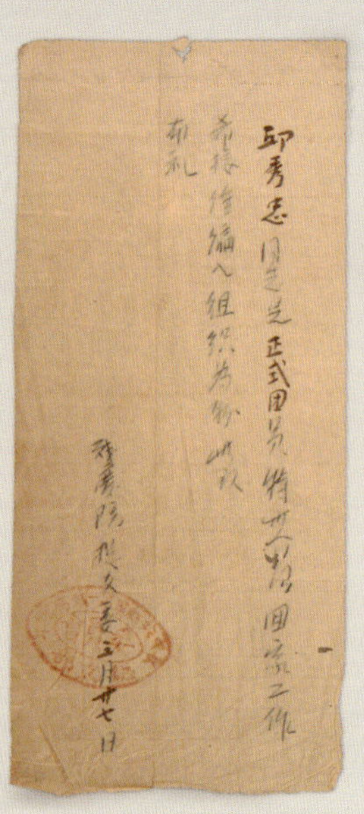

邱秀忠同志是正式团员，特介绍回家工作，希接待编入组织为盼。此致
布礼
残废院总支委 三月廿七日

中共红军第一残废院总支部委员会出具给邱秀忠的团组织关系介绍信
1934 年 3 月 27 日　纵 15.5 厘米　横 9.5 厘米
长汀县博物馆　藏

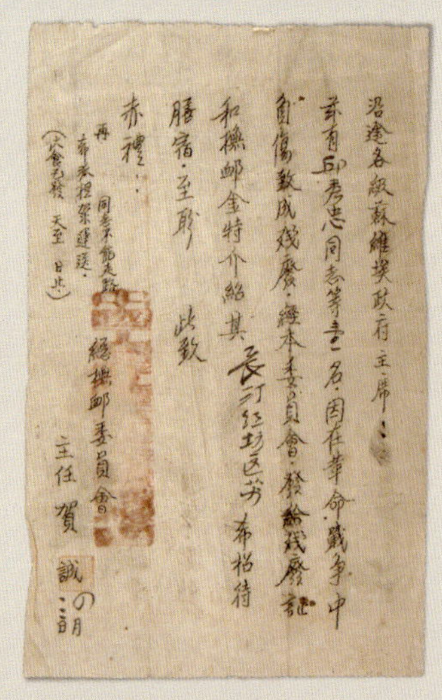

沿途各级苏维埃政府主席：
兹有邱秀忠同志等一名，因在革命战争中负伤致成残废，经本委员会发给残废证和抚恤金，特介绍其回长汀红坊区苏，希招待膳宿，至盼。此致
赤礼！
总抚恤委员会
主任 贺诚

中国工农红军抚恤委员会总会给沿途各级苏维埃政府关于邱秀忠回长汀红坊区苏的介绍信
1934 年 4 月 3 日　纵 21.7 厘米　横 13.8 厘米
长汀县博物馆　藏

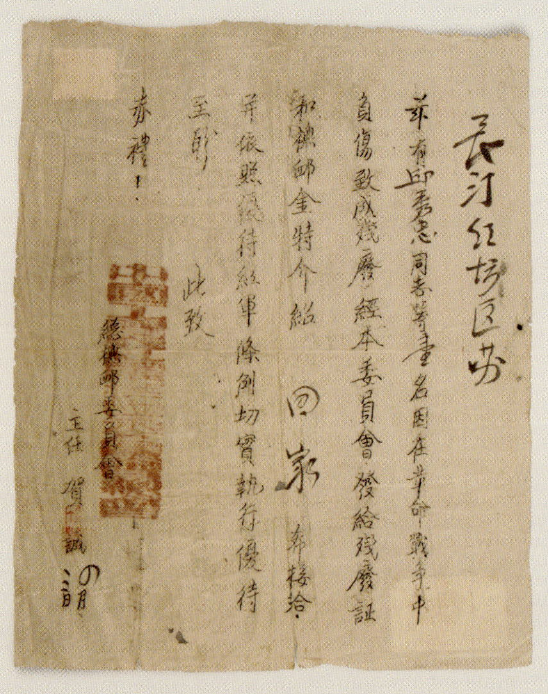

长汀红坊区苏：
兹有邱秀忠同志等一名，因在革命战争中负伤致成残废，经本委员会发给残废证和抚恤金，特介绍回家，希接给并依照优待红军条例切实执行优待，至盼。此致
赤礼！
总抚恤委员会
主任 贺诚

中国工农红军抚恤委员会总会给长汀红坊区苏关于邱秀忠因伤致残回家的介绍信
1934 年 4 月 3 日　纵 22 厘米　横 18 厘米
长汀县博物馆　藏

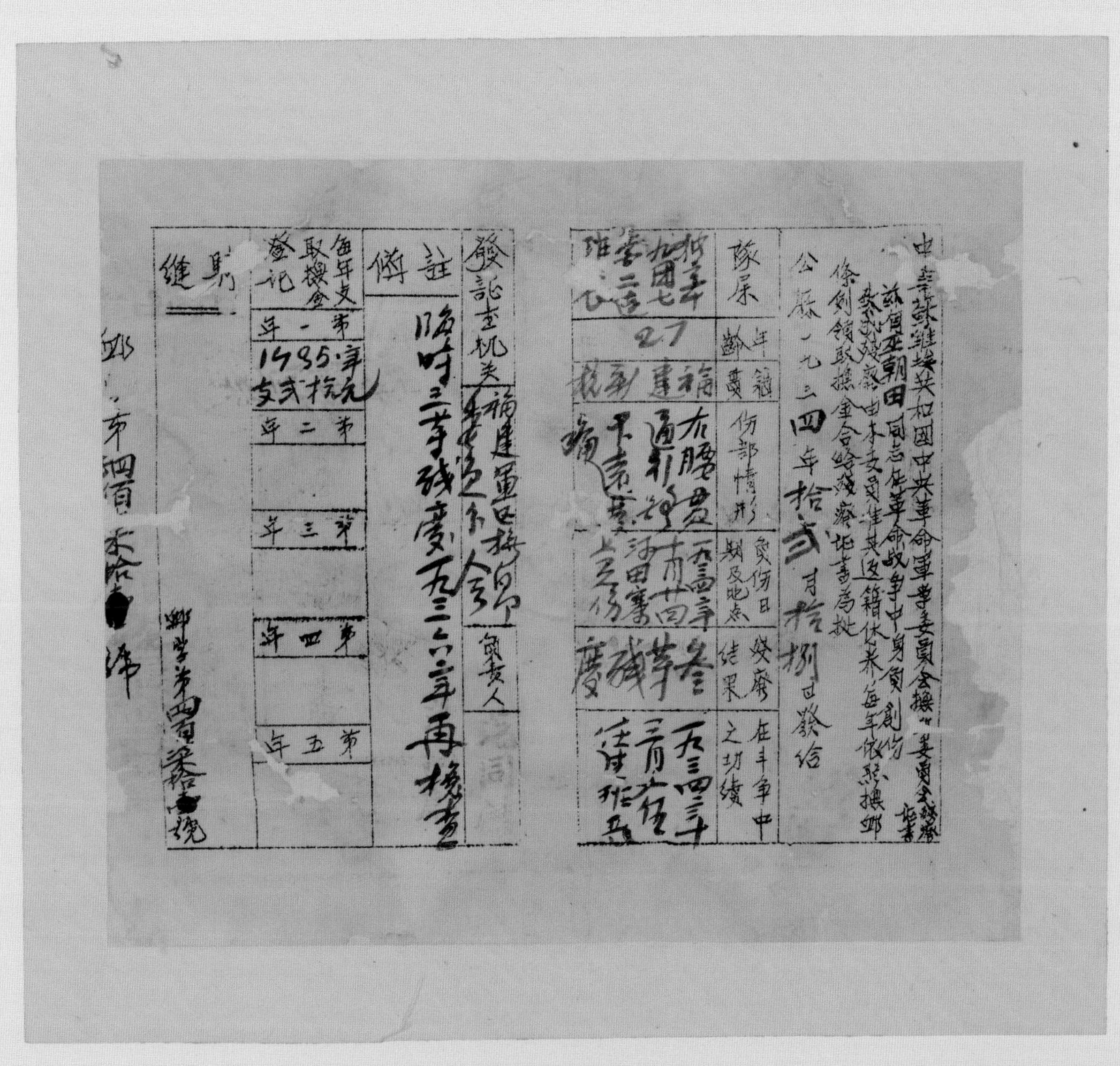

中华苏维埃共和国中央革命军事委员会抚恤委员会福建军区分会颁发给新杭县巫朝田的残废证
1934 年 12 月 18 日　纵 14.3 厘米　横 17.2 厘米
福建博物院　藏

中华苏维埃共和国汀东县干谷一百斤借谷票
1934 年　纵 7.9 厘米　横 10.3 厘米
古田会议纪念馆　藏

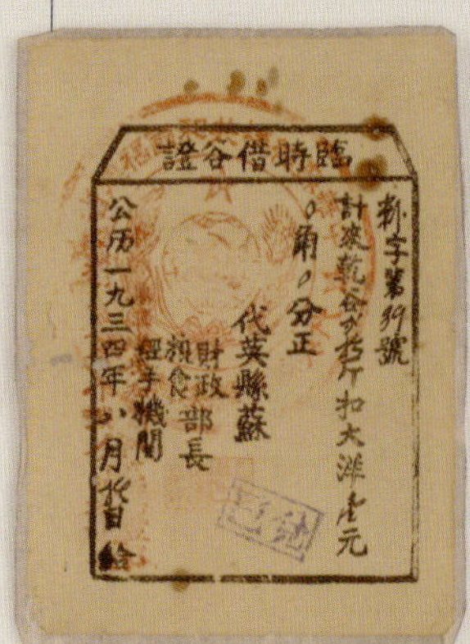

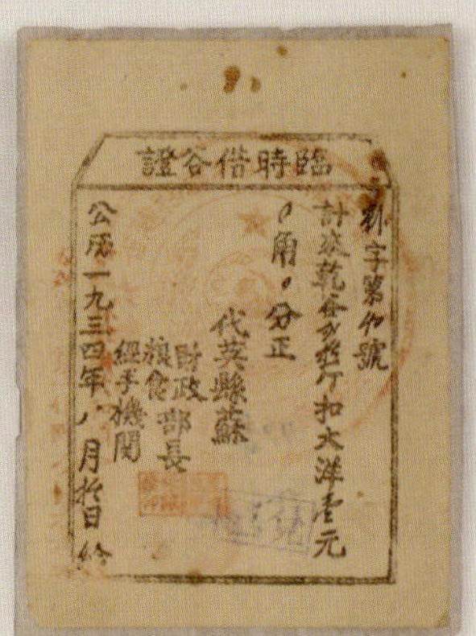

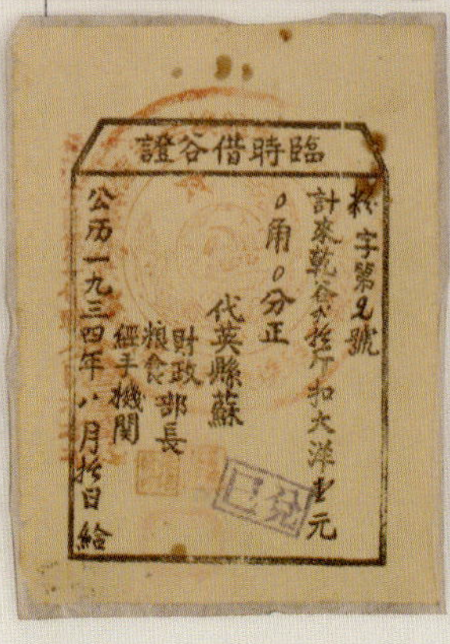

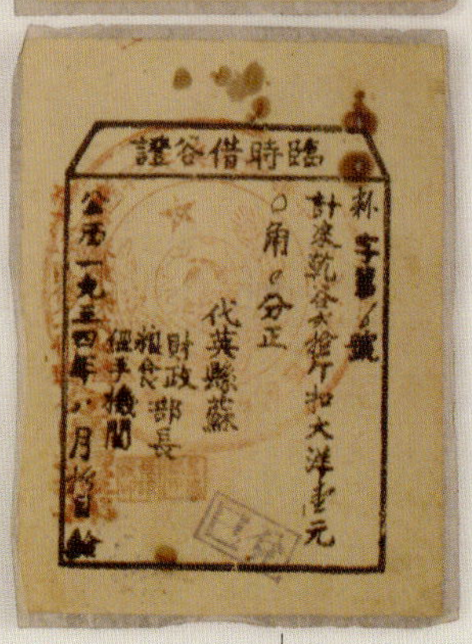

代英县苏维埃政府印制的“干谷贰拾斤扣大洋壹元”临时借谷证（已兑）
1934 年 8 月 10 日　纵 15 厘米　横 11.3 厘米
福建博物院　藏

中国工农红军二十四师供给部使用的干谷五百斤红军临时借谷证
土地革命战争时期　纵 18 厘米　横 10.5 厘米
福建博物院　藏

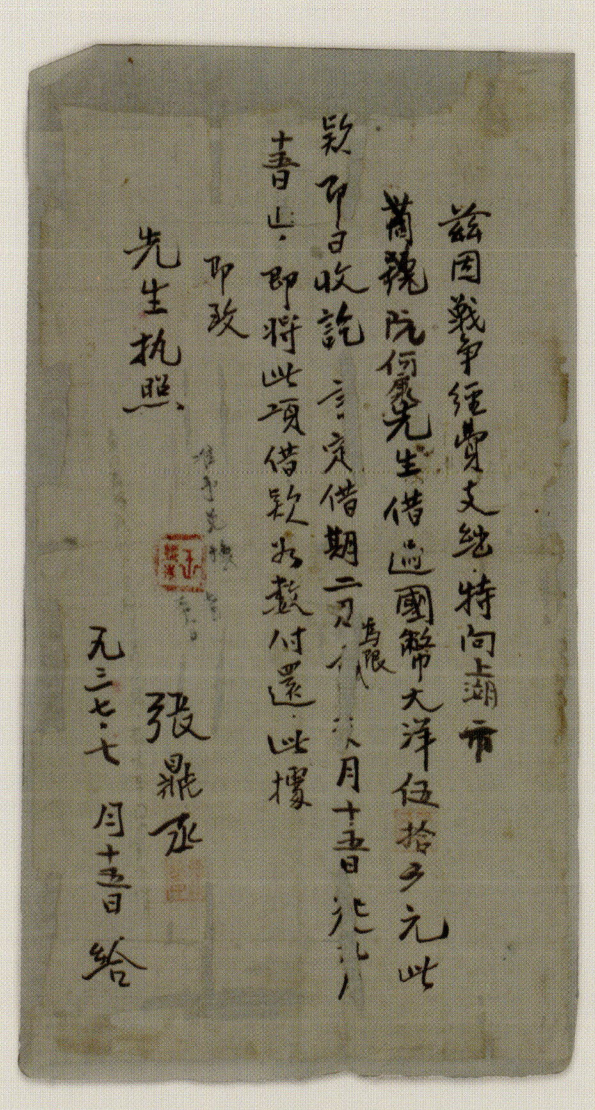

茲因戰爭經費支絀，特向上湖市

蕭魏阮何康先生借過國幣大洋伍拾多元，此

款即日收訖。言定借期二月為限，於八月十五日起[illegible]

十五日止，即將此項借款如數付還。此據

即致

先生執照

張鼎丞

[illegible]三七·七月十五日 給

张鼎丞出具给阮何康的借款收据

1937 年 7 月 15 日　纵 27 厘米　横 15 厘米

福建博物院　藏

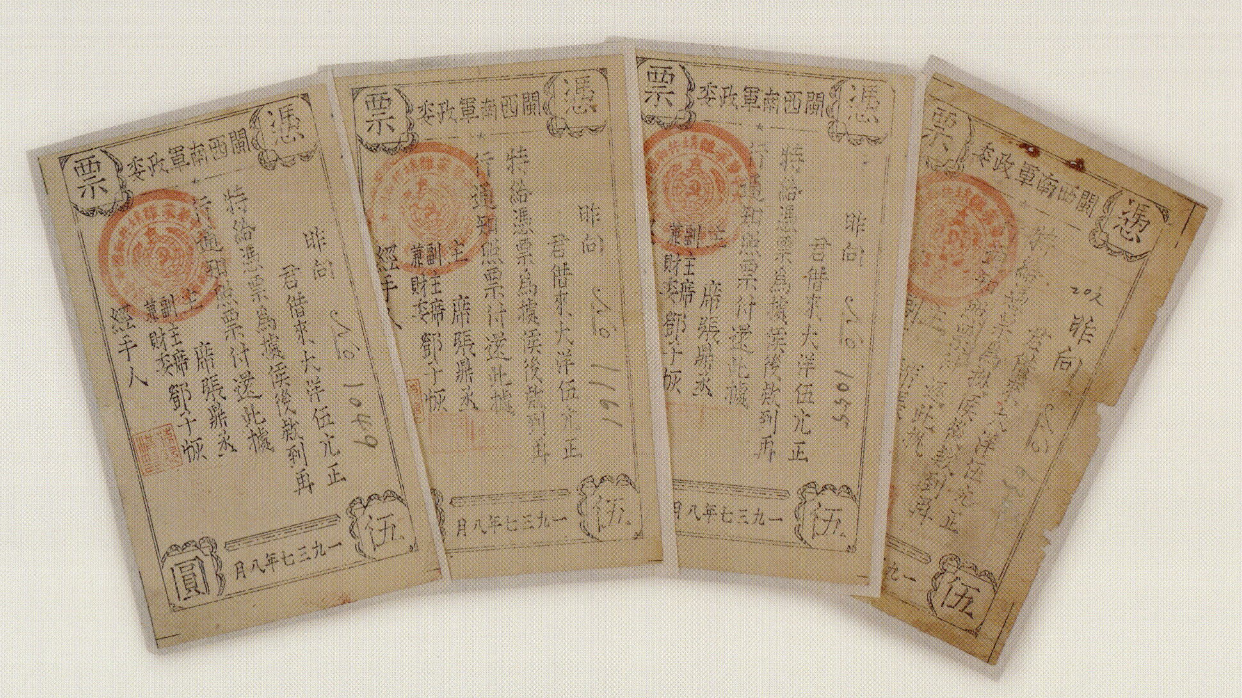

中华苏维埃共和国闽西南政治军事委员会印制的伍元借款凭票

1937 年 8 月　纵 14.8 厘米　横 9 厘米

福建博物院　藏

中华苏维埃共和国闽西南政治军事委员会印制的壹元借款凭票

1937 年 8 月　纵 12.7 厘米　横 7 厘米

福建博物院　藏

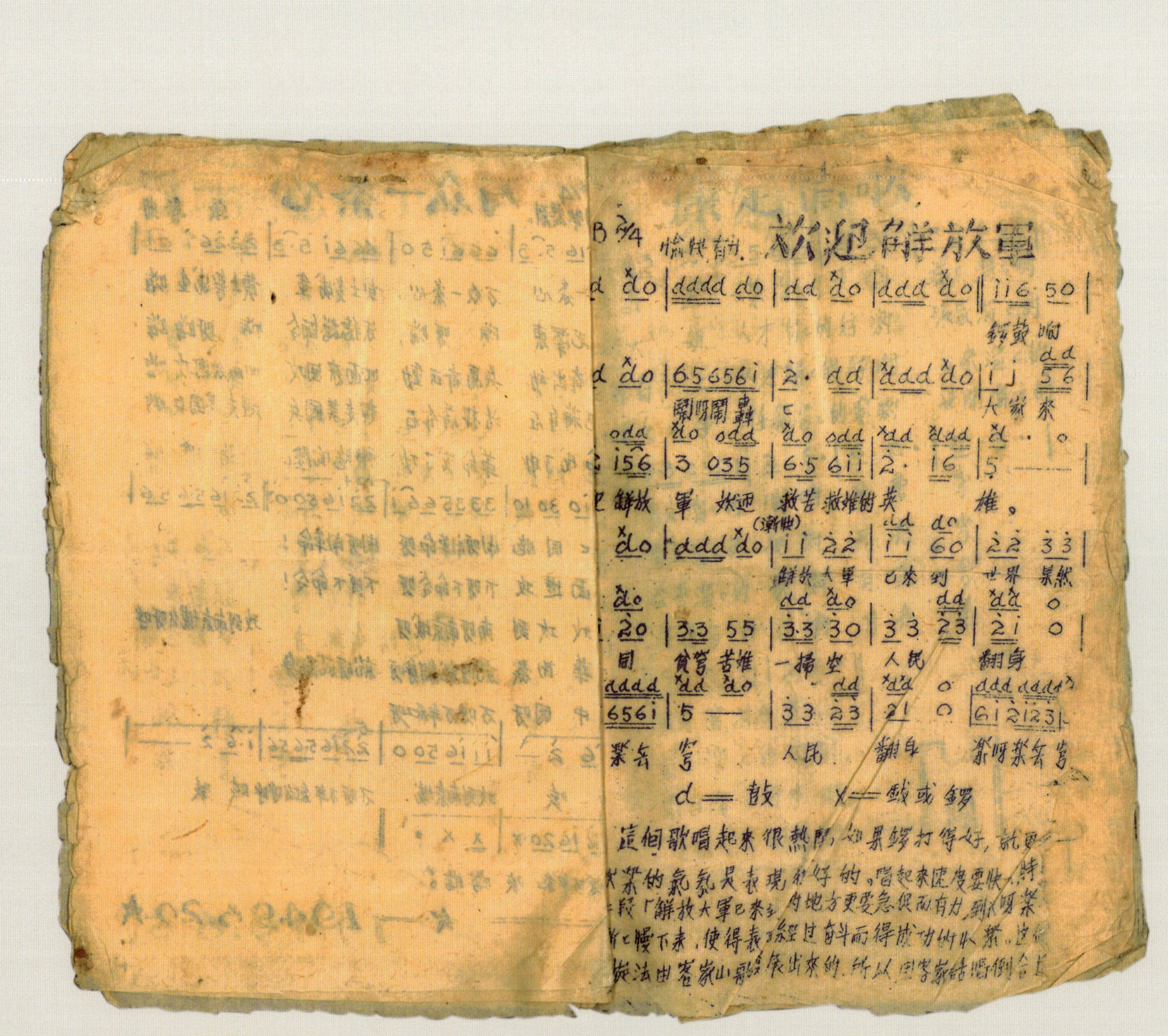

“欢迎解放军”歌谱

1949 年　纵 12.3 厘米　横 16.7 厘米

古田会议纪念馆　藏

后　记

根据福建省文物局的部署，福建省文物鉴定中心于2014年开始负责福建省第一次全国可移动文物普查的文物认定与数据审核工作。在文物认定和审核期间，对全省革命文物藏品数量、分类、分布等形成较全面把握。在此基础上，2017年福建省文物鉴定中心向福建省文物局申报“福建省馆藏革命文物整理与研究”课题项目，经多次文物筛选、专家论证、资料整理与研究，历经一年多时间，课题成果《中国共产党在福建——福建省馆藏革命文物图集》终顺利交稿。

值此付梓之际，我们谨向所有关心支持课题的单位和个人致以衷心的谢意。感谢福建省文物局对本课题的高度重视和大力支持；感谢龙岩市文物局对课题开展给予的支持与协助；感谢福建博物院、古田会议纪念馆、中央苏区（闽西）历史博物馆、厦门市博物馆、龙岩市博物馆、龙岩博物馆、龙岩市永定区博物馆、上杭县博物馆、漳平市博物馆、长汀县博物馆、武平县博物馆、连城县博物馆、毛泽东才溪乡调查纪念馆、连城县新泉整训纪念馆、毛主席率领红军攻克漳州纪念馆、闽东革命纪念馆、闽北革命历史纪念馆、建宁县中央苏区反“围剿”纪念馆、宁化县革命纪念馆等有关单位对课题开展的协助与配合以及提供珍贵藏品资料；感谢中共福建省委党校蒋伯英教授、福建省革命历史纪念馆馆长杨卫东、副馆长黄宁对课题的业务指导；感谢龙岩市文物局陈冰梅对课题文物筛选和人员保障等方面的协助。

图集编写主要参考《福建革命史画集》（中共福建省委《福建革命史画集》编辑委员会编，福建人民出版社1982年出版）、《中国共产党福建省组织史资料》（中共福建省委组织部、中共福建党史研究室、福建省档案馆编，福建人民出版社1992年出版）、《福建革命史》（蒋伯英主编，福建人民出版社1991年出版）。

由于全省博物馆、纪念馆馆藏革命文物只涵及福建省内的部分重要革命历史事件及人物，加上我们缺乏经验、水平所限，查阅资料不全，党史研究工作仍在不断深入发展中，因而对革命历史事件的阐述难免存在不全或疏漏之处，希望读者批评指正。

编　者

2019年1月

图书在版编目（CIP）数据

中国共产党在福建：福建省馆藏革命文物图集/福建省文物局，福建省文物鉴定中心编．—福州：福建教育出版社，2019.5
ISBN 978-7-5334-8340-1

Ⅰ．①中…　Ⅱ．①福…　②福…　Ⅲ．①革命文物—福建—图集　Ⅳ．①K871.62

中国版本图书馆 CIP 数据核字（2018）第 292914 号

Zhongguo Gongchandang Zai Fujian

中国共产党在福建

——福建省馆藏革命文物图集

福建省文物局　福建省文物鉴定中心　编

出版发行　福建教育出版社

（福州市梦山路 27 号　邮编：350025　网址：www.fep.com.cn

编辑部电话：0591－83716736　83716932

发行部电话：0591－83721876　87115073　010－62027445）

出 版 人　江金辉

印　　刷　福州华彩印务有限公司

（福州市福兴投资区后屿路 6 号　邮编：350014）

开　　本　890 毫米×1240 毫米　1/16

印　　张　18.5

插　　页　2

版　　次　2019 年 5 月第 1 版　　2019 年 5 月第 1 次印刷

书　　号　ISBN978-7-5334-8340-1

定　　价　240.00 元

如发现本书印装质量问题，请向本社出版科(电话:0591－83726019)调换。